本书系国家社会科学基金青年项目"未成年人刑事特别程序的理论、模式与完善路径研究"(项目编号：18CFX039)最终结项成果。

未成年人刑事特别程序

法理、模式与路径

SPECIAL CRIMINAL PROCEDURE
FOR JUVENILE DELINQUENCY

Jurisprudence, Model and Approach

自正法 著

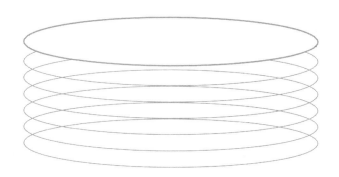

图书在版编目(CIP)数据

未成年人刑事特别程序：法理、模式与路径／自正法著 . —北京：北京大学出版社，2023.12

ISBN 978-7-301-34673-0

Ⅰ.①未… Ⅱ.①自… Ⅲ.①青少年犯罪—刑事诉讼—诉讼程序—研究—中国 Ⅳ.①D925.218.04

中国国家版本馆 CIP 数据核字（2023）第 217719 号

书　　　名	未成年人刑事特别程序：法理、模式与路径 WEICHENGNIANREN XINGSHI TEBIE CHENGXU： FALI、MOSHI YU LUJING
著作责任者	自正法　著
责任编辑	李欣欣　焦春玲
标准书号	ISBN 978-7-301-34673-0
出版发行	北京大学出版社
地　　　址	北京市海淀区成府路 205 号　100871
网　　　址	http://www.pup.cn　http://www.yandayuanzhao.com
电子邮箱	编辑部 yandayuanzhao@pup.cn　总编室 zpup@pup.cn
新浪微博	@北京大学出版社　@北大出版社燕大元照法律图书
电　　　话	邮购部 010-62752015　发行部 010-62750672 编辑部 010-62117788
印　刷　者	大厂回族自治县彩虹印刷有限公司
经　销　者	新华书店
	650 毫米×980 毫米　16 开本　29.5 印张　425 千字 2023 年 12 月第 1 版　2023 年 12 月第 1 次印刷
定　　　价	89.00 元

未经许可，不得以任何方式复制或抄袭本书之部分或全部内容。

版权所有，侵权必究

举报电话：010-62752024　电子邮箱：fd@pup.cn

图书如有印装质量问题，请与出版部联系，电话：010-62756370

序　言

　　未成年人司法被公认为是衡量一个国家司法文明的重要标志之一。呈现在读者面前的这本新书,正是对该重要领域的一次积极探索。作者自正法是我指导的硕博连读的学生,作为导师,看到学生的博士论文出版,我感到非常喜悦。我指导和见证了该书从选题、初稿写作、论文修改、论文答辩到书稿的修改完善的过程,该书是作者在博士论文基础上历经六年反复斟酌、增改形成的,共计四十二万余字,是作者对未成年人刑事特别程序的基本法理、运行模式及改革路径的一点思考。

　　随着转型社会的快速发展,互联网应用的急剧加速,社会各方面的矛盾不断激化,未成年人犯罪团伙化、网络化趋势加剧,犯罪低龄化和犯罪手段成人化的倾向愈发严重,国家、社会、家庭和司法如何治理未成年人犯罪及如何通过特别程序来保护未成年人权益,已成为社会大众关注的焦点。《未成年人刑事特别程序:法理、模式与路径》一书立足于立法规范和司法实践,运用实证研究方法、规范分析方法、比较分析方法等多元方法系统研究未成年人刑事特别程序的基本法理,提炼了未成年人刑事特别程序运行的三种模式,并对未成年人刑事侦诉审程序的实践状况与完善路径提出了独到的见解,同时分析了我国未成年人刑事特别程序的改革趋势。

该书一共八章,上篇是"法理与模式",中篇是"程序与逻辑",下篇是"实践与路径",共三大部分。在"法理与模式"篇,作者首先在开端整体论述了该书的研究方法与意义,并对该书的关键术语作出了概念界定。其次,作者从法理层面梳理了未成年人刑事特别程序的变迁发展,阐释了特别程序的一般法理与特殊法理,并探讨了未成年人刑事特别程序法理的逻辑起点和国际公约对其的影响。最后,作者重点阐述了未成年人刑事特别程序的三种模式,即特殊监护模式、优先保护模式和修复关系模式,并提出自己的观点,即我国未来未成年人刑事特别程序的发展方向是"福利兼正当程序"模式。

在"程序与逻辑"篇,作者从实证维度考察未成年人刑事侦诉审程序的实践逻辑与优化路径。在侦查程序部分,作者重点论述了合适成年人参与制度和指定辩护制度,并从实证维度分析了未成年人羁押率的影响因素与程序性控制,同时指出了目前我国缺乏对违反侦查程序制裁模式的研究,并基于此提出了自己的建议。在审查起诉程序部分,作者重点论述了附条件不起诉制度和分案起诉制度,同时,为有效降低未成年人的羁押率,作者从未成年人社会观护这一角度切入,分析社会观护的本土实践,并试图将社会观护上升为检察职能,以期实现未成年人社会观护的全面化和体系化。在审判与执行程序部分,作者重点论述了圆桌审判制度和未成年人社区矫正制度,同时,社会调查报告在司法实践中的适用范围越来越宽泛,但其证据效力存在较大争议,从而会影响提请批准逮捕、审查起诉、法庭教育和观护帮教以及法庭定罪量刑,针对这一问题,作者对社会调查报告的证据效力作了较为充分的论证。

在"实践与路径"篇,作者运用实证研究和比较研究方法,重点对美国、德国、韩国以及我国台湾地区的未成年人刑事特别程序的改革趋势进行分析,结合我国国情和社会发展现状,作者对我国大陆未成年人刑事特别程序改革提出了自己的见解。此外,作者基于以上研究,结合实证维度考察结果,提出我国大陆现行未成年人刑事特别程序的改革方向倾向于"福利兼正当程序"模式,但是未成年人刑事特别程序改革之路刚刚开启,不能祈求福利兼正当程序之改革一蹴而就,而只能采取"过程性"和"渐进式"方法,从"技术性改良"走向"制度性变革",逐步实现由量变到质变的蜕变,最终迈向福利兼正当程序模式。

  作者的论述有较为完整的体系和强大的数据支撑,为完善未成年人刑事特别程序提供了法理支撑。首先,在法理架构部分,作者从国家亲权、未成年人福利和恢复性司法等理论出发,构建未成年人刑事特别程序法理体系。在具体诉讼阶段论部分,作者从未成年人刑事侦诉审程序的实践出发,论述程序的运行逻辑与实践需求。其次,作者运用定量和定性相结合的实证研究方法对现行未成年人刑事侦诉审程序进行实证分析,并着力探索符合我国国情的实践模式。实务部门的研究注重制度的实践性,而在法理与实践的结合方面稍显不足,故作者采取定量与定性相结合的实证研究方法进行分析,着力探索符合我国国情的改革模式。同时作者作为实证研究中的中立调研方,尽可能做到让不同角色的人发出各自的声音,做到客观、中立地进行访谈、座谈与数据采集,将客观中立贯穿于实证调研的各方面及全过程,突出实证分析中立性的特点。最后,作者采用学科交叉等多元方法,跳出未成年人刑事审判模式来反思"以审判为中心的诉讼制度改革"问题。在研究过程中,注重法理与实证研究相结合,通过法理与实践的互动,并吸收借鉴外国及我国台湾地区的有益经验,完善我国大陆当前未成年人刑事特别程序制度中存在的缺陷。

  近年来,未成年人犯罪呈现低龄化、暴力化和网络化等特征,一些人对"保护为主、惩罚为辅"的司法理念提出了质疑,对此种质疑,我们应当理性对待。一方面,这转嫁了国家和社会责任,回避了现实问题;另一方面,"保护为主、惩罚为辅"的司法理念符合国际社会潮流,也契合本土国情。

  该书始终坚持以"保护为主、惩罚为辅"的司法理念贯穿未成年人刑事立法、司法和执法活动的全过程。首先,坚持"保护为主、惩罚为辅"的司法理念。未成年人刑事特别程序以国家亲权、未成年人福利和恢复性司法作为理论指导,强调国家或政府居于未成年人最高监护人的地位,负有积极保护未成年人的职责,并应当主动履行监护义务;强调以未成年人的最佳利益及最少危害为替代性考量,优先保障未成年人享有的诉讼权利与合法权益;强调以未成年人和被害人为整个刑事特别程序的核心要素,注重对犯罪行为所侵害的社会关系的修复。其次,组建科学化、专业化的未成年人保护机构。我们不仅需要独立于普通程序的特别程序,而且需要将特别程序的每一个制度精细化,落实到未成年人刑事司法实践中,让每一项程序落地生根,对不同涉罪未成年人采取不同的处遇措施,尽可能让未成年人回归社会。即使有无懈可击的制度,但如果没有人落实,或者执行人员没有相应的专业技能,也无法发挥应有的效用。在未成年人犯罪案件的司法人员和矫正人员专业化之路上,以全面推进员额制改革为背景,我们在员额法官和检察官的数量分配上要适当向未成年人犯罪案件的司法人员和矫正人员倾斜,让其有充足的时间从事未成年人犯罪的矫正工作。最后,形成多样化与个别化的保护处分措施。多种类型的保护处分措施之目的在于有效降低未成年人的羁押率,近年来,我国在涉罪未成年人非羁押性措施方面进行了有益探索,尤其在未成年人社区矫正和社会观护方面有了较大创新和进步。此外,无论是社区矫正还是社会观护,均应让社工组织充分参与,利用社工组织的专业与技能,帮助涉罪未成年人重新回到社区、回归社会。

《未成年人刑事特别程序:法理、模式与路径》一书的结构清晰明确,具有较为严密的论述逻辑,从法理基础到路径选择,作者都作出了详细的论述,并辅以实证研究的数据支撑,使其研究结论更具有可信性和说服性。作者采取以实证研究中的调查问卷为主、以访谈座谈和典型个案分析为辅的方式,对所研究的问题进行大数据统计,并以附件的形式将问卷内容和访谈内容详细列明。此项研究方法不仅让读者清晰直观地了解目前未成年人刑事特别程序中相关制度的实践情况和相关人员的见解看法,而且为作者的研究结论提供了强有力的支撑,并为其后的改革建议提供较好的说理。

在未成年人刑事特别程序发展的今天,仅仅作说理性研究和纯粹的实证性研究都难以将一项制度圆满地论述清楚。将说理性和实证性相结合,为论点提供科学直观的数据调查结果,能够让读者理解理论的同时更容易对作者的研究内容予以认可。该书作者尝试体系性思考未成年人刑事特别程序的法理、模式与路径,并试图以法理来引领相关未成年人刑事诉讼制度研究。当然,这并不容易,该书的研究也仅仅是作者的初步探索,还有待学术界共同努力来推动未成年人法治事业再上新台阶。

"寒重花逾艳,临风瘦自禁。不须讥小草,独具傲霜心。"①谨以沈家本这首诗与正法及各位读者共勉。学术道路充满荆棘,无畏艰险的勇气,努力向前的信心,将引领我们不断探索求真务实的学术之路。

胡　铭*
壬寅年岁末于求是村

---

① 沈家本著、沈厚铎等编:《玉骨冰心冷不摧:沈家本诗集》,浙江文艺出版社2020年版,第259页。

* 胡铭,浙江大学求是特聘教授、博士生导师,现任浙江大学光华法学院院长,兼任中国刑事诉讼法学研究会副会长等职,入选"第九届全国杰出青年法学家"、国家"万人计划"哲学社会科学领军人才、教育部青年长江学者等。

目 次

上篇　法理与模式

第一章　导　论 ………………………… 003
　第一节　引　言 ………………………… 003
　第二节　文献综述 ……………………… 005
　　一、域外未成年人刑事特别程序的研究
　　　　前沿 ……………………………… 005
　　二、我国未成年人刑事特别程序的研究
　　　　前沿 ……………………………… 008
　第三节　研究方法与意义 ……………… 012
　　一、实证研究方法 ……………………… 012
　　二、比较分析方法 ……………………… 017
　　三、规范分析与价值分析 ……………… 017
　　四、典型个案研究 ……………………… 018
　　五、本研究的意义 ……………………… 018
　第四节　基本概念的界定 ……………… 020
　　一、第一组概念：未成年人与未成年人刑事
　　　　特别程序 ………………………… 020
　　二、第二组概念：合适成年人参与、附条件
　　　　不起诉与分案起诉制度 …………… 023

三、第三组概念:社会观护、社区矫正与刑事诉讼模式研究 …… 024
第五节 结构安排与研究难点 …… 026
一、本书的基本结构 …… 026
二、本书的研究难点 …… 029

第二章 未成年人刑事特别程序的法理架构 …… 030
第一节 未成年人刑事特别程序法理探讨的逻辑起点 …… 031
一、普遍性国际规则的最低程序标准与实体要求 …… 032
二、特殊性国际规则细化了实体性与程序性权利 …… 032
第二节 国际公约对未成年人刑事特别程序的影响 …… 038
一、基本形成保护未成年人的法律体系 …… 039
二、国际公约直接涉及实体性与程序性权利 …… 040
第三节 变迁中的未成年人刑事特别程序 …… 041
一、"和合""恤幼"理念与古代未成年人刑事特别程序 …… 041
二、近现代未成年人刑事特别程序的演变脉络 …… 043
三、未成年人刑事特别程序的新里程 …… 046
第四节 未成年人刑事特别程序的理论认知 …… 053
一、理念、方针与政策的实践效果 …… 053
二、理想与现实之距离:特别程序的基本理念 …… 057
三、特别程序之理念:理想与现实的弥合 …… 062

第三章 未成年人刑事特别程序的模式 …… 064
第一节 特殊监护模式 …… 066
一、特殊监护模式的演进脉络与特征 …… 067
二、新语境下特殊监护模式的生存空间 …… 068
三、对传统特殊监护模式的反思 …… 070
第二节 优先保护模式 …… 073
一、优先保护模式的兴起与特征 …… 073

二、优先保护模式的积极效果 …………………………………… 075
　三、新语境下优先保护模式的践行障碍 ………………………… 076
第三节　修复关系模式 ……………………………………………… 078
　一、修复关系模式的兴起与特征 ………………………………… 079
　二、修复关系模式的本土资源 …………………………………… 080
　三、推行修复关系模式的主要困境 ……………………………… 082
第四节　改革面向：福利兼正当程序模式 ………………………… 084
　一、实证研究的时间、方法与样本信息 ………………………… 084
　二、现行特别程序对涉罪未成年人处理的严厉程度与立法模式 … 085
　三、改革面向：福利兼正当程序模式 …………………………… 086
第五节　迈向福利兼正当程序模式 ………………………………… 091

中　篇　程序与逻辑

第四章　未成年人刑事侦查程序研究 ……………………………… 095
第一节　合适成年人参与效果的考察与职能重塑 ………………… 096
　一、侦查讯问：合适成年人参与效果的考察 …………………… 098
　二、权利与义务：合适成年人的诉讼地位与职能延伸 ………… 109
　三、移植与延伸：构建全程跟进型的合适成年人参与机制 …… 118
第二节　未成年人羁押率的影响因素与程序性控制 ……………… 123
　一、应然与实然：未成年人羁押的对象与目的 ………………… 123
　二、要素与缘由：涉罪未成年人高羁押率的实证考察 ………… 128
　三、反思与重构：未成年人羁押率的程序性控制路径 ………… 134
第三节　律师帮助的定位与职能重构 ……………………………… 150
　一、未成年人刑事侦查程序之律师定位与功能 ………………… 151
　二、指定与委托辩护：律师帮助的现状考察 …………………… 155
　三、律师职能最大化的路径选择 ………………………………… 163
第四节　违反侦查程序的制裁模式与路径选择 …………………… 170
　一、程序性制裁在侦查程序中的特殊价值 ……………………… 172

二、无效与可补救:程序性制裁的模式与局限 …………… 175
三、程序性制裁路径:从违法性宣告到渐进式制裁 ………… 180

第五章 未成年人刑事审查起诉程序研究 187

第一节 附条件不起诉的运行逻辑 …………… 188
一、附条件不起诉适用实证考察 …………………………… 189
二、附条件不起诉制度的释义路径 ………………………… 194
三、通过正当程序限制检察机关的起诉裁量权 …………… 201

第二节 分案起诉制度 204
一、分案起诉制度的模式与价值 …………………………… 205
二、分案起诉制度适用率低的实证分析 …………………… 209
三、分案起诉制度扩大适用的优化路径 …………………… 213

第三节 未成年人社会观护体系建构 …………… 218
一、社会观护的基本类型、职能定位与权利义务 ………… 219
二、问题与反思:社会观护的本土实践样态 ……………… 226
三、应然与实然之弥合:社会观护体系化的建构 ………… 232

第六章 未成年人刑事审判与执行程序研究 …………… 239

第一节 圆桌审判与庭审教育的法理基础与路径选择 ……… 240
一、圆桌审判与庭审教育问题的法理分析 ………………… 240
二、圆桌审判局限性的实证分析 …………………………… 243
三、未成年人庭审教育问题的困境考察 …………………… 249
四、构建多元化未成年人庭审模式的路径 ………………… 252

第二节 社会调查报告的证据效力 258
一、社会调查报告证据效力的法理基础 …………………… 259
二、社会调查报告证据效力运行的实践局限 ……………… 266
三、必由之路:完善社会调查报告证据效力的对策论 …… 273

第三节 未成年人社区矫正的理念与路径 279
一、矫正理念:特殊预防、社会控制与修复关系 ………… 280

二、社区矫正面临的困境:基于运行现状的实证考察 ……… 285
三、善治:涉罪未成年人社区矫正治理路径 …………… 290
第四节 社工组织参与社区矫正的模式与路径 …………… 296
一、社工组织参与社区矫正的运行模式 ………………… 297
二、社工组织参与社区矫正的实践局限 ………………… 301
三、社工组织参与社会矫正的完善路径 ………………… 305

下 篇 实践与路径

第七章 未成年人刑事特别程序的改革前沿 …………… 315
第一节 国外未成年人刑事特别程序的改革前沿 ………… 316
一、美国未成年人刑事司法制度的改革趋势 …………… 316
二、德国未成年人刑事司法制度的改革前沿 …………… 320
三、韩国未成年人刑事司法制度的改革前沿 …………… 325
第二节 我国台湾地区"少事法"的演进脉络与改革趋势 … 345
一、"少事法"的改革背景与问题意识 …………………… 345
二、"少事法"之立法沿革与修法脉络 …………………… 346
三、少年事件的现象检视与问题反思:以实证维度考察 … 351
四、"少事法"之新理念、新趋势与新启发 ……………… 358
第三节 降低未成年人刑事责任年龄的审思 ……………… 364
一、实证样本分析 ………………………………………… 365
二、有关未成年人刑事责任年龄的演进逻辑 …………… 367
三、未成年人刑事责任年龄的争论 ……………………… 371
四、反对降低未成年人刑事责任年龄的缘由 …………… 378
五、有效降低未成年人犯罪率的路径选择 ……………… 384

第八章 结语:迈向福利兼正当程序模式 ……………… 393

[附件] ………………………………………………………… 398

未成年人刑事侦诉审程序实施现状的调查问卷 …………… 398
未成年人刑事侦诉审程序实施现状与改革前沿之访谈提纲 … 410
我国台湾地区少年司法制度发展趋势与改革前沿之访谈提纲 … 413

参考文献 ………………………………………………… 415
后　记 ………………………………………………… 445

PART I

上篇

法理与模式
JURISPRUDENCE AND PATTERN

第一章 导 论

第一节 引 言

梁启超先生有言:"少年智则国智,少年富则国富,少年强则国强,少年独立则国独立,少年自由则国自由,少年进步则国进步。"①可见,"未成年人"②是社会之基石,民族之幼苗,国家之栋梁,其身心的健全与否、人格的优劣与否、学识的殷实与否,直接关系民族的盛衰、国家的前途。当今社会正处于日新月异的转型期,农村城市化和信息电子化导致各方面矛盾不断激化,农村留守未成年人犯罪、城市未成年人网络犯罪问题日益凸显,未成年人犯罪团伙化趋势渐增,犯罪低龄化和作案手段成人化、暴力化倾向突出,恶性虐童案和未成年人极端犯罪屡次发生,给社会和谐稳定带来了极大冲击。近年来,新媒体曝光了李某某等强奸案、吴某某等校园枪击案、张某某开设赌场案、李某某故意伤害案以及邓某某组织未成年人进行违反治安管理活动案等,国家、社会和司法如何治理未成年人犯罪,如何通过特别程序

---

① 梁启超:《少年中国说》,北京联合出版公司2014年版,第6页。
② 本书使用"未成年人"一词,而未使用"儿童、少年、青少年"的表述。联合国《儿童权利公约》第1条规定:"为本公约之目的,儿童系指18岁以下的任何人,除非对其适用之法律规定成年年龄低于18岁。"可见,公约中儿童的范围大于未成年人;同样,少年范围亦是如此。为统一用语,本书中将"儿童、少年、青少年"均统一表述为"未成年人",但在引用其他文献时,本书尽可能与原著保持一致。

保护未成年人权益,已成为社会大众关注的焦点。

传统的未成年人刑事特别程序呈现出两极化模式,即司法模式和福利模式,司法模式以德国、加拿大为代表,福利模式以美国、英国、芬兰、瑞典等国家为代表。但随着法治文明的逐层推进,"两极化模式"已不足以治理频发的未成年人犯罪,也未能使未成年人认识到犯罪的严重性与危害性,从而使其重新回归社会。我国古代未成年人刑事司法倡导儒家的"恤幼"思想并传承至今。中华人民共和国成立后,我国未成年人刑事诉讼立法经历了改革开放前的摸索期,改革开放到20世纪末的重建期以及进入21世纪后的发展期。其中,2012年《刑事诉讼法》在"特别程序"一编中将"未成年人刑事案件诉讼程序"设专章规定,共11条。2018年《刑事诉讼法》延续了这一立法范式,第277条至287条共11条规定了未成年人刑事特别程序。2012年《刑事诉讼法》将"尊重和保障人权"写入总则,不仅实现了从"人权入宪"到"人权入法"的突破,彰显了"尊重和保障人权"在刑事诉讼法中的价值,而且在未成年人刑事侦诉审程序中规定了未成年人的"指定辩护制度""特殊强制措施制度""分案起诉制度""附条件不起诉制度""犯罪记录封存制度""不公开审理制度"及"合适成年人参与机制"等。这些规定不仅解决了我国有关未成年人刑事侦诉审程序的碎片化问题,而且也践行了我国签订的国际公约中有关未成年人国际保护的义务。

然而,在司法实践中,未成年人刑事特别程序的运行并未像我们所预期的那么理想,由于相关法律法规存在不足,导致有些缺乏具体的可操作性,有些欠缺法律后果的特别规定,有些规定之间甚至存在矛盾,等等。这些问题均阻碍了未成年人刑事特别程序的落地生根,甚至影响了预期的法律效果和社会效果的统一。针对未成年人刑事特别程序立法与司法实践存在的不足,改革路径该何去何从?本书立足于立法及司法实践存在的局限性,运用规范分析方法、比较分析方法、实证研究方法等多元方法,系统研究未成年人刑事特别程序的理论架构,未成年人刑事侦诉审程序的实践状况与完善路径,并分析我国未成年人刑事诉讼程序的改革趋势。

第二节 文献综述

一、域外未成年人刑事特别程序的研究前沿

回顾历史是为了更好地理解现在,并向未来前进(Thomas J. Bernard, Megan C. Kurlychek, 2010)。在国外,关于未成年人犯罪与未成年人刑事特别程序的研究已有多年历史。19世纪末,美国经过多番的激烈论战,国家、社会与民众之间达成基本共识,认为传统的成人法院缺乏效益,或对未成年人来说是不适当的(Jennifer D.Tinkle, 1992)。于是,美国于1899年在伊利诺伊州的考克郡建立了世界上第一个未成年人法院,拉开了美国乃至全世界研究未成年人刑事诉讼程序的序幕,也正如美国法学家罗斯科·庞德的评价:这是自1215年大宪章签订以来司法史上取得的最意味深远的进步。

工业革命后,未成年人犯罪成为一个严重的社会问题。美国及其他欧洲国家数据统计表明,暴力型和财产型犯罪的激增期是十几岁,并在16岁至18岁达到顶峰(Hirschi、Gottfredson, 1983; Farrington, 1986; Flanagan、Maguire, 1990)。此时便产生了独立未成年人刑事政策废止与否之辩,从理论维度而言,矫正和惩罚是两个相互排斥的刑事司法理念,前者将未成年人实施犯罪的原因归结于外部环境,而后者强调犯罪是由自身因素所引起的。有学者认为,未成年人刑事政策没有独立存在的必要,而应当与成年人刑事政策兼并,合二为一。如赫希和戈特弗里德森的自我控制理论就为废除独立的未成年人刑事政策提供了一定的理论基础。自我控制理论的核心观点是:一个人犯罪的实质在于自我控制能力低。自我控制能力低的人的一个重要特征,即对目前环境中的有形刺激容易作出反应,他们有一种具体的此时此地定向。相反,自我控制能力高的人可能更擅长延迟满足(Hirsch、Gottfried Anderson, 2010)。独立未成年人刑事政策之保留论则认

为,对于犯罪的未成年人,应当给予一定的惩罚,但这并不能否定未成年人刑事政策独立存在的价值。在一份密歇根州检察官放弃管辖数据统计中(表1.1),最严重的犯罪行为包括抢劫、殴打、谋杀、性犯罪和毒品犯罪等,31.9%被放弃管辖,68.1%仍然提请未成年人法庭进行裁决。这也从实践层面验证:独立的未成年人刑事政策仍有其存在的价值。立论的基础是:首先,未成年人犯罪的可责性在逐渐减少。对于未成年人而言:我们更可能从行为人之外去理解不良行为。我们认为未成年人的教育和发展是不完全的,因此,不能对他或她适用成年人行为标准(Robert O. Dawson, 1990)。其次,涉罪未成年人具有很强的可塑性。我们不能因为其犯罪而放弃对未成年人的治疗,应帮助未成年人重回正道。最后,从经济成本视角而言,采用报应惩罚理念,最终成本收益是利小于弊。据佛罗里达州的研究员比较调研佐证:在3000名被移送的未成年人和3000名没有被移送的未成年人中,经过对比分析,被移送刑事法院审判的未成年人比没有被移送的更早或更可能重新犯罪。综上,笔者也是保留独立的未成年人刑事政策的支持者之一。

表1.1 密歇根州检察官提请未成年人法庭裁决与放弃管辖之罪行数据统计①(件)

最严重的罪行	提请未成年人法庭裁决	放弃管辖
谋杀	85	93
谋杀未遂	1	0
毒品	1	1
殴打	76	37
劫车	28	2
性犯罪	40	18

---

① 数据统计来源:John D. Burrow, "Punishing Serious Juvenile Offenders: A Case Study of Michigan's Prosecutorial Waiver Statute", UC Davis Journal of Juvenile Law & Policy, Vol. 9, No. 1, 2005, p. 49。

(续表)

最严重的罪行	提请未成年人法庭裁决	放弃管辖
持械抢劫	135	24
非持械抢劫	3	0
非法携带武器	4	0
总计	373	175

未成年人犯罪,不仅是源于自身原因,而且是家庭、学校、社会和国家等综合因素作用的结果。哈佛大学谢尔登·格鲁克和伊琳娜·格鲁克1950年通过对《青少年犯罪揭秘》(Unraveling Juvenile Delinquency)的原始卷宗资料的分析连同对随后18年资料里的1000个样本对象的追踪研究,初步总结出未成年人犯罪的成因。格鲁克夫妇认为看管、情感依恋及管教这三个家庭因素与严重、持久的未成年人违法犯罪行为的关联最大(Sheldon Glueck、Eleanor Glueck, 1950)。从社会控制角度而言,和家庭相类似,学校也是一个非常重要的预防未成年人犯罪的社会化机构,其中,未成年人对学校依恋的程度越高,其违法犯罪的倾向就越低(Hirschi, 1969; Kornhauser, 1978; Wiatrowski etc, 1990)。"学校依恋"的四个组成要素为:学业表现、对教育的渴望和期望、对学校活动的参与程度及对学校的满意度和情感关系。美国犯罪社会学家赫希认为,任何人都是潜在犯罪人,个人与社会的联系可以阻止个人违反社会准则的越轨与犯罪行为,当这种联系薄弱时,个人就会无约束地进行犯罪行为。"社会纽带"由四个要素构成:依恋、追寻、参与、信仰(Travis Hirschi, 1997)。标签理论(Labeling Theory)产生于20世纪50年代的美国,其认为越轨行为是社会互动的产物,主要内容包括:标签的张贴具有选择性、越轨行为的成因及养成是一种被辱的过程(Arnold Binder、Gilbert Geis and Bruce Dickson, 1988)。可见,国外关于未成年人犯罪成因之分析已形成体系,本书虽然并不侧重犯罪成因的分析,但掌握未成年人犯罪的成因是对其进行社会观护与社区矫正之前提。

美国对涉罪未成年人进行社区矫正的实践已有一百多年的历

史,最初的未成年人社区矫正形式仅适用于缓刑,源于 1869 年的马萨诸塞州,它是一项专业性、法律性很强的工作。学者大卫·E.杜菲的著作《美国矫正政策与实践》专门有一章写了未成年人社区矫正制度。他在未成年人社区矫正制度中提出缓刑中的强化措施即中间程度的制裁,包括赔偿与社区服务、强化的缓刑监督、家中监禁和电子监控、监外的缓刑。美国的未成年人社区矫正仍在进行最佳管理模式的探索与选择,以实现公正与效率的最大化。为提高社区矫正工作人员的效率,佛罗里达矫正与更正局建立了第一个测试新进人员的中心,将传统的纸笔测试方式改为在全部工作范围内测试应聘人员的个性、兴趣、倾向、智商或通过编列目录来测试应聘人员的潜能(Camille Camp、George Camp,2002;Champion、Dean John,2008),这也体现了社区矫正工作人员需具有较强的专业性。

总之,近年来国外关于未成年人犯罪与未成年人刑事特别程序的研究,利用量化研究与质化研究相结合的方法使得学术研究在一定程度上摆脱了传统的泛泛而谈的缺陷。目前的研究开始注重未成年人犯罪的成因与治理的实践,传统研究过多偏重理论、制度或者表达,而现有研究的兴起使得学界从关注国家层级的立法到关注区域的司法实践,并逐步呈现出精细化、微观化的发展趋势。目前的研究更加强调方法与角度的多样化。就方法论来说,法学、社会学、教育学、管理学和新制度经济学等研究方法开始在未成年人刑事特别程序研究中得以运用;就学科而言,以多学科交叉的综合分析法进行研究的作品日益增多。

二、我国未成年人刑事特别程序的研究前沿

19 世纪中叶以来,中国步履艰难地踏上了现代化之路,古老的中国被卷入现代化的惊涛骇浪之中,从而发生了一系列剧烈而深刻的社会经济变迁。社会处于转型期,随着城镇化和人口流动的频繁化,从最高人民法院统计的 2000 年至 2020 年全国法院审理未成年人犯罪人数的数据(表1.2)来看,2000 年未成年人犯罪人数仅为 41709 人,到

2008年,未成年人犯罪人数达到峰值,为88891人,比2000年的2倍还多。令人欣慰的是,从2009年起至2017年,我国的未成年人犯罪人数呈逐年下降趋势。但不可否认的是,2018年至2019年的未成年人犯罪人数有所回升,尽管2020年有所下降,但未成年人犯罪问题仍然是当前严重的社会问题。在保护涉罪未成年人并帮助其重新回归社会的同时,控制渐增的未成年人犯罪人数,已成为当前实务部门及专家学者共同努力的方向。

表1.2 2000—2020年全国法院审理未成年人犯罪人数统计①(人)

年份	2000年	2001年	2002年	2003年	2004年	2005年	2006年
人数	41709	49883	50030	58870	70144	82721	83697
年份	2007年	2008年	2009年	2010年	2011年	2012年	2013年
人数	87525	88891	77604	68193	67280	63782	55817
年份	2014年	2015年	2016年	2017年	2018年	2019年	2020年
人数	50415	43839	35743	32778	34365	43038	33768

学界对于未成年人刑事侦查程序的研究,具有代表性意义的作品主要有《未成年人案件羁押率高低的反思》《涉罪未成年人审前非羁押支持体系实证研究》《未成年人羁押必要性审查模式研究》《"合适成年人"参与未成年人刑事诉讼程序实证研究》《论未成年人刑事案件中的合适成年人制度》《取保候审适用中面临的问题与对策——基于未成年人案件实证研究的分析》等。有学者指出未成年人"羁押率"高的原因在于,较之成年人案件,对于未成年人案件,国家往往表现得更加积极主动,介入的范围更加宽泛,其中人身拘束措施作为非常有效的一种干预手段,不仅要承担保障诉讼的功能,同时还有教育、辅导、考察等功能(张栋,2015)。而建构未成年人羁押必要性审查模式或者"检察中心主义"是未来建立社会化支持机制的可行之举(侯东亮,2015)。在合适成年人参与机制方面,其理论依据是刑法的谦抑

---

① 数据统计来源:中国法律年鉴编辑部编辑《中国法律年鉴》(2000—2020年)。

性理论和教育刑理论(刘立霞、郝小云,2011)。有学者的实证调查显示,合适成年人参与讯问有利于维护未成年人基本的诉讼权利,也有助于讯问的顺利进行和改善办案人员的讯问方式,因而具有较高的认可度;但也存在合适成年人的地位与作用极易出现偏差及讯问时在场作用的实质性有待加强等问题(何挺,2012;谢安平、郭华,2015;王贞会,2018)。此外,当前合适成年人参与机制存在合适成年人诉讼地位含混不清及参与机制的具体操作仍需明确、细化等问题,本书将对这些问题予以阐述。

对于未成年人刑事审查起诉程序的研究,具有代表性意义的作品有《检察机关附条件不起诉裁量权运用之探讨》《未成年人刑事案件附条件不起诉制度探析》《试论附条件不起诉之适用问题》《未成年人刑事公诉案件分案审理制度若干问题研究》《附条件不起诉制度的完善》等。附条件不起诉制度的探索与实践,是地方性司法机关"试点性改革"与"试错性试验"的结果(左卫民,2011),体现了恢复性司法理念(徐美君,2007;张继平,2011;张中剑,2013)。附条件不起诉在立法中存在诸多缺陷,主要表现在:罪刑条件要求过于严苛,监督考察主体不适格,附加条件不具针对性,被害人保护重视不够,裁量权缺乏有效控制(彭玉伟,2012;赵秉志、王鹏祥,2012),以及与酌定不起诉之间的关系混沌(李辞,2014)。在司法实践层面,有学者通过对上海市长宁区、东北地区检察机关实施2012年《刑事诉讼法》的情况进行实证调研,发现附条件不起诉在实践中存在适用率低、适用对象特定、相对不起诉侵蚀附条件不起诉等问题,这些问题主要源于部分检察官司法理念落后、知识储备不足及司法体制障碍、人员配置紧张等因素(郭菁,2012;谢登科,2015)。在完善对策上,有学者特别对检察机关裁量权行使过程提出建议:应以特别预防需求作为核心考虑,在裁量形态与处分内容的选择上,应遵循合目的性、必要性与比例原则的要求,本着特别预防、犯罪嫌疑人最小负担原则,协调关系人相互间的利益,促成涉罪未成年人回归社会(郭斐飞,2012;刘学敏,2014)。可见,学界和实务部门对于未成年人附条件不起诉制度的理论与实践已有深入研究，但如何通过程序性控制规范检察机关的裁量权，仍有继续研究的空间，以及起诉阶段的涉罪未成年人的分案起诉制度，也仍有完善的余地。

对于未成年人刑事审判和执行程序的研究，未成年人法院设立、庭审模式改革及社会调查报告等是司法实践关注的热点，具有代表性意义的作品有《创设少年法院必要性研究的反思》《关于构建有中国特色少年法院的思考》《设立未成年人法院的必要性、可行性及其方法》《〈未成年人社会调查报告〉的证据法分析》《审判公开的限度》《应然与实然之间的距离：未成年人量刑实证研究》等。2000年前后，学界和实务部门对于未成年人法院设立必要性的讨论达到巅峰，有学者认为建立未成年人法院的主要论据有：未成年人司法制度的特殊性和专业性，对未成年人进行全面司法保护的需要，预防和控制未成年人犯罪，克服当前相关机关自由裁量权过大带来的问题，适应世界未成年人司法制度的发展潮流等（吕敏、王宗光，2000；李璞荣、韩轩，2001；徐建，2001；范春明，2001；乔宪志，2001；姚建龙，2001；叶青、王超，2001；毛宇峨、赵俊，2003；赵星，2008；俞亮、张驰，2010）。针对社会调查报告的证据属性问题，有学者认为社会调查报告具有证据的属性（王蔚，2009；罗芳芳、常林，2011；田宏杰、庄乾龙，2014），社会调查报告可以作为未成年人刑事案件定罪、量刑及个别化处遇和管护矫治等方面的重要决策的依据（高维俭，2010）。然而，社会调查报告的实践表明，其存在报告制作主体不明确、不统一，报告内容缺乏灵活性，恶意报告监督不完备，报告缺乏说理和论证，报告结论无法取信于法官，报告作用的范围尚不明确等问题（曹志勋，2012；李国莉，2015）。在庭审模式方面，有学者提出当前的庭审为教化型庭审（李昌盛，2011）；在未成年人量刑程序上，有学者通过实证研究提出：除"犯罪年龄"对法官量刑结果有显著影响之外，其他四个情节（是否初次犯罪、犯罪后的悔罪表现、个人成长经历和一贯表现）的影响皆不显著（莫然，2015），这也表明需制定各酌定量刑情节的标准化等级。

近年来，在未成年人刑事特别程序领域的研究成果中，比较有代表性的博士论文有:龙宗智教授指导的《未成年人刑事审判程序研究》（曾康，2007），谢勇教授指导的《少年刑事司法社会调查程序研究》（王广聪，2013），龙宗智教授指导的《附条件不起诉制度研究》（杨志，2014），闵春雷教授指导的《附条件不起诉制度研究》（马健，2013）和《未成年人刑事案件社会调查制度研究》（李国莉，2015），高维俭教授指导的《少年刑事政策研究》（梅文娟，2015）。在未成年人刑事审判程序的研究方面,曾康博士从少年刑事审判权的主体、审判的基本制度及审判的方式三个方面进行了详细阐述（曾康，2007）。在附条件不起诉制度的研究方面,马健博士对附条件不起诉制度的概念、理论进行了梳理,对美国、德国、日本及我国台湾地区相关制度进行了考察与分析,并论述我国大陆附条件不起诉制度的现实考察、价值、实体完善和程序建构（马健，2013）;而杨志博士从附条件不起诉制度的概述、实施依据、域外经验、试点探索和完善路径这五个方面进行了论述（杨志，2014），两篇博士论文在结构上各有所长。在未成年人刑事案件社会调查制度的研究方面,李国莉博士从未成年人刑事案件社会调查制度概述、制度变迁、调查主体规范化、程序设置及社会调查报告等五个方面进行了详细论述,其将社会调查制度的基本理念论述为:国家亲权主义、教育刑理念和刑罚个别化理念（李国莉，2015）。从总体上而言,研究未成年人刑事特别程序的博士论文数量有限,而这一程序在司法实践中仍存在诸多问题,仍有全面性、系统性研究的空间。

第三节　研究方法与意义

一、实证研究方法

本书的研究重心集中于未成年人刑事特别程序,不仅将从理论层面对未成年人刑事特别程序之正当性给予回应,而且将从实践层面展开多学科、多角度的考察与实证分析,还希冀将理论层面与实践层面充分地衔接起来,摆脱"理论—实践两张皮"的困境。本书以公检法司实践作为研究的切入点,基于实践考察与实证分析来提炼、回应、修正未成年人刑事特别程序的理论问题,通过将学术研究与制度实践、制度改革结合起来,较好地实现理论研究回应实践需要、制度实践反馈学术探讨的良性互动,以开启实证研究方法的新范式。2015年6月,笔者跟随美国圣弗朗西斯大学张乐宁教授系统地研习法学实证研究方法,并对自身之前存在的错误观点进行了修正。实证研究包括概念理论、研究过程、将概念化为具体可操作的指标、抽样、因果分析、社会调查、实验研究、小组座谈、田野调查等。

实证研究方法采用量化研究与质化研究相结合的方法,量化研究较多依赖对未成年人刑事侦诉审程序的测量和计算,而质化研究侧重对未成年人刑事特别程序的含义、特征、隐喻、象征的描述与理解。量化研究以实证主义哲学为基础,而质化研究以现象学和释义学为理想模式。两者在科学观、本体论、认识论和方法论方面存在截然对立的特征,但在实践层面上实现了互补互惠。在法学研究日益科学化的潮流中,量化研究与质化研究已成为一门重要的技能。在中国法社会学研究中,美国学者巴克斯鲍姆是计量方法的最早尝试者。本书利用大量的、不同区域的司法统计数据,通过对北京、上海、河北、吉林、辽宁、浙江、江苏、湖北、湖南、安徽、甘肃、四川、广西、重庆、贵州、云南等地的公检法司四个部门及社会公众开展问卷调查和访谈座谈,初步呈现各地未成年人刑事侦诉审程序的实践概况。调查问卷的设计关注量化研究与质化研究不同的价值观及对应的方法论,对两者在实践层面整合的可能性给予了更多的关注。虽然量化研究和质化研究以不同的哲学理念为根基,但在实践层面上两者互相补充、取长补短,使方法多元论成为可能。

本书的研究持续了近十年的时间,主要分为以下三个部分:一是在全国范围内开展关于未成年人刑事侦诉审程序践行现状的问卷调查,收集相关问卷数据。二是典型个案样本的考察,选取在全国比较有影响力的未成年人刑事案件进行分析,这些案件的特征是:涉案主体皆为未成年人,普遍引起社会民众的关注,案件或多或少地反映民众诉求,并且司法机关的认定与民众评判具有一定差异,比如李某某强奸案,龚某某、邹某某校园故意伤害案等。三是圆桌座谈与个别访谈,与实务部门的警察、检察官、法官及律师进行座谈和访谈,进行定性研究,并探索"国家亲权""未成年人福利""恢复性司法"这三种理论在我国未成年人刑事特别程序中的存在空间与践行障碍。本书主要运用问卷调查、实地调查、圆桌座谈和个案访谈等实证研究方法。

首先,问卷调查。在设计问卷前期,笔者通过文献回顾、专家咨询、学者论证及座谈访谈等方式,对设计的问卷效度和信度进行了检验,得出问卷具有较高的可信度和有效度的结论。问卷分别针对公检法司办案人员、律师及社会大众发放,共 1850 份,回收 1348 份,问卷回收率约为 72.9%,其中,无效问卷 62 份,最后录入有效问卷 1286 份,有效问卷占全部发放问卷量的 69.5%。从表 1.3 可知:1286 份有效问卷[1]中,公检法司办案人员 855 份(包括警察 169 份、检察人员 310 份、法官 326 份、司法局工作人员 50 份),公检法司办案人员占所有有效受访者人数的 66.5%;律师群体 120 份,所占比例约为 9.3%;社会公众 311 份,所占比例约为 24.2%(这些社会公众包括教师、学生、公检法司办案人员以外的其他公务员和农民等)。调查问卷受访者中,男性所占比例约为 53.0%,女性所占比例约为 47.0%,男女比例基本保持均衡。从受访者年龄阶段看,20—30 岁的受访者人数最多,所占比例约为 46.1%,30—40 岁的受访者次之,所占比例约为 40.1%。从受访者文化程度而言,受访者大多为本科或研究生学历,本科学历所占比例为 70.7%,研究生学历所占比例为 22.1%。从受访者收入情况看,年收入 5 万—10 万元的比例是最高的,占到了 29.6%,年收入 10 万—15 万元的比例次之,约为 26.3%。

---

[1] 问卷的有效性是指问卷提供者设计的题项是否合理,能否有效反映其研究目标。因此,此处的 1286 份有效问卷是以受访者选择的基本情况中的样本群体为标准取的数值,问卷受访者在填写其他基本情况时的漏选行为并不影响问卷的有效性。

表1.3 调查问卷受访者基本情况的描述性统计

特征	类别	频数	占比(%)	特征	类别	频数	占比(%)
性别	男	681	53.0	年龄	20岁以下	9	0.7
	女	605	47.0		20—30岁	591	46.1
文化程度	研究生	284	22.1		30—40岁	514	40.1
	本科	907	70.7		40—50岁	129	10.0
	大专	76	5.9		50岁以上	40	3.1
	高中	14	1.1	样本群体	警察	169	13.2
	小学	2	0.2		检察人员	310	24.1
收入	2万—5万元	274	21.5		法官	326	25.3
	5万—10万元	378	29.6		司法局工作人员	50	3.9
	10万—15万元	336	26.1		律师群体	120	9.3
	15万元以上	69	5.4		学生	240	18.7
	无	220	17.2		其他人员	71	5.5

问卷发放地区包括北京、上海、广东、天津、山东、河北、江苏、浙江、吉林、福建、安徽、四川、贵州、云南、湖北、湖南、甘肃、新疆、西藏、吉林、宁夏、广西等32个省、自治区、直辖市,样本量占据前三的地区为浙江、云南、上海,所占比例分别为18.0%、15.7%和10.0%。从图1.1受访者所在地区分布情况来看,东部地区调查问卷样本所占比例约为49.8%,西部地区比例约为46.4%,其中,东部地区样本以浙江、上海为主,西部地区样本以云南、广西、四川为主,这样的问卷分布形式,有利于西部地区与东部地区形成对比。问卷调查样本也包括偏远的少数民族聚居区,如青海省西宁市、宁夏回族自治区吴忠市,所占比例为4.0%;甘肃平凉(回族聚居区),所占比例约为2.4%;四川凉山(彝族聚居区),样本所占比例约为2.6%;还包括新疆维吾尔自治区、西藏自治区(藏族聚居区)、广西壮族自治区崇左、河池(壮族、毛南族聚居区),云南红河、新平(彝族、傣族聚居区)等地,这样的样本采集方式,旨在使样本具有真实性和可靠性,能客观真实地反映发达地区和民族偏远地区贯彻落实的

效果与存在的问题。

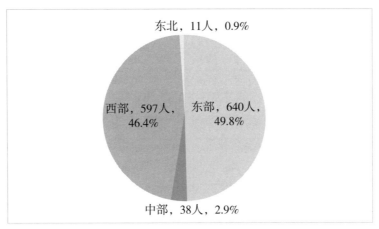

图 1.1 受访者所在地区分布图

其次,实地的圆桌座谈与访谈。笔者以半结构式深度访谈(Semi-structured in-depth Interviews)作为找寻和解决问题的重要方法,实地调查地点包括:浙江省杭州市、温州市、绍兴市,上海市长宁区,四川省成都市、巴中市、崇州市,广西壮族自治区南宁市,云南省玉溪市、文山州、红河州等。座谈、访谈的对象包括警察、检察官、法官、司法局工作人员、律师及其他社会大众,受访对象也包括我国台湾地区"司法院"少年及家事厅(以下简称"少家厅")负责人、立法专家、少年法院法官、检察官、律师及学者,合计共近 100 人次。笔者在访谈之前,预先拟定访谈大纲,以避免访谈过程中出现方向偏差。访谈大纲主要围绕未成年人刑事侦诉审程序的实施现状与改革趋势。在座谈、访谈的同时,笔者收集了各地有关涉罪未成年人案件的规范性文件和典型案例,并与具体办案人员进行座谈,观察办理涉罪未成年人案件的过程,记录和总结座谈、访谈的内容。

最后,该项研究使用 SPSS 数据统计软件来录入和分析数据,并采用描述性、对比、交叉及 Logistic 回归分析方法。主要研究内容包括:第一,司法实践中落实"教育为主、惩罚为辅"原则及"教育、感化、挽救"方针的效果;第二,从文献回顾和实证维度探析未成年人刑事特别程序的理论基础;第三,运用实证研究方法探寻未成年人刑事侦诉审程序的实施现状、立法模式与改革趋势,找寻我国未成年人刑事特别程序的发展方向。其中,数据来源为问卷调查、历年法律年鉴、实地座谈和个案访谈等。

二、比较分析方法

发达国家及地区在未成年人法院、未成年人法庭,特别是在未成年人社会观护与社区矫正方面具有成熟理论和丰富经验,为我国大陆未成年人刑事特别程序问题的研究提供了参考和借鉴。以美国为例,从1899年建立世界上第一个未成年人法院起,到1925年,美国几乎每个州都建立了未成年人刑事司法体系并颁布了相关法律;再如瑞典和芬兰,作为福利模式典型代表国家,对未成年人福利有着特殊理解与独到研究。笔者利用2016年2—7月前往台湾大学交流访学的机会,对我国台湾地区未成年人刑事司法进行了实地考察与实证分析,特别是对"少年事件处理法"(以下简称"少事法")这部专门处理未成年人触法事件和虞犯事件的法律进行了系统的比较研究,借鉴其在社会观护体系中的成功经验。通过一种全方位、多角度的观察和对比的比较分析方法,对域外理论和实践进行利弊分析,这将有助于结合我国大陆现阶段实际情况,形成适合我国大陆情况并有益于解决实际问题的研究成果。

三、规范分析与价值分析

未成年人刑事司法和刑事特别程序二者均包含诸多理论根源,梳理和整合重要理论,搭建未成年人刑事特别程序与刑事诉讼构造理论之间的畅通渠道,需要使用规范分析方法,用法学学科的规范分析方法论进行解释、推理和论证。此外,在阐述未成年人刑事特别程序以及未成年人犯罪综合治理的过程中,必然会涉及价值的冲突,例如犯罪治理与未成年人利益的保护、个人利益和社会整体利益的冲突等。

在这种情况之下,面对价值的取舍与衡量,就需要用价值分析方法进行考量。

四、典型个案研究

作为法社会学经验研究中的一个基本研究方法,个案研究具有悠久的历史。在个案研究历史上具有里程碑意义的著作应是马林诺夫斯基的名著《西太平洋上的航海者》。在过去近一百年的时间里,经由法社会学、人类犯罪学的共同推动,个案研究已经成为法学研究中最重要的研究方法之一。个案可以是非常独特的,甚至是偏离正常状态的,但它体现出的某些特征却具有重要的代表性。这就从理论上回答了异域见闻或者某些个案为什么会具有普遍意义。近年来,未成年人犯罪的典型个案层出不穷,比如李某某等强奸案、吴某某等校园枪击案、张某某开设赌场案、12岁未成年人弑母案等,这些个案为未成年人犯罪成因、审判模式、定罪量刑程序等研究提供了良好素材。尽管这样的个案研究必然也会得出一些概括性结论,但这里的概括,是从理论到个案,再回到理论,是建立在已有理论基础上的理论修正、检验与创新。

运用多种研究方法,有利于多角度、全方位地对未成年人刑事侦诉审程序的相关问题进行深入研究,有利于拓宽研究视野、理清研究思路,增强本书的理论深度。具体至刑事诉讼法学、刑法学、法社会学等研究进路,各自拥有更为细致、具体的分析方法及分析框架。这些具体的分析方法与分析框架常常在很大程度上影响研究进程与结果,通过实证研究、比较研究等方法和领域知识,实现多种方法概念和知识的碰撞与互补,有助于在交叉领域取得突破,并最终推动未成年人刑事诉讼程序研究的新发展。

五、本研究的意义

针对研究目标与研究框架的分析,本书研究的意义主要体现在以下几个方面:

其一,为未成年人刑事特别程序勾勒系统、完整的理论图谱。本研究从"未成年人刑事司法需要什么样的刑事特别程序保障"这一根本问题入手,对未成年人刑事司法涉及的各方面问题进行系统研究,在构建未成年人刑事特别程序理论框架的基础上,对未成年人刑事侦诉审程序的理论和实践中急需解决的疑难问题进行深入研究,从而有效弥补以往研究仅着眼于某几个制度缺陷所导致的整体性、系统性不足的问题,实现宏观与微观、整体与部分的有机统一。

其二,从未成年人刑事侦诉审程序入手进行体系性实证分析和具体制度研究。以往研究多为"孤立"的具体制度研究,难以实现未成年人刑事特别程序基础理论与实践疑难问题的有机结合。本书力求打破这种局限,选择"诉讼阶段论"和"诉讼模式"这一全新视角,从未成年人刑事侦诉审实践需要的角度出发,进行理论架构和侦查模式、审查起诉模式、审判模式的建构与完善。

其三,借鉴国际规则与"中国意识",关注本土经验和地方实践。未成年人刑事特别程序既有全球共同性,又有地方特殊性,要把普遍规律灵活、高效地应用于地方实践。发达国家在未成年人刑事特别程序和未成年人犯罪治理方面的先进经验对我国诉讼程序和犯罪综合治理完善具有很好的借鉴作用。本书研究充分利用到北京、上海、河北、吉林、辽宁、浙江、江苏、湖北、湖南、安徽、甘肃、四川、广西、重庆、贵州、云南等地的公检法司四个部门进行问卷调查和访谈座谈的机会,充分利用与公检法司四部门的办案人员及涉罪未成年人面对面访谈和交流的机会,对地方公检法落实《刑事诉讼法》中规定的"未成年人刑事案件诉讼程序"的情况进行全面、深入的考察与分析,以减少主观"偏见"与"误读",更准确地把握未成年人刑事侦诉审程序的"普遍规律"。本书研究始终坚持清醒的"中国意识",注意域外理论的局限性和本土问题的特殊性,以本土问题的发现和解决为己任,以本土地方实践的需要为出发点和最终落脚点。

其四,探索未来我国未成年人刑事特别程序的发展趋势。本书力争走出地方实践的经验,走出典型个案,在研究过程中,试图将未成年人刑事侦诉审程序的实证结果置于国家治理的大背景中考察,并将其视为一种类型化的治理实践,从而呈现未成年人犯罪治理特征,并与其他国家或地区进行对比,以期在更大的范围内寻找规律,更好地把握未来我国未成年人刑事特别程序的逻辑和图景。本书研究具备"解剖麻雀"式的实证分析的优点,但更重要的是,要通过对现阶段未成年人刑事诉讼程序的理论梳理与实证分析,来厘清我国未成年人刑事特别程序的整体发展脉络。

第四节　基本概念的界定

一、第一组概念：未成年人与未成年人刑事特别程序

在汉语字典中,少年、青年、青少年、未成年人、儿童、婴儿、幼儿、幼女、幼年人等词都有近似的含义,在立法、执法、司法及法学研究过程中,人们对于这些词也是交替使用,例如,《宪法》中出现了"青年、少年、儿童"(第46条)、"未成年子女"(第49条)、"儿童"(第49条)等含义相似的概念。其中,争论较多的是"少年""未成年人""青少年"三个概念,多数学者对于"少年"和"未成年人"则更替使用。而德国、日本及我国台湾地区在立法、司法、执法及法学研究中使用的都是"少年"一词。笔者在本书的写作中使用"未成年人"一词,原因是：第一,符合研究的语境与对象,本书在研究韩国和我国台湾地区时使用"少年"一词,"少年"与"未成年人"通用,仅是表达习惯的问题；第二,"未成年人"一词比"少年"一词更准确,切合目前《刑法》《刑事诉讼法》《未成年人保护法》《预防未成年人犯罪法》与相关刑事政策的实际情况；第三,在刑事诉讼程序研究语境下,具有一定共识性,且有利于历史的传承与学术交流。关于未成年人司法管辖的年龄界限,各国及地区的规定也是各不相同,具体参见表1.4。《未成年人保护法》第2条规定："本法所称未成年人是指未满十八周岁的公民。"2020年通过的《刑法修正案(十一)》将法定最低刑事责任年龄下调至12岁。

因此在我国,法律意义上的未成年人是指已满12周岁不满18周岁的公民。处在这个年龄段内的公民实施了危害社会且应受刑罚处罚的行为,就属于未成年人犯罪。此外,本书的"涉罪未成年人"并非法律术语,在司法实务中,一般是指未成年人刑事案件中的未成年犯罪嫌疑人、被告人和刑罚执行中的未成年人。

表1.4 部分国家及地区未成年人司法管辖的最低年龄和最高年龄(岁)

部分国家及地区	最低年龄	最高年龄
美国(大多数州)	10	18
德国	14	18
法国	13	18
荷兰	12	18
瑞典	15	(无)
丹麦	15	(无)
日本	14	18
加拿大	12	18
以色列	13	18
新西兰	10	16
英格兰	10	18
苏格兰	10	17
我国台湾地区	12	18

通过考证域外历史文献可以看出,至少在中世纪以前,未成年人犯罪要受到比成年人更重的刑罚,如古埃及法律对于杀了孩子的父母不会判处死刑,但对于杀害他们父母的未成年人则要科处非同寻常的刑罚。约公元前1776年颁布的《汉谟拉比法典》规定:"如果一个未成年人打了他的父亲,他就会被砍掉手。"可见,对于未成年人犯罪行为的处罚是何等的严酷。直到19世纪末第二次工业革命开启,"未成年人司法运动"提出了未成年人福利、义务教育等口号,这时未成年人才

受到国家、社会及家庭的特殊保护,现代意义上独立的未成年人刑事诉讼程序才得以形成。

2011年公布的《刑事诉讼法修正案(草案)》中使用"未成年人犯罪案件诉讼程序"一词,突出强调的是"未成年人犯罪",这显然与未成年人权益的特殊保护不符,也与无罪推定原则的精神不相符。因此,最终公布的2012年《刑事诉讼法》采用了"未成年人刑事案件诉讼程序"这一称谓。未成年人刑事特别程序是一整套不同于成年人刑事案件的立案、侦查、起诉、审判和执行的诉讼程序(陈光中,2013),是指公安及司法机关办理已满12周岁不满18周岁的未成年人犯罪案件时适用的诉讼程序。《刑事诉讼法》第277条确立了对涉罪未成年人实行"教育、感化、挽救"方针,坚持"教育为主、惩罚为辅"原则。在学理层面上,关于未成年人刑事特别程序原则的讨论呈现出百花齐放的态势,以至于形成了"一原则说""三原则说""四原则说""五原则说""六原则说"和"八原则说"等不同学理。① 在未成年人刑事特别程序中,"教育、感化、挽救"方针是指公安及司法机关在办理未成年人刑事案件过程中,应当加强说服教育工作,对未成年人动之以情、晓之以理,促使涉罪未成年人充分认识到自己罪行的严重性,促使其悔罪服法,重新做人。"教育为主、惩罚为辅"原则是指在未成年人刑事诉讼中对于涉罪未成年人,要坚持教育和矫治为主,不能机械地强调处理结果与犯罪轻重相适应,而应尽可能采用非刑罚化的处理方式,以利于未成年人改过自新、复归社会(陈光中,2012)。这一方针和原则贯穿未成年人刑事特别程序的始终,体现了"国家尊重和保障人

---

① 参见陈光中主编:《刑事诉讼法》(第5版),北京大学出版社、高等教育出版社2013年版,第428页;温小洁:《我国未成年人刑事案件诉讼程序研究》,中国人民公安大学出版社2003年版,第75—109页;卢琦:《中外少年司法制度研究》,中国检察出版社2008年版,第62—69页;姚建龙主编:《中国少年司法研究综述》,中国检察出版社2009年版,第220页;宋英辉主编:《刑事诉讼法学》,中国人民大学出版社2007年版,第520—522页;程荣斌、王新清主编:《刑事诉讼法学》(第5版),中国人民大学出版社2013年版,第402—405页;谢安平、郭华主编:《未成年人刑事诉讼程序探究》,中国政法大学出版社2015年版,第23页;黄一超:《论未成年人刑事诉讼中应遵循的原则》,载《青少年犯罪问题》1994年第5期;等等。

权",也充分体现了国家对未成年人的保护和关心。

二、第二组概念:合适成年人参与、附条件不起诉与分案起诉制度

合适成年人(Appropriate Adult)参与制度作为一项地方公检法机关多年实践探索的结果,被《刑事诉讼法》第281条所确立,是未成年人利益最大化原则的集中体现,也是我国未成年人刑事特别程序的重大进步。合适成年人参与制度最初源于1984年英国的《警察与刑事证据法》(PACE),其建立的起因是康菲特(Kenfeit)冤案,深层动因是未成年人福利模式与正当程序价值之间的冲突;英国的数据统计显示,在未成年人讯问程序中,合适成年人参与率为99%(Sarah Medford, Gisli H. Gudjonsson and John Pearse, 2003)。可见,在英国的警察或法官眼中,合适成年人参与已经被视为绝对的法定义务。随后,合适成年人参与制度在美国、日本、奥地利、澳大利亚及我国香港特区等相继确立,并得以有效运行。我国的合适成年人参与制度是指公安司法机关在侦查、起诉和审判涉罪未成年人时,必须要有法定代理人或其他适格的成年人到场参与的制度。合适成年人在刑事特别程序中的诉讼地位、权利义务、遴选方式及程序性后果等都有待本书深入研究。

附条件不起诉(Conditional Non-prosecution)制度的起源存在争议,不同国家也有不同的称谓,美国称其为"审前分流",德国称其为"暂时不予起诉",日本称其为"起诉犹豫",我国2012年《刑事诉讼法》在特别程序编中增设"附条件不起诉"制度,共3条,即第271条、第272条、第273条,法条规定了适用对象、适用条件、适用程序及制约机制。附条件不起诉与我国的"绝对不起诉"(或称为"法定不起诉")、"相对不起诉"(或称为"酌定不起诉")、"存疑不起诉"(或称为"证据不足不起诉")、"特别不起诉"并列形成五大不起诉制度。附条件不起诉制度是指检察机关在审查起诉阶段对于符合提起公诉条件而罪行较轻且有悔罪表现的涉罪未成年人,决定暂时不起诉,对其进行监督考察,根据实际表现再决定是否起诉的制度。当然,其适用的前置程序是听取涉罪未成年人的法定代理人和辩护人的意见。有学

者言,未成年人刑事案件附条件不起诉立法的价值在于:加强了对涉罪未成年人的特别保护,有助于对未成年人犯罪的特殊预防,有助于诉讼经济的实现,同时有助于不起诉制度的完善(彭玉伟,2012)。

从法律及法规层面考察分案起诉制度,《刑事诉讼法》第280条第2款规定:"对被拘留、逮捕和执行刑罚的未成年人与成年人应当分别关押、分别管理、分别教育。"最高人民法院《关于适用〈中华人民共和国刑事诉讼法〉的解释》(以下简称《刑诉法解释》)第551条也予以了规定,但具体关于未成年人刑事案件分案起诉的规定主要分布在最高人民检察院《关于在检察工作中贯彻宽严相济刑事司法政策的若干意见》第19条及《人民检察院办理未成年人刑事案件的规定》第51条。所谓分案起诉制度,是指检察机关在刑事案件审查起诉阶段,对未成年人与成年人共同犯罪的案件,在不妨碍案件诉讼程序的前提下,将其拆分为两个独立案件分别提起公诉,并由法院分案审判的诉讼制度。这也符合《公民权利及政治权利国际公约》(以下简称《公民政治权利公约》)第10条第2款第(乙)项的立法内涵。

三、第三组概念:社会观护、社区矫正与刑事诉讼模式研究

"观护"一词,源自拉丁文语根Probatio,系英文Probation的中文译语,有"试验""观察保护"的含义,有的地方称为"观护基地""管护基地""关护基地",其本质并无区别。在美国、日本及我国台湾地区,社会观护已具系统性,我国台湾地区的观护制度是指法院对于经过慎重选择的刑事被告,所采取的一种社会调查与辅导的处遇方法(刘作揖,2007)。其目的在于,一方面给予未成年人改过自新的机会;另一方面通过不断地加以辅导、观察与矫治,消除其犯罪意欲与根源。从其目的可知,社会观护是指对涉罪未成年人采取非监禁措施,将其置于自由社会,交给由社会力量组成的专门观护组织,在诉讼期间接受观护人员的辅导、监督、观察、保护、矫正、管束等,以达到改善行为、预防再犯、回归社会及保证诉讼顺利进行之目的,是为司法处遇提供依据的活动(上海市闵行区人民检察院课题组,2012;叶国平、陆海萍

等,2014)。近年来,上海长宁区、广西钦南区等地方开展了试点工作,并取得不错的效果,减少了对涉罪未成年人的审前羁押,促使其顺利复归社会。有学者的实证调查研究显示,社会观护基地在减少审前羁押、促进刑罚宽缓化、帮助涉罪未成年人复归社会等方面取得良好效果,并促成办案人员观念和认识上的转变(宋英辉、上官春光、王贞会,2014)。然而,也存在社会观护基地职能定位不清、权利与义务不明确等问题,这些问题都将在本书中得到进一步探讨。

我国社区矫正试点工作已推行十几年,但未成年人社区矫正工作并没有形成一套独立的工作体系,仍处于探索期。2012年3月1日正式施行的《社区矫正实施办法》在第33条中对未成年人社区矫正加以规定,虽然其中的身份保护、分开执行、帮助就学等规定对于保护未成年人的合法权益有着重要意义,但是仅仅一条规定不免有不甚全面之处。2020年7月1日起正式施行的《社区矫正法》虽在第七章采用专章规定的方式对未成年人的社区矫正进行了特别规定,但仅仅7条内容也无法完全涵盖未成年人保护工作。同日正式施行的《社区矫正法实施办法》中仅在第55条这一个条文中对未成年人社区矫正工作进行了笼统性规定。因此,本书将从未成年人社区矫正的对象问题、适用范围问题、矫正方式问题和法律依据问题等方面进行深入研究,以期有所裨益。

刑事诉讼程序模式研究的先锋应首推美国的帕卡教授,1964年,帕卡在《宾夕法尼亚大学法律评论》上发表了《刑事程序的两个模式》一文,提出犯罪控制与正当程序两个模式。这是最成功的诉讼模式理论,对美国乃至全世界刑事诉讼法学都产生了深远影响,而且给刑事诉讼法学者提供了标准。在我国,"诉讼模式"一词尽管被广泛地应用于刑事诉讼法研究,但对其内涵的梳理却不多见,目前学界也没有统一的界定(李心鉴,2010)。有学者将诉讼形式、诉讼模式、诉讼结构与诉讼构造作为同义词使用。有学者在探究帕卡的两个模式理论时指出:所谓模式,在某种程度上而言,乃取决于和刑事诉讼程序有关的宪法与基本法的规定,是介于理论与实务之间的结构或范式。每种模式都有基本的意识形态,代表某种价值取向,并有自身的目标与判断标准。有学者将诉讼模式与诉讼构造交互使用,并将诉讼模式定义为法院在审理案件时应遵循的"结构和范式"。另有学者认为,刑事诉讼模式是指裁判者、控诉方与被追诉人在刑事诉讼中的地位关系及体现形式。以上是笔者认为比较有代表性的"刑事诉讼模式"的定义,从不同学者的不同论述中可知,诸位学者的理解不仅有差异,而且切入点各不相同。

  国内刑事诉讼法学者,如卞建林教授、龙宗智教授、陈瑞华教授、汪海燕教授等均对刑事诉讼模式多有概括。其中,汪海燕教授2003年的博士论文《刑事诉讼模式的演进》,详细地论述了历史上存续的几种典型刑事诉讼模式在多个代表性国家的形成、演进或转型的过程和原因;考察了我国刑事诉讼模式的形成与转型过程,并从宏观上探索了我国现行刑事诉讼模式转型的必要性、前提和方向。当前学界提出的刑事诉讼模式有:当事人主义 VS 职权主义、传统型 VS 现代型、对抗型 VS 合作型、宪政型 VS 集权型等。本书致力于跳出西方中心主义的窠臼,真正面向本土实践,构建富有解释能力和指引价值的中国式未成年人刑事诉讼程序之模式。

第五节　结构安排与研究难点

一、本书的基本结构

  其一,从法理层面分析未成年人刑事侦诉审程序的正当性。通过立法确定一项诉讼程序并付诸司法实践,并不意味着该诉讼程序当然地具有正当性。本书先从理论层面进行解读,以期通过理论指导未成年人刑事特别程序,履行国际保护义务,实现国家、社会、家庭对未成年人的特殊保护,并运用未成年人刑事特别程序的理论,按照国际公约、法律法规和未成年人刑事司法的基本原则、方针政策和应然理念来解决实践中具有普遍性与特殊性的难题。

其二，实证考察未成年人刑事侦诉审程序的实践状况与路径选择。传统的参与未成年人刑事特别程序的主体为公检法机关、涉罪未成年人、被害人、法定代理人、辩护律师等，但随着2012年《刑事诉讼法》专章规定了未成年人刑事特别程序，新型主体也随着特别程序而产生，即合适成年人、社工组织及未成年人调查员（或称为未成年人保护员）。那么，问题产生了，在未成年人刑事特别程序中，这三类新型主体的诉讼地位是什么？是证人还是诉讼辅助人？三类主体的诉讼权利和义务是什么？三类主体的遴选程序和法律效果是什么？本书将一一揭开其神秘面纱。

2013年党的十八届三中全会提出"建立科学的法治建设指标体系和考核标准"；2014年党的十八届四中全会通过的《中共中央关于全面推进依法治国若干重大问题的决定》提出"建设中国特色社会主义法治体系"；2015年最高人民法院《关于全面深化人民法院改革的意见》提出"建立科学合理的案件质量评估体系"等具体举措。可见，量化研究体系的构建已得到顶层的认可，量化研究作为刑事诉讼法学实证研究的重要方法之一，其设计和应用已成为一种趋势和潮流。从世界法治指数、全球政府廉洁指数，到国内政府法治指数、司法文明指数、司法透明指数等，实证研究体系的建构情况已成为考察程序运行现状的重要参数。2012年《刑事诉讼法》专章规定的未成年人刑事特别程序已实施多年，实施的现状如何？本书以诉讼阶段论为实证逻辑，分别对侦查阶段的合适成年人在场情况、律师指定辩护情况、未成年人羁押率及专职警察数量等进行考察；对审查起诉阶段的检察机关适用附条件不起诉制度、分案起诉制度的情况，以及对各级人民检察院未成年人刑事检察科（以下简称"未检科"）的职能与定位等进行实证考察；对审判阶段的庭审模式、庭审教育方式，以及社会调查报告的证据效力等进行实证考察。本书采用以文献研究、问卷调查、访谈调研为基础，定量研究和定性研究相结合的方法，揭示未成年人刑事侦诉审程序存在的问题，从而为未成年人刑事侦诉审程序的完善提供帮助。

其三,建构新型的未成年人刑事侦诉审之帮教体系。未成年人犯罪的形成,不仅仅受未成年人自身生理和心理因素的影响,而且是社会转型时期政治经济、文化宣传、家庭学校等因素综合作用的结果。未成年人是国家与民族的未来,对于未成年人犯罪的治理,国家理应首先承担起对未成年人进行帮教的重任。近年来,各地探索建立形式多样的社会帮教体系,有人把它总结为"北京模式"即"以检察院为主导的政府购买服务的合作模式";"上海模式"即"政府主导推进,社会自主运动,社会多方参与的模式";"盘龙模式"即"合适成年人参与侦查询问和讯问,负责社会调查的模式",以及香港特区的"警司警诫计划模式"等。如何将地方试点的经验通过顶层设计的方式推广至全国,以使其在全国未成年人犯罪治理中发挥重要作用,是本书的研究重点之一。此外,我国从2003年开始试点社区矫正,2009年在全国全面推行,2012年通过《社区矫正实施办法》将其作为重要内容明确加以规定。但显然,未成年人社区矫正始终没有形成一套独立的帮教体系,社区矫正机构对未成年人与成年人实施的矫正方案没有区别,涉罪未成年人普通学历教育难以继续,以及对不服从监管的社区矫正人员缺乏相应的制约措施等问题仍然存在,从而难以真正使未成年社区矫正人员真诚悔罪、回归社会。因此,需要建构一套将"地方试点"与顶层设计相结合的未成年人帮教体系,从而从根本上治理未成年人犯罪,并促使其回归社会。

其四,探究未成年人刑事特别程序的发展模式。通过考察各国及地区的未成年人刑事特别程序的发展进程可见,未成年人刑事特别程序与一国及地区的文化、经济和政治息息相关,并且始终处于不断进步中。1899年美国建立了世界上第一个未成年人法院,这成为未成年人刑事特别程序发展的契机,随后德国(1908年)、英国(1908年)、丹麦(1905年)、荷兰(1921年)、瑞典(1924年)、西班牙(1929年)以及我国台湾地区都相继设立了单独处理未成年人刑事案件的司法程序。世界上关于未成年人刑事特别程序的立法模式主要有三种:宪法立法模式、在刑事诉讼法中设立特殊程序的立法模式和单独立法的模式。我国大陆现采取的是一种依附型模式,这种模式能照顾未成年人的利益,也能兼顾刑事诉讼法的整体性原则和目的,但作为专章规定的"特殊程序",有时不可避免地会受到成年人刑事诉讼程序的影响,从而导致立法者不能对未成年人刑事特别程序作出全面系统的规定,有些规定缺乏具体的可操作性。本书在坚守我国大陆已签署或批准的《联合国少年司法最低限度标准规则》(以下简称《北京规则》)、《联合国预防少年犯罪准则》(以下简称《利雅得准则》)、《公民政治权利公约》《儿童权利公约》等国际人权公约的前提下,提出我国大陆未来未成年人刑事诉讼程序的发展方向,即"福利兼正当程序"模式。

二、本书的研究难点

首先,未成年人刑事案件及裁判文书的不公开性增加了获取实务部门数据统计的难度。为了保护涉罪未成年人的生理和心理健康,在侦诉审程序中,公检法机关办理未成年人刑事案件都是不公开的,这也使得笔者无法通过公检法机关、北大法宝及北大法意等获取第一手的案例资料和数据统计信息。

其次,调研地域的广泛性和主体的特殊性增加了实证数据的采集难度。本书的核心在于通过对公检法司办案人员和监狱未成年人犯进行问卷调查、访谈、座谈、个案跟踪来分析统计数据,解析当前未成年人刑事特别程序的现状与存在的问题,从而为制度改革与完善提供对策。这就要求实证数据采集时需要公安机关、法院、检察院、司法局和监狱等部门给予支持与配合,而在实践中,其难度系数是比较大的。此外,将"理论架构""可操作性"与"实践效果"三者在司法实践中进行结合,本身就不是一件容易的事。

最后,多元学科、多元方法论融合与应用问题。本书在研究过程中存在不同学科、不同方法论之间的理论难以融合与对接的问题。如何消除不同学科和不同方法论之间的话语障碍,有效整合各种知识理论,构建起能够解决实践问题、操作性强的未成年人刑事特别程序亦是本研究的难点所在。

第二章　未成年人刑事特别程序的法理架构

从古希腊毕达哥拉斯到亚里士多德，再到马克思、列宁，理论与实践的关系，不仅是哲学领域常讲、常新的话题，而且是刑事司法改革的重要议题。我们说理论是法理的重要载体与表达①，理论与实践的关系是辩证统一的，二者不是一种静止孤立的逻辑关系，而是互辅共生、互惠共赢的，理论指导实践，同时实践反作用于理论，由实践来检验理论②。可见，扎实的理论是引导司法实践的基础，同时理论也是刑事诉讼法理的重要载体或表达。③ 我国未成年人刑事特别程序的理论，源于古代刑事司法的"恤幼"思想，吸收借鉴了近现代西方发达国

---

① 参见张文显：《法理：法理学的中心主题和法学的共同关注》，载《清华法学》2017年第4期；邱本：《如何提炼法理？》，载《法制与社会发展》2018年第1期；丰霏：《如何发现法理》，载《法制与社会发展》2018年第2期；胡玉鸿：《法理即法律原理之解说》，载《中国法学》2020年第2期；郭栋：《法理概念的义项、构造与功能：基于120108份裁判文书的分析》，载《中国法学》2021年第5期。

② 参见《列宁专题文集（论社会主义）》，人民出版社2009年版，第59—60页；《马克思恩格斯文集》（第1卷），人民出版社2009年版，第12—17页；丁立群：《理论与实践的关系：本真涵义与变质形态——从亚里士多德实践哲学说起》，载《哲学动态》2012年第1期；姜建成：《理论与实践的关系：马克思主义发展哲学的一个基本问题》，载《当代中国马克思主义哲学研究》2013年第00期。

③ 理论是法理的重要载体或表达。所谓刑事诉讼法理，是指衡平和证成刑事诉讼程序的正当性，蕴含着惩罚犯罪与保障人权相统一、兼顾公正与效率及平衡控辩审的程序原理或理论依据，亦可称为程序之法理或公理。参见自正法：《刑事诉讼法学中的"法理"样态及其法理化》，载《中国刑事法杂志》2022年第2期；自正法：《刑事诉讼法学中的法理表达》，载《理论探索》2022年第5期。

家未成年人刑事司法运动的有益经验,形成两个层面的理论体系:一方面,不区分未成年人和成年人而适用于所有刑事诉讼程序的一般性法理,例如司法人权保障、正当程序、无罪推定、侦控审均衡、诉讼构造论、宽严相济刑事政策等。其中,司法人权保障与正当程序理论对我国未成年人刑事特别程序的改革提供了新视角。另一方面,是未成年人刑事特别程序所特有的法理,包括国家亲权、未成年人福利和恢复性司法理论。这些特有的诉讼理论构建了一套与普通刑事诉讼程序相区别、专门适用于未成年人刑事特别程序的法律法规、诉讼原则和规则体系。[①] 未成年人刑事特别程序理论体系的形成,彰显了我国立法、执法和司法层面对未成年人给予优先保护的理念,是我国司法人权保障事业跨入新征程的重要表现。

第一节 未成年人刑事特别程序法理探讨的逻辑起点

未成年人刑事特别程序不仅是各国国内法所关注的重要内容,而且一直为联合国所重视。"对于法律政策的制定者而言,未成年人问题也一直是个难题。"[②]自 1899 年伊始,美国伊利诺伊州建立未成年人法院,标志着美国乃至世界上绝大多数国家开启了未成年人刑事特别程序之门。我国未成年人刑事特别程序理论体系的形成不是一蹴而就的,不仅深受《儿童权利公约》等国际公约和域外法的影响,而且是在《刑事诉讼法》修订过程中逐步形成的。因此,在探讨未成年人刑事特别程序的法理架构之前,需要厘清几个问题:在域内外立法背景下,未成年人刑事侦查、起诉、审判三者之间的关系是怎样的?国际公约对未成年人刑事特别程序的建构有什么影响?在修法过程中未成

---

① 参见宋英辉等:《未成年人刑事司法改革研究》,北京大学出版社 2013 年版,第 15 页。

② Elizabeth S. Scott, N. Dickon Reppucci and Jennifer Woolard, "Evaluating Adolescent Decision Making In Legal Contexts", Law and Human Behavior, Vol. 19, No. 3, 1995, p. 221.

年人刑事特别程序如何演进？

一、普遍性国际规则的最低程序标准与实体要求

在国际规则层面上，普遍性国际规则确立了保护未成年人的最低程序标准和实体要求。普遍性国际规则将保障司法人权作为首要职责，为此，联合国颁布或批准了一系列有关司法人权的法律文件，特别是通过了一系列保障未成年人基本权利的实体性和程序性规范文件。比如，1948年颁行的《世界人权宣言》第25条第2款规定未成年人有受特殊保护的权利，"确立了权利保障的十大原则"[1]，并且该宣言比一般性国际规则更具拘束力和影响力[2]。1966年颁行的《经济、社会及文化权利国际公约》（以下简称《经济文化公约》）和《公民政治权利公约》，我国分别于1997年、1998年签署。两公约可谓是将保障未成年人权利提升到了前所未有的高度，不仅规定了未成年人的权利主体地位，同时也呈现了不同社会价值观对司法人权的理解。《经济文化公约》对未成年人权利的特殊保护主要涉及未成年人的生命权、教育权和人身自由权等方面。《公民政治权利公约》则是明确了未成年人获得合法身份权及平等保护权，该公约第6条、第10条、第14条分别规定了涉罪未成年人不得判处死刑，与成年人分开关押、分别起诉，及时审判和不公开审理等。这三个文件共同被誉为"国际人权宪章"，同时，也是未成年人权利保障的最低程序标准和实体要求。

二、特殊性国际规则细化了实体性与程序性权利

特殊性国际规则细化了未成年人在侦诉审中享有的实体性与程序性权利。所谓特殊性国际规则，是指国际组织本着保障未成年人身心健康发展的目的，特别针对保护未成年人权利而通过的一系列国际公约和法律文件。现行特殊性国际规则主要包括《儿童权利宣言》

---

[1] 王勇民：《儿童权利保护的国际法研究》，法律出版社2010年版，第48—49页。
[2] See Geraldine Van Bueren, The International Law on the Rights of the Child, Martinus Nijhoff Publishers, 1995, p. 12.

《儿童权利公约》《北京规则》《利雅得准则》和《联合国保护被剥夺自由少年规则》(以下简称《哈瓦那规则》)等。这一系列特殊性国际规则被联合国批准或通过,标志着未成年人刑事特别程序的国际规则已基本形成。

自第一次世界大战后,鉴于未成年人在战争中遭受的不公正待遇,英国埃格兰泰恩·杰布女士发起并成立"拯救儿童国际联盟",通过《儿童权利宣言》宣告了各国未成年人应该享有的基本权利,确立了未成年人利益最大化和优先保护原则。《儿童权利公约》将未成年人利益最大化和优先保护原则推向了新阶段,不仅规定了诸多实体性权利,如未成年人享有生命权、生存权、健康权、受教育权、休息权、隐私权、名誉权和特别受保护权等,而且将未成年人权利保障上升为各国政府应积极履行的义务。这也表明国际社会保护未成年人权利、关注未成年人健康发展的信心和决心,实现未成年人权利保障由可能性向现实性的飞跃。[①]

1985年《北京规则》将《儿童权利公约》中的未成年人刑事程序予以细化,明确了刑事责任年龄、审前拘留、审判和处置措施等。例如,《北京规则》第14.2条规定了教育与惩戒相结合原则,第13.1条与第13.4条分别规定了非羁押和分别关押原则,第1.6条规定了执法人员和执法机构专业化原则。同时,第7条明确涉罪未成年人在刑事诉讼中享有的最低权利保障,即无罪推定、迅速及时地被告知被指控罪名的权利、沉默权、获得法律援助的权利、合适成年人在场的权利、与证人的对质权和上诉权等。此外,该规则还明确了执行程序中享有的特殊待遇,以非监禁为原则,以监禁为例外,强调借助社会、家庭所实施的社会性监外措施。1990年《联合国非拘禁措施最低限制标准规则》(以下简称《东京规则》)明确规定剥夺未成年人的自由应作为最后的一种处遇手段,监禁时间应尽可能短,并且只限于特殊情况。在

[①] 参见丁寰翔、刘友水主编:《未成年人司法制度的构建与实践:以尤溪法院为主要视点》,中国民主法制出版社2012年版,第50页。

对未成年人进行拘留或监禁时,涉罪未成年人记录应当封存。《东京规则》也明确了未成年人在入所、登记、迁移、转所、分类、安置、教育、职业培训、娱乐、宗教、物质环境和住宿条件等方面的规定,特别在管理人员方面,拘留所应配置足够数量的专业司法人员,比如教育人员、专业医师、职业教导员、辅导人员、社工组织和心理学家等。同样地,1990 年《利雅得准则》规定了被剥夺自由的未成年人的社会化过程及相关社会政策、立法和司法工作等,注重保障未成年人的社会福利权利,强调依靠基层社区组织、依靠社会成员自治力量来预防未成年人违法犯罪。

从上述国际规则规定可见,虽然国际规则明确了未成年人在刑事特别程序中应享有的实体性和程序性权利,但却未明确未成年人刑事侦查、起诉、审判程序之间的关系,只是从宗旨、原则和具体权利三个维度确立了侦诉审程序的最低限度标准。因此,探寻未成年人刑事侦诉审程序之间的关系,还需从国内法着手。我国《宪法》第 140 条和《刑事诉讼法》第 7 条同时规定,公检法三机关在进行刑事诉讼时,其关系是"分工负责、互相配合、互相制约"。"三机关的关系在学界通常表述为侦查、起诉、审判之间的关系,原因在于司法实践中公安机关主要负责侦查,检察机关主要负责起诉,法院主要负责审判。"[1]在学理层面上,分工负责要求三机关分别按照法律规定行使职权,各负其责、各尽其职,不可混淆也不可代替;互相配合要求三机关应当通力合作、协调一致,共同完成刑事侦诉审所赋予的职责;互相制约要求三机关在分工负责、相互配合的基础上,在侦诉审程序中应当以互相牵制、互相制约为目的,防止权力滥用导致司法腐败和损害未成年人的合法利益。从三机关分工负责、互相配合、互相制约的关系可推知,刑事侦诉审程序是一个统一的整体,三者相辅相成,辩证统一,任何一项均不可偏废。[2]

---

[1] 杨帆:《宪政视野下公检法关系的反思与研究》,载《西南大学学报(社会科学版)》2011 年第 1 期。

[2] 参见陈光中主编:《刑事诉讼法》(第 5 版),北京大学出版社、高等教育出版社 2013 年版,第 102 页。

就三机关关系的演进脉络而言,我国三机关在刑事侦诉审程序中的关系,一定程度上借鉴了苏联关于三机关的组织体系、权力配置和运行原则的理论。在革命根据地时期,1931年颁行的《中华苏维埃共和国宪法大纲》确立"苏维埃的宪政模式,通篇贯穿了司法人权保障精神"①。再依据《地方苏维埃政府的暂行组织条例》的规定,苏区的审判机关为各省、县、区裁判部和最高人民法院。各省、县、区苏维埃政府设立工农检察机关,负责行使起诉权,侦查权则由国家政治保卫局行使,其也被认为是公安机关的前身,但不完全等同。② 由于处于特殊历史时期,这一时期起诉与审判互相交织在一起,共同处理各类案件,二者关系更多倾向于密切的配合。《陕甘宁边区宪法原则》《陕甘宁边区施政纲领》等宪法、法律性文件也都未明确规定公检法三机关的职权配置和组织体系。

在中华人民共和国成立初期,由于阶级斗争形势复杂,为了打击行贿、偷税漏税、偷工减料、盗骗国家财产、盗窃国家经济情报等抗拒社会主义国营经济的领导、削弱国营经济的行为,三机关形成以配合为主的工作方式。③ 到了"文化大革命"时期,国家的法律秩序完全处于瘫痪状态,这一惨痛的历史教训为我国公检法关系写入《宪法》和《刑事诉讼法》奠定了坚实基础。这一时期,"三机关事实上初步形成了以公安机关为优先的分工、配合和制约关系,并且共同接受政法主管部门的领导"④。从1979年至今,三机关关系得以在宪法和法律层面正式确立,1979年《刑事诉讼法》首次明确规定三机关"分工负责、互相配合、互相制约"原则,并且明确了三机关的主要职权。1982年《宪法》

---

① 许静:《论〈中华苏维埃共和国宪法大纲〉在中国宪政史上的地位》,载《内蒙古大学学报(人文社会科学版)》2005年第5期。
② 参见王幼君:《宪法第135条研究——以刑事司法实践为蓝本》,华东政法大学2014年博士学位论文,第22—23页。
③ 参见韩大元、于文豪:《法院、检察院和公安机关的宪法关系》,载《法学研究》2011年第3期。
④ 韩大元、于文豪:《法院、检察院和公安机关的宪法关系》,载《法学研究》2011年第3期。

第135条将三机关"分工负责、互相配合、互相制约"原则上升为宪法条款,这意味着从根本法层面确立了刑事侦诉审程序相互之间的关系。

然而,纸面上的法律却与行动中的法律存在差距,在司法实践中,三机关"分工、配合、制约"的关系却呈现出配合有余而制约不足的特点,这种配合往往演变为以侦查为中心的"流水作业型模式"①,在这种模式下,公安机关长期处于强势地位,本来只是侦查机关,却成为实质上的程序主导者,检察机关本是法律监督机关,却无法有效发挥法律监督职能,导致法院对刑事程序的控制能力和对案件实体的裁断能力被弱化。② 从理论上说,无论"诉讼构造论"还是"正当程序论",在侦查、起诉与审判三段横向构造中,审判应该居于中心,这是三角诉讼结构的应有之义。③ 从正当程序视野来看,后一阶段的诉讼活动要制约前一阶段的诉讼活动,即当侦查、起诉程序达不到审判程序的要求,达不到定罪量刑的标准时,则要服从审判机关的裁决。④ 这样才符合诉讼的基本理论与运行逻辑。

我国未成年人刑事侦诉审程序不仅需符合国际公约中关于未成年人保护的国际标准,而且需遵循"分工负责、互相配合、互相制约"的原则,最重要的是,需要充分体现"特别程序"关于未成年人保护的原则、方针和理念,也需体现国家对未成年人的特殊福利与优先保护。具体表现为:首先,在侦查程序中,应当落实合适成年人参与机制,并严格限制适用羁押性措施。《刑事诉讼法》第280条、第281条分别规定对涉罪未成年人严格适用羁押措施和法定代理人或其他合适的成年人在讯问和审判未成年人时应到场,其中合适成年人在场的目的在

---

① 陈瑞华:《从"流水作业"走向"以裁判为中心"——对中国刑事司法改革的一种思考》,载《法学》2000年第3期。

② 参见自正法:《司法场域视野下刑事错案纠预机制之重构——基于典型错案的实证考察》,载《北大法律评论》2016年第2期。

③ 参见樊崇义:《"以审判为中心"与"分工负责、互相配合、互相制约"关系论》,载《法学杂志》2015年第11期。

④ 参见〔美〕约翰·V.奥尔特:《正当法律程序简史》,杨明成、陈霜玲译,商务印书馆2006年版,第5页。

于"一则是协助该未成年人与审讯人员沟通;二是为被讯问的未成年人提供意见并观察审讯是否合法、适当,以防公安司法人员使用刑讯逼供等非法审讯方法"①。严格限制适用羁押性措施的目的是降低羁押率、维护未成年人身心健康和合法权益,并积极履行国际规则规定的义务。② 其次,在审查起诉程序中,落实分案起诉和附条件不起诉制度。《刑事诉讼法》第 282 条至第 284 条用 3 个条文规定了附条件不起诉的适用条件、程序、救济方式、监督主体和考验期限等,以应对未成年人与成年人具有不同的心理、生理特征,并且未成年人需要获得比成年人更多的特殊保护与关怀的情况,这两种起诉类型符合程序分流与诉讼经济原则,有助于涉罪未成年人的人格矫正与回归社会。最后,在审判程序中,实行审判不公开与"寓教于审"③原则。不公开审理的意义在于维护未成年人的名誉及其他人格利益,防止公开审理对未成年人造成心灵创伤从而不利于其重新回归社会。"寓教于审"则是通过庭前教育、庭审教育、宣判教育和判后回访教育四个阶段,达到教育、感化未成年人并使其回归社会之目的。此外,强调专业化的司法组织人员参与诉讼程序,培训专业化的未成年人司法队伍,提升未成年人司法人员的专业化水平。比如,在未成年人犯罪记录封存、强制辩护和社会调查制度等规定中,积极鼓励专业化司法人员参与特别程序,集中体现了未成年人刑事侦诉审程序对于未成年人的特殊待遇与优先保护。在未成年人刑事侦诉审程序中,并非打破"分工、配合、制约"的关系,而是更加强调三者相辅相成、辩证统一,如果脱离了侦查、起诉等诉讼活动,审判也就成了空中楼阁。

---

① 王敏远:《论未成年人刑事诉讼程序》,载《中国法学》2011 年第 6 期。
② 参见陈光中:《刑事诉讼法修改与未成年人刑事案件诉讼程序的创建》,载《预防青少年犯罪研究》2012 年第 5 期。
③ 所谓寓教于审,是指人民法院在审理未成年人犯罪案件时,必须关注对未成年人的教育、感化、挽救,充分利用审判阶段的各个环节,加强对涉罪未成年人的教育,促使其接受教育、回归社会。寓教于审是"教育为主、惩罚为辅"原则在刑事审判中的具体落实,体现了对未成年人宜教不宜罚的基本理念。具体参见姚建龙:《长大成人:少年司法制度的建构》,中国人民公安大学出版社 2003 年版,第 214 页。

第二节　国际公约对未成年人刑事特别程序的影响

国际公约必须遵守,这已是各国的共识。自 20 世纪 90 年代中后期以来,国际公约遵守理论的繁荣源于跨学科研究的兴起,并且各学科理论都有各自独立存在的价值和意义①,关于国际公约遵守的代表性理论主要包括:纽豪德(Neuhold)的外交政策的成本收益理论②,托马斯·M. 弗兰克(Thomas M. Franck)的国际公约的公平与合法性理论③,蔡斯(Chayes)的遵守管理和新主权理论④,斯劳特(Slaughter)和穆拉维斯克(Moravcsik)的国际自由主义⑤及高洪柱

---

① 参见张弛:《国际法遵守理论与实践的新发展》,武汉大学 2012 年博士学位论文,第 28 页。

② 该理论以理性选择和新现实主义为基础进行架构,纽豪德认为政策制定者在评估违法的成本时一般会考虑三个因素,即:①违法行为被发现的概率;②受到制裁的概率;③制裁的程度和后果。具体参见 Hanspeter Neuhold, "The Foreign-Policy 'Cost-benefit-Analysis' Revisited", German Yearbook of International Law, Vol. 42, 1999, pp. 84–124。

③ 其理论基础是如何推动遵守公约中的非强制部分,其中,合法性所包含的四种指标是:确定性(Determinacy)、象征性确认(Symbolic Validation)、一致性(Coherence)和附着性(Adherence);公平则是对"分配正义"这一要素进行分析。具体参见 Thomas M. Franck, The Power of Legitimacy among Nations, Oxford University Press, 1990, pp. 24–184; Thomas M. Franck, Fairness in International Law and Institutions, Oxford University Press, 1998, pp. 8–18。

④ 亚伯兰·蔡斯(Abram Chayes)和安东尼·汉德勒·蔡斯(Antonia Handler Chayes)合称蔡斯,其理论认为遵守不是源于国家对于制裁或强制措施的恐惧,而是一种对国家作为国际社会成员的资格证明,即认同"新主权",其中国家是否遵守国际公约的三个因素是:(1)规则是否具有明确性;(2)是否反映缔约国的利益;(3)是否约成本并提高效率。具体参见 Abram Chayes and Antonia Handler Chayes, The New Sovereignty: Compliance with International Regulatory Agreements, Harvard University Press, 1995, pp. 15–33。

⑤ 该主义的核心论点是限制主权,其三个核心变量是理念自由主义、商业自由主义和共和自由主义,其中,自由国家的基本组成元素包括:代议民主、市场经济、尊重私有财产和宪法的公民政治权利。具体参见 Anne-Marie Slaughter Burley, "International Law and International Relations Theory: A Dual Agenda, American Journal of International Law", Vol. 87, Iss. 2, 1993, pp. 227–228; Andrew Moravcsik, "Taking Preferences Seriously: A Liberal Theory of International Politics", International Organization, Vol. 51, Iss. 4, 1997, pp. 521–532。

(Harold Hongju Koh)的跨国法律过程理论①等。这些理论多维度和多层次地呈现了国际公约遵守理论体系已能自给自足并趋向成熟。在各国实践中,国家遵守国际公约既有外部压力又有内在动因,外部压力表现为国家之间的强制力,内在动因则是各国的道德观、主权观、成本收益和尊严维护等方面。② 我国作为联合国的重要成员国之一,一直是遵守国际公约的典范,不仅在对外关系中依法履行国家义务,而且通过国内法律体系确立享有的权利与应当履行的义务,这一点在未成年人刑事立法、司法领域尤为突出,主要表现在以下两个方面。

一、基本形成保护未成年人的法律体系

从以上阐述可知,联合国颁布了一系列涉及保护未成年人的人权公约,比如《公民政治权利公约》《经济文化公约》,也有特别针对未成年人的国际公约,比如《儿童权利公约》,另有一些关于保护未成年人的国际规则,比如《北京规则》《利雅得准则》《东京规则》,还有一些区际间的公约,比如《欧洲保护人权和基本自由公约》(ECHR)。在这些国际公约的影响下,我国初步形成以《宪法》和《刑事诉讼法》为基础,以专门性与非专门性规范相结合的保护未成年人的法律体系。专门性的法律包括《未成年人保护法》《预防未成年人犯罪法》和《义务教育法》;专门性的未成年人行政法规包括《学校卫生工作条例》《禁止使用童工规定》《疫苗流通和预防接种管理条例》等;专门针对保护未成年人的司法解释包括 2006 年最高人民检察院通过的《人民检察院办理未成年人刑事案件的规定》、2006 年最高人民法院《关于审理

---

① 该理论将两个独立的法律体系即国际公约与国内法进行了有机整合,强调国内机构在执行国际公约方面的重要性。具体参见 Harold Hongju Koh, "Why Do Nations Obey International Law?", Yale Law Journal, Vol. 106, Iss. 8, 1997, pp. 2651-2659; Harold Hongju Koh, "On American Exceptionalism", Stanford Law Review, Vol. 55, Iss. 5, 2003, pp. 1503-1525.

② 参见温树斌:《论国际法的遵守》,载《昆明理工大学学报(社会科学版)》2009 年第 5 期。

未成年人刑事案件具体应用法律若干问题的解释》等;还有其他专门针对保护未成年人的部门规章和地方性法规,例如,1995年公安部通过的《公安机关办理未成年人违法犯罪案件的规定》、1999年司法部通过的《未成年犯管教所管理规定》等。

非专门性的有关未成年人的法律和决定主要是《刑法》《全国人民代表大会常务委员会关于严惩拐卖、绑架妇女、儿童的犯罪分子的决定》等,这些非专门性的法律文件既包括未成年人刑事责任方面的内容,也包括对涉罪未成年人的讯问、审判和法律援助等方面的内容。还有其他非专门性的保护未成年人的行政法规和部门规章,例如,《法律援助条例》和《互联网上网服务营业场所管理条例》等。从专门性和非专门性规范组成的法律体系可知,在国际公约的影响下,虽然我国已初步形成保护未成年人的法律体系,但是该体系仍然存在法律"技术粗糙、形式分散、层次普遍不高及尚存诸多空白"[1]等问题。

二、国际公约直接涉及实体性与程序性权利

《儿童权利公约》第37条、第39条和第40条规定了未成年人在刑事特别程序中享有的权利,这些权利包括:不得判处死刑或无期徒刑,不受酷刑或其他形式的残忍、不人道或有辱人格的待遇或处罚,个人隐私权,被推定为无罪的权利,迅速及时地被告知指控罪名的权利,获得律师帮助权,讯问和审判时父母或法定代理人在场权,法庭对质权及向上级机关上诉权等。《北京规则》规定审前拘留应当受严格限制,审前拘留是万不得已的处置手段,拘留时间应当尽可能短,未成年人应与成年人分开看管,而且应当立即或尽快将未成年人被拘留的情况通知其监护人或法定代理人。《北京规则》第三部分规定了未成年人案件审判和处理程序,强调处理涉罪未成年人不仅应当遵守适用于一般刑事被告人的正当法律程序,进行公平合理的审判,保障其享

---

[1] 吴鹏飞:《我国儿童法律体系的现状、问题及其完善建议——以域外相关法律体系为借鉴》,载《政治与法律》2012年第7期。

有基本的诉讼权利,而且应当快速裁决案件,尽量采用非监禁办法处置未成年人,并对未成年人犯罪的档案予以封存等。

从我国立法、司法实践可知,国际公约规定的未成年人在刑事特别程序中所应享有的实体性和程序性权利,都逐步在专门性和非专门性规范组成的法律体系中得以呈现,并力求与国际公约保持一致。诚然,国际公约的要求是我国未成年人刑事诉讼程序改革的方向,也是世界范围内未成年人法律发展的必然趋势。①

第三节　变迁中的未成年人刑事特别程序

一、"和合""恤幼"理念与古代未成年人刑事特别程序

我国古代法律的各层面均呈现出浓厚的人文主义色彩②,人文主义作为古代未成年人刑事诉讼程序的哲学基础之一,对我国的未成年人立法、司法都有着深远的影响。"和合"与"恤幼"理念是人文主义的核心组成元素,古代法律针对未成年人刑事责任年龄、刑事处遇就有相关规定。"以儒道文化为主导的传统和合理念蕴含了社会治理结构理念、统治执政理念、人与自然观理念、人际交往理念及个人道德修养理念等五大基本理念"③,从我国"和合"理念演进史考察可知,老子曰,"人法地,地法天,天法道,道法自然",强调"天人合一",人与人、人与自然和谐相处。孔子曰,"礼之用,和为贵";孟子曰,"天时不如地利,地利不如人和";墨子曰,"兼相爱则治,交相恶则乱",再到后来儒家"息讼""无讼""贱讼""耻讼"理念几乎深入人心④,对上法庭、打官司持

---

① 参见徐美君:《未成年人刑事诉讼特别程序研究:基于实证和比较的分析》,法律出版社2007年版,第82页。
② 参见张晋藩:《中国法律的传统与近代转型》(第2版),法律出版社2005年版,第27—40页。
③ 邓遂:《论和合文化及其现实功能》,载《兰州学刊》2008年第6期。
④ 参见自正法:《司法改革背景下的刑事和解——刑事司法文明的第三种模式》,载《学术探索》2014年第12期。

敬而远之的态度。近现代从"马锡五审判方式"①、浙江"枫桥经验"②到今日的刑事和解,无不渗透着"和合"理念。儒学大师钱穆称赞:"中国人乃在异中求同,其文化特征乃为和合性。"③这些传统"和合"理念深深嵌入古代未成年人刑事政策中,集中体现了"和合"理念下给予未成年人的特殊优恤与保护。

在古代,"恤幼"理念更加直观地表现在未成年人犯罪的逮捕、讯问、刑罚执行和刑事责任等方面。古代法律对未成年人"恤幼"理念也是一以贯之,如《周礼·秋官·司刺》规定"壹赦曰幼弱";《礼记·曲礼》进一步明确规定"八十、九十曰耄,七年曰悼,悼与耄,虽有罪,不加刑焉";《法经》规定"罪人年十五以下,罪高三减,罪卑一减";《唐律疏议·名例律》规定"老小及疾有犯……犯罪时幼小,事发时长大,依幼小论";《唐律疏议》将未成年人的刑事责任年龄划分为四个阶段:7岁以下,7岁至10岁以下,10岁以上至15岁以下,15岁以上④,不同阶段分别承担不同的刑事责任,这一刑事责任年龄的划分基本沿用至宋、元、明、清等朝代⑤;《宋刑统·名例律》在"老幼疾及妇人犯罪"门规定"九十以上,七岁以下,虽有死罪不加刑";《大明律·名例律》规定"老幼废疾收赎"及"犯罪时未老疾";《大清律例·名例律下》规定"老幼废疾收赎"等。可见,"恤幼"理念贯穿于古代立法,蕴含着鲜明的人文主义关怀。

相对于未成年人刑事责任方面的立法,古代在对涉罪未成年人犯

---

① 李娟:《马锡五审判方式产生的背景分析》,载《法律科学(西北政法学院学报)》2008年第2期。
② 胡铭:《论刑事和解的理念基础——浙江"枫桥经验"与美国VOR模式之比较》,载《浙江社会科学》2010年第9期。
③ 钱穆:《晚学盲言》,广西师范大学出版社2004年版,第188页。
④ 参见(唐)长孙无忌等撰:《唐律疏议》,中华书局1983年版,第80—83页。
⑤ 四档刑事责任分别为:7周岁以下的行为人完全不负刑事责任,7周岁以上至10周岁以下的行为人一般不承担刑事责任,除非犯有谋大逆等重罪,10周岁以上至15周岁以下的行为人完全负刑事责任,但可减轻处罚,15周岁以上行为人需承担完全刑事责任。具体参见王贞会:《未成年人刑事诉讼法制发展史略》,载《青少年犯罪问题》2013年第5期。

罪的侦查、逮捕和刑罚执行方面的规定,则表现得比较零散。对涉罪未成年人的逮捕,最早记载于西汉末年,当时为缓和日趋紧张的阶级关系,平帝元始四年特别下诏,明敕百僚:"妇女非身犯法,及男子年八十以上,七岁以下,家非坐不道。"①东汉光武帝建武年间,再次规定10岁以下的未成年人,除不道罪外,都不受逮捕。② 对于侦查过程,《唐律疏议》则规定:"诸应议、请、减,若年七十以上,十五以下及废疾者,并不合拷讯,皆据众证定罪。违者以故失论。"可见,对未成年人不能使用刑讯逼供而只能据众证定罪,这一规定也一直延续至其后的宋、明、清等朝代。在刑罚执行方面,虽然没有形成专门针对未成年人的刑罚执行机制,但早在汉景帝时,即规定在关押8岁以下的未成年人时,不使用械具③;唐朝规定对于10岁以下未成年人免用狱具④;明朝规定将未成年人罪犯与成年人罪犯予以分别关押,以防止交叉感染⑤,清朝则是规定可以直接对戴枷号的未成年人进行赦免⑥。综上可见,我国古代刑事司法对未成年人"和合"与"恤幼"理念一以贯之,传承至今,这种人文主义精神影响了近现代的未成年人刑事诉讼程序的改革,特别是对2012年《刑事诉讼法》修订"特别程序"产生了较大影响。

二、近现代未成年人刑事特别程序的演变脉络

这里的"近现代",主要是指清末、民国时期至中华人民共和国成立,这一时期的法制处于急速转型期,不仅继承了古代历朝历代的法治

---

① 崔敏:《中国古代刑与法》,中国人民公安大学出版社2008年版,第74页。
② 参见张晋藩:《中华法制文明的演进》,中国政法大学出版社1999年版,第185页。
③ 《汉书·刑法志》规定:"年八十以上,八岁以下,及孕者未乳、师、侏儒,当鞠系者,颂系之。"
④ 《唐六典·刑部》规定:"杖、笞与公坐徒,及年八十、十岁、废疾、怀孕、侏儒之类,皆颂系以待断。"
⑤ 《大明会典》规定:"令禁系囚徒,年七十以上,十五以下及废疾、散收、轻重不许混杂。"
⑥ 《大清律例》规定:"凡老幼及废疾犯罪律该收赎者,若该例枷号,一体放免。应得杖数,仍令收赎。"

· 043 ·

精髓,而且本着"去芜存菁"的理念,借鉴和移植西方发达国家的法律制度,有关未成年人刑事诉讼程序的法律或法律草案也陆续被修订。

在未成年人刑事诉讼程序方面,1911 年《大清新刑律》第 11 条规定"凡未满 12 岁人之行为不为罪"。沈家本在《大清新刑律》的文本中,较为系统地阐释了感化教育制度,倡导国家代替法定监护人施以感化教育,推动未成年人司法改革。1911 年《刑事诉讼律(草案)》第五编专门设置了"特别诉讼程序",规定"感化教育及监禁处分程序",同时规定指定辩护人制度,即如果被告人有未满 12 岁等情节,没有辩护人为其辩护的,检察官或审判衙门应为其指定辩护人。在未成年人刑事审判程序上,清末称未成年人法庭为"幼年审判厅",并拟定《奉天高等审判厅幼年审判厅试办章程》,此章程共 10 条,从内容来看,规定了幼年审判厅的设置、受案范围、法官选任、社会调查制度、审判形式采用合议制、与成年人分开原则及对未成年人权利特殊保护原则,由于史料记载有限,无法考证幼年审判厅的实际运行及其他省市推广情况。直到 1935 年,较为系统地规定未成年人刑事审判程序的法律才初步呈现,国民政府司法行政部颁行了《审理少年案件应行注意事项》,将未成年人案件审理过程中应注意的事项归纳为 15 个方面,其中包括司法官选任考核制度、社会调查制度、不公开审判、审判程序的弹性化、非监禁化、司法分流与特殊保护原则等。该注意事项相较于《奉天高等审判厅幼年审判厅试办章程》,内容更加丰富和完善,这些规定对于现在仍然有很大的参考和研究价值。[①]

在执行程序领域,早在 1908 年,安徽巡抚扎饬藩司已经向朝廷奏设创立感化院,同时议定颁行章程。1922 年民国政府司法部正式颁布《感化学校暂行章程》,并建立感化院和未成年人监狱。其中,"感化院是专门收容因社会、学校或家庭教育的缺失而触犯法律的不良未成年人,并授予必要的教育和职业训练的感化教养机构,截至 1935

---

① 参见姚建龙:《少年法院的学理论证与方案设计》,上海社会科学院出版社 2014 年版,第 23—24 页。

年,公立和私立感化院合计已有44所,其核心着重于感化教育,而并非彰显刑罚惩罚"①;民国政府司法部于1933—1934年间在济南、武昌等地建立未成年人监狱,在总结未成年人监狱建设基础上,1946年公布《监狱行刑法》,该法对未成年人监狱的设置、个别化处遇的实行、对未成年人的保护教育等都作出了有别于成年犯的规定。

在未成年人刑事实体法方面,1911年《大清新刑律》第11条规定"未满12岁人之行为不为罪",明确未满16岁犯罪得减刑一等或二等,对未满12岁的人施以感化教育。1928年北洋政府颁行《中华民国刑法》,其中,刑事责任年龄由12岁上升为13岁,并明确对于13岁至16岁的涉罪未成年人,减刑一半。1935年南京国民政府颁布《中华民国刑法》,该法再次将刑事责任年龄提高到14岁,对于14岁以上不满18岁的涉罪未成年人,可以减轻其刑罚;对于未满18岁的未成年人犯罪,不适用死刑和无期徒刑;对于未满14岁而不受处罚的,可以判令其进入感化教育处所,施以3年以下感化教育。② 而到新民主主义革命时期,"关于未成年人犯罪及其司法处遇的有关规定可以分为中央苏区的相关规定和抗日战争时期的相关规定两部分,如抗日战争时期主要体现在1939年《陕甘宁边区抗战时期惩治盗匪条例(草案)》《陕甘宁边区抗战时期惩治汉奸条例》和1942年颁布的《晋冀鲁豫边区违警处罚暂行办法》三部规范中,主要规定:在14岁以下的未成年人犯罪得减刑,年龄在14岁以下充当汉奸的,应当减刑或免除其刑,未满13岁则不予处罚等"③。综上可见,这一时期由于军阀混战、民生凋零、经济停滞、抗日战争等复杂的历史原因,近现代中国的未成年人刑事特别程序仍处于"初级阶段",没有形成独立的未成年人刑事特别程序。

---

① 张东平:《近代中国少年感化院的创设》,载《青少年犯罪问题》2012年第2期。
② 参见张利兆主编:《未成年人犯罪刑事政策研究》,中国检察出版社2006年版,第96—97页;张鸿巍:《少年司法通论》,人民出版社2008年版,第70页。
③ 刘金霞:《未成年人法律制度研究》,群众出版社2007年版,第76—79页;宋英辉等:《未成年人刑事司法改革研究》,北京大学出版社2013年版,第6页。

三、未成年人刑事特别程序的新里程

1949年中华人民共和国成立,随即中央委员会发布了《中共中央关于废除国民党的六法全书与确定解放区的司法原则的指示》,该指示废除了民国时期制定的法律、法规、政策和相关司法制度①,包括关于未成年人刑事诉讼程序的立法和司法制度。中华人民共和国成立至今,基于对未成年人权利的优先保护与特殊福利,相对完整的未成年人刑事诉讼程序体系也逐步形成,其演进脉络共经历了四个阶段,即探索时期、恢复重建时期、快速发展时期和稳步前进时期。

第一阶段:1949—1976年的探索时期。从中华人民共和国成立到"文化大革命"结束前夕,是我国未成年人刑事特别程序形成的探索时期。这一时期,许多未成年人刑事司法的法律、法规、文件和政策得以颁布和形成②,这些法律法规不仅从刑事实体法角度对未成年人刑事责任年龄等问题进行了探索,而且从刑事程序法角度对未成年人犯罪案件的预审和审判程序进行了规定,如在预审中可以邀请未成年人的父母或监护人及学校代表人参加讯问;在审判程序中,未成年人犯罪案件应当不公开审理,不得在群众大会上宣判或宣布执行;为未成年被告人指定辩护律师等,这为我国未成年人刑事特别程序的形成奠定了基础。例如,1960年最高人民法院、最高人民检察院、公安部联合发布了《关于对少年儿童一般犯罪不予逮捕判刑的联合通知》③,该通知明确指出除对特别重大的犯罪案件中的未成年人应予判刑外,对一般涉罪未成年人不予逮捕判刑,应采取收容教养的办法进行改造。"文化大革命"时期我国的法律制度陷入瘫痪,此时的未成年人刑事特别程序的发展也处于停滞、倒退和严重破坏状态,"文化大革命"结束

---

① 参见何勤华:《论新中国法和法学的起步——以"废除国民党六法全书"与"司法改革运动"为线索》,载《中国法学》2009年第4期。
② 参见姚建龙:《长大成人:少年司法制度的建构》,中国人民公安大学出版社2003年版,第60页。
③ 《关于对少年儿童一般犯罪不予逮捕判刑的联合通知》已被2010年12月22日施行的最高人民法院、最高人民检察院《关于废止部分司法解释和规范性文件的规定》废止。

后,我国的未成年人刑事特别程序的发展才慢慢步入正轨。

第二阶段:1976—1995年的恢复重建时期。"文化大革命"结束后,我国的未成年人刑事特别程序步入了恢复重建期,这一时期制定了我国第一部真正意义上的《刑事诉讼法》。同期,有学者开始专注于研究未成年人刑事司法的基本内容,主要包括未成年人刑事司法基础理论、刑事实体规则、刑事程序规则及域外国家的立法与司法现状①,有针对性地为我国未成年人刑事特别程序改革和完善建言献策。1979年《刑事诉讼法》从基本法层面确立了未成年人刑事特别程序的基本原则,比如,第10条规定在讯问和审判未满18岁的涉罪未成年人时,可以通知其法定代理人到场;第27条明确规定未成年被告人没有委托辩护人的,法院应当指定承担法律援助义务的律师为其提供法律帮助;第111条规定,14岁以上未满16岁的未成年人犯罪案件,一律不公开审理,16岁以上未满18岁的未成年人犯罪案件,一般也不公开审理。可见,由于刚经历"文化大革命"及当时立法技术所限,1979年《刑事诉讼法》对未成年人刑事诉讼程序作了较为原则的规定,仍有较大的进步空间。

1985年《中共中央关于进一步加强青少年教育、预防青少年违法犯罪的通知》发布,该通知要求全社会重视解决未成年人犯罪问题,通过多种渠道、多种形式,加紧制定保护未成年人的有关法律,用法律手段保护未成年人的合法权益不受侵害。根据中央的指示精神,各地陆续出台了地方性的未成年人保护法规,比如,1987年通过的《上海市青少年保护条例》,至此,全国第一部关于未成年人保护的地方性立法诞生,到了1990年9月,有17个省、自治区、直辖市相继通过未成年人保护条例。②

在总结和吸收地方立法经验的基础上,1991年全国人大常委会通

---

① 参见姚建龙主编:《中国少年司法研究综述》,中国检察出版社2009年版,第20—332页。
② 参见施琦、康树华:《新中国青少年立法与少年司法制度之发展》,载《中国人民公安大学学报(社会科学版)》2013年第1期。

过了《未成年人保护法》,并于2006年、2012年和2020年进行两次修订、一次修正,该法从未成年人的社会保护、学校保护、家庭保护、司法保护等视角,全面系统地规定了对未成年人的权利保护问题,使对未成年人的司法保护更加全面和专业化。例如,该法确立了处理涉罪未成年人的刑事政策,即对涉罪未成年人,实行"教育、感化、挽救"的方针,坚持"教育为主、惩罚为辅"的原则,规定由专门的司法机构或司法人员处理未成年人犯罪案件,以及分管分押制度等。

《未成年人保护法》颁布后,各级行政司法机关为贯彻落实相关规定,陆续制定了处理未成年人犯罪案件的司法解释、部门规章或通知,相关的法律体系不断形成与完善。例如:1991年最高人民法院、最高人民检察院、公安部和司法部联合颁布了《关于办理少年刑事案件建立互相配套工作体系的通知》,该通知强调四机关相互配合、相互衔接,共同加强未成年人犯罪的治理和防范工作。1992年最高人民检察院发布了《关于认真开展未成年人犯罪案件检察工作的通知》,该通知着重对未成年人坚持"教育为主、惩罚为辅"的原则,有针对性地做好教育、感化、挽救工作,要求各地检察机关有计划地逐步建立办理未成年人犯罪案件的专门机构,构建具有中国特色的办理未成年人刑事诉讼案件的检察制度。1994年全国人大常委会通过了《监狱法》,其中第74条规定:"对未成年犯应当在未成年犯管教所执行刑罚。"这一规定坚持了"与成年人分别羁押"原则。1995年的最高人民法院《关于办理未成年人刑事案件适用法律的若干问题的解释》对未成年犯适用刑罚作出了详细解释,例如,"该解释规定的未成年犯适用缓刑上,相对于1979年《刑法》虽然少了'根据犯罪情节',但却增加了'家庭有监护条件或社会帮教措施能够落实',这使得司法实践中未成年人犯适用缓刑的条件实际上比成年犯更加严苛"①,可知,该解释对法院在办理未成年人刑事案件时遇到的实体性和程序性问题作出了规定。1995年10月公安部颁布的《公安机关办理未成年人违法犯罪案件的

---

① 赵国玲主编:《未成年人司法制度改革研究》,北京大学出版社2011年版,第69页。

规定》,对公安机关办理涉罪未成年人案件、实施强制措施及执行刑罚等问题作出了规定。这些各级行政司法机关的规定对于公安司法机关办理未成年人刑事案件,贯彻落实对未成年人的"教育为主、惩罚为辅"原则发挥了重要作用,使未成年人刑事特别程序重新焕发生机。

第三阶段:1996年《刑事诉讼法》修正至2012年《刑事诉讼法》修正的快速发展时期。我国于1996年重新修正了《刑事诉讼法》,这次修正并未对未成年人刑事诉讼程序作出重大修改,只是增加了"对未成年犯应当在未成年犯管教所执行刑罚"的规定,这不过是对《监狱法》第74条的重新表述。1999年全国人大常委会制定了《预防未成年人犯罪法》,并于2012年第一次修正,2012年《预防未成年人犯罪法》第六章"对未成年人重新犯罪的预防"对未成年人刑事特别程序的相关内容再次进行了规定,例如,第45条对审理未成年人案件的未成年人法庭、法官或人民陪审员素质提出了新要求,即应当由熟悉未成年人生理、心理特点的人员参与庭审;第47条则明确了社会帮教措施的实施主体、对象等内容,其实施主体包括未成年人的父母或者其他监护人和学校、城市居民委员会、农村村民委员会及其他爱心人士。被誉为"姐妹法律"的《未成年人保护法》和《预防未成年人犯罪法》都以国家基本法的形式,对我国的未成年人刑事诉讼程序的基本原则、方针、政策及组织机构等加以明确规定,标志着未成年人刑事诉讼程序在中国初步形成。

2001年最高人民法院《关于审理未成年人刑事案件的若干规定》对未成年人刑事案件应当遵循的基本原则、审判组织、庭前准备工作、审判和执行等作出明确规定,总结了多年的立法和司法实践经验。2006年最高人民法院《关于审理未成年人刑事案件具体应用法律若干问题的解释》取代了前述1995年的最高人民法院《关于办理未成年人刑事案件适用法律的若干问题的解释》。从整体规定而言,2006年最高人民法院《关于审理未成年人刑事案件具体应用法律若干问题的解释》旨在对涉罪未成年人"从轻处罚"这一问题作出具体规定,对一些轻微的盗窃、抢劫行为作出非犯罪化处理,并规定"对未成年罪犯符合刑法第七十二条第一款的,可以宣告缓刑",目的是对涉罪未成年人作出非羁押和非犯罪化处理。2010年中央综治委预防青少年违法犯罪工作领导小组、最高人民法院、最高人民检察院、公安部、司法部、共青团中央联合颁布了《关于进一步建立和完善办理未成年人刑事案件配套工作体系的若干意见》,该意见充分借鉴《儿童权利公约》及其他国际刑事规则的有关规定,明确了六机关进一步建立和完善办理未成年人刑事案件的专门机构和专门队伍,注重尊重和维护涉案未成年人的合法权益,既强调各机关的相互衔接和配合,也强调各机关之间相互制约和监督。

  2012年全国人大修正了《刑事诉讼法》,这是第二次修改该法,在"特殊程序"中将"未成年人刑事案件诉讼程序"设专章规定(第266—276条,共11条),"这一程序不仅解决了我国多年来有关未成年人保护方面法律法规的零散化问题,也基本摆脱了未成年人刑事特别程序适用中的困境,而且践行了我国参加国际公约中有关保护未成年人的国际义务与责任,树立了条约必须遵守的良好国际形象"[①],这是我国未成年人刑事特别程序演进史上的重要里程碑。这次修法对未成年人刑事特别程序诸多方面的内容作了修改和调整,主要包括:(1)第266条明确对涉罪未成年人实行"教育为主、惩罚为辅"的原则和"教育、感化、挽救"的方针;公安司法机关办理未成年人刑事案件,应由熟悉未成年人心理、生理特点的专门人员承办,充分保障未成年人行使其诉讼权利。(2)第267条明确涉罪未成年人没有委托辩护人的,公安司法机关应当通知法律援助机构指派律师为其提供辩护。(3)第268条确立了未成年人刑事案件社会调查制度。(4)第269条明确对涉罪未成年人严格限制适用逮捕措施,如需对涉罪未成年人审查批准和决定逮捕,应当听取辩护律师的意见,对涉罪未成年人拘留、逮捕和执行刑罚时,应当与成年人分别关押、分别管理、分别教育。(5)第

[①] 谢安平、郭华主编:《未成年人刑事诉讼程序探究》,中国政法大学出版社2015年版,第1页。

270条明确在讯问或审判未成年人时,应当有合适成年人参与,特别是在讯问女性涉罪未成年人时,应当有女工作人员在场。(6)第271条、第272条和第273条确立了未成年人附条件不起诉制度,明确了附条件不起诉的主体、对象、条件和考验期限。(7)第275条确立了未成年人犯罪记录封存制度等。可见,2012年《刑事诉讼法》专章规定的未成年人刑事特别程序,虽然借鉴了国际公约和域外国家、地区的先进立法,形成了相对健全的未成年人刑事诉讼程序,但尚未形成统一的、精细化的未成年人刑事特别程序体系,与联合国未成年人刑事司法准则的要求仍有一定距离。

第四阶段:2012年《刑事诉讼法》修正后至今的稳步前进时期。在2012年《刑事诉讼法》修正之后,最高人民法院、最高人民检察院、公安部和司法部陆续着手对相关司法解释或者部门规定进行删改,其中,各部门对涉及未成年人刑事特别程序的规定进行了进一步的细化。例如,2012年10月最高人民检察院发布《关于进一步加强未成年人刑事检察工作的决定》,该决定明确指出着力贯彻2012年《刑事诉讼法》对涉罪未成年人特殊的方针、政策和原则,要求"充分认识未成年人生理和心理的特殊性,着力贯彻'教育、感化、挽救'方针、'教育为主、惩罚为辅'原则和'两扩大、两减少'政策,着力加强未成年人刑事检察工作专业化、制度化建设,着力促进政法机关办理未成年人刑事案件配套工作体系和未成年人犯罪社会化帮教预防体系建设,着力加强对未成年人刑事检察工作的领导,依法保护未成年人合法权益,最大限度地教育挽救涉罪未成年人,最大限度地预防未成年人犯罪。"2018年全国人大常委会第三次修正《刑事诉讼法》,各行政司法机关也陆续对之前的相关司法解释或者部门规章进行调整。例如:2019年12月最高人民检察院发布《人民检察院刑事诉讼规则》(以下简称《刑事诉讼规则》),废止了2012年《人民检察院刑事诉讼规则(试行)》。《刑事诉讼规则》从条文数量而言,由2012年的十七章共708条缩减至十七章共684条,其中,专门规定未成年人刑事诉讼程序的有35条,包括社会调查制度、严格限制适用逮捕措施、合适成年人参与、附条件不起诉、犯罪记录封存、由熟悉未成年人身心特点的检察人员办理未成年人刑事案件等内容。2020年7月公安部发布《公安机关办理刑事案件程序规定》(以下简称《刑事案件程序规定》),修订了2012年12月公安部发布的《刑事案件程序规定》。现行《刑事案件程序规定》共388条,其中,有16条是专门规定未成年人刑事诉讼程序的,主要内容包括:制作社会调查报告、对检察机关不起诉决定的复议复核、讯问时合适成年人参与机制等。2021年最高人民法院发布《刑诉法解释》,废止2013年《刑诉法解释》,该解释共655条,其中,有41条是专门规定未成年人刑事诉讼程序的,包括人民法院审理未成年人刑事案件的一般规定、庭前准备、庭审规范和执行程序等内容。可见,各行政司法机关及各部委为落实《刑事诉讼法》专章规定的"未成年人刑事案件诉讼程序",都制定了有关的司法解释和部门规定,进一步细化未成年人刑事侦诉审程序的各个环节。

  此外,不仅中央各部委出台了有关未成年人犯罪的司法解释或者部门规定,而且各地公检法机关也开展了关于未成年人保护的地方性立法和司法创新,比如,北京市朝阳区、上海市闵行区、广西壮族自治区钦南区等多地的法院、检察院,推行未成年人的社会观护机制,汇集社会各方力量,积极推动涉罪未成年人社会化帮教矫正,有效降低了涉罪未成年人的羁押率、逮捕率和刑罚化。再如,2016年7月浙江省检察院率先出台《检察机关执行合适成年人参与刑事诉讼制度细则》,该细则明确了合适成年人参与未成年人刑事特别程序的规定,采用"概括+列举"的方式细化了合适成年人的选任条件、选任范围、选任限制及个案选任规则等。这种由"顶层设计"与"地方先行"相结合的未成年人司法改革模式,加强了对未成年人的教育挽救、帮助矫治,促进未成年人的非犯罪化和非刑罚化,这样才能切实保障未成年人合法权益,才能真正实现未成年人刑事特别程序的体系化。

第四节 未成年人刑事特别程序的理论认知

未成年人刑事特别程序除遵循一般性法理外,也有其特有的法理基础,即国家亲权、未成年人福利和恢复性司法,那么实务界和学界是否认同这一观点?笔者采用实证研究方法进行检验。我们知道,在司法实践中,无论是国家亲权、未成年人福利理念,还是恢复性司法理念,都是未成年人刑事司法改革的产物,都有各自得以存在的制度空间,也都有相应的局限性和践行障碍。本节通过问卷调查、圆桌座谈、个别访谈及个案分析的方式及定量研究和定性研究相结合与交叉分析的方法,从实证维度探索未成年人刑事特别程序的理论认知。

一、理念、方针与政策的实践效果

在针对公检法司办案人员、律师群体及社会民众的调查中,问卷问道:"您认为,在未成年人刑事司法实践中,是否已贯彻执行'教育为主、惩罚为辅'司法理念,以及'教育、感化、挽救'基本方针?"从表2.1可知,从整体分析而言,只有12.3%的受访者认为完全落实,而受访者选择"基本贯彻"和"一般"的占比合计为78.8%。从这个数据统计分析可见,公检法司办案人员、律师群体及社会大众,对于现行特别程序的司法理念、基本方针和政策的贯彻落实情况并非很满意,仍有许多值得提升的空间。对不同样本群体之间进行交叉分析可知,公检法司办案人员认为"基本贯彻"的占比为70.5%,认为"完全落实"的占比为15.7%。而律师群体与社会大众认为"基本贯彻"的占比分别为51.7%和43.1%,仅有4.2%的律师群体和6.1%的社会大众认为"完全落实",这也说明在贯彻执行司法理念和基本方针的效果上,公检法司办案人员的认知与律师群体及社会大众存在较大差异。当访谈浙江地区的检察官和律师时,检察官普遍认为"基本贯彻落实",而多数律师则认为"很一般,需要继续加强落实",这也和问卷调查数据基本吻合。

表 2.1　不同样本群体对贯彻落实理念、方针和政策效果情况的认知的交叉分析

选项		完全落实	基本贯彻	一般	基本没有	不清楚	合计
整体		12.3%	62.1%	16.7%	2.3%	6.6%	100.0%
不同样本群体	公检法司办案人员	15.7%	70.5%	11.3%	1.2%	1.3%	100.0%
	律师群体	4.2%	51.7%	31.7%	2.4%	10.0%	100.0%
	社会大众	6.1%	43.1%	25.7%	5.2%	19.9%	100.0%

根据表 2.2 可知,体现两者相关显著性的 P[①](signficance F) = 0.000<0.05(其中 P 表示显著性水平),故而显著相关。不同样本群体的受访者对贯彻执行"教育为主、惩罚为辅"司法理念,及"教育、感化、挽救"基本方针的效果的认知,在统计学意义上具有显著差异。同理,通过卡方检验可知,不同年龄、不同文化程度、不同收入、不同地区的受访者的指数在对贯彻执行司法理念与基本方针的效果的认知情况的相关性分析中,皆得出 P=0.000<0.05,体现二者具有相关关系。

表 2.2　不同样本群体对贯彻落实理念、方针和政策效果情况的认知的卡方检验

	值	df	渐进 Sig.（双侧）
Pearson 卡方	150.559[a]	6	0.000
似然比	146.172	6	0.000
线性和线性组合	119.307	1	0.000
有效案例中的 N	1278		

再进一步进行 Logistic 模型分类变量处理,特别程序理念、方针与政策的实践现状是本节研究的一个重点,为了探求不同样本群体、不同性别、年龄、收入、教育程度、地区的受访者对贯彻落实特别程序理念、方针与政策的效果情况的认知,笔者针对这一问题作了 Logistic 回归。在 Logistic 模型中,笔者将自变量中样本群体分为公

---

① P 即 Pearson 卡方。

检法司办案人员、律师群体、社会大众,以便对不同样本群体对这一问题的认识进行考察。其中类别变量:样本群体三分、性别、地区在加入模型时,设置虚拟变量职业三分(1)、样本群体三分(2)、性别(1)、地区(1)、地区(2)、地区(3)。具体分类变量虚拟变量编码如表2.3:

表 2.3 Logistic 模型分类变量虚拟变量编码①

<table>
<tr><td colspan="6">分类变量虚拟变量编码</td></tr>
<tr><td colspan="2" rowspan="2">类别变量</td><td rowspan="2">频率</td><td colspan="3">参数编码</td></tr>
<tr><td>(1)</td><td>(2)</td><td>(3)</td></tr>
<tr><td rowspan="4">地区
(area)</td><td>东部</td><td>590</td><td>0</td><td>0</td><td>0</td></tr>
<tr><td>中部</td><td>31</td><td>1</td><td>0</td><td>0</td></tr>
<tr><td>西部</td><td>572</td><td>0</td><td>1</td><td>0</td></tr>
<tr><td>东北</td><td>10</td><td>0</td><td>0</td><td>1</td></tr>
<tr><td rowspan="3">样本群体三分
(occupation)</td><td>公检法司
办案人员</td><td>816</td><td>0</td><td>0</td><td></td></tr>
<tr><td>律师群体</td><td>110</td><td>1</td><td>0</td><td></td></tr>
<tr><td>社会大众</td><td>277</td><td>0</td><td>1</td><td></td></tr>
<tr><td rowspan="2">性别
(gender)</td><td>男</td><td>647</td><td>0</td><td></td><td></td></tr>
<tr><td>女</td><td>556</td><td>1</td><td></td><td></td></tr>
</table>

将变量作合并类别重赋值处理,其中将选项中的"完全落实""基本贯彻"合并为"贯彻情况良好",将"一般""基本没有"合并为"贯彻情况一般","不清楚"选项作为系统缺失处理。Logistic 模型构建自变量进入模型方式为条件进入,进入条件为嵌套模型与完整模型差别显著性 P 值小于 0.05,迭代最大次数为 20,经过 3 次自变量进入步骤,得到最后的模型。如表 2.4 所示:

---

① 该 Logistic 模型分类变量虚拟变量编码中的分类,同样适用于第三章中。

表 2.4　对理念、方针与政策之实践效果的认知情况进行 Logistic 分析

	方程中的变量	B	S.E,	Wals	df	Sig.	Exp(B)
步骤 1	职业			90.8185	2	0.0000	
	职业(1)	-1.3763	0.2284	36.3087	1	0.0000	0.2525
	职业(2)	-1.4650	0.1669	77.0544	1	0.0000	0.2311
	常数	1.9284	0.1035	347.3992	1	0.0000	6.8785
步骤 2	职业			57.9486	2	0.0000	
	职业(1)	-1.4931	0.2339	40.7684	1	0.0000	0.2247
	职业(2)	-1.0306	0.2133	23.3429	1	0.0000	0.3568
	收入	0.2746	0.0854	10.3431	1	0.0013	1.3160
	常数	1.3463	0.2031	43.9473	1	0.0000	3.8433
步骤 3	职业			53.1886	2	0.0000	
	职业(1)	-1.4391	0.2384	36.4373	1	0.0000	0.2371
	职业(2)	-1.1002	0.2356	21.8062	1	0.0000	0.3328
	收入	0.2417	0.0879	7.5642	1	0.0060	1.2734
	地区			8.0942	3	0.0441	
	地区(1)	-0.5198	0.3876	1.7979	1	0.1800	0.5947
	地区(2)	-0.0587	0.1731	0.1149	1	0.7346	0.9430
	地区(3)	-1.9663	0.7699	6.5223	1	0.0107	0.1400
	常数	1.4823	0.2513	34.8059	1	0.0000	4.4032

a 在步骤 1 中输入的变量：职业
b 在步骤 2 中输入的变量：收入
c 在步骤 3 中输入的变量：地区

最终 Logistic 模型是：

$Prob(Y=1|B) = P$

$\log[P/(1-P)] = B'0 + B'1 \ast 职业(1) + B'2 \ast 职业(2) + B'3 \ast 收入 + B'4 \ast 地区(1) + B'5 \ast 地区(2) + B'6 \ast 地区(3)$

$= 1.48 - 1.44 \ast 职业(1) - 1.10 \ast 职业(2) + 0.24 \ast 收入 - 0.52 \ast 地区(1) - 0.06 \ast 地区(2) - 1.97 \ast 地区(3)$

$OR = e^B$

通过 Logistic 模型分析可知，相对于公检法司办案人员，律师群体选择"基本贯彻"的概率是公检法司办案人员的20%,而社会大众选择"基本贯彻"的概率是公检法司办案人员的30%。收入每增高一个档次,选择"基本贯彻"的概率提高30%。中部地区选择"基本贯彻"的概率是东部地区的60%;西部地区选择"基本贯彻"的概率是东部地区的90%;东北地区选择"基本贯彻"的概率是东部地区的10%。这也表明公检法司办案人员与律师群体、社会大众对这一问题的认知存在差异,公检法司办案人员认为特别程序已贯彻落实理念、方针和政策的占比高于律师群体和社会大众。此外,虽然总体上理念、方针与政策的贯彻落实并不是很理想,但是东部沿海地区的受访者选择已贯彻落实理念、方针与政策的占比高于中部、西部及东北部地区,这也表明经济较为发达的东部沿海地区贯彻落实理念、方针及政策的情况显著好于其他地区。

二、理想与现实之距离:特别程序的基本理念

从未成年人刑事特别程序的理论论述可知,理想状态下现行特别程序应秉持的基本理念为国家亲权、未成年人福利与恢复性司法,但就司法实践贯彻落实"司法理念和基本方针"现状而言,并未像我们所预期的那么理想,受访者选择"完全落实"的占比不足25%,这在某种程度上说明:现行特别程序处遇涉罪未成年人时仍带有刑罚与责任观,那么,现实中未成年人刑事诉讼程序应秉持的基本理念有哪些?从表2.5的数据统计可知,受访者认为我国未成年人刑事特别程序应秉持的基本理念以"国家亲权""未成年人福利""恢复性司法"三种理念为主,选择这三种基本理念的人数分别占总受访者的77.5%、74.1%和70.7%,其次为惩罚理念和其他理念,两者占比分别为28.5%和14.0%。以响应总数为参照,从整体响应百分比[①]而言,国家亲权、未成年人福利,恢复性司法

---

① 所谓响应百分比是指在所有响应次数中所占的百分比,比如一位受访者选了3个选项,那么响应次数是3。对于"您认为我国未成年人刑事案件诉讼程序应秉持的基本理念是什么?"这一问题,调查问卷数据统计显示:这一题的总体响应次数是3456次,其中选择"国家亲权"的共997次,因此响应百分比为28.8%。

三种理念仍占据前三位,响应百分比分别为 28.8%、27.6% 和 26.3%,而惩罚理念的响应百分比为 10.6%,说明大多数受访者认为现行特别程序应秉持的基本理念为国家亲权、未成年人福利和恢复性司法,但少数受访者认为现行特别程序也应具有一定的惩罚功能。

表 2.5　受访者对未成年人刑事案件诉讼程序应秉持的基本理念的响应情况

基本理念	响应频次	响应百分比	个案百分比
国家亲权	997 次	28.8%	77.5%
未成年人福利	953 次	27.6%	74.1%
恢复性司法	909 次	26.3%	70.7%
惩罚	366 次	10.6%	28.5%
其他	180 次	5.2%	14.0%
不清楚	51 次	1.5%	4.0%
总计	3456 次	100.0%	268.8%

受访者对未成年人刑事特别程序所应秉持的基本理念的选择是否会因性别、年龄、职业、收入、地区和文化程度等的不同而发生转变呢?从表 2.6 的交叉分析可见,当受访者为公检法司办案人员时,受访者认为特别程序应秉持的基本理念仍以国家亲权、未成年人福利、恢复性司法三种理念为主,选择这三种基本理念的人数分别占公检法司办案人员的 83.7%、78.8% 和 75.4%。当受访者为律师群体和社会大众时,占据前三的理念依然是国家亲权、未成年人福利、恢复性司法。对所应秉持的基本理念的选择并未随职业的不同而发生转变,只是所选人数的占比发生小范围的波动,比如,律师群体是唯一选择"未成年人福利"(65.8%)高于"国家亲权"(60.0%)的职业人群,这也说明在律师群体中,部分受访者认为特别程序首先应秉持的基本理念为未成年人福利。从表 2.6 整体的交叉分析可知,受访者职业的改变并未使其对特别程序所应秉持的基本理念的选择发生实质性变化,绝大多数受访者认为特别程序所应秉持的基本理念为国家亲权、未成年人福利和恢复性司法三种理念,仍有少数的受访者认为惩罚理念和其他理念

是特别程序的基本理念。

同理,从受访者对未成年人刑事特别程序所应秉持的基本理念的选择与性别的交叉分析中可见,性别对受访者选择所应秉持基本理念的影响并不显著,但女性受访者选择国家亲权、未成年人福利和恢复性司法的占比略高于男性,男性受访者(28.5%)选择惩罚理念的占比则略微高于女性(28.4%)。总之,年龄、性别、收入、地区和文化程度对受访者选择现行特别程序所应秉持的基本理念有一定程度的影响,但并不显著,比如,东部地区受访者选择国家亲权、未成年人福利和恢复性司法三种理念比例略高于西部地区,而西部地区受访者(29.6%)选择惩罚理念的占比略高于东部地区(28.0%)。再如,收入15万元以上的受访者选择现行程序应首先秉持的基本理念为未成年人福利,占比为85.5%,而收入10万—15万元受访者选择的占据首位的基本理念是恢复性司法,占比为92.0%。

表2.6 未成年人刑事特别程序应秉持的基本理念与样本群体的交叉分析

选项		公检法司办案人员	律师群体	社会大众
国家亲权	人数	716人	72人	209人
	百分比	83.7%	60.0%	67.2%
未成年人福利	人数	674人	79人	200人
	百分比	78.8%	65.8%	64.3%
恢复性司法	人数	645人	71人	193人
	百分比	75.4%	59.2%	62.1%
惩罚	人数	276人	31人	59人
	百分比	32.3%	25.8%	19.0%
其他	人数	151人	10人	19人
	百分比	17.7%	8.3%	6.1%
不清楚	人数	15人	9人	27人
	百分比	1.8%	7.5%	8.7%

与问卷调查数据相佐证的是实地考察、访谈和座谈的素材,笔者与杭州市某区少年庭庭长、未检科检察官及律师群体等人员进行一对一访谈时,对法官询问道:"在审理未成年人刑事案件时,法官秉持什么样的基本理念?"该法官谈道:"在处遇涉案未成年人时,不仅需要政府的财政支持,而且需要多部门、多机关配合与支持,共同帮助未成年人重新回归社会,而不仅仅是司法一家单打独斗。首先应当给予涉案未成年人优先保护,尽可能保障未成年人的身心健康,不影响其接受正常的义务教育,尽可能限制对其适用限制人身自由的强制措施。其次,综合评估涉案未成年人的人身危险性及犯罪行为严重程度,判断是否有挽救涉案未成年人的机会,如未成年人人身危险性不高且有挽救的可能,则会与当地司法局、共青团、关工委和社工组织等联合开展挽救未成年人的计划。最后,积极让未成年人的监护人、共青团、社工组织、律师等关心未成年人成长的爱心人士,参与到涉案未成年人的矫正过程中,使未成年人认识到自身错误并产生悔改之意,帮助其重新回归社会。"[①]这样类似的回答也出现在与检察官的访谈记录中,从与法官、检察官和律师的访谈内容可知,虽然他们并未直言不讳地表达出处遇未成年人时所秉持的基本理念,但从他们的陈述中,我们看到了在处遇未成年人时国家作为"守夜人"的角色,强调国家对未成年人承担保护责任与监护权利,强调要保障未成年人的基本诉讼权

---

① 笔者曾与该法官进行多次访谈,并多次参加其所在法院与司法局、关工委、社工组织、企业等联合开展的个别化帮教计划。该谈时,该法官从事未成年人审判工作已近二十年,始终坚持"少年司法,任重道远;日拱一卒,不求速成"的理念,成功帮助多位失足未成年人重获自由,重新回归社会。比如,未满18岁的黄某某,是一名来自偏远山区进城务工的少女,因涉嫌故意杀人被检察机关起诉至法院,该法官观察细致入微,敏锐地发现该涉案未成年人属于过失杀人,仍有挽救的空间,法院遂与当地司法局、共青团、社工组织、企业等联合对黄某某开展帮教计划,安排黄某某到医院、养老院等地进行矫正,在个别化帮教过程中,由司法局、共青团等部门为黄某某提供基本生活、住房补助费,社工组织全程参与记录和定期评估黄某某的帮教效果,经过近一年的矫正,黄某某不仅认识到自身错误,改过自新,而且在帮教过程中表现优异,得到法官、领班医生、社会工作者、司法局负责人和养老院院长等的一致认同,并最终留任医院做一名护士。该访谈进行于2015年12月20日。该材料来源于2015年12月20日笔者对法官所作的实地访谈,编号为:IN1501X,"IN"代表访谈,"15"指访谈年份为2015年,"01"是受访谈的警察、检察官、法官或律师编号,"X"为访谈地方。

利,并试图修复因犯罪而受损害的社会关系,达到矫正未成年人的效果和帮助未成年人重新回归社会的目的。

当就同样问题与我国台湾地区"司法院"少家厅负责人进行访谈时①,该法官回答:"台湾地区现行'少事法'精神乃国家亲权、未成年人福利、修复性司法及福利兼正当程序等各理念兼容并蓄。比如,'少事法'第42条第1项第3款安置辅导保护处分的规定,即体现国家亲权之理念;'少事法'第29条第1项第3款规定,得将情节轻微之少年不付审理,并可转介未成年人福利或教养机构为适当之辅导,此一转向制度为未成年人福利理念之融入;'少事法'第29条第3项规定,即为修复性司法之体现;'少事法'第31条可为少年选任辅佐人,如根据'刑事诉讼法'第31条,少年所涉犯之罪其最轻本刑为3年以上有期徒刑或其为中低收入户、精神障碍心智缺陷、原住民身份等,少年法院(庭)会为其选任公设辅佐人,此乃福利兼正当程序之理念。"与台北高等法院检察署黄检察官进行访谈时,得到了和少家厅负责人几乎类似的回答。当笔者与台北地方法院少家厅法官进行访谈时,该法官回答道:"'少事法'之立法目的中所谓'健全其自我成长',是尊重'个别'未成年人的人性尊严,不是站在国家家父权力或社会公益来考虑,而是让个别未成年人有自己存在的尊严和价值。为实践这样的理念,运用修复式司法来使被害人、社区接纳未成年人,因此应该是未成年人福利兼修复性司法,也包括社会法中社会连带的责任理念,是以未成年人为权利保护主体来修补其保护网,在此过程中时刻不能忘记未成年人是权利保护的主体,而非法律处罚或国家权力支配的客体。"②从与两位法官的访谈可知,两位法官都将国家亲权、未成年人福利、恢复性司法视为司法人员处理涉案未成年人时应秉持的基本理念,但有所不同的是,前者注重整体主义的司法理念进路,后者强调尊重每一位未成年人的人性尊严,把未成年人当作权利保护的主体,运

---

① 该访谈进行于2016年5月7日,编号为:IN1602X。
② 该访谈进行于2016年3月9日,编号为:IN1603X。

用协商、交流的方式解决当事人之间的矛盾,最大限度地实现对个别未成年人的教育和矫正,修复涉罪未成年人与被害人、社区之间的关系,帮助其顺利回归社会。

三、特别程序之理念:理想与现实的弥合

根据我国未成年人刑事司法改革的实践经验,笔者归纳了未成年人刑事特别程序所特有的基础理念,即国家亲权、未成年人福利和恢复性司法。无论是国家亲权、未成年人福利,还是恢复性司法,都是未成年人刑事特别程序所应秉持的理念,都有各自得以存在的制度空间,也都有相应的局限性和践行障碍。笔者通过问卷调查、实地考察、圆桌座谈和个案访谈的方法,以定量研究和定性研究相结合的方式,从实证维度检验未成年人刑事特别程序所应秉持的基本理念。从问卷调查的统计分析中可见,绝大多数的受访者认为现行特别程序应秉持的基本理念为国家亲权、未成年人福利和恢复性司法,而少数受访者仍认为现行特别程序应具有的基本理念还包括惩罚理念及其他理念,这也说明司法实践中仍有少数人希冀通过严惩的方式控制未成年人犯罪,但已经有无数事实证明这样的路径是行不通的。

除问卷调查外,笔者还进行了实地考察、圆桌座谈和个案访谈,其中访谈对象包括法官、警察、检察官、律师、司法局工作人员及社会大众,还包括我国台湾地区的少年法官、检察官、律师、专家和学者。实地访谈的结论为:大多数实务部门人员认为,未成年人刑事特别程序所应秉持的基本理念是国家亲权、未成年人福利和恢复性司法,这三者兼容并蓄。访谈中,有的受访者认为现行未成年人刑事特别程序首要的基本理念为未成年人福利,有的受访者认为是国家亲权,而有的受访者则认为是恢复性司法,但这丝毫不影响三者共同构筑了现行未成年人刑事特别程序的基础理论,这也和问卷调查统计信息相互佐证。

笔者从实证维度检验了理想语境下现行未成年人特别程序的理论架构,这与现实视野下人们所应秉持的司法理念基本相吻合,这也

说明:近年来我们以顶层设计与摸着石头过河相结合的改革方式是可行的,基本上确立了未成年人刑事特别程序的理论基础,即国家亲权、未成年人福利与恢复性司法。现行未成年人特别程序理论基础的初步确立,要求立法、司法和执法过程中要贯彻执行这些理念,具体表现在:首先,这三种理念贯穿于未成年人刑事诉讼程序的特有原则、方针与政策。其中,特有原则是司法者进行法律解释和法律推理的出发点或基础,它有利于弥补成文法的漏洞,克服规则的刚性,也有利于实现个案公平等。[①] 这些特有原则是基于国际公约、各国不同国情和法律制度而确立的,这些原则可能包括双向保护原则、减少司法干预原则、相称原则和迅速及时原则。其次,这三种理念渗透于未成年人刑事侦诉审程序。现行未成年人刑事特别程序的基本理念,不仅体现于特有的原则、方针和政策,而且应当浸透于侦诉审程序中每一个环节,比如,侦查程序中的合适成年人参与制度,审查起诉程序中的附条件不起诉和分案起诉制度,以及审判程序中的不公开审理制度等。最后,这三种理念横贯于未成年人刑事特别程序的改革前沿。理念不仅对当下实践具有指示作用,而且对未来改革具有引导功能,我国未成年人刑事特别程序的改革将走向何方,需要以顶层设计和地方试改相结合的模式进行探索,更重要的是,需综合权衡这一模式是否同时体现了国家亲权、未成年人福利和恢复性司法三种理念的改革初衷。

---

① 参见庞凌:《法律原则的识别和适用》,载《法学》2004年第10期。

第三章 未成年人刑事特别程序的模式

作为工业革命的产物,互联网以"嵌入式"渗透到人们生产生活的各个领域,人类社会极速而强劲地跨入了互联网时代。未成年人作为一群特殊的互联网新军,由于其身体和心智的不成熟,极易受到互联网不良信息的诱惑而走向犯罪。随之而来的,便是互联网领域的未成年人犯罪治理问题,其已跃然成为国家治理互联网的重难点。《中共中央关于全面推进依法治国若干重大问题的决定》指出,要"加强互联网领域立法";同时特别强调要完善"妇女儿童、老年人、残疾人合法权益保护等方面的法律法规"。习近平总书记在党的十九大报告中继续强调保障未成年人合法权益,健全互联网领域的未成年人法律体系。可见,我们已经在顶层设计层面确立了互联网立法的目标,这为未成年人刑事特别程序改革提供了契机,同时也为其渐进式改革奠定了基础。

在规范层面上,我国以《北京规则》《儿童权利公约》等国际公约作为蓝本,业已形成以《宪法》为基础,以《刑事诉讼法》《未成年人保护法》《预防未成年人犯罪法》等专门性与非专门性规范并举的未成年人刑事法律体系,特别在2012年《刑事诉讼法》中,立法者设专章共11条规定了"未成年人刑事案件诉讼程序",确立了"教育为主、惩罚为辅"的原则。但由于当时立法尚未形成一个体系、立法形式分散且技术粗糙等诸多缘由,未成年人刑事特别程序一直未形塑出自身的改革脉络。在学理层面,综观国内外多数学者的论著,多数研究来回穿梭于互联网立法与互联网规制之间①,鲜有学者专注于探索互联网背景下特别程序的改革趋势。2019年8月中国互联网络信息中心发布的第44次《中国互联网络发展状况统计报告》就已表明:截至2019年6月,在8.54亿中国网民中,年龄在10—19岁之间的人群占网民总人数的16.9%。② 随着未成年人网民数量的急剧增长,互联网领域的未成年人犯罪也逐步增多,未成年人互联网犯罪的特征表现为:低龄化、手段成人化及隐蔽性、技术性等。如何有效治理未成年人犯罪,已成为当前未成年人刑事司法改革的重头戏。

在互联网时代下,我国未成年人刑事特别程序的改革模式③可概括为三种:一是国家亲权之特殊监护模式(以下简称"特殊监护模

---

① 国内外学者关于未成年人互联网立法、互联网规制等相关问题探究的代表性成果有:Michael Spence, "Job Market Signaling", The Quarterly Journal of Economics, Vol. 87, Iss. 3, 1973, pp. 364-373; Tiziana Terranova, Network Culture: Politics for the Information Age, Pluto Press, 2004, pp. 23-65; Carol Harlow and Richard Rawlings, Law and Administration, 3rd ed., Cambridge University Press, 2009, pp. 245-317; Robert J. Shiller, "Capitalism and Financial Innovation", Financial Analysts Journal, Vol. 69, Iss. 1, 2013, pp. 21-31;于志刚:《网络犯罪与中国刑法应对》,载《中国社会科学》2010年第3期;曾润喜、徐晓林:《社会变迁中的互联网治理研究》,载《政治学研究》2010年第4期;刘宗德:《公私协力与自主规制之公法学理论》,载《月旦法学杂志》2013年第6期;吴用:《未成年人网络保护条例的立法》,载《中国青年社会科学》2015年第2期;张樊、王绪慧:《美国网络空间治理立法的历程与理念》,载《社会主义研究》2015年第3期;周汉华:《论互联网法》,载《中国法学》2015年第3期;吴亮:《网络中立管制的法律困境及其出路——以美国实践为视角》,载《环球法律评论》2015年第3期;杨东:《互联网金融的法律规制——基于信息工具的视角》,载《中国社会科学》2015年第4期;牛凯等:《论我国未成年人网络保护的加强与改进》,载《青少年犯罪问题》2016年第2期;等等。

② 参见《第44次〈中国互联网络发展状况统计报告〉》,载国家互联网信息办公室,http://www.cac.gov.cn/2019-08/30/c_1124938750.htm,访问时间:2022年8月2日。

③ 未成年人刑事特别程序的改革模式,是指专门处遇已满12周岁、不满18周岁犯罪嫌疑人、被告人的诉讼程序的革新范式。改革模式又称改革范式或革新范式,这种模式集中体现了国家、社会对涉罪未成年人的特别关怀与特殊处遇,体现了对涉罪未成年人保护的优先性。

式");二是未成年人福利之优先保护模式(以下简称"优先保护模式");三是恢复性司法之修复关系模式(以下简称"修复关系模式")。上述三种模式的大多数内容已经被确立在各国的未成年人刑事司法之中。在讨论未成年人刑事特别程序的改革脉络时,无论国际公约还是国内法,所提出的改革模式要么偏重特殊监护模式、优先保护模式,要么强调修复关系模式,大体都没有超出上述三种模式的范畴。本着"法学家画地图,政治家选择道路"的原则①,本章以互联网领域未成年人犯罪治理为切入点,拟对这三种改革模式的演进脉络、特征、成效以及争议进行系统性分析,然后,在对三种模式进行综合评价的基础上,提炼特别程序的法理②,并试图从法理与实证维度找寻适宜现行特别程序的改革面向,以期对我国现行未成年人刑事特别程序改革有所裨益。

第一节 特殊监护模式

正如依恩 C. 巴隆所言:"互联网不仅已经改变了我们的生存方式、商业行为和娱乐方式,还改变了……并在继续改变着……我们实践法律的方式和我们所实践的法律。"③互联网的虚拟化特性让法律实践变得异常艰难,也使互联网领域未成年人犯罪的治理步履维艰。对于治理未成年人在互联网领域的犯罪,特殊监护模式强调国家或政府居于未成年人最高监护人的地位,负有积极保护未成年人的职责,并应当主动履行监护义务。④ 在本节的论述中,笔者将从历史脉络和域外司法的维度,剖析这一模式的演进脉络、基本理念及其成因,并

---

① 参见陈瑞华:《法官责任制度的三种模式》,载《法学研究》2015 年第 4 期。
② 参见邱本:《如何提炼法理?》,载《法制与社会发展》2018 年第 1 期。
③ 〔美〕依恩 C. 巴隆:《电子商务与互联网法》,北京大学知识产权学院组织编译,中国方正出版社 2005 年版,第 1 页。
④ See Joseph J. Senna and Larry J. Siegel, Introduction to Criminal Justice, West Publishing Company, 1996, pp. 670-770.

通过对其实施效果的考察,探究这种模式在互联网语境下是否依然有其存在空间。

一、特殊监护模式的演进脉络与特征

特殊监护模式发端于国家亲权。"国家亲权"一词源自对拉丁文"parens patriae"的直译,原意可回溯至古罗马,虽然"国家亲权起源于罗马法"这一观点得到一致认同①,但现代"国家亲权"的实质内涵,则脱胎于英国衡平法院(Chancery Court)指导未成年人司法系统的设置,并伴随着美国未成年人法院的设立而被传承弘扬。在古罗马时期,国家亲权对于未成年人而言,表现为两种属性:一种是国家父权,另一种是自然亲权。二者的关系有时是互相补充的,有时又是互相排斥或冲突的。具体表现为:国家在自然亲权缺位时顶替其履行监护人职责;有时为了国家利益,以国家父权之名干预或阻却自然亲权。前者集中体现为贫困未成年人国家抚养制度和官选监护制度,旨在为贫穷的未成年人提供抚养基金和保佐人,承担起自然父权的监护责任。后者则集中体现为限制自然父权的家暴行为,逐渐取消父亲对于未成年子女的杀害权、出卖权,以及鞭打和监禁权。② 由此可知,古罗马时期的国家亲权,国家与未成年人的关系具有双向性:未成年人是国家的资源,而国家对未成年人负有特殊监护的义务,这也是特殊监护模式的当然内涵。

特殊监护模式起源于古罗马,兴盛于美国。美国的未成年人司法制度作为特殊监护模式下的产物,认为当未成年人的父母没有适当地履行其义务时,国家有义务介入其中,代替无计可施的父母,以未成年人监护人的身份行使监护职责。美国继受英国的特殊监护理念,将其运用于对未成年人的干预和保护。在1839年的克劳斯案中,宾夕法

---

① 参见康树华、郭翔主编:《青少年法学概论》,中国政法大学出版社1987年版,第268页;徐国栋:《普通法中的国家亲权制度及其罗马法根源》,载《甘肃社会科学》2011年第1期。

② 参见徐国栋:《国家亲权与自然亲权的斗争与合作》,载《私法研究》2011年第1期。

尼亚州最高法院首次援引特殊监护理念证明庇护所干预和保护未成年人的合法性与正当性。① 1899年伊利诺伊州考克郡成立未成年人法院，在世界范围内率先开启了未成年人刑事特别程序之门，"特殊监护"逐渐演变成为英美法系未成年人刑事司法的哲学根基。

二、新语境下特殊监护模式的生存空间

互联网的应用极大地改变了人类的生产方式，互联网具有互联性、交互性、多变性、匿名性、永久性、技术性、虚拟性和无国界性等特点②，使得作为法律界"混血儿"的互联网领域未成年人犯罪治理，不再适宜采取一对一或点对点的预防方式，这是否意味着国家或政府退出了"守夜人"的角色呢？事实并非如此，在互联网语境下，在矫治涉罪未成年人过程中，国家仍旧处于"特殊监护人"的主导地位，主要表现在以下三个方面：

第一，现行刑事诉讼法、司法解释及司法实践经验，强化了"国家"在现行特别程序中的主导地位。互联网语境下的未成年人犯罪治理，仍需以现行法为依据。比如，《刑事诉讼法》第278条、第282条和第286条等，分别规定了未成年人的法律援助辩护制度、附条件不起诉制度及犯罪记录封存制度，这些制度仍是基于国家对未成年人的特别监护职责而建构的。从最高人民法院、最高人民检察院相关司法解释的内容可知，关于涉罪未成年人的强制辩护制度中，公检法及法律援助机构都承担着通知和指派辩护人的义务，辩护权作为涉罪未成年人的基本诉讼权利，由国家以强制辩护的方式予以保障，这集中体现了未成年人利益最大化与特殊监护理念。

第二，特殊监护模式下互联网多元治理形式的建构。互联网领域的治理强调民主参与、合法性、公开性、有责性、互动性等善治理

---

① 参见姚建龙：《国家亲权理论与少年司法——以美国少年司法为中心的研究》，载《法学杂志》2008年第3期。
② 参见张平：《互联网法律规制的若干问题探讨》，载《知识产权》2012年第8期。

念①,这体现了人类对理想的互联网治理模式的理性追求。有学者通过问卷调查发现,未成年人在互联网领域主要涉及互联网亚文化、互联网"陷阱"、互联网欺凌现象、错误的互联网信息、未成年人心智的不成熟等问题,这些极易诱发互联网领域的未成年人犯罪。其中,关于未成年人接触互联网暴力等不良信息的场景的概率统计中,打开网页时弹出不雅视频或照片占81.1%,在互联网游戏中看到色情和暴力场景占51.4%,而接受正常信息的概率仅为3.7%。② 可见,国家作为未成年人的最终监护人,有责任有义务去保护他们,建构国家主导下的多元互联网治理范式。一方面,鼓励多元主体参与互联网治理。互联网治理不仅需由国家主导,而且需有社会组织、互联网公司、社会大众以及未成年人等多元主体参与,多元主体在参与互联网治理的过程中,始终要坚持"国家的归国家,互联网的归互联网"原则。另一方面,建构"多元互联共治"的外部监督和评估机制。国家角色要由原来亲自"划桨"转变为主要负责"掌舵",主要集中于进行宏观把握,鼓励互联自治,充分调动各个监督主体的积极性,建立"多元互联共治"的监督和评估体系,避免互联网治理失灵现象的发生。

第三,特殊监护模式下互联网的法律规制。由于我国互联网内容分级制度③的缺乏,未成年人极易接触到一些不良信息,从而误导未成年人的社会观察和是非判断。在特殊监护理念倡导下,国家应当建立一个能够充分发挥自主规制(Self-Regulation)和政府规制(Government Regulation)各自优势的法律规制路径。全世界尤其是发达国家的互联网政府规制举措主要有:着重于互联网内容、物理设施及基础结构的规制,尤其在国际域名与地址的分配上,政府积

---

① 参见张文显:《法治与国家治理现代化》,载《中国法学》2014年第4期。
② 参见牛凯等:《论我国未成年人网络保护的加强与改进》,载《青少年犯罪问题》2016年第2期。
③ 所谓互联网内容分级制度,是指为避免未成年人接触互联网不适宜信息,由提供者对互联网内容分类、标签,学校、家庭经过滤,社会监督、评估,政府间接监管的制度。具体参见杨攀:《我国互联网内容分级制度研究》,载《法律科学(西北政法大学学报)》2014年第2期。

极发挥引导作用。① 互联网领域政府规制是有其自身局限性的,此时就需要行业内的自主规制。现代意义上的互联网自主规制包括两个方面:一方面,在没有适用任何法规范,或者制定、执行高于法规范的标准的前提下,寻求互联网公司之间的通力协作,自愿强化互联网安全;另一方面,则是互联网公司在违反行业自律规范而不会遭受任何处罚的情况下,仍遵循相关法律的规定,这种类似于"自主监督"的制度同时也符合互联网市场自主负责与社会善治的基本要求。② 当然,无论是互联网的政府规制,还是自主规制,如果规制范围过宽、用力过猛,都会导致"寒蝉效应"。

三、对传统特殊监护模式的反思

从上述论证可知,在互联网时代,特殊监护模式仍有其存在的空间,特别是在现行特别程序的改革、互联网多元治理,以及互联网的法律规制方面,国家的"特殊监护"角色都有其积极效果。然而,经过半个多世纪的实践,对涉罪未成年人持国家特殊监护理念而非惩罚理念,尽管收获了一定的成效,但是与特殊监护理念所追求的理想状态仍然存在较大差距。因此,无论实务界还是学术界,对于这种以特殊监护理念矫正和帮助涉罪未成年人的形式,不少人提出了尖锐的批评意见。笔者拟结合当下的改革趋势,从正当法律程序保护、矫正效果评估及流水型司法角度,对这一传统模式进行反思。

(一)涉罪未成年人欠缺正当法律程序的保障

通过对丹宁勋爵的论述进行考察,可以看出,"正当法律程序"一词第一次出现在成文法中的表述为:"未经法律的正当程序进行答

---

① 参见李洪雷:《论互联网的规制体制——在政府规制与自我规制之间》,载《环球法律评论》2014年第1期。

② 相关自主规制论述,具体参见詹镇荣:《德国法中"社会自我规制"机制初探》,载《政大法律评论》2004年第78期;〔日〕原田大树:《自主规制的公法学的研究》,有斐阁2007年版,第270—276页;刘宗德:《公私协力与自主规制之公法学理论》,载《月旦法学杂志》2013年第6期;高秦伟:《社会自我规制与行政法的任务》,载《中国法学》2015年第5期;等等。

第三章 未成年人刑事特别程序的模式

辩,对任何财产和身份的拥有者一律不得剥夺其土地或住所,不得逮捕或监禁,不得剥夺其继承权和生命。"①从原文陈述可知,正当法律程序包含三项核心要素,即排除偏见、听取意见和说明理由。②互联网语境下的未成年人刑事特别程序欠缺正当法律程序的保障,主要表现在:一方面,缺失基本的诉讼权利保障。在19世纪六七十年代,未成年人法院以权威"特殊监护人"身份出现,并认为程序越非正式越能体现出家庭的温馨,越能给未成年人提供有效的保护和矫正,因而未成年人应当被赋予的律师辩护权、反对自证其罪权、书面控告权、上诉权等基本诉讼权利,被认为无关紧要而被拒绝赋予。但实际情况并非如此,缺乏正当法律程序给未成年人带来了巨大的伤害③,这样的例子在现今司法实务中并不少见。

另一方面,特殊监护模式扩大了法院对涉罪未成年人事件的管辖权。众所周知,未成年人法院对未成年人经常出入不当场所,经常逃学或逃家,参加不良组织,无正当理由携带刀械,以及有预备犯罪或犯罪未遂而法所不罚等行为进行管辖,这些特殊行为实质上并没有触犯刑法,如果是成年人实施则根本不会构成犯罪,未成年人法院对身份犯罪进行过度干预,有可能使未成年人受到比成年人更严厉的处遇,加之未成年人矫正机构并不健全,导致对涉罪未成年人的矫正没能达到预期效果,反而被贴上"犯罪标签"。可见,在现行特别程序中,由于缺乏正当法律程序的保障,未成年人在诉讼程序中无法行使有效的辩护权、沉默权、反对自证其罪权、上诉权、管辖异议权等基本的诉讼权利,这极有可能放任特别程序对未成年人"以保护之名,行惩罚之实"。

(二)涉罪未成年人处遇效果受到社会大众质疑

早在19世纪60年代初,学者们就对未成年人处遇、再社会化等

---

① 〔英〕丹宁勋爵:《法律的正当程序》,李克强等译,法律出版社2015年版,第1页。
② 参见刘东亮:《什么是正当法律程序》,载《中国法学》2010年第4期。
③ 参见赵国玲主编:《未成年人司法制度改革研究》,北京大学出版社2011年版,第26—27页。

效果提出了质疑,特别是新古典主义犯罪学以全新面目登上舞台,并指出应通过惩罚来威慑犯罪,保护社会秩序。与学界的质疑声遥相呼应的是,实务部门对未成年人处遇效果的评估结果也无法让社会大众满意。我国各地实证调研的统计数据显示,各地未成年人重新犯罪率存在比较大的差距,例如,2012年上海市未成年人重新犯罪率的调查报告显示,未成年人重新犯罪率仅为4.4%,而辽宁省未成年人重新犯罪率统计仅在2001年至2004年之间就达到22.1%,之后还在以每年7.7%～15.9%的占比持续上升①,虽然近年来有所下降,但未成年人重新犯罪的问题依然很严重。这种现象在互联网领域尤为突出,很多涉罪未成年人经过矫正后,仍无法摆脱对互联网的"依赖",仍会"重操旧业"。当未成年人犯罪和重犯率仍在逐年递增时,传统国家亲权、未成年人福利等理念被越来越多人所摒弃,社会大众对于未成年人法院所主张的特殊监护和未成年人福利表现出一种极度不信任。此时,整个未成年人刑事司法系统的风向发生转变,由保护优先转向更加强调未成年人的责任与惩罚,注重对社会和社区的安全、稳定的维护及被害人利益的保护与补偿。

(三)缺乏专业司法人员的保护与教育

传统的特殊监护模式下,未成年人法院由于在整个司法系统中的地位较低,未成年人法院的从业人员专业水平并不高,而且很难争取到有利的司法资源,使得整个未成年人司法运作呈现出流水型司法现象。但我们知道,对于涉罪未成年人的保护、教育与矫正,是一个很漫长的过程,从一个涉罪未成年人进入司法程序起算,对其进行调查、取证、移送、起诉、审判,到最后成功矫正并使其回归社区,可能需要1—3年的时间不等,其中不仅需要专业化的审判机构,而且需要专业化的司法保护人员,以及专业化的司法处遇程序。其中,专业化的司法保护人员包括未成年人法院法官、未成年人调查官、未成年人保护官、观

---

① 参见肖灵:《对我国未成年人重新犯罪问题研究的反思》,载《预防青少年犯罪研究》2015年第5期。

护人、心理测试员、心理辅导员及公设辩护人等,司法保护人员为未成年人提供学习就业机遇,培训劳动技能,提高法律素养,提供心理咨询等,从而使特别程序与未成年人的社区矫正形成有效衔接,帮助涉罪未成年人更便利地参与特别程序,维护自身的诉讼权利与合法利益,并确保其回归社区。

当然,传统特殊监护模式存在的局限性,并非此模式所特有,在优先保护模式及修复关系模式中,同样存在因过于注重保障未成年人福利,或是过于注重对未成年人与被害人、社区之间关系的修复,而忽视对涉罪未成年人首先应当给予的正当法律程序的保护的情况。

第二节 优先保护模式

优先保护模式是指在未成年人刑事特别程序中,应以未成年人的最佳利益及最少危害为前提进行考量,优先保障未成年人享有的诉讼权利与合法权益之制度模式,其旨在保障未成年人权利及实现未成年人利益最大化。互联网领域的未成年人犯罪已是全球性问题,互联网对上网未成年人违法犯罪的影响不仅仅是工具性影响,上网未成年人违法犯罪是网络文化被人格化的产物,是被人格化因素和人格化因素交织作用的结果。[①] 在探究治理互联网文化被人格化的现象时,我们仍应以未成年人福利与优先保护为理论基础,探寻未成年人利益的最大化。

一、优先保护模式的兴起与特征

优先保护模式滥觞于未成年人福利。各国对"未成年人"与"福利"之确切内涵的规定不尽相同,这直接影响了未成年人福利之定义。

[①] 参见许涛、周运清:《工具性影响:互联网对上网未成年人违法犯罪的影响分析》,载《青年探索》2007年第1期。

正如有学者所言,未成年人福利并没有放之四海而皆准的定义,常伴随着一个国家的社会、经济、政治、文化等发展层次的不同而有所差异。① 根据 1959 年《儿童权利宣言》的规定,广义的未成年人福利是指以促进未成年人身心健康发展、保障未成年人正常生活为目的的各种福利事业。狭义的未成年人福利仅指国家和社会为有特殊需要的未成年人提供的各种支持、保护和补偿性服务。② 因此,所谓未成年人福利,是指对未成年人进行专门教育、感化与救助的社会福利,包括教育、就业、医疗、寄养和收养及反家庭暴力等内容,特别针对遭遇遗弃、虐待和监护不良的未成年人。③

从 1601 年英国施行《伊丽莎白济贫法》以后,西方国家优先保护模式的演进可以划分为三个时期:第一时期为 17 世纪初至 19 世纪中叶,这一时期西方国家遵循不干预家庭的"自由放任主义"(Laissez-faire),只有当未成年人失去家庭或家庭无能为力时才提供有限的救济,被称为未成年人福利的残补模式。④ 这一时期转变了中世纪基督教人性堕落的理念,并认为未成年人具有与生俱来的"原罪"形象。第二时期为 19 世纪下半叶现代未成年人福利兴起至 20 世纪 80 年代,这一时期未成年人福利由残补模式转向普惠模式,主动施行干预家庭的"国家家长主义"(State-paternalism),出现了大量的未成年人保护立法、学校教育和专门的未成年人福利机构,并主张未成年人是权利主体,国家应承担未成年人福利的主要责任等。第三时期为 20 世纪 90 年代联合国《儿童权利公约》生效以后,这一时期未成年人福利由普惠模式走向优先保护模式,以国际公约的形式规定了国家和家庭对未成年人的义务,从注重"未成年人福利"和"未成年人保护"转

---

① 参见郭静晃:《儿童福利》,扬智文化事业股份有限公司 2013 年版,第 4 页。
② See Julia Lynch, Age in the Welfare State: The Origins of Social Spending on Pensioners, Workers, and Children, Cambridge University Press, 2006, pp. 41-50.
③ 参见张鸿巍:《儿童福利视野下的少年司法路径选择》,载《河北法学》2011 年第 12 期。
④ See Lorraine Fox Harding, Perspectives in Child Care Policy, Longman, 1997, pp. 45-85.

变为注重"未成年人福利的优先保护"。① 家庭和父母成为保护未成年人的主要力量,国家则只扮演"辅助者"角色,这集中体现了优先保护模式的特点,以及家庭、社会和国家应协力承担未成年人福利和保护职责。

二、优先保护模式的积极效果

我国是不是优先保护模式的典型代表呢？从规范层面考察,《刑事诉讼法》第277条、《未成年人保护法》第113条、《刑事案件程序规定》第317条及《刑诉法解释》第546条,均规定对涉罪未成年人实行"教育、感化、挽救"的方针,坚持"教育为主、惩罚为辅"的原则。"教育为主、惩罚为辅"是相辅相成的,惩罚只是手段而不是目的,教育挽救才是目的,从这个意义上而言,目前我国的未成年人刑事特别程序仍偏向于责任与惩罚模式,并不是优先保护模式的代表。芬兰、瑞典、丹麦、挪威等北欧国家是目前优先保护模式的代表,笔者接下来以芬兰为考察样本,清晰地揭示这一模式的积极效果。

芬兰在未成年人福利领域一直处于世界领先地位,它以《儿童权利公约》《欧洲人权公约》《北京规则》等国际公约作为本国法律渊源,早在1936年就予以推广实施的《儿童福利保护法》确立了处理未成年人犯罪不能依靠刑事司法系统,而是应对未成年人采取独立优先保护措施的基本理念。其中,未成年人福利机构、学校教育在矫正未成年人犯罪中发挥支持、辅导和修复等综合作用。② 以芬兰为例,优先保护模式的积极效果主要体现在两个方面：一方面,多样化的未成年人家外处遇机构。从矫正心理学角度而言,使被处遇的未成年人生活在正常的家庭氛围中是最好的矫正方式,到2002年,芬兰涉罪未成年

---

① 参见乔东平、谢倩雯：《西方儿童福利理念和政策演变及对中国的启示》,载《东岳论丛》2014年第11期。

② See Matti Marttunen, "The Basis of Finnish Juvenile Criminal Justice", Revue Internationale De Droit Pénal, Vol. 75, Iss. 6, 2004, pp. 316–332.

人家外处遇的方式已有 11 种,即社区之家①、受虐未成年人庇护所、母亲和未成年人之家、精神治疗所、未成年人戒毒所、寄养照管、未成年人之家、自立生活公寓、私人照管和留置给父母等。其中,精神治疗所、寄养照管和未成年人之家安置涉罪未成年人的占比分别为29.0%、28.0%和27.0%。② 可见,多样化的"家庭式"处遇机构为涉罪未成年人重新回归社会提供了极大的可能性。

另一方面,以社会工作者为主的多元主体参与矫正的形式。根据芬兰《儿童福利保护法》的规定,承担矫正涉罪未成年人责任的主体有社会福利委员会、社会工作者、父母、学校及社会福利机构等。其中,社会福利委员会是保护未成年人的核心机构,它统筹监督未成年人福利具体工作的落实,授权社会工作者代表委员会行使裁决权。社会工作者在优先保护模式下也担任着关键角色,其享有广泛照管(open care)的权力,不仅可以采取强制措施,而且可以自由裁量和决定干预的时间和方式,这样的方式也渗透到了未成年人刑事司法系统,赋予了刑事司法以福利色彩。③ 而在我国的司法实践中,笔者实地调研发现,关于社工组织参与涉罪未成年人社区矫正的情况,在北京、上海、江苏、浙江等较发达地区,已经有较多的社工组织参与涉罪未成年人的社区矫正,而在云南、贵州、西藏、新疆等偏远地区,机制成熟的社工组织并不多见,更不用说参与到涉罪未成年人的社区矫正中。

三、新语境下优先保护模式的践行障碍

优先保护模式在芬兰的成功实践,并不意味着其在全世界都具有可借鉴性。与传统网络犯罪相比,互联网犯罪有两大转变,即由"虚拟性"向"现实性"过渡,由单纯的"信息媒介"向"生活平台"过渡。④ 有

---

① 包括儿童之家和少年之家
② 参见侯东亮:《少年司法模式研究》,法律出版社 2014 年版,第 53 页。
③ See Tarja Pösö, "Welfare for Girls, Justice for Boys? Treatment of Troublesome Youth in the Finnish Residential Child Welfare System", Youth Crime and Justice, 1991, pp. 101-112.
④ 参见于志刚:《网络犯罪与中国刑法应对》,载《中国社会科学》2010 年第 3 期。

学者曾从北京市海淀区人民法院2007—2010年间办结的未成年人案件中,随机抽取100件作为样本进行实证研究,分析显示:互联网有害信息、交友通信功能,以及不良上网方式等都是诱发未成年人犯罪的重要因素。① 可见,由于互联网犯罪的这两大转变及诱发未成年人犯罪因素的特殊性,传统的优先保护模式有自身的局限性,不足以应对我国互联网领域的未成年人犯罪。

现阶段,我国不适宜推行优先保护模式,主要原因表现在两个方面:一方面,优先保护模式无法关注和矫治涉罪未成年人的心理问题。传统的优先保护模式是对未成年人生命、自由、发展和权利保护等多项内容的总结和凝练,是一种提纲挈领式的"宣言"②,不能集中关注个别涉罪未成年人的心理问题。然而,当前互联网领域的未成年人犯罪,未成年人对虚拟互联网的过度依赖,使得未成年人极易接触到互联网上的色情和暴力信息,并导致未成年人出现麻木、恐慌、狂躁、抑郁等心理问题。而《刑事诉讼法》和《社区矫正法》等法律法规及规章,对于互联网领域涉罪未成年人心理矫治的规定还较为原则,无法有针对性地进行个别化、专业化的心理辅导与矫正。因此,针对互联网领域涉罪未成年人的心理问题,我们应当建立专门化、规范化的心理辅导与矫治系统,遵循无偿、自愿、保密的原则,国家应依据心理辅导和矫治的数量给予财政补贴③,而这些是现阶段国家无法充分供给的。

另一方面,我国尚未形成完备的未成年人福利体系。在规范层面,我国的未成年人福利法律体系是以《宪法》为基础,以专门性和非专门性的未成年人法律、法规、规章及司法解释相结合的立法范式。但由于未成年人福利法律体系存在立法理念落后、立法技术粗糙、立

---

① 参见尚秀云、吴扬传:《网络对未成年人犯罪影响的途径及其对策建议——以海淀区人民法院随机抽样的100件刑案为样本》,载《预防青少年犯罪研究》2012年第1期。
② 参见宋英辉等:《未成年人刑事司法改革研究》,北京大学出版社2013年版,第21页。
③ 参见雷小政:《涉罪未成年人心理辅导与矫治机制改革》,载《中国刑事法杂志》2014年第1期。

法形式分散、立法层次不高及诸多立法空白等问题①,我国始终未形成完备的未成年人福利法律体系。从未成年人福利的社会管理方面看,由于未成年人事务管理是按照工作内容来划分的,因此,未成年人的教育、卫生、安全和休闲等方面,分属于教育、卫生、民政和公安等职能部门及社会组织管理,而这些管理部门之间各自为政,总体上呈现管理分散且部门职责不清的局面,导致未成年人管理处于被"虚化"的状况。在司法实践层面上,虽然各地方检察院探索性建立未检科,落实"捕诉监防"一体化模式,实现涉罪未成年人处理程序的专业化,但距离建立普惠型未成年人福利体系仍有差距,需整合统筹公检法司机关、共青团、关工委、教育、民政、妇联等各个部门,以及从事未成年人保护工作的社工组织及个人的力量,合理配置权责,形成合力,切实以实现未成年人利益最大化为目标。②

第三节 修复关系模式

基于对传统刑罚学理论和报应刑刑事司法的反思,法学界和司法界再次对恢复性司法产生了浓厚的研究兴趣。修复关系模式是指以未成年人和被害人为整个刑事特别程序的核心要素,注重对被犯罪行为破坏的社会关系进行修复的制度模式。当前互联网领域的未成年人犯罪,不仅对未成年人自身造成了极大伤害,而且对社区关系、互联网、被害人及家庭都造成了损伤。而修复关系模式正好强调对涉罪未成年人和被害人之间矛盾的化解,鼓励双方当事人、家长、朋友和其他受到犯罪损伤的互联网组织或个人,均参与到对纠纷的处理程序中,修复被互联网领域的未成年人犯罪破坏的社会关系。当然,这

---

① 参见吴鹏飞:《我国儿童法律体系的现状、问题及其完善建议——以域外相关法律体系为借鉴》,载《政治与法律》2012年第7期。
② 参见王贞会:《儿童福利理念与我国未成年人司法制度》,载《人民法治》2016年第2期。

第三章 未成年人刑事特别程序的模式

一模式是否符合司法运行规律,能否突破传统未成年人刑事司法壁垒,能否修复被破坏的社会关系,确实值得深入讨论。有鉴于此,笔者将针对修复关系模式的兴起、理论基础、本土资源及存续空间进行初步分析。

一、修复关系模式的兴起与特征

修复关系模式发轫于恢复性司法,恢复性司法萌芽于人类社会的早期。印度《摩奴法典》规定,"国王和大臣要避免兴讼……非出本心杀害首陀罗时,应进行苦行六个月。或给与婆罗门十头白牝牛和一头牡牛……"[1]可见,在古印度时期,许多国家就已经存在犯罪赔偿、和解等现象。[2] 恢复性司法最主要的实践点是未成年人领域的司法改革。2002年联合国通过的《关于在刑事事项中采用恢复性司法方案的基本原则》指出:恢复性司法是采用恢复性程序并寻求实现恢复性结果的任何方案。[3] 这与英国马歇尔(Marshall)的定义相类似。[4] 其修复内容也是广泛的,包括人类的尊严、财产损害、人身健康损害、受损害的人际关系、社区、环境、情感、自由、同情、关爱、和平、自由权、市民正义感[5],恢复性司法的核心在于修复被犯罪损害的社会关系,并逐步形成针对涉罪未成年人与被害人之间关系修复的制度模式。

修复关系模式的核心要素主要有"未成年人""被害人""互联网""社区"及其他利害关系人。对于修复关系模式的特征,不同学者有不同的阐述,但核心价值理念基本一致。笔者将修复关系模式的特征概括为:首先,多元主体参与的调解与协商。这一模式不仅有传统的警

---

[1] 〔法〕迭朗善译:《摩奴法典》,马香雪转译,商务印书馆1982年版,第162、262页。
[2] 参见胡嘉金:《恢复性司法:以和谐社会为语境》,吉林大学出版社2009年版,第3页。
[3] 参见刘晓虎:《恢复性司法研究——中国的恢复性司法之路》,法律出版社2014年版,第24页。
[4] See Tony F. Marshall, "The Evolution of Restorative Justice in Britain", European Journal on Criminal Policy and Research, Vol. 4, 1996, pp. 21-44.
[5] See John Braithwaite, Restorative Justice and Responsive Regulation, Oxford University Press, 2002, pp. 14-15.

察、检察官、法官、未成年人和被害人参与,而且吸纳社区代表、未成年人父母、调解人等一起参与。其次,纠纷解决方式的灵活多变性。修复关系模式为涉罪未成年人、被害人和其他参与人搭建了一个平等、和谐、融洽的交流平台,即在通过和解、调解、协商等灵活的方式处理犯罪问题时,促进因犯罪而受损的社会关系的愈合。最后,追求价值的多元性。①修复关系模式不是仅关注涉罪未成年人责任的承担,其着眼点在于通过多方协商形成解决机制,实现未成年人、被害人、互联网和社区等多方利益的均衡化。

二、修复关系模式的本土资源

修复关系模式一进入我国,就引起激烈的争论,有学者认为其具有本土资源,应当引进②;有学者认为这一模式颠覆了传统犯罪本质观,建议应当缓引③。步入互联网时代后,传统刑事司法强调对抗,忽视被害人损失,无法修复被破坏的网际关系的缺点集中暴露出来。而修复关系模式契合了我国传统的"和合"与"恤幼"的文化理念,并关注涉罪未成年人具有的认识能力低、主观恶性小、抵御能力差和可塑性强等特点。互联网语境下修复关系模式所具有的本土资源,主要表现在以下三个方面:

---

① 参见吴立志:《恢复性司法基本理念研究》,中国政法大学出版社2012年版,第16页。

② 大多数学者支持本土化,支持引入的代表性学者及研究有宋英辉、许身健:《恢复性司法程序之思考》,载《现代法学》2004年第3期;孙国祥:《刑事一体化视野下的恢复性司法》,载《南京大学学报(哲学·人文·社会科学版)》2005年第4期;刘立霞、尹璐:《未成年人恢复性司法研究》,载《青少年犯罪问题》2006年第3期;吴常青:《论恢复性司法的本土资源与制度构建》,载《法学论坛》2006年第3期;于改、吴玉萍:《多元化视角下恢复性司法的理论基础》,载《山东大学学报(哲学社会科学版)》2007年第4期;周长军、高建明:《恢复性司法理论对中国刑诉改革的可能意义》,载《山东大学学报(哲学社会科学版)》2008年第2期;等等。

③ 建议应当缓引的代表性学者及研究有邹积超:《论"恢复性司法"应该缓行》,载《华东政法学院学报》2004年第6期;李震:《恢复性司法应当缓行》,载《法学论坛》2007年第4期;朱德宏:《恢复性司法及其本土制度化危机》,载《法律科学(西北政法学院学报)》2008年第2期;等等。

第一，修复关系模式契合传统"和合"与"恤幼"的文化理念。从我国法制文化演进史考察，孔子曰，"礼之用，和为贵"；孟子曰，"天时不如地利，地利不如人和"；墨子曰，"兼相爱则治，交相恶则乱"，再到后来儒家"息讼""无讼""贱讼""耻讼"理念几乎深入人心①，民众对上法庭、打官司，持敬而远之的态度。再则，近现代从"马锡五审判方式""枫桥经验"到今日之刑事和解，无不渗透着"和合"理念。也不吝让儒学大师钱穆称赞："中国人乃在异中求同，其文化特征乃为和合性。"②我国古代的法律规定对"恤幼"理念也是一以贯之、传承至今，如《周礼·秋官·司刺》规定"壹赦曰幼弱"；《法经》规定"罪人年十五以下。罪高三减，罪卑一减"；《唐律疏议·名例律》规定"老小及疾有犯……犯罪时幼小，事发时长大，依幼小论"；等等。可见，"恤幼"文化理念贯穿于古代立法，这些优良的人文主义关怀传统也一直传承至今。

第二，修复关系模式契合未成年人刑事司法改革"回归社区"与"修复关系"的价值追求。随着互联网领域未成年人犯罪的愈演愈烈，司法实践中有关涉罪未成年人"修复性"的司法改革，也推进得如火如荼，如合适成年人到场制度、附条件不起诉制度、社会调查制度、犯罪记录封存制度、不公开审理制度等，均旨在使涉罪未成年人重新回归社区。互联网犯罪中的未成年人，本身既是受害人，也是加害人，而传统刑事程序遗忘了其受害人地位而侧重对国家利益的保护，通过对涉罪未成年人的惩罚达到控制犯罪之目的，这使得社会关系更加紧张。而修复关系模式是多元主体参与的，通过和解、调解、协商、圆桌会谈等灵活方式，达到修复社会关系的目标，其中，特别注重修复涉罪未成年人与被害人、互联网、社区及其他利害人之间的关系，实现这一模式的"双保护"目的。

第三，修复关系模式契合"最大利益"与"保护优先"的国际公约

---

① 参见自正法：《司法改革背景下的刑事和解——刑事司法文明的第三种模式》，载《学术探索》2014年第12期。
② 钱穆：《晚学盲言》，广西师范大学出版社2004年版，第188页。

要求。修复关系模式以未成年人最大利益原则作为纲领性原则,契合国际公约关于"儿童最大利益原则"的规定。我国深受国际公约的影响,初步形成了以《宪法》为基础,以《刑事诉讼法》和《未成年人保护法》为主干,包括《预防未成年人犯罪法》《民法典》《义务教育法》及有关的法律、行政法规、地方性法规在内的一整套有关未成年人保护的法律体系。① 这同时要求,司法实践中,在处理互联网领域未成年人犯罪案件时,司法机关、政府及社工组织应以未成年人"最大利益"和"优先保护"为己任,达到修复涉罪未成年人与被害人之间的关系并使涉罪未成年人重新回归社区之目的。

三、推行修复关系模式的主要困境

正如前述,对于互联网语境下的未成年人犯罪,互联网仅是未成年人犯罪的工具性影响因素,而网络文化、社区和家庭环境等中的不良因素,才是未成年人犯罪的根源性影响因素。未成年人犯罪是被人格化因素与人格化因素交互作用的结果。虽然我国从古至今都有修复关系模式存在的本土资源,但这一模式又把涉罪未成年人放回"原地",是否真的起到修复关系与重新回归社区之目的,不免让人担忧。这也为修复关系模式的践行制造了困难,主要困境表现在以下三个方面。

首先,该模式与传统刑事司法罪责观相斥。互联网领域的未成年人犯罪,不仅侵害国家、社会利益,同时也侵害了个人利益。站在国家本位主义立场,国家理应通过刑罚惩罚犯罪,以达到维持社会秩序的目的,在此基础上维护个人法益,在适用刑罚惩罚涉罪未成年人时,应当遵循罪刑法定原则、平等适用刑法原则、罪刑均衡原则,以及坚持无罪推定原则。而修复关系模式则是在犯罪被害人学理论、标签理论的基础上,强调被害人作为自治性主体被纳入程序,并主导程序的基本

---

① 参见何海澜:《善待儿童:儿童最大利益原则及其在教育、家庭、刑事制度中的运用》,中国法制出版社2016年版,第181页。

进程,被害人不再充当"被遗忘的当事人"角色,同时,修复关系模式注重未成年人犯的责任承担和重返社会,注重社区安宁的修复和社区和谐的重建。① 这也使现行刑事司法的国家本位主义与个人本位主义形成鲜明的冲突与对立。

其次,该模式难以回应"以钱买刑"的理性诘问。修复关系模式强调涉罪未成年人、被害人、社工组织及其他利害关系人的参与性,排斥国家公权力的介入。由于这一模式没有明确的程序规制,修复程序的协调人或调解人是法官、检察官或社工组织,他们在修复关系模式中的地位、权利和义务都没有明确的法律规定,也没有有效的监督与制约机制,这在无形之中给了这些人员很大的自由裁量权。这可能使涉罪未成年人为免除刑罚的严惩而"以钱买刑"②:一方面给予被害人较多的赔偿金,从而得到被害人的谅解;另一方面则是以钱贿赂协调人或调解人,使得被害人获得较少赔偿金或避免其获得不合理的高额赔偿金,以期得到有利于自己的结果。这也提醒我们,修复关系模式的运行,需要正当程序的规制及有效的法律监督,避免"以钱买刑"。

最后,该模式预防犯罪的效率受质疑。在互联网领域的未成年人犯罪中,有时受侵害的法益是互联网的技术资源,具有无法修复或修复成本过高的问题,此时自然就会影响修复关系模式的效率值。另外,修复关系模式强调通过双方达成协商或谅解协议,使得涉罪未成年人从内心产生对犯罪的悔意,这在某种程度上具有一定的预防再犯的作用,但修复关系模式一直强调个别预防而非一般预防的作用,再加上涉罪未成年人主观难以预测,犯罪环境不可预估等因素,使得修复关系模式在预防犯罪方面的效率大打折扣。此外,修复关系模式践行的困境还表现为难以准确判断双方是否出于真实自愿、程序是否正当及监督是否有序等问题。

---

① 参见杜宇:《司法观的"交战":传统刑事司法 VS. 恢复性司法》,载《中外法学》2009年第2期。
② 刘涛:《社会系统及其互动:刑事和解中"以钱买罪"现象新解》,载《法制与社会发展》2017年第2期。

第四节 改革面向:福利兼正当程序模式

根据世界各国未成年人刑事司法改革的实践经验,前文归纳了未成年人刑事特别程序现存的三种制度模式。无论是特殊监护模式、优先保护模式,还是修复关系模式,都是未成年人刑事司法改革的产物,都有各自得以存在的制度空间,也都有相应的局限性和践行障碍。本节将通过问卷调查、圆桌座谈、个别访谈及个案分析的方式,以定量研究和定性研究相结合与交叉分析的方式,剖析《刑事诉讼法》中"未成年人刑事案件诉讼程序"践行的现状与问题,并从实证维度分析互联网语境下我国现行特别程序的改革面向。

一、实证研究的时间、方法与样本信息

本研究持续近十年的时间,主要分为以下三个部分:一是在全国范围内开展关于未成年人刑事侦诉审程序践行现状的问卷调查,收集相关问卷数据;二是通过圆桌座谈与个别访谈,与实务部门的警察、检察官、法官及律师进行座谈和访谈;三是进行定性研究,并探索上述三种模式的制度存在空间与践行障碍。其中,实证研究主要运用了问卷调查、实地调查、圆桌座谈和个案访谈等方法。

首先,问卷调查。在设计问卷前期,笔者通过文献回顾、专家咨询、学者论证及座谈访谈等方式,对设计的问卷效度和信度进行检验,得出问卷具有较高的可信度和有效度的结论。其次,实地的圆桌座谈与访谈。实地调查地点包括:浙江省杭州市、温州市、绍兴市,上海市长宁区,四川省成都市、巴中市、崇州市,广西壮族自治区南宁市,云南省玉溪市、文山州、红河州等。座谈、访谈的对象包括警察、检察官、法官、司法局工作人员、律师群体及社会大众。在座谈、访谈中,收集了各地办理涉罪未成年人的规范性文件和典型案例,并与具体办案人员进行了座谈,观察了办案人员的处遇过程,记录和总结座谈、访谈的内容。最后,本研究中使用 SPSS 数据统计软件来录入和分析数据,并采用描述性、对比、交叉及回归分析方法,从实证维度探寻现行特别程序的立法模式与改革趋势,确立未成年人刑事特别程序的改革面向。

二、现行特别程序对涉罪未成年人处理的严厉程度与立法模式

现行特别程序对涉罪未成年人的处理,是更倾向于保护,还是更倾向于严厉,或者二者并重,对立法模式的选择具有重要意义。

(一)现行程序对涉罪未成年人处理的严厉程度

当问卷问到"您认为,现行未成年人刑事诉讼程序对涉罪未成年人的处理如何?"时,从表 3.1 可知,整体而言,受访者中认为"过于严厉,保护不足"的占比为 25.9%,认为"不够严厉,过于强调保护"的占比为 32.6%,认为"二者并重"的占比为 32.4%。从不同样本群体的交叉分析可见,在公检法司办案人员中,认为"过于严厉,保护不足"的占比为 30.5%,认为"二者并重"的占比为 35.0%。律师群体选择"二者并重"的占比为 39.5%,而社会大众有 32.6% 的受访者选择"不够严厉,过于强调保护"。关于现行特别程序对涉罪未成年人处理的严厉程度,在与上海、浙江、四川和云南等地的法官进行个别访谈时,大多数法官指出:"现行程序对于涉罪未成年人偏向于严厉,特别对于外地涉罪未成年人,由于没有管护人或固定居所,只能将其处置于少管所。"[①]可见,将近三分之一的公检法司办案人员认为现行特别程序的处遇"过于严厉,保护不足",也是有支撑的。

表 3.1 现行特别程序对涉罪未成年人严厉程度认知的交叉分析

选项	过于严厉,保护不足	不够严厉,过于强调保护	二者并重	不清楚	合计
整体	25.9%	32.6%	32.4%	9.1%	100.0%

---

① 该访谈进行于 2016 年 6 月 15 日,编号为:IN1603X。

(续表)

选项		过于严厉，保护不足	不够严厉，过于强调保护	二者并重	不清楚	合计
不同样本群体	公检法司办案人员	30.5%	31.7%	35.0%	2.8%	100.0%
	律师群体	16.0%	30.2%	39.5%	14.3%	100.0%
	社会大众	25.9%	32.6%	32.4%	9.1%	100.0%

(二)立法模式选择的描述性与交叉分析

我国现行未成年人刑事特别程序的立法模式，是采取维持《刑事诉讼法》特别程序中专设一章的现状，或是相关规定散见于各部门法，还是制定专门的法即"未成年人法"？从表3.2可知，受访者中认为应"制定专门的法，即'未成年人法'"的占比为71.0%，20.9%的受访者认为，应维持《刑事诉讼法》专设一章现状，这也表明受访者对现行特别程序立法模式的选择，倾向于制定专门的法。在不同样本群体与立法模式选择的交叉分析中，公检法司办案人员和律师群体选择"制定专门的法，即'未成年人法'"的占比分别为75.7%和71.7%，社会大众选择此项的占比则相对低一点，为57.7%。

表3.2 受访者对立法模式选择认知的交叉分析

选项		维持《刑事诉讼法》专设一章现状	制定专门的法，即"未成年人法"	散见于各部门法	不清楚	合计
整体		20.9%	71.0%	2.2%	5.9%	100.0%
不同样本群体	公检法司办案人员	20.7%	75.7%	0.8%	2.8%	100.0%
	律师群体	17.5%	71.7%	3.3%	7.5%	100.0%
	社会大众	22.9%	57.7%	5.8%	13.6%	100.0%

三、改革面向：福利兼正当程序模式

我们已经进入互联网时代，这对于未成年人刑事特别程序的改革而言,既是一次机遇,又是一项挑战。称其为"机遇",原因在于通过互联网立法,可助推相关未成年人立法领域制定专门法律,以适应互联网发展的需求;而称其为"挑战"的原因在于,未成年人刑事特别程序改革将走向何方仍不清晰。我们能否把握这次"良机"?笔者在上文中论述了特别监护模式、优先保护模式及修复关系模式的演进脉络与特征,在互联网语境下,这三种模式都有其制度存在空间和践行障碍,那么,现行特别程序改革该何去何从呢?这可以在对三种模式的"法理"阐释中初见端倪,并通过定量与定性研究相结合的分析予以回应。

(一)现行特别程序改革面向的交叉分析

我国未成年人刑事特别程序的发展趋势,是"福利兼正当程序模式""福利模式""司法模式",还是"福利兼修复关系模式"?从表3.3可知,从公检法司办案人员、律师群体及社会大众三类样本群体的选择上看,选择"福利兼正当程序"的受访者占比为45.0%,选择"福利兼恢复性司法"和"司法模式"的占比分别为26.2%和18.6%,而选择"福利模式"的仅占4.3%,这也说明受访者对采用福利模式治理未成年人犯罪有一定程度的不信任。公检法司办案人员选择"福利兼正当程序"的占比为52.3%,而律师群体和社会大众则大多认为"福利兼恢复性司法"是其发展趋势,占比分别为36.7%和33.8%。这也说明公检法司办案人员、律师群体及社会大众,在对这一问题的认知上存在差异。

表3.3 对未成年人刑事特别程序改革面向认知的交叉分析

选项		福利兼正当程序	福利模式	司法模式	福利兼恢复性司法	不清楚	合计
整体		45.0%	4.3%	18.6%	26.2%	5.9%	100.0%
不同样本群体	公检法司办案人员	52.3%	3.3%	17.9%	22.0%	4.5%	100.0%
	律师群体	26.7%	2.5%	28.3%	36.7%	5.8%	100.0%
	社会大众	32.2%	8.0%	16.7%	33.8%	9.3%	100.0%

(二)现行特别程序改革面向的 Logistic 回归分析

Logistic 回归是通过函数 L 将 wx+b 对应一个隐状态 p,p=L(wx+b),然后根据 p 与 1-p 的大小决定因变量的值。现行特别程序的改革趋势,是本书研究的一个重点,为了探求不同样本群体的性别、年龄、收入、教育程度、地区等因素对受访者关于这个问题的看法的影响,笔者进行了 Logistic 回归分析(表 3.4)。在 Logistic 模型中,笔者将自变量中样本群体分为公检法司机关办案人员、律师群体、社会大众,以便反映不同主体之间的差异,其中类别变量:样本群体三分、性别、地区在加入模型时,设置虚拟变量样本群体三分(1)、样本群体三分(2)、性别(1)、地区(1)、地区(2)、地区(3),得到最终 Logistic 回归模型。

表 3.4 特别程序改革趋势 Logistic 回归分析的步骤参数

	方程中的变量	B	S.E,	Wals	df	Sig.	Exp(B)
步骤 1	收入	-0.4395	0.0530	68.7289	1	0.0000	0.6444
	常量	0.6972	0.1135	37.7206	1	0.0000	2.0081
步骤 2	样本群体三分			45.3684	2	0.0000	
	样本群体三分(1)	1.4299	0.2327	37.7686	1	0.0000	4.1783
	样本群体三分(2)	-0.5437	0.1899	8.1961	1	0.0042	0.5806
	收入	-0.6494	0.0729	79.2709	1	0.0000	0.5224
	常量	1.0759	0.1720	39.1367	1	0.0000	2.9327
步骤 3	样本群体三分			34.6464	2	0.0000	
	样本群体三分(1)	1.3708	0.2347	34.1011	1	0.0000	3.9384
	样本群体三分(2)	-0.1448	0.2088	0.4808	1	0.4880	0.8652
	收入	-0.5427	0.0759	51.1118	1	0.0000	0.5811
	地区			21.1306	3	0.0001	
	地区(1)	0.5988	0.4063	2.1719	1	0.1406	1.8199
	地区(2)	0.6215	0.1383	20.1857	1	0.0000	1.8617
	地区(3)	0.6984	0.7055	0.9799	1	0.3222	2.0106
	常量	0.4648	0.2152	4.6650	1	0.0308	1.5917

（续表）

方程中的变量		B	S.E,	Wals	df	Sig.	Exp(B)
步骤 4	样本群体三分			33.8572	2	0.0000	
	样本群体三分(1)	1.3517	0.2351	33.0518	1	0.0000	3.8640
	样本群体三分(2)	−0.1745	0.2096	0.6932	1	0.4051	0.8398
	性别(1)	−0.2463	0.1245	3.9150	1	0.0479	0.7817
	收入	−0.5571	0.0765	53.0538	1	0.0000	0.5728
	地区			20.8873	3	0.0001	
	地区(1)	0.6306	0.4084	2.3848	1	0.1225	1.8788
	地区(2)	0.6158	0.1385	19.7560	1	0.0000	1.8512
	地区(3)	0.7204	0.7060	1.0413	1	0.3075	2.0553
	常量	0.6142	0.2286	7.2217	1	0.0072	1.8482

a 在步骤 1 中输入的变量：收入
b 在步骤 2 中输入的变量：样本群体三分
c 在步骤 3 中输入的变量：地区
d 在步骤 4 中输入的变量：性别

最终 Logistic 模型是：
Prob(W=1|B) = P
log[P/(1−P)] = B'0 + B'1* 样本群体三分(1) + B'2* 样本群体三分(2) + B'3* 收入 + B'4* 地区(1) + B'5* 地区(2) + B'6* 地区(3) + B'7* 性别(1)
= 0.61 + 1.35* 样本群体三分(1) − 0.17* 样本群体三分(2) − 0.56* 收入 + 0.63* 地区(1) + 0.62* 地区(2) + 0.72* 地区(3) − 0.25* 性别(1)

OR = e^B

从表 3.4 可知，经过 4 次自变量进入步骤，得到最后的模型，解释总方差的 15.6%。相对于公检法司办案人员，律师群体选择"福利兼恢复性司法"的概率是公检法司办案人员的 3.86 倍，而社会大众选择"福利兼恢复性司法"的概率是公检法司办案人员的 74%，这也说明虽然有 52.3% 的公检法司办案人员选择"福利兼正当程序"，但律师群体和社会大众更倾向于"福利兼恢复性司法"，强调不仅应当给予未成年人福利，而且要注重修复被损害的人际和社区关系。另外，女性选择"福利兼恢复性司法"的概率是男性的 78%,这表明女性选择"福利兼正当程序"的占比要高一点。收入每提高一个档次,选择"福利兼恢复性司法"的概率降低 43%,这也说明收入的高低也会影响对特别程序改革趋势的选择。

(三)福利兼正当程序模式的具体改革路径

从实证的问卷数据及座谈、访谈可知,在司法实践中,部分地区不仅贯彻执行有限的"未成年人福利"模式,而且以保障"未成年人福利"为借口,剥夺未成年人的程序性权利。通过对理念和方针的执行效果,现行特别程序对涉罪未成年人的严厉程度,以及立法模式选择等问题进行综合考察可知,我国现行特别程序的改革应当推行"福利兼正当程序模式"。福利与正当程序,二者相互联系、相互促进,既保障未成年人的福利性权利,又保障未成年人的程序性权利。而福利与正当程序并非此消彼长的掠夺型关系,保障福利并非必须以压缩程序性权利为前提。具体表现为以下三个方面。

首先,保障福利是基础。"福利兼正当程序模式"中的福利,是指广义上的福利,本着"取其精华去其糟粕"的理念,在现存的特别监护模式、优先保护模式及修复关系模式三种模式中,吸取有利于未成年人"福利"的理念和方法,强调国家对于未成年人的特殊监护地位,承担"守夜人"角色,这就要求在对涉罪未成年人进行心理辅导与矫治时,国家应根据辅导与矫治未成年人的数量进行等额的财政补贴,实现未成年人利益的最大化。同时,强调多元主体参与特别程序,通过和解、调解和协商等多种方式,修复未成年人与被害人、互联网、社区及其他利害关系人之间的矛盾与冲突,让未成年人重新回归社区。

其次,正当程序是关键。正当程序以个人主义、民主主义、理性主义和法治主义为理论支点[①],搭建了刑事特别程序的宏观模型。福利与正当程序看似是一对矛盾体,实则并不矛盾——只有经过正当程序保障实现的福利,才是持久且永恒的权利。与普通程序相比,在刑事

---

① 参见魏晓娜:《刑事正当程序的理论支点》,载《当代法学》2004 年第 2 期。

特别程序中,未成年人对事物的认知和辨别能力有限,而诉讼本身具有风险性,因此我们应当保障涉罪未成年人的基本诉讼权利,如强制辩护权、申请回避权、反对自证其罪权、上诉权、最后陈述权等,以保护未成年人的合法权益不受侵害。

最后,福利与正当程序融为一体。在特别程序改革中,福利与正当程序,二者是相辅相成的关系,脱离何者,都不能体现特别程序的独特性。短期而言,福利的实现需要正当程序"保驾护航",通过正当程序保障未成年人的基本诉讼权利,才能真正保障未成年人的合法权益免受不当侵害。长期而言,福利兼正当程序的一体化是制度远景,也必将是我国未成年人刑事特别程序的改革趋势。

第五节 迈向福利兼正当程序模式

随着互联网技术的飞速发展,互联网疆域也已成为主权国家继领土、领海和领空之后的"另一重要领土",在这片"领土"上,未成年人犯罪正处于高发、频发的阶段。如何治理互联网领域的未成年人犯罪,已是我国乃至全世界共同关注的话题。在我国未成年人刑事特别程序中,一方面,由于我国互联网立法尚处于起步阶段①,互联网法治的目标是建立一个能够充分发挥政府规制和自主规制各自优势的规制体系,但目前我国未成年人刑事特别程序显然离这一目标仍有点距离。另一方面,传统的三种模式皆有其自身局限性。虽然现存的这三种都有其存在的本土资源,但又都有其践行障碍,不足以治理频发的未成年人犯罪。

近年来,互联网的发展已让我们真切感受到,我们的生活与互联网密不可分,有关互联网立法、司法和执法方面的改革也正推行得如火如荼,例如杭州已经设立了互联网法院。我们应当抓住这次改革的

---

① 参见周汉华:《论互联网法》,载《中国法学》2015年第3期。

机遇，以期制定专门的法，即"未成年人法"，并明确现行特别程序的改革面向。基于对三种模式的"法理"阐释，并通过实证维度的考察可知，对于我国现行特别程序的改革面向，大多数公检法司办案人员、律师群体及社会大众倾向于福利兼正当程序模式。然而，未成年人刑事特别程序改革之路才刚刚开启，福利兼正当程序之改革不能祈求一蹴而就，而只能采取"过程性"和"渐进式"改革，从"技术性改良"走向"制度性变革"，逐步实现由量变到质变的蜕变，最终迈向福利兼正当程序模式。

PART II

中篇　程序与逻辑
PROGRAM AND LOGIC

第四章 未成年人刑事侦查程序研究

国家亲权、未成年人福利和恢复性司法,这三者共同建构了未成年人刑事特别程序的理论基础,它们不仅贯穿于未成年人刑事特别程序的原则、方针和政策,而且渗透于未成年人刑事侦查、审查起诉、审判和执行程序,本章对未成年人刑事侦诉审程序进行实证研究之目的,是从实证维度揭示诉讼程序贯彻落实三个理论基础的现状、问题并提出改革路径。立案是刑事侦查程序启动的唯一标志,根据《刑事诉讼法》第109条的规定,公安司法机关发现犯罪事实或犯罪嫌疑人是立案的标准;又根据第113条的规定,立法并没有赋予公安机关决定立案与否的自由裁量权,只要符合立案条件,公安机关必须予以立案,不得作出不立案的决定。这样的立案标准对于涉罪未成年人来说是极其不利的,极易将未成年人纳入刑事诉讼程序中,而世界上许多国家的普遍做法则是尽可能限制将未成年人案件纳入刑事诉讼程序,寻求设置司法外的相关处遇措施来帮助教育改造涉罪未成年人。在我国现行的立案标准下,本章将从实证维度着重探析侦查阶段合适成年人的在场效果、未成年人的羁押率、律师指定辩护的成效和违法侦查程序的法律后果等问题,揭示未成年人刑事侦查程序的现状与问题,并提出侦查程序的改革路径。

第一节　合适成年人参与效果的考察与职能重塑

在我国学界,合适成年人(Appropriate Adult)参与,又被称为"合适成年人参与讯问"①、"适当成年人在场"②、"适当成年人介入"③等。合适成年人参与制度起源于英国,1972 年发生的马克斯韦尔·孔费(Maxwell Confait)被谋杀案促成 1984 年《警察与刑事证据法》确立合适成年人参与制度,该法执行守则规定:"当警察讯问 17 岁以下的未成年人(Juvenile)或者年满 17 周岁但有精神障碍的成人(Mentally Vulnerable Adults)时,必须有合适成年人参与。"④目前,美国、日本、丹麦、新西兰、加拿大和澳大利亚等多个国家和地区都有此类制度的相关立法。⑤ 所谓合适成年人参与,是指在未成年人刑事诉讼程序中,公安司法机关在讯问、起诉、审判涉罪未成年人时,必须要有合适成年人(法定监护人或者专设的合适成年人)到场参与的制度。其基于国家亲权理念和未成年人最大利益原则而设立,体现了特别程序对未成年人诉权的特殊保护,同时也标志着由犯罪控制模式转向正当程序模式来保障未成年人的合法权益。

从规范层面而言,1962 年我国公安部颁布的《预审工作细则(试行草案)》第 21 条规定中已有合适成年人参与制度的雏形,该条明确

---

① 参见刘芹:《"中欧少年司法制度——合适成年人参与制度研讨会"会议综述》,载《青少年犯罪问题》2003 年第 3 期。
② 参见徐美君:《"适当成年人"讯问时在场制度研究——以未成年犯罪嫌疑人为中心》,载《现代法学》2003 年第 5 期。
③ 参见姚建龙:《英国适当成年人介入制度及其在中国的引入》,载《中国刑事法杂志》2004 年第 4 期。
④ 姚建龙:《论合适成年人在场权》,载《政治与法律》2010 年第 7 期。
⑤ 这些国家和地区所确立的合适成年人参与制度采用了不同的表述,比如,我国台湾地区和日本表述为"辅助人",有些国家表述为"独立个人"(Independent Person)和"负责成年人"(Responsible Adult)等。See Harriet Pierpoint, "Quickening the PACE? The Use of Volunteers as Appropriate Adults in England and Wales", Policing and Society, Vol. 18, No. 4, 2008, p. 223.

了对未成年人犯的审讯,在必要的时候,可以邀请其父母或监护人及所在学校的代表参加讯问。1979年公安部颁行的《预审工作规则》第29条规定"可以通知法定代理人到场制度",1996年《刑事诉讼法》第14条第2款同样将合适成年人到场规定为选择性条款,直到2012年,《刑事诉讼法》第270条①才将法定代理人参与升格为强制性规定,2018年《刑事诉讼法》第281条延续了这一立法范式,从而确立了中国特色的合适成年人参与制度。②

从实践层面而言,我国的合适成年人参与制度的确立是地方先行先试,再到中央总结地方试改经验的过程。早在2002年,云南省昆明市盘龙区政府与英国救助儿童会合作的"未成年人司法试点项目",以引进英国合适成年人参与机制为切入点,进行司法分流和未成年人社区矫正、帮教的探索,形成了合适成年人"专职为主、兼职为辅、志愿者参与"的模式。其中,司法分流的一大特色是:在不干预警察办案的前提下,对涉罪未成年人的第一次讯问、询问,都会通知合适成年人参与,而且合适成年人会全程参与未成年人的社会调查、跟踪帮教和社区矫正。③ 随后,2004年上海市浦东、长宁、虹口三个区开展了"合适成年人参与"试点工作,到2007年已形成了包括教师、团干部、青少年

---

① 2012年《刑事诉讼法》第270条规定:"对于未成年人刑事案件,在讯问和审判的时候,应当通知未成年犯罪嫌疑人、被告人的法定代理人到场。无法通知、法定代理人不能到场或者法定代理人是共犯的,也可以通知未成年犯罪嫌疑人、被告人的其他成年亲属,所在学校、单位、居住地基层组织或者未成年人保护组织的代表到场,并将有关情况记录在案。到场的法定代理人可以代为行使未成年犯罪嫌疑人、被告人的诉讼权利。

"到场的法定代理人或者其他人员认为办案人员在讯问、审判中侵犯未成年人合法权益的,可以提出意见。讯问笔录、法庭笔录应当交给到场的法定代理人或者其他人员阅读或者向他宣读。

"讯问女性未成年犯罪嫌疑人,应当有女工作人员在场。

"审判未成年人刑事案件,未成年被告人最后陈述后,其法定代理人可以进行补充陈述。

"询问未成年被害人、证人,适用第一款、第二款、第三款的规定。"

② 参见郝银钟、盛长富:《论未成年人刑事司法中的合适成年人参与制度》,载《湖南社会科学》2012年第5期。

③ 参见刘东根、王砚图:《我国未成年人刑事司法中的合适成年人参与制度之完善》,载《中国人民公安大学学报(社会科学版)》2010年第5期。

事务社工及志愿者等人兼职的合适成年人队伍。① 2010 年,上海市人民检察院、公安局、高级人民法院和司法局联合签订了《关于合适成年人参与刑事诉讼的规定》,标志着合适成年人参与诉讼将作为一项诉讼权利在上海全面推广。继盘龙模式、上海模式后,北京、厦门、深圳等地陆续开展了合适成年人参与的试点工作,在总结地方试点改革经验的基础上,2012 年《刑事诉讼法》第 270 条正式将合适成年人参与全面推行到未成年人刑事诉讼程序中。合适成年人参与从最初试点到被基本法确立,再到全面推行已有多年,本节将以调查问卷、个案访谈方式客观评价合适成年人参与的实际效果、诉讼地位和职能延伸,并试图探究合适成年人参与刑事侦诉审程序的改革路径。

一、侦查讯问:合适成年人参与效果的考察

合适成年人参与作为一项专门保护未成年人的特别程序,是随着我国未成年人刑事诉讼程序的发展孕育而生的制度,它的确立具有独特的效果:一方面,合适成年人参与能够保障未成年人的诉讼权利与合法权益。未成年人刑事特别程序本身极其复杂,由于未成年人心智不成熟,无法应对威严的公安司法机关,极易出现孤独、伤感、悔恨、绝望的消极情绪,产生焦虑、紧张、害怕、恐惧或者戒备、抵触、以暴制暴的极端心理②,此时需要合适成年人进行及时的心理疏导和情绪调适,使未成年人恢复正常的情绪和心理状态,并保障其不可剥夺的诉讼权利与合法权益。另一方面,实现由传统犯罪控制模式向正当程序模式的转变,贯彻落实联合国未成年人司法准则。合适成年人参与是构建未成年人刑事诉讼正当程序的必然要求,也是落实联合国《儿童权利公约》对未成年人保护的重要体现。那么,合适成年人参与是否已达到预期的效果呢?笔者将通过对讯问时合适成年人在场参与效

---

① 参见刘立霞、郝小云:《论未成年人刑事案件中的合适成年人制度》,载《法学杂志》2011 年第 4 期。
② 参见郝银钟、盛长富:《论未成年人刑事司法中的合适成年人参与制度》,载《湖南社会科学》2012 年第 5 期。

果的考察,揭示合适成年人参与的现状与困境。

(一)合适成年人在讯问中的立场认知

从理论层面而言,合适成年人理应是未成年人刑事特别程序中的中立第三方。明确合适成年人在讯问中处于什么立场,是衡量讯问时合适成年人在场效果的前提条件。在此基础上笔者将分别从合适成年人参与对维护未成年人权利与权益的帮助程度,对改善侦查机关讯问的方式和讯问的难易度等方面,综合考察合适成年人参与讯问的实际效果。笔者在与昆明市盘龙区的基层警察座谈时,警察说:"我们都会要求合适成年人在讯问中保持客观中立,不偏向办案机关和涉罪未成年人,但是有些合适成年人总是有意无意偏向未成年人,有时还会妨碍讯问的顺利进行。"[①]从与警察的座谈内容可知,警察并不怎么希望合适成年人参与到讯问中,因为他们可能以各种形式干扰讯问的顺利进行。

从表4.1可见,从整体上来看,约66.4%的受访者认为合适成年人在讯问中应保持客观中立,约有30.5%的受访者认为合适成年人在讯问中应偏向未成年人,仅有1.6%的受访者认为合适成年人在讯问中应偏向办案人员。根据表4.2的卡方检验分析,体现两者相关显著性的$P=0.000<0.05$(其中P表示显著性水平),故而不同样本群体、不同学历、不同地区对合适成年人在讯问中基本立场这一问题的认知的影响,在统计学意义上具有相关性。

从不同样本群体对合适成年人在讯问中的基本立场的观点交叉分析可知,公检法司办案人员中约有63.8%的受访者认为合适成年人在讯问中的基本立场应是客观中立,低于律师群体(70.8%)和社会大众(71.7%),而约有34.1%的公检法司办案人员认为合适成年人在讯问中应当偏向未成年人,明显高于律师群体(22.5%)和社会大众(23.8%)。公检法司办案人员选择"客观中立"的占比明显低于律师群体和社会大众,这是令笔者所惊讶的,笔者原以为公检法

---

① 该访谈进行于2016年6月18日,编号为:IN1604X。

司办案人员选择"客观中立"的占比会远远高于律师群体和社会大众。

从不同学历对合适成年人在讯问中基本立场认知的交叉分析可知,研究生学历的受访者(72.5%)选择"客观中立"的占比高于本科生学历的受访者(63.0%)。从不同地区对合适成年人在讯问中基本立场认知的交叉分析可知,西部地区受访者(74.0%)选择"客观中立"的占比高于东部地区受访者(58.5%)。由此可知,大多数受访者认为合适成年人参与讯问时能够保持客观中立,发挥了其作为未成年人诉讼权利和基本利益的专门保护人的作用,这也说明合适成年人在讯问中保持客观中立的立场基本得到了认可。

表 4.1 对合适成年人在讯问中基本立场认知的交叉分析

	选项	客观中立	偏向未成年人	偏向办案人员	无要求	合计
	整体	66.4%	30.5%	1.6%	1.5%	100.0%
不同样本群体	公检法司办案人员	63.8%	34.1%	1.4%	0.7%	100.0%
	律师群体	70.8%	22.5%	2.5%	4.2%	100.0%
	社会大众	71.7%	23.8%	1.9%	2.6%	100.0%
不同学历	研究生	72.5%	24.3%	1.1%	2.1%	100.0%
	本科	63.0%	34.4%	1.3%	1.3%	100.0%
	大专	82.9%	10.5%	6.6%	—	100.0%
	高中	64.3%	28.6%	7.1%	—	100.0%
	小学	50.0%	—	—	50.0%	100.0%
不同地区	东部	58.5%	38.7%	1.9%	0.9%	100.0%
	中部	71.1%	21.0%	—	7.9%	100.0%
	西部	74.0%	22.8%	1.5%	1.7%	100.0%
	东北	90.9%	9.1%	—	—	100.0%

表 4.2　对合适成年人在讯问中基本立场认知的卡方检验

		值	df	渐进 Sig.（双侧）
不同样本群体	Pearson 卡方	26.060^a	6	0.000
	似然比	24.892	6	0.000
	线性和线性组合	0.720	1	0.396
	有效案例中的 N	1285		
不同学历	Pearson 卡方	73.924^a	12	0.000
	似然比	46.443	12	0.000
	线性和线性组合	1.453	1	0.228
	有效案例中的 N	1282		
不同地区	Pearson 卡方	53.930^a	9	0.000
	似然比	50.424	9	0.000
	线性和线性组合	19.861	1	0.000
	有效案例中的 N	1285		

(二)合适成年人对帮助维护未成年人权益的实际效果

合适成年人参与讯问的首要目的是维护未成年人的诉讼权利和基本利益。合适成年人对帮助维护未成年人权益的效果,是衡量合适成年人在讯问中实际效果的首要因素。从表4.3可知,从整体上来看,有55.9%的受访者认为"帮助作用比较大",有14.1%的受访者认为"帮助作用很大",有25.6%的受访者认为"帮助作用一般",认为"帮助作用小"或"无帮助"的仅占约4.4%。在全部受访者中,认为"帮助作用一般""帮助作用比较大"和"帮助作用很大"的合计占比达到了约95.6%,这也说明绝大多数受访者认为合适成年人参与有利于维护未成年人的诉讼权利和合法权益。

从样本群体来看,律师群体和社会大众认为"帮助作用很大"的占比高于公检法司办案人员,选择"帮助作用很大"占比最高的人群为社会大众,约为17.8%,选择"帮助作用比较大"占比最高的人群是律师群体,约为64.2%,选择"帮助作用一般"占比最高的人群为公检法司办案人员,约为27.4%。在合适成年人参与对维护未成年人权益的帮助认知度方面,公检法司办案人员中,约有12.6%的受访者认为"帮助作用很大",约有55.8%的受访者认为"帮助作用比较大";律师群体中,约有79.2%的受访者认为"帮助作用很大"和"帮助作用比较大";社会大众中,合计约有93.9%的受访者认为"帮助作用一般"及以上。这说明,不同的样本群体之间对合适成年人参与维护未成年人权益效果的认知有所差异,但绝大多数受访者对合适成年人参与维护未成年人权益效果持肯定态度。

在表4.3和表4.4卡方检验中,由于初中及以下的人数小于5,处理数据时将其合并至高中,为高中及以下。由于存在20%的期望值小于5的单元格,在交叉分析中,笔者进行了Fisher精确检验。Fisher精确检验结果表明,文化程度和帮助认知度存在统计学意义上的显著差异。同时笔者进行了Spearman相关性检验,检验结果表明,文化程度与帮助认知度存在微弱的负相关,即文化程度高的受访群体选择帮助作用很大的占比低。从交叉分析和卡方检验可知,不同年龄和不同地区的受访者对合适成年人参与维护未成年人权益的帮助认知度,在统计学上具有显著差异。比如,在不同年龄层的受访者中,选择"帮助作用很大"占比最高的人群为50岁以上受访者,约为25.0%,选择"帮助作用比较大"占比最高的人群为20岁以下受访者,约为77.8%。在不同地区的受访者中,东部地区(62.4%)选择"帮助作用比较大"的占比高于西部地区(49.3%),而西部地区受访者(20.0%)选择"帮助作用很大"的占比要高于东部地区(8.8%)。

表4.3　对合适成年人参与帮助维护未成年人权益效果认知的交叉分析

选项	帮助作用很大	帮助作用比较大	帮助作用一般	帮助作用小	无帮助	合计
整体	14.1%	55.9%	25.6%	3.9%	0.5%	100.0%

(续表)

	选项	帮助作用很大	帮助作用比较大	帮助作用一般	帮助作用小	无帮助	合计
不同样本群体	公检法司办案人员	12.6%	55.8%	27.4%	3.8%	0.4%	100.0%
	律师群体	15.0%	64.2%	18.3%	1.7%	0.8%	100.0%
	社会大众	17.8%	52.8%	23.3%	5.1%	1.0%	100.0%
不同学历	研究生	13.0%	53.5%	24.6%	7.4%	1.5%	100.0%
	本科	13.1%	58.3%	25.8%	2.6%	0.2%	100.0%
	大专	24.0%	40.0%	29.3%	6.7%	—	100.0%
	高中及以下	50.0%	28.6%	14.3%	7.1%	—	100.0%
不同年龄	20 岁以下	—	77.8%	22.2%	—	—	100.0%
	20—30 岁	17.9%	50.3%	26.2%	5.1%	0.5%	100.0%
	30—40 岁	6.8%	64.6%	25.3%	2.7%	0.6%	100.0%
	40—50 岁	22.8%	47.2%	26.8%	3.2%	—	100.0%
	50 岁以上	25.0%	47.5%	20.0%	5.0%	2.5%	100.0%
不同地区	东部	8.8%	62.4%	24.3%	3.8%	0.7%	100.0%
	中部	13.2%	44.7%	36.8%	5.3%	—	100.0%
	西部	20.0%	49.3%	26.6%	3.7%	0.4%	100.0%
	东北	9.1%	63.6%	9.1%	18.2%	—	100.0%

表 4.4 对合适成年人参与帮助维护未成年人权益效果认知的卡方检验

		值	df	渐进 Sig.（双侧）
不同学历	Pearson 卡方	137.428[a]	16	0.000
	似然比	49.451	16	0.000
	线性和线性组合	3.994	1	0.046
	有效案例中的 N	1275		

(续表)

		值	df	渐进 Sig.（双侧）
不同年龄	Pearson 卡方	59.407ª	16	0.000
	似然比	62.596	16	0.000
	线性和线性组合	0.476	1	0.490
	有效案例中的 N	1275		
不同地区	Pearson 卡方	49.258ª	12	0.000
	似然比	47.357	12	0.000
	线性和线性组合	4.950	1	0.026
	有效案例中的 N	1278		

（三）合适成年人参与对讯问难度影响的考察

合适成年人参与未成年人讯问的主要阻碍之一，便是可能影响到讯问的顺利进行。虽然合适成年人参与最主要的目的在于实现对未成年人的特殊保护，保障未成年人的诉讼权利和基本利益。但合适成年人参与讯问如果过度阻碍讯问的顺利进行，则不利于其在司法实践中生根发芽。首先，调查合适成年人参与是否使得讯问难度有所增加。从表4.5可知，从整体上来看，约有41.4%的受访者认为"讯问难度增大"，约有37.6%的受访者认为"讯问难度减小"，仅有21.0%的受访者认为"讯问难度无影响"。① 其中，根据残差分析，东部地区受访者认为"讯问难度减小"的占比显著高于其他地区，西部、东部地区认为"讯问难度增大"的占比显著高于其他地区。而在样本群体上，不同样本群体也同样存在显著差异，其中公检法司办案人员认为"讯问难度减小"的占比显著低于其他样本群体。公检法司办案人员(41.5%)选择"讯问难度增大"的占比超过律师群体(35.9%)，约有37.3%的公检

---

① 笔者在进行整体统计时，为便于表述和统计分析，将"增大一些"和"增大很多"合述为"讯问难度增大"，将"减小一些"和"减小"合述为"讯问难度减小"，将"无影响"和"无变化"合述为"讯问难度无影响"。

法司办案人员认为"讯问难度减小",低于律师群体(39.2%)和社会大众(38.0%)。同样,不同年龄、不同学历和不同地区的受访者对合适成年人参与对讯问难度影响的认知,在统计学上具有显著差异,比如,西部地区受访者(45.0%)认为"讯问难度增大"的占比高于东部地区(38.6%),反过来,东部地区受访者(43.1%)认为"讯问难度减小"的占比高于西部地区(31.9%)。

表4.5 对合适成年人参与对讯问难度影响认知的交叉分析

选项		讯问难度增大	讯问难度减小	讯问难度无影响	合计
整体		41.4%	37.6%	21.0%	100.0%
不同样本群体	公检法司办案人员	41.5%	37.3%	21.2%	100.0%
	律师群体	35.9%	39.2%	24.9%	100.0%
	社会大众	43.2%	38.0%	18.8%	100.0%
不同地区	东部	38.6%	43.1%	18.3%	100.0%
	中部	34.2%	34.2%	31.6%	100.0%
	西部	45.0%	31.9%	23.1%	100.0%
	东北	36.4%	36.4%	27.2%	100.0%

其次,调查合适成年人参与是否影响讯问工作顺利进行。从表4.6可知,从整体来看,约有46.2%的受访者认为"影响非常大",约有43.9%的受访者认为"基本不影响"。从表4.6和表4.7的交叉分析与卡方检验可知,不同样本群体的受访者对合适成年人参与影响讯问顺利进行程度的认知,在统计学意义上具有显著差异。比如,公检法司办案人员中约有55.0%的受访者认为合适成年人参与对讯问的顺利进行"影响非常大",而在律师群体和社会大众中分别约有65.8%、50.2%的受访者认为"基本不影响",这也说明公检法司办案人员与律师群体、社会大众对合适成年人参与影响讯问顺利进行程度的认知存在明显的差异。

表 4.6　对合适成年人参与影响讯问顺利进行程度认知的交叉分析

选项		影响非常大	基本不影响	不清楚	合计
整体		46.2%	43.9%	9.9%	100.0%
不同样本群体	公检法司办案人员	55.0%	38.6%	6.4%	100.0%
	律师群体	20.2%	65.8%	14.0%	100.0%
	社会大众	32.2%	50.2%	17.6%	100.0%

表 4.7　不同样本群体对合适成年人参与影响讯问顺利进行程度认知的卡方检验

	值	df	渐进 Sig.（双侧）
Pearson 卡方	92.294[a]	4	0.000
似然比	93.673	4	0.000
线性和线性组合	69.345	1	0.000
有效案例中的 N	1213		

最后，哪些因素影响讯问工作顺利进行呢？从表 4.8 可知，受访者认为合适成年人参与影响讯问顺利进行的原因以"不易对未成年人形成心理攻势""可能会强化未成年人的不合作态度""可能干扰讯问的过程""可能会向未成年人提出不当建议"为主，这四种原因分别约占受访者总人数的 75.8%、73.0%、68.1% 和 67.8%，其次为"可能会妨碍正常讯问策略的使用"和"可能帮助未成年人串通、收买、威胁证人，隐匿、毁灭证据"，二者占比分别约为 59.0% 和 54.1%，而选择"其他原因"的占比仅约 5.0%，这也说明选项几乎列举到了大部分可能影响讯问顺利进行的因素。从不同样本群体对合适成年人参与影响讯问顺利进行原因的交叉分析可知，公检法司办案人员认为影响讯问顺利进行的排在前四的原因为"不易对未成年人形成心理攻势""可能会强化未成年人的不合作态度""可能会向未成年人提出不当建议"和"可能干扰讯问的过程"，这四种原因分别占受访的公检法司办案人员总数的 83.0%、82.6%、76.1% 和 75.6%，这些也揭示了公检法司办案人员

不愿意合适成年人参与讯问的真正缘由。

表 4.8 对合适成年人参与影响讯问顺利进行的因素认知的交叉分析

选项	整体	不同样本群体		
		公检法司办案人员	律师群体	社会大众
可能会妨碍正常讯问策略的使用	59.0%	62.9%	53.3%	46.1%
不易对未成年人形成心理攻势	75.8%	83.0%	53.3%	56.0%
可能会强化未成年人的不合作态度	73.0%	82.6%	40.0%	47.5%
可能会向未成年人提出不当建议	67.8%	76.1%	46.7%	43.3%
可能干扰讯问的过程	68.1%	75.6%	55.6%	44.0%
可能帮助未成年人串通、收买、威胁证人、隐匿、毁灭证据	54.1%	65.9%	28.9%	17.7%
其他原因	5.0%	4.7%	13.3%	3.5%

(四)合适成年人参与对办案人员讯问方式的影响

合适成年人参与讯问的主要功能之一,是改善办案人员讯问未成年人的方式,具体哪些因素会使办案人员改善讯问方式? 笔者通过访谈与问卷调查的方式予以解析。笔者与成都某辖区民警访谈时[①],该民警谈道:"最开始,当得知有合适成年人参与未成年人刑事案件的讯问,我内心是非常排斥的,总感觉他(她)在监督我,而不是帮助我讯问,很不自然。讯问中,因为有合适成年人在场,很当然的,在讯问语气上会温和许多,也会更加认真倾听未成年人的内心真实想法,了解他(她)的家庭背景和犯罪的前因后果等。有时,还会时不时问合适成

---

① 该民警是一位从事刑侦工作近 20 年的资深老警察,有着丰富的办案经验,在辖区里,他不仅办理普通的刑事案件,也时常办理未成年人刑事案件,当笔者希望做一个访谈时,这位民警起初是反对的,在与他解释访谈目的之后,该民警才敢开胸怀畅聊实务中办理的未成年人刑事案件。该访谈进行于 2016 年 1 月 30 日,编号为:IN1605X。

年人有没有补充的。"在与民警的访谈中,笔者看到几个关键词,合适成年人参与未成年人刑事案件的讯问,民警起初是"抵触""被监督""不自然",但随着合适成年人参与的常态化,民警讯问方式变得更加温和、更加关注未成年人的家庭背景与犯罪成因。

从表 4.9 可见,从整体来看,受访者认为合适成年人参与对改善讯问方式的影响以"更加关注未成年人的成长背景和犯罪成因""更加注重倾听未成年人的表达"和"更加注重维护未成年人的权利"为主,选择这三个影响因素的人数分别占总人数的 80.3%、68.8% 和 67.1%,其次为"更加注重向未成年人解释法律的内涵"和"讯问时公检人员态度更加温和一些",选择这两个影响因素的人数占比分别为 52.2% 和 40.1%,选择"其他因素影响"的占比仅为 9.4%。

表 4.9 对合适成年人参与对改善讯问方式的影响认知的交叉分析

选项	整体	不同样本群体		
		公检法司办案人员	律师群体	社会大众
讯问时公检人员态度更加温和一些	40.1%	32.5%	58.3%	54.2%
更加关注未成年人的成长背景和犯罪成因	80.3%	84.7%	72.5%	71.2%
更加注重倾听未成年人的表达	68.8%	70.5%	67.5%	64.7%
更加注重维护未成年人的权利	67.1%	69.5%	71.7%	58.5%
更加注重向未成年人解释法律的内涵	52.2%	59.5%	44.2%	35.0%
其他因素影响	9.4%	11.3%	5.8%	5.6%

从表 4.9 可知,从不同样本群体来看,无论是公检法司办案人员,还是律师群体和社会大众,都认为"更加关注未成年人的成长背景和犯罪成因""更加注重倾听未成年人的表达"和"更加注重维护未成年人的权利"是改善讯问方式的主要因素。在公检法司办案人员中,认为合适成年人参与有利于改善讯问方式的主要原因聚焦于"更

加关注未成年人的成长背景和犯罪成因""更加注重倾听未成年人的表达"和"更加注重维护未成年人的权利",分别占受访公检法司办案人员总数的84.7%、70.5%和69.5%,其次是"更加注重向未成年人解释法律的内涵"和"讯问时公检人员态度更加温和一些",这也说明办案人员的态度从起初注重在形式上改善讯问方式,比如,讯问态度温和、向未成年人解释法律的内涵等,转向目前注重从实质上改善讯问的方式,如关注未成年人成长背景、犯罪成因,倾听未成年人真实的内心表达,并维护未成年人的权利。

二、权利与义务:合适成年人的诉讼地位与职能延伸

《刑事诉讼法》第281条的规定,一方面确认了合适成年人参与的强制性;另一方面扩大了合适成年人的范围。但该条规定仍显得较为原则,缺乏对合适成年人的诉讼地位、选任程序、权责范围、参与程序和法律效力等方面的规定,而这些可操作性规则的缺失,极易使合适成年人参与流于形式。从上述实证分析可知,合适成年人参与讯问具有改善办案机关讯问方式、监督办案机关讯问规范化、促进讯问顺利进行和保障未成年人诉讼权利与基本利益等价值,要想发挥合适成年人参与的最优效应,就需要在实践中明确合适成年人的资质、选任程序、诉讼地位、权责范围和法律效力等。

(一)合适成年人的资质与来源

合适成年人的资质是指担任合适成年人应当具备的基本条件与专业技能。通过考察北京、上海、深圳、杭州、厦门、昆明等地合适成年人的选任资质可以发现,其主要从身体状况、阅历、在本地有无居所、是否善于沟通说理和有无犯罪记录等方面作了细化。各地担任合适成年人应当具备的条件可归纳为:(1)身体健康、品行良好、无违法犯罪记录,具有完全行为能力;(2)善于沟通说理,有一定的社会工作阅历;(3)在本地有固定居所并常住;(4)热心公益并自愿参与未成年人保护工作;(5)具有一定的法学、心理学、教育学和社会学等方面的综合知识。司法实践中,对合适成年人是否应该具备"一定的法学、心理

学、教育学和社会学等方面的综合知识"有所疑问,针对这一问题,笔者进行了实地访谈和问卷调查。①

从表 4.10 可见,从整体来看,约 65.4% 的受访者认为合适成年人应"较为熟悉"法律、心理、教育和社会学等方面的知识,约 26.9% 的受访者认为"一般了解"即可,仅有 5.7% 的受访者认为应"非常精通"。根据卡方检验(表 4.11),公检法司办案人员、律师群体及社会大众在了解程度的选择上具有统计学意义上的显著差异(Pearson 卡方检验 P 值小于 0.01)。根据调整残差分析,律师群体和社会大众选择"一般了解"的占比显著高于公检法司办案人员。公检法司办案人员(74.0%)选择"较为熟悉"的占比显著高于律师群体(45.0%)和社会大众(49.5%),在公检法司办案人员所组成的受访者中,合计约 79.7% 的受访者选择了"较为熟悉"和"非常精通",这也说明办案人员希望合适成年人具有一定的法律、心理、教育和社会学等方面的知识,以便促进讯问顺利进行,并保障未成年人合法权益。

表 4.10 对合适成年人应具备何种程度的法律等方面知识的认知的交叉分析

选项		非常精通	较为熟悉	一般了解	比未成年人知道得多即可	没有要求	合计
整体		5.7%	65.4%	26.9%	1.2%	0.8%	100.0%
不同样本群体	公检法司办案人员	5.7%	74.0%	18.7%	0.8%	0.8%	100.0%
	律师群体	7.5%	45.0%	45.0%	1.7%	0.8%	100.0%
	社会大众	4.8%	49.5%	42.4%	1.9%	1.4%	100.0%

---

① 针对这一疑问,在笔者与一位合适成年人的访谈中,该合适成年人谈道:"合适成年人如果法律知识匮乏,那么,在讯问中,我们无法辨别警察的行为举止是合法还是非法,更别说保障未成年人权益。如果我们具备心理学知识,可以抚慰和开导未成年人,帮助其舒缓心理压力,因此,合适成年人应该具有一定的法律、心理、教育和社会学等方面的知识。"该访谈进行于 2016 年 7 月 8 日,编号为:IN1606X。

表 4.11　不同样本群体对合适成年人应具备何种程度的
法律等方面知识的认知的卡方检验

		值	df	渐进 Sig.（双侧）
不同样本群体	Pearson 卡方	97.663ª	8	0.000
	似然比	94.908	8	0.000
	线性和线性组合	54.869	1	0.000
	有效案例中的 N	1285		

根据《刑事诉讼法》第 281 条的规定可知,首先应当选择未成年人的法定代理人到场,在"无法通知""法定代理人不能到场"或"法定代理人是共犯"等情况下,才可以选择其他合适成年人参与。该条并未明确"谁来选""选谁"及是否有"优先序位"的问题,需要相关规则予以明确和细化。在实践中,"选谁"通常由办案机关决定,但选择合适成年人时,应当充分尊重法定代理人和未成年人的意愿,保障未成年人对合适成年人适度的调换权利,保证合适成年人能赢得未成年人的信任,并能给予他关心和帮助。在总结地方实践经验与有效做法的基础上,笔者认为,合适成年人可以从以下这些人员中选任：(1)涉罪未成年人所在学校、单位和居住地的居民委员会、村民委员会等基层组织人员;(2)共青团、妇联、关工委等未成年人保护组织人员;(3)承担未成年人保护职责的政府部门工作人员;(4)未成年人事务社会工作人员;(5)学校教师(含退休教师)、教育机构工作人员;(6)未成年人保护公益组织、社工组织、志愿组织和社会慈善组织人员;(7)人民监督员、人民调解组织工作人员;(8)其他热衷于未成年人保护工作的人员。而不适宜担任合适成年人的人员包括：(1)公检法及司法行政机关的工作人员;(2)人民陪审员、特约检察员及本案辩护律师;(3)公检法机关的书记员、速录员、协警(勤)等辅助人员,以及从事社会综合治理、治安管理工作的人员;(4)本案或关联案件的证人、鉴定人、诉讼代理人和翻译人员;(5)与本案有利害关系的人员;(6)其他不宜担任合适成年人的人员。

(二)合适成年人参与的职能定位

考察多个地方的合适成年人参与实施细则,并分析上海模式、盘龙模式、同安模式,可以发现无论是法定代理人还是其他合适成年人,他们的职能都包括基本职责和拓展职责,基本职责是维护未成年人的合法权益,履行监督、沟通、抚慰和教育等,拓展职责则是参与社会调查、社会观护、社区矫正、刑事和解等。① 这一职能要求合适成年人在诉讼中起到缓解未成年人紧张情绪,协助未成年人理解侦查讯问、分案起诉和圆桌审判的意义,监督未成年人刑事特别程序是否正当合法等作用,具体可表现为:

第一,监督司法程序正当合法。由于未成年人心智不成熟,在侦查讯问情境中,与成年犯罪嫌疑人相比,未成年人更容易受到讯问策略和讯问压力的影响,表现出易受暗示影响的特征②,未成年人自身不具备鉴别讯问方式合法与否的能力。合适成年人作为客观中立的第三方参与到诉讼中,首先承担的职责便是监督讯问过程的合法性,防止出现刑讯、威胁、诱供或者侮辱等非法或不规范的行为。比如,合适成年人应当帮助涉罪未成年人正确理解讯问的含义、内容,对其紧张情绪予以抚慰,发现未成年人有饥饿、疲劳及情绪波动较大等不宜接受讯问的情形,有权要求暂停讯问。如有发生侵害未成年人权益的现象,合适成年人应当及时指出,并制止办案人员的违法不当行为。合适成年人应查阅现场笔录,确认笔录完整、无误后签字,切实发挥其监督作用,从而改善讯问方式并提高口供证据的证明力。

---

① 例如:2010 年,S 市高级人民法院与 S 市人民检察院、公安局、司法局联合签发《关于合适成年人参与刑事诉讼的规定》(以下简称《S 市合适成年人参与规定》);B 市 C 区人民检察院、司法局联合出台《关于法律援助律师讯问时到场担任未成年犯罪嫌疑人合适成年人实施办法》(以下简称《B 市 C 区合适成年人实施办法》);2013 年,G 省 S 市中级人民法院、人民检察院、公安局和司法局联合出台《G 省 S 市合适成年人参与刑事诉讼暂行规定》;2013 年,H 省 Z 市 Z 区人民检察院、公安机关、司法局联合出台《合适成年人参与刑事诉讼实施细则》;2016 年,Z 省人民检察院出台《检察机关执行合适成年人参与刑事诉讼制度细则》;等等。
② 参见许永勤:《未成年人供述行为的心理学研究》,中国人民公安大学出版社 2011 年版,第 117 页。

第二,陪同、沟通与疏导情绪的职责。实践中,绝大多数的涉罪未成年人都属于初犯,案发后,未成年人难免紧张、焦虑和恐惧,容易情绪激动甚至产生抵触、逆反心理,加之讯问人员与未成年人立场的根本对立,两者间难免有隔阂,导致很难畅通地沟通、交流,不利于讯问的顺利开展,同时,未成年人缺乏相关的法律常识,无法预知自己的行为后果。从图4.1可知,约有88.2%的受访者认为合适成年人参与有利于促进讯问人员与未成年人的沟通交流,此时,合适成年人可以运用自身相应的知识储备与社会阅历,帮助双方创建一个气氛较为温和的情境进行侦查讯问、起诉和审判,辅助未成年人回答办案人员的问题,准确表达其真实意愿,减少未成年人的抵触、逆反情绪,一起面对侦查讯问、起诉与审判,及时疏导情绪、沟通交流与实施帮教,使未成年人深刻地认识到自身行为的危害性,并能真诚悔过。

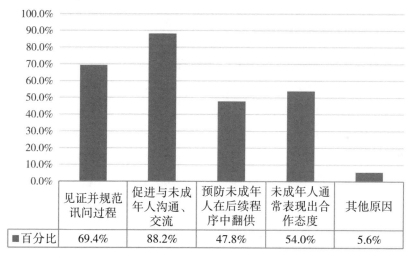

图4.1 合适成年人参与有助于讯问顺利进行的原因

	见证并规范讯问过程	促进与未成年人沟通、交流	预防未成年人在后续程序中翻供	未成年人通常表现出合作态度	其他原因
■百分比	69.4%	88.2%	47.8%	54.0%	5.6%

第三,抚慰心理,培育健全人格。未成年人犯罪心理的形成是外部不良环境因素和内部不良心理因素共同作用的结果,其中,外部不良环境因素包括不良的家庭因素、学校因素和社会环境因素,内部不

良心理因素包括叛逆心理、模仿心理、从众心理和好奇心理。挽救涉罪未成年人,不仅需要营造温馨的家庭氛围,发挥学校的教育功能,改善社会环境,而且要求合适成年人运用比较专业的心理学技能,抚慰未成年人不良的心理问题,舒缓其紧张情绪,缓解未成年人在侦查讯问、审判过程中出现的生理、心理问题,培育健全人格。

第四,德育教育,引导涉罪未成年人尽早回归社会。"教育为主、惩罚为辅"是未成年人刑事特别程序的特有原则,合适成年人应站在未成年人监护人的角度,因人制宜、因事制宜,通过交心、互动式的方式进行德育教育。由于涉罪未成年人还处于生长发育期,尚未形成完整的世界观、人生观和价值观,可塑性较强,及时对未成年人进行教育和引导,有利于帮助其认识自身危险性,唤醒其悔罪意识,使其尽早回归社会。

此外,在实践中,合适成年人除履行监督、沟通、抚慰和教育等基本职责外,还可以不断拓展其他职能,主要包括参与未成年人社会调查、社会观护、社区矫正、风险评估和刑事和解等。其中,未成年人社会调查的内容是协助办案机关调查未成年人的个人情况、家庭情况、学校教育和社会关系等,全面掌握涉罪未成年人的犯罪诱因、平时表现及挽救概率等,帮助办案机关正确定罪、合理量刑。而风险评估则是在社会调查所获取的资料的基础上,对未成年人的人身危害性、社会危险性和再犯可能性等方面进行全面测评[①],以作为办案人员决定是否对涉罪未成年人进行逮捕、羁押、起诉及定罪量刑的参考依据,也作为后期跟踪帮教和社区矫正的重要参照。

(三)合适成年人参与的诉讼权利与义务

从实证考察中我们知道,合适成年人参与侦查讯问程序,大多数受访者认为其有利于改善讯问的方式,有利于促进讯问顺利进行,有利于保障未成年人合法权益等。其中,哪些因素助推着讯问的顺利进

[①] 参见宋英辉等:《未成年人刑事司法改革研究》,北京大学出版社2013年版,第89—90页。

行呢？从图4.1可见，受访者认为合适成年人参与有助于讯问顺利进行的原因以"促进与未成年人沟通、交流""见证并规范讯问过程"和"未成年人通常表现出合作态度"为主，选择这三种原因的人数分别约占总人数的88.2%、69.4%及54.1%，其次为"预防未成年人在后续程序中翻供"和"其他原因"，分别约占受访者总数的47.8%和5.6%。这也说明合适成年人参与讯问，主要促进了讯问人员与未成年人的沟通交流，见证并规范了讯问过程等。当然，我们也看到，合适成年人参与讯问的一些行为，可能会影响讯问顺利进行，比如：可能会向未成年人提出不当建议；可能干扰讯问的过程；可能帮助未成年人串通、收买、威胁证人、隐匿、毁灭证据等。如何尽可能避免合适成年人的这些不当行为，除准确定位合适成年人的职能之外，最行之有效的方法便是明确合适成年人在诉讼程序中的权利和义务。

我国的合适成年人参与制度是在法定代理人不能履行监护职责的情况下，国家基于未成年人利益的最大化、正当程序及国家亲权理念，选择合适成年人代替法定代理人行使监护职责的制度。合适成年人既不同于辩护人和诉讼代理人，又不是办案机关的协助者，不应偏向办案人员。合适成年人在未成年人刑事诉讼程序中处于客观中立的地位，是未成年人合法权益的专门保护人，应当将其定位为刑事诉讼当事人的辅助人，明确其辅助人的诉讼参与人地位。[①] 从这个意义上而言，结合各地经验与实践做法，合适成年人在特别程序中的诉讼地位决定了其应享有的权利与应负担的义务，其享有的权利和负担的

[①] 我国《刑事诉讼法》第33、34、43、46、281、282、306条等共20多个条文规定了刑事诉讼当事人的监护人、近亲属、法定代理人可以在刑事诉讼中陪同当事人在场，代替当事人为一定诉讼行为，帮助当事人防御或攻击，维护其合法权益，这些"代替"或"帮助"，实际上都是为当事人的诉讼进行的辅助或协助，而且这些作用不同于辩护人和诉讼代理人，按照这些人员的实际作用，可以把他们整合为"刑事诉讼当事人的辅助人"，这与合适成年人所处角色有许多相似之处。具体参见王新清：《论刑事诉讼当事人辅助制度》，载《中国法学》2014年第5期。

义务主要包括以下内容。①

合适成年人享有的权利包括:(1)参与整个程序的权利。《北京规则》第 10 条第 1 款规定,涉罪未成年人一经逮捕,就应当立即通知合适成年人,如无法立即通知,即应在随后尽快通知。合适成年人不仅有进入羁押场所参与讯问的权利,而且有权参与起诉、审判和执行程序,此外,还有权参与未成年人的社会调查、风险评估、社区矫正、跟踪帮教和刑事和解等诉讼活动。(2)基本信息知情权。合适成年人有权从公安司法机关处知悉涉罪未成年人的罪名、案件概况、生理与心理特点、成长背景、家庭环境、学校教育、社会交往等基本情况,以促进合适成年人与未成年人之间的沟通、交流。(3)程序违法异议权。在侦查讯问、起诉、审判和执行程序中,办案人员对涉罪未成年人实施侵犯合法权益的违法、不当行为时,合适成年人有权予以劝阻和纠正,并向承办人员的主管部门或上一级主管部门提出控告。比如,讯问中,办案人员有言辞不当、诱供或逼供等不当行为的,合适成年人可以通过适当方式提醒纠正,如果难以劝阻和制止,可以进行记录,并向主管部门提出控告。(4)帮助教育权。合适成年人有权协助公安司法机关工作人员对涉罪未成年人进行德育教育,使其认识到自身错误,真诚悔罪。但合适成年人在德育教育过程中,要用交心、互动式的方法感化未成年人,要遵循心理学和教育学原理,因材施教,切勿简单应付。(5)查阅笔录签字权。合适成年人有权查阅讯问笔录,并确认讯问笔录内容与讯问过程相一致。在下列情形中,合适成年人有权拒绝

---

① 参见姚建龙:《英国适当成年人介入制度及其在中国的引入》,载《中国刑事法杂志》2004 年第 4 期;何挺:《"合适成年人"参与未成年人刑事诉讼程序实证研究》,载《中国法学》2012 年第 6 期;韩索华、于伟香:《合适成年人制度研究》,载《法学杂志》2013 年第 7 期;廖明主编:《未成年人刑事司法制度》,对外经济贸易大学出版社 2013 年版,第 73 页;宋英辉:《未成年人刑事司法改革研究》,北京大学出版社 2013 年版,第 134 页;李明蓉、李晓郭:《合适成年人参与诉讼制度探析》,载《中国刑事法杂志》2014 年第 4 期;首都综治委预防青少年违法犯罪专项组办公室、首都师范大学少年司法社会工作研究与服务中心编:《合适成年人工作实务指南》,中国人民公安大学出版社 2014 年版,第 69—75 页;谢安平、郭华主编:《未成年人刑事诉讼程序探究》,中国政法大学出版社 2015 年版,第 160—161 页;等等。

签名;办案人员记录的笔录内容与讯问过程不相符;合适成年人仅参加一次讯问却被要求在多次讯问笔录上签名;未通知合适成年人到场却要求其签名;讯问过程中出现不当或违法行为经劝说仍未改正等。(6)获取经济补偿和受培训权。合适成年人有接受法律、教育、心理和社会学等方面专业培训的权利,这样可以使合适成年人运用专业知识和社会阅历,促进与未成年人之间的沟通、交流。另外,专职合适成年人有获取相应劳动报酬的权利,兼职合适成年人和志愿者也有报销日常开支,并获取一定的报酬或经济补偿的权利。合适成年人与法定代理人在特别程序中的权利有重合部分,法定代理人在特别程序中享有独立的诉讼地位,享有与被代理人相当的诉讼权利,包括要求回避权、申请取保候审权、上诉权、申请重新鉴定或补充鉴定权、最后陈述权等,笔者认为,在合适成年人参与诉讼程序机制趋于成熟,并有相对完善的配套措施作保障时,可以将合适成年人享有的权利拓宽至法定代理人的权利范围。

权利义务的对等性,意味着合适成年人享有权利,也必将承担相应的义务。合适成年人应当履行的义务主要包括:(1)监督审讯的义务。合适成年人陪同涉罪未成年人参与讯问、询问、起诉和审判等诉讼活动,必须遵守相应法律法规的规定。如果办案人员在讯问、审判过程中存在直接或间接侵犯涉罪未成年人合法权益的违法或不当行为,合适成年人有义务提出建议,及时阻止办案人员的不当行为,并向办案人员同级主管部门或上一级主管部门报告,充分保障未成年人的合法权益。(2)及时到场的义务。合适成年人一经确认,就应及时到场参与未成年人的讯问、审判等诉讼活动,协助办案人员与未成年人沟通、交流,无特殊情况不得无故缺席或中途退出。(3)保密义务。合适成年人应秉持专业精神,尊重未成年人的隐私,不得泄露未成年人信息及案件信息。(4)不得干扰司法程序的义务。合适成年人参与讯问、审判是作为中立的第三方,无正当理由不得无故要求公安司法办案人员中止正在进行的讯问或审判等诉讼活动。(5)回避义务。合适成年人发现自身不适宜参与讯问、审判等诉讼活动或者有其他情形需要回避的,应当及时申请回避。此外,合适成年人还应履行帮扶教育义务、保持客观中立义务和出庭作证义务等。

三、移植与延伸:构建全程跟进型的合适成年人参与机制

《刑事诉讼法》第281条把合适成年人参与由选择性规定上升为强制性规定,从2012年修正确认至今,施行已有多年。从实地调查的情况来看,由于立法或司法解释缺乏具有可操作性的实施细则,各地对该制度的落实呈现出多元化的运作模式,有的地方的合适成年人参与仅适用于侦查讯问阶段,有时就连讯问时合适成年人也只是形式性在场,并未发挥实质性作用;有的地方的合适成年人参与则仅适用于审查起诉或庭审阶段;甚至有些偏远的民族地区则很少有或几乎没有合适成年人参与讯问。① 面对司法实践的现状,基于未成年人合法利益的特殊保护,秉承国家亲权、未成年人福利和恢复性司法理念,亟须构建全程跟进型的合适成年人参与机制。合适成年人不仅需从侦查阶段介入案件,参与讯问调查,帮助取保候审,而且需要参与起诉和法庭审理,直至判决后的帮扶矫正,这一系列的司法辅助活动前后紧密衔接,因此,建构一支体系化和实质化的合适成年人队伍,对于及时挽救失足的未成年人具有重要意义。

第一,全程跟进型的合适成年人参与机制。起初,英国的合适成年人参与仅仅适用于侦查阶段,发展至今,该机制已经从侦查扩展至审查起诉和审判等几乎所有的刑事诉讼环节。② 从侦查讯问到作出处理裁决等诉讼环节,只要涉及未成年人重大利益的场合,都需要合适成年人参与。比如,1998年英国《犯罪与骚乱法》(Crime and Disorder Act)第65条第5项规定,如果犯罪人未满17周岁,警察应当在合适

---

① 笔者实地考察某西部偏远的民族地区,在这里,大多数涉罪未成年人为农村留守儿童,父母为了谋求生计大多都进城务工,他们把孩子放在农村由老人抚养。当办案人员讯问涉罪未成年人时,由于合适成年人参与的配套措施欠缺,合适成年人参与机制几乎形同虚设。

② 参见梅文娟:《英国合适成年人在场制度及其借鉴》,载《青少年犯罪问题》2014年第1期。

成年人参与时给予训斥或警告,并用普通的语言向合适成年人解释训斥、警告的含义。2003 年英国《刑事司法法》(Criminal Justice Act)第 161 条第 3 项和第 266 条分别规定:如果犯罪人未满 17 周岁,量刑前药检标本应当在合适成年人参与时提交;特许释放时,只有在合适成年人参与的情形下,才能对未满 17 周岁未成年人采集标本进行药检。回看我国,合适成年人参与制度的试点仍以公安机关和检察院为主,地方法院鲜有参与。① 笔者并不认同完全移植他国法律制度的做法,而是应结合自身国情和刑事司法制度的发展现状,取其精华,不断拓宽合适成年人参与的诉讼阶段。

全程跟进型的合适成年人参与机制,已在北京市大兴区、上海市浦东新区和昆明市盘龙区等地推行多年,比如,盘龙模式将合适成年人从侦查阶段介入一直延伸至起诉、审判阶段,最后到"司法分流"后的社区矫正阶段。可见,从涉罪未成年人被第一次讯问时起,即可申请合适成年人参与侦查讯问、取保候审、审查起诉与庭审辩护,直至执行矫正完毕,帮助未成年人重新回归社会。具体表现在以下几个方面:首先,在侦查讯问阶段,陪同、疏导未成年人参与讯问,办案人员讯问结束后,合适成年人审阅讯问笔录,确认无误后签字;参与未成年人的全面调查,了解未成年人的基本信息和案件情况,协助取保候审,尽量避免对涉罪未成年人适用羁押措施。其次,在审查起诉阶段,侦查阶段已有合适成年人参与诉讼的,应当尽量保证同一合适成年人继续参与诉讼,除非有不利于未成年人的因素存在。检察机关在作出附条件不起诉之前,都会征询公安机关、被害人和合适成年人的意见,合适成年人可向检察机关如实陈述未成年人的基本信息、案件情况、认罪态度、是否积极赔偿和取得被害人谅解等情况,尽量避免起诉至人民法院。再次,在审判阶段,合适成年人应参与法庭审判、庭审教育、补充最后陈述,在风险评估与全面调查的基础上,制作调查和评估报

---

① 参见刘建、周加宁:《上海法院建立合适成年人制度——未成年人重新违法犯罪率不足一成》,载《法制日报》2011 年 5 月 20 日,第 5 版。

告,并向法官提交调查和评估报告,出庭说理、提出定罪量刑建议与恰当的矫正方案。最后,在执行阶段,合适成年人一路陪同涉罪未成年人走过侦诉审程序,是最熟悉未成年人习性的人,可协助制定最适宜未成年人的矫正方案,做到因人制宜、因事制宜,具体问题具体分析,避免以前僵化生硬的矫正方案。

第二,"专职为主、兼职为辅"的合适成年人队伍。现阶段,我国合适成年人参与机制仍旧处于试点摸索期,合适成年人的选任程序缺乏相对统一的标准,专职人员较少,大多数地区仅靠兼职合适成年人提供服务,而且多数兼职合适成年人缺乏法律、心理等方面的综合知识,合适成年人参与的作用发挥得相当有限。① 合适成年人参与要想发挥应有的实际效应,首先需要国家承担监护职责,由政府通过购买服务合同的方式,构建一支"专职为主、兼职为辅"的合适成年人队伍,培养一支人员相对稳定,具有较高综合素质和专业能力的队伍。有学者认为现阶段不宜提倡专职合适成年人,原因是不易发挥监督职能,且容易弱化抚慰、沟通职能②,也有学者调查发现兼职合适成年人在兼职时容易与本职工作发生冲突,不能保证随时到案③。笔者认为两种观点都有一定的道理,但是均值得商榷,显然专职合适成年人参与的效果优于兼职合适成年人参与,但又囿于司法资源的有限性无法全部聘请专职合适成年人,因此,合适成年人参与机制的远景是建立一支专业化的合适成年人队伍,而综合考量当下基本国情及司法资源的分配情形,合适成年人参与机制的近景则是构建一支"专职为主、兼职为辅"的合适成年人队伍。

考察各地实践经验,初次试点的盘龙模式构建了专职和兼职并存的合适成年人队伍,专职合适成年人以专业的司法社工、法律援助律

---

① 参见焦悦勤:《我国合适成年人参与刑事诉讼制度的缺失及其完善》,载《西北大学学报(哲学社会科学版)》2014年第5期。
② 参见韩索华、于伟香:《合适成年人制度研究》,载《法学杂志》2013年第7期。
③ 参见何挺:《"合适成年人"参与未成年人刑事诉讼程序实证研究》,载《中国法学》2012年第6期。

师为主,兼职合适成年人包括盘龙区内青少年专干、居委会工作人员、司法助理员、学校老师和社工组织等。在同安模式中,检察机关聘请合适成年人的来源较为广泛,而组织相对松散,主要包括未成年人监护人或亲属、人民监督员、学校老师以及共青团、村委会、居委会工作人员等。上海模式以招募、培训、聘用志愿者来兼任合适成年人等方式,构建了一支专业化的合适成年人队伍,其中,以专业律师和社工组织为主,辅之以共青团干部、学校老师和社会志愿者等。目前,从各地试点合适成年人参与的情况而言,切实可行的办法是组建一支"专职为主、兼职为辅"的合适成年人队伍,由司法行政部门牵头,整合社会各方资源,探索建立一套合适成年人选任程序、专项训练和定期考核的机制,并由省级政府划拨出专门经费保障合适成年人参与机制的实际运行,切实保障合适成年人参与的实质化。

第三,强化履行权利与权力的"双向"监督职责。未成年人刑事侦诉审程序中合适成年人参与旨在让第三方介入诉讼程序,进而监督特别程序中权力的运行,这种监督不应当是单向的而应当是双向的:一方面,合适成年人要履行监督职能。此种监督职能已在上文中详细阐述,在此不赘述。当然,合适成年人既是监督者,也是被监督者,检察机关也有权监督参与的合适成年人是否客观、公正地行使权利与履行义务。另一方面,检察机关作为特别程序的监督者,除对合适成年人负有监督职能外,还要对公安机关、审判机关的行为进行监督。检察机关对于未通知法定代理人或合适成年人参与而制作的侦查讯问、询问笔录,应当及时书面通知办案人员改正、补充完善,并要求写明改善方式;对于法院庭审时未通知法定代理人或合适成年人参与的,出庭支持公诉的检察人员应当提出反对意见并建议延期审理,直至改正再重新开庭审理。① 办案人员有条件通知而未通知合适成年人参与,造成严重后果的,检察机关应当以纠正违法通知书、检察建议书等

---

① 参见吴燕:《新刑诉法成年人到场制度实务研究》,载《青少年犯罪问题》2013年第6期。

形式进行书面纠正,办案人员应当及时反馈纠正的情况。

此外,由于合适成年人职能的拓展,检察机关的监督职责也应当适当地扩充。比如,当合适成年人参与社会调查、风险评估、跟踪帮教和刑事和解等诉讼活动时,检察机关有权监督其行为是否符合法律规定的诉讼程序,也有权监督合适成年人的选聘程序、管理培训和考核机制等是否符合司法运行规律。当然,合适成年人的监督强调个案监督,旨在保障每一位未成年人的合法权益,检察机关的监督强调的则是整体监督而不是干预个案。

第四,完善合适成年人参与的配套措施。在未成年人刑事侦诉审程序中,要实现合适成年人参与的"帕累托最优"效应,不仅需要明确合适成年人参与的权责,准确定位合适成年人在诉讼程序中的地位,组建一支"专职为主、兼职为辅"的合适成年人队伍,而且需要完善与合适成年人相关的配套措施。比如,对证据效力的保障,即对于没有合适成年人参与签字的未成年人口供,应当以非法证据予以排除,以此加强合适成年人参与侦查讯问的法律效果。此外,完善合适成年人的选聘程序、专业培训、职业管理和奖惩考核机制,其中,建立规范化和职业化的管理机构,能够使合适成年人的管理从办案机关手中脱离出来,有助于保持合适成年人的客观中立性。而奖惩考核机制的建立,一方面有助于调动合适成年人的积极性,对表现突出或优秀的合适成年人给予适当的奖励;另一方面有利于规范合适成年人的行为,对违反纪律、妨碍正常办案或者给予未成年人不当引导的行为,办案机关可以向奖惩机构提出纠正意见。合适成年人协助未成年人隐瞒事实或毁灭罪证,构成犯罪应追究其刑事责任的,依法移交司法机关处置。

总之,合适成年人参与机制体现了国家亲权、正当程序和未成年人利益最大化理念,我国在引入合适成年人参与机制后,在各地开展试点,取得一定成效,并在2012年《刑事诉讼法》第270条中将地方经验上升为全国实践,提升了合适成年人参与的强制性,虽然该条规定由于未能细化而缺乏可操作性,但我国不能简单移植他国制度,而应当结合自身试点的问题与经验,继续深入改革,将其本土化,建构有中国特色的合适成年人参与机制,切实保障未成年人的诉讼权利和合法利益。

第二节　未成年人羁押率的影响因素与程序性控制

国家亲权、未成年人福利、恢复性司法及诉讼效益理念倡导在刑事诉讼程序中增加特别保护程序,对涉罪未成年人尽量适用非犯罪化、非羁押化、不起诉、非监禁化措施,尤其是要建立社会观护体系,要求办案人员充分发挥司法能动性,投入更多资源,以促进司法效益最优化,彰显宽容、救赎等蕴含着司法人文关怀的"良法善治"价值。① 从国际公约和国内法律法规层面可见,我国对涉罪未成年人应当以取保为原则,以羁押为例外,而在司法实践中,"普遍羁押""超期羁押""一押到底"等现象一直是司法的顽疾,特别是一些东部沿海地区流动人口中的涉罪未成年人羁押率居高不下,哪些因素导致未成年人羁押率一直居高不下呢?本节将重点讨论未成年人羁押②的应然与实然状况,从实证维度找寻未成年人羁押率高的缘由,并反思和重构未成年人羁押率的控制路径。

一、应然与实然:未成年人羁押的对象与目的

从国际公约层面而言,国际公约对涉罪未成年人适用审前羁押进行了严格限制,并将非羁押状态下等待审判作为国际公约的一项基本原则。例如,根据《公民政治权利公约》第 9 条第 3 款的规定,等候审判的涉罪未成年人受监禁不应作为一般规则。从《儿童权利公约》第 37 条的规定可知,不得非法或任意剥夺任何未成年人的自由,对未成

---

① 参见李玫瑾、靳高风主编:《未成年人犯罪与少年司法制度创新》,中国人民公安大学出版社 2015 年版,第 124 页。
② 本书的羁押主要探讨侦查阶段的羁押,与审前羁押、审判阶段的羁押不同。

年人适用逮捕、拘留或监禁应符合法律规定并仅应作为迫不得已的手段,羁押期限应尽可能缩短;所有被羁押的未成年人应受到人道待遇,其人格固有尊严应受尊重,并应考虑用他们这个年龄的人需要的方式加以对待,所有被羁押的未成年人应同成年人隔开,有权与家人保持联络,并获得有效的法律援助。从《利雅得准则》第17条的规定可知,除特殊情况之外,应尽可能避免审前羁押的情形,并且系统规定了保护被羁押未成年人所应遵循的规则。《北京规则》第13条更是明确强调,未成年人被羁押等待审判仅应作为万不得已的措施适用,而且羁押时间应尽可能短,如有可能,应采取其他替代性措施。此外,有关未成年人审前羁押的其他国际规则和决议还有《保护所有遭受任何形式拘留或监禁的人的原则》第39条和《国内法与国际法下的未成年人刑事责任决议》等。

综观上述国际公约与规则,可以将未成年人适用羁押的国际准则概括为以下几个方面:(1)在非羁押状态等待审判是涉罪未成年人的一项基本权利;(2)对涉罪未成年人适用羁押应当建立在无罪推定原则的基础之上;(3)对涉罪未成年人"以非羁押为原则,以羁押为例外",对于涉罪未成年人而言,审前羁押仅应作为迫不得已的强制措施,是例外中的例外;(4)只要有可能,应采取羁押替代性措施;(5)对涉罪未成年人适用羁押的决定应由司法机关通过听证或审理的方式作出;(6)如果迫不得已需对涉罪未成年人适用羁押,该案件应优先得到起诉和审判,以尽可能缩短羁押时间;(7)对涉罪未成年人适用羁押的目的是保护,而不是惩罚;(8)逮捕与羁押的分离,羁押不是逮捕的后置程序;(9)涉罪未成年人适用羁押期间应实行分押分管、辅以教育措施等特殊处遇;(10)对羁押予以规制的基本原则是程序法定原则等。①

从国内法层面考察,我国《宪法》《刑事诉讼法》及司法解释确立

---

① 参见姚建龙:《未成年人审前羁押制度检讨与改进建议》,载《中国刑事法杂志》2011年第4期。

了现行程序的"教育、感化、挽救"方针和"教育为主、惩罚为辅"原则,并规定对涉罪未成年人应当严格限制适用羁押措施,即对涉罪未成年人应当坚持以取保为原则,以羁押为例外。例如,根据《宪法》第 37 条第 1 款、第 2 款的规定可推知,未成年人人身自由不受侵犯,非经检察院批准或决定或者人民法院决定,并由公安机关执行,不受羁押。《刑事诉讼法》第 81 条、第 95 条和第 280 条等概括规定了羁押的条件限制与程序规则,将羁押必要性审查作为独立程序,但并没有明确细化具体标准,例如,何谓"严格限制适用",总显得抽象而缺乏可操作性,而对涉罪未成年人是否适用羁押,其羁押必要性审查也只能将《刑事诉讼法》第 81 条逮捕条件的规定作为参照,暂无其他法条可参考,这显然违背了区别对待原则。随后,《刑事诉讼规则》第 462 条进一步明确规定对涉罪未成年人适用羁押的衡量因素,即犯罪事实、主观恶性、有无监护以及社会帮教条件等,同时表明羁押必要性审查主体为检察机关,审查时间为检察机关提起公诉之前,但相关条文并未对涉罪未成年人羁押必要性审查的内容、方式及羁押时间等方面作出详细规定。2016 年最高人民检察院颁布了《人民检察院办理羁押必要性审查案件规定(试行)》(以下简称《羁押必要性规定》),对涉罪未成年人羁押必要性审查的办理程序作了明细化规定,将羁押必要性审查作为个案处理的必备程序,严格采用个案受理、立案、审查、审批的程序办理,实现从受理到取证,从审查到审批,从立案到归档,从办案纪律到责任归责,全部按照案件办理程序进行审查,通过这种层级化的审查程序,强化内外部相结合的监督制约机制,防止羁押必要性审查权被滥用[①],确保实现个案羁押必要性审查的公平正义。

从《刑事诉讼法》及司法解释的规定可知,涉罪未成年人适用羁押的前提条件是:第一,有犯罪事实发生;第二,可能判处徒刑以上

---

① 参见郭冰:《羁押必要性审查制度实践运行审视》,载《中国刑事法杂志》2016 年第 2 期。

刑罚;第三,具有社会危险性。其中,何谓"具有社会危险性",一直是司法实践中对羁押要件理解和适用的疑难点,《刑事诉讼法》第81条将"社会危险性"细化为:(1)可能实施新的犯罪的;(2)有危害国家安全、公共安全或者社会秩序的现实危险的;(3)可能毁灭、伪造证据,干扰证人作证或者串供的;(4)可能对被害人、举报人、控告人实施打击报复的;(5)企图自杀或者逃跑的。除此之外,"社会危险性"还包括有证据证明有犯罪事实,可能判处10年有期徒刑以上刑罚的,或者可能判处徒刑以上刑罚,曾经故意犯罪或者身份不明的。紧接着,《羁押必要性规定》规定经羁押必要性审查程序后,只要涉罪未成年人符合"具有悔罪表现,不予羁押不致发生社会危险性"这一必备条件后,人民检察院便可向办案机关提出释放或者变更强制措施的建议。

从规范层面回归到国内外的司法实践,考察西方各国的司法实践,美国和英国的审前羁押率低与保释的广泛适用紧密相关,"在美国,每年的保释率大约在70%~80%之间;在英国,每年的保释适用率平均在90%以上"①。"大陆法系国家的保释率虽然没有英美国家那么高,但适用羁押率也仅为40%左右。"②然而,我国《中国法律年鉴》历年统计数据显示,自1996年《刑事诉讼法》实施后的十年,我国刑事案件犯罪嫌疑人、被告人羁押率超过90%。2008—2012年依法决定批捕2642067人,提起公诉2965467人,刑事案件犯罪嫌疑人、被告人羁押率为84.8%,有的地方甚至超过90%。③ 2012年《刑事诉讼法》修正后,羁押机制改革取得了初步成效,刑事案件犯罪嫌疑人、被告人的羁押率从2009—2011年平均79.4%下降到2013年的66.4%,2014年

---

① Todd C. Barsumian, "Bail Bondsmen and Bounty Hunters: Re-Examining the Right to Recapture", Drake Law Review, Vol. 47, 1999, p. 877.
② 曾勉:《中国境遇下羁押必要性审查的难题及其破解——以羁押必要性审查配套制度的构建为中心》,载《政治与法律》2013年第4期。
③ 参见毕惜茜、刘鹏:《羁押必要性审查的理论与实践——兼议我国未决羁押制度》,载《中国人民公安大学学报(社会科学版)》2014年第5期。

下降至 63.2%,2015 年下降至 62.8%。① 再如,2014 年全国法院判处管制、拘役、缓刑、免刑、独立附加刑和宣告无罪的占发生法律效力被告人的 48.0%②,这个轻刑率也直观说明了司法实践中仍存在大量的不必要羁押。从整体上考察,虽然刑事案件羁押率整体有所下降,但羁押率依然很高。

据有关部门统计,涉罪未成年人的羁押率高达 90% 以上。③ 有学者以某省会市 12 个基层检察院为考察对象,其中,对 84 名涉罪未成年人启动羁押必要性审查程序后,有 67 人的羁押措施变更为取保候审,变更比例约为 79.8%,在 13 件审判阶段启动的未成年人羁押必要性审查程序的案件中,虽然仅 2 件变更了羁押措施,但根本原因是其余 11 名未成年人在启动审查程序后不久即被判处缓刑④,这也说明 12 个基层检察院对涉罪未成年人适用羁押时,无论在侦查阶段,还是在审查起诉和审判阶段,都存在不当羁押或超期羁押的现象,并且羁押率比较高。再以 N 市涉罪未成年人羁押率作为考察样本,2006—2010 年五年间,N 市涉罪未成年人的平均批捕率为 86.2%,不批捕率仅为 13.8%⑤,现行程序没有严格区分"逮捕"与"羁押","逮捕"本身

---

① 参见曹建明:《最高人民检察院工作报告——2014 年 3 月 10 日在第十二届全国人民代表大会第二次会议上》,载《中华人民共和国最高人民检察院公报》2014 年第 2 期;曹建明:《最高人民检察院工作报告——2015 年 3 月 12 日在第十二届全国人民代表大会第三次会议上》,载《中华人民共和国最高人民检察院公报》2015 年第 2 期;曹建明:《最高人民检察院工作报告——2016 年 3 月 13 日在第十二届全国人民代表大会第四次会议上》,载《中华人民共和国最高人民检察院公报》2016 年第 2 期。
② 参见袁春湘:《依法惩治刑事犯罪 守护国家法治生态——2014 年全国法院审理刑事案件情况分析》,载《人民法院报》2015 年 5 月 7 日,第 5 版。
③ 参见孙道萃:《论未成年人羁押必要性的审查机制——以犯罪分层理论为基础》,载《预防青少年犯罪研究》2012 年第 4 期。
④ 调查时间:2013 年 1 月至 2014 年 9 月,虽然所选的 12 个基层检察院同处一市,但从所属辖区的案件总量、人均办案数、人文社会特点和经济发展水平等因素来权衡,均存在较大差异,这时所选取的考察样本具有一定的代表性与可靠性。具体参见胡波:《羁押必要性审查制度实施情况实证研究——以某省会市十二个基层检察院为对象的考察和分析》,载《法学评论》2015 年第 3 期。
⑤ 参见黄建波、蒙旗:《未成年人逮捕率的实践考察与分析——以 N 市为样本》,载《广西大学学报(哲学社会科学版)》2011 年第 6 期。

即意味着羁押,可以想到,N市涉罪未成年人羁押率之高。此外,对本地、外地户籍未成年人的区别对待,导致外地户籍涉罪未成年人羁押率远高于本地户籍。有学者以2011—2013年郑州市某区检察院审查起诉的未成年人刑事案件为例,2011年该检察院办理审查起诉案件63件,涉及122人,其中外地户籍101人,本地户籍21人,外地户籍占82.8%;2012年办理审查起诉案件60件,涉及119人,其中外地户籍97人,本地户籍22人,外地户籍占81.5%;2013年办理审查起诉案件56件,涉及128人,其中外地户籍99人,本地户籍29人,外地户籍占77.3%。① 这一现象在东部沿海流动人口迁移较为频繁的地区尤为严重。

二、要素与缘由:涉罪未成年人高羁押率的实证考察

从规范层面而言,无论是国际规则,还是国内法,都确立了对涉罪未成年人应当"以取保(保释)为原则,以羁押为例外"的规则。但是在司法实践中,办案人员对涉罪未成年人适用羁押现象却屡禁不止,其根源何在?有学者认为其主要原因是混同了逮捕与羁押进而导致司法审查的缺失及司法救济的虚无②,也有学者认为其根源是司法实务一直践行着"侦查中心主义"③或"逮捕中心主义"④等。那么,是否是这些因素导致羁押率居高不下呢?笔者将以问卷调查与个案访谈的方式探索对涉罪未成年人适用羁押时考虑的主要因素及涉罪未成年人羁押率高的主要原因。

---

① 参见侯东亮:《未成年人羁押必要性审查模式研究》,载《法学杂志》2015年第9期。
② 参见陈瑞华:《审前羁押的法律控制——比较法角度的分析》,载《政法论坛》2001年第4期;卞建林:《论我国审前羁押制度的完善》,载《法学家》2012年第3期。
③ 侦查中心主义的相关论述,具体参见孙长永:《侦查程序与人权——比较法考察》,中国方正出版社2000年版,"序言"第5页;陈瑞华:《刑事诉讼的前沿问题》(第3版),中国人民大学出版社2011年版,第267页。
④ 逮捕中心主义的相关论述,具体参见李昌盛:《走出"逮捕中心主义"》,载《检察日报》2010年9月23日,第3版;王彪:《刑事诉讼中的"逮捕中心主义"现象评析》,载《中国刑事法杂志》2014年第2期;汪海燕:《论刑事庭审实质化》,载《中国社会科学》2015年第2期;等等。

(一)年龄是否为羁押涉罪未成年人的首要权衡因素之实证分析

从理论上而言,毫无疑问,办案人员对涉罪未成年人适用羁押时,首先考虑的因素即是未成年人的年龄。从表4.12可见,从整体观察,受访者选择"必须考虑"的人数比例最大,占比为53.6%,超过了受访总数的一半,而选择"必须考虑"与"有时会考虑"的占比合计为96.0%,仅有4.0%的受访者选择"几乎不考虑"或"不考虑",有42.4%的受访者选择"有时会考虑",这也说明在有些受访者看来,年龄并非对涉罪未成年人适用羁押的首要考虑因素。在选取的十起影响性未成年人刑事案件中,涉罪未成年人均被羁押,并且被羁押时间均较长,被羁押未成年人的年龄段为14—18岁不等,但主要集中于16岁。

表4.12 对年龄是否为适用羁押时的首要考虑因素认知的交叉分析

选项		必须考虑	有时会考虑	几乎不考虑	不考虑	合计
整体		53.6%	42.4%	2.3%	1.7%	100.0%
不同样本群体	公检法司办案人员	51.6%	46.0%	1.2%	1.2%	100.0%
	律师群体	57.1%	38.7%	3.4%	0.8%	100.0%
	社会大众	57.9%	34.0%	5.2%	2.9%	100.0%
不同地区	东部	46.9%	49.6%	1.9%	1.6%	100.0%
	中部	52.6%	36.8%	7.9%	2.7%	100.0%
	西部	60.8%	35.3%	2.2%	1.7%	100.0%
	东北	54.5%	27.3%	18.2%	—	100.0%

根据卡方分析(表4.13),不同样本群体的受访者在"对涉罪未成年人适用羁押时,年龄是否为首要考虑因素"的选择上具有统计学意义上的显著差异,同时根据调整残差分析,公检法司办案人员(46.0%)选择"有时会考虑"的占比显著高于律师群体(38.7%)和社会大众(34.0%),其中,公检法司办案人员选择"有时会考虑"的占比约为46.0%,选择"必须考虑"的占比为51.6%,这表明在公检法司办

案人员对未成年人适用羁押时,接近半数人认为年龄并不是首要考虑因素。根据卡方分析,不同地区在"对涉罪未成年人适用羁押时,年龄是否为首要考虑因素"的选择上具有显著差异,东部地区受访者(49.6%)选择"有时会考虑"的占比显著高于西部地区(35.3%),西部地区(60.8%)选择"必须考虑"的占比显著高于其他地区,这表明在对涉罪未成年人适用羁押时,西部地区的受访者认为应将年龄作为首要考虑因素的比例高于东部沿海地区。

表4.13 不同样本群体、不同学历对年龄是否为适用羁押时首要考虑因素认知的卡方检验

		值	df	渐进 Sig.（双侧）
不同样本群体	Pearson 卡方	30.389ª	6	0.000
	似然比	28.759	6	0.000
	线性和线性组合	0.009	1	0.924
	有效案例中的 N	1281		
不同地区	Pearson 卡方	44.715ª	9	0.000
	似然比	36.012	9	0.000
	线性和线性组合	12.571	1	0.000
	有效案例中的 N	1281		

（二）对涉罪未成年人适用羁押的权衡因素之实证分析

根据《刑事诉讼规则》第463条的规定,办案人员对涉罪未成年人适用羁押的主要考虑因素为犯罪事实、主观恶性、有无监护、社会危害性与社会帮教条件等,司法实践中办案人员的考虑因素是否与其保持一致呢?从表4.14可见,受访者认为对未成年人适用羁押时考虑的主要因素以"行为人本身危险性""犯罪行为危险性"为主,选择这两个因素的人数分别占总人数的89.9%和86.4%,其次为"家庭、社会环境因素""取保候审和监视居住的条件",分别占总人数的66.4%和60.4%,而选择"其他原因"的占比仅为11.5%,这些其他因素可能是

社会帮教条件、被害方意见等。

从表4.14可见,公检法司办案人员选择对未成年人适用羁押时主要考虑的因素以"行为人本身危险性""犯罪行为危险性"为主,选择这两个因素的人数分别占受访公检法司办案人员总人数的92.7%和90.1%,其次为"家庭、社会环境因素""取保候审和监视居住的条件",分别占受访公检法司办案人员总人数的73.6%和70.0%。从不同样本群体的交叉分析可见,不同样本群体的受访者均认为"行为人本身危险性""犯罪行为危险性"为主要的考虑因素,"家庭、社会环境因素""取保候审和监视居住的条件"次之;同样的,东西部地区受访者也均认为"行为人本身危险性""犯罪行为危险性"是最主要的考虑因素。这表明在司法实践中,涉罪未成年人本身危险性和犯罪行为危险性是考虑是否适用羁押的主要因素,取保候审和监视居住的条件及家庭、社会环境因素是适用羁押的次要因素。

表4.14 对涉罪未成年人适用羁押时主要考量因素认知的交叉分析

选项		犯罪行为危险性	行为人本身危险性	家庭、社会环境因素	取保候审和监视居住的条件	其他原因
整体		86.4%	89.9%	66.4%	60.4%	11.5%
不同样本群体	公检法司办案人员	90.1%	92.7%	73.6%	70.0%	14.8%
	律师群体	81.7%	90.0%	52.5%	46.7%	4.2%
	社会大众	78.0%	82.2%	51.8%	39.5%	5.2%
不同地区	东部	87.3%	92.6%	68.4%	64.2%	13.1%
	中部	78.9%	78.9%	57.9%	57.9%	5.3%
	西部	85.7%	88.0%	64.8%	57.2%	10.1%
	东北	100.0%	72.7%	63.6%	27.3%	9.1%

(三)涉罪未成年人羁押率高的主要原因之实证分析

司法实践中,涉罪未成年人羁押率居高不下是多种因素交互作用的结果,何种因素起主导作用呢?从表4.15可见,整体而言,1286名受访者中,选择"取保候审、监视居住机制的不健全""社会观护机制不完善""办案人员以捕代侦等错误司法理念""风险评估机制缺失"四项的比例较为接近,占比分别为67.3%、65.5%、62.2%和58.7%,这也说明涉罪未成年人羁押率偏高的原因以这四个要素为主,"印证式'侦查中心主义'"次之,占比为30.0%,而选择"其他原因"的占比仅为6.7%,这些其他原因可能是不科学的绩效考核机制、羁押审查机制缺失及羁押救济程序不畅通等。笔者与一名成都市某区基层检察官访谈时,当问到涉罪未成年人羁押率偏高原因之最的"取保候审、监视居住机制的不健全"相关问题时,该检察官说:"一般情况下,公安机关都优先申请逮捕,在逮捕措施不被批准的情形下,才变更为取保候审或者监视居住,这两种强制措施适用率极低的原因是,一方面,两种强制措施都无法保障嫌疑人及时到案,接受讯问、审查起诉和审判;另一方面,嫌疑人无法提供保证人或者交纳保证金,大多数涉罪未成年人本身没有经济来源,根本无力提供保证人或交纳保证金,而提供的保证人大多数为亲朋好友,真正履行保证义务的并不多,特别对于外地户籍的涉罪未成年人,因父母和其他亲人不在身边,就连保证人都无法提供。"①

从表4.15可见,警察群体选择"风险评估机制缺失"的比例最大,占比为75.1%,"社会观护机制不完善"次之,占比为74.6%;而检法司办案人员认为"取保候审、监视居住机制的不健全"是引起羁押率居高不下的最主要原因,占受访检法司办案人员总数的74.6%,"社会观护机制不完善"次之,占比为72.8%;律师群体及社会大众则认为"办案人员以捕代侦等错误司法理念"是最主要的原因,占比为61.0%,"取保候审、监视居住机制的不健全"次之,占比为54.0%。可见,不同样本群体对涉罪未成年人羁押率偏高主要原因的认知,有同一性也有差异性,同一性体现在不同样本群体的受访者均认为"办案

---

① 该访谈进行于2016年7月19日,编号为:IN1607X。

人员以捕代侦等错误司法理念""风险评估机制缺失""取保候审、监视居住机制的不健全""社会观护机制不完善"这四个因素共同构成涉罪未成年人羁押率偏高的主要原因;差异性则体现在不同样本群体之间对引起涉罪未成年人羁押率偏高的最主要原因的认知存在不同,警察群体认为"风险评估机制缺失"是涉罪未成年人羁押率偏高的最主要原因,检法司办案人员认为"取保候审、监视居住机制的不健全"是最主要原因,律师群体及社会大众则认为"办案人员以捕代侦等错误司法理念"是最主要原因。另外,差异性还体现在律师群体及社会大众(41.4%)选择"印证式'侦查中心主义'"的占比远高于检法司办案人员,警察群体选择"印证式'侦查中心主义'"的占比更是仅为10.1%,这也说明公检法司办案人员与律师群体及社会大众对印证式"侦查中心主义"是否为涉罪未成年人羁押率偏高主要原因的认知存在差异,但多数学者也认为印证式"侦查中心主义"是羁押率居高不下的重要因素。①

表 4.15 对涉罪未成年人羁押率偏高成因认知的交叉分析

选项	整体	不同样本群体		
		警察群体	检法司办案人员	律师群体及社会大众
印证式"侦查中心主义"	30.0%	10.1%	27.8%	41.4%
办案人员以捕代侦等错误司法理念	62.2%	69.2%	61.2%	61.0%
风险评估机制缺失	58.7%	75.1%	65.9%	40.7%

---

① 印证模式下侦查中心主义的论述,具体参见陈瑞华:《刑事诉讼的前沿问题》(第3版),中国人民大学出版社 2011 年版,第 267 页;汪海燕:《论刑事庭审实质化》,载《中国社会科学》2015 年第 2 期;周洪波:《中国刑事印证理论批判》,载《法学研究》2015 年第 6 期;左卫民:《"印证"证明模式反思与重塑:基于中国刑事错案的反思》,载《中国法学》2016 年第 1 期;蔡元培:《论印证与心证之融合——印证模式的漏洞及其弥补》,载《法律科学(西北政法大学学报)》2016 年第 3 期;等等。

(续表)

选项	整体	不同样本群体		
		警察群体	检法司办案人员	律师群体及社会大众
取保候审、监视居住机制的不健全	67.3%	71.6%	74.6%	54.0%
社会观护机制不完善	65.5%	74.6%	72.8%	50.5%
其他原因	6.7%	7.1%	7.5%	5.4%

三、反思与重构：未成年人羁押率的程序性控制路径

从2004年"保障人权"入宪，再到2012年人权理念写入"小宪法"，刑事诉讼不再以惩罚犯罪为单一价值，而是致力于实现惩罚犯罪与保障人权的双重价值目标，特别是未成年人刑事特别程序，集中体现了优先保护的理念。羁押是侵犯未成年人人身自由最严重的强制措施，而在司法实务中超期羁押、不当羁押和一押到底现象却十分常见，审前程序中未成年人人权保障状况不免令人担忧。在国家亲权、未成年人福利与恢复性司法理念下，以及在对未成年人适用羁押的权衡因素和羁押成因的出发点下，结合《刑事诉讼法》《羁押必要性规定》的规定，羁押必要性审查程序进行了较大幅度的调整。因此，控制涉罪未成年人羁押率有必要建立一套科学而符合国情的制度，进而重构体系科学、层次分明、功能完备的控制路径，践行国际人权公约与我国宪法法律所确立的人权保障条款。

（一）程序性控制：羁押必要性审查程序的细化与落实

羁押必要性审查程序自2009年在全国20多个检察机关试点摸索之后，于2012年正式以基本法授权的方式接受司法实践的检验，2016年最高人民检察院颁行的《羁押必要性规定》细化羁押必要性审查程序，2018年《刑事诉讼法》延续了这一立法范式。这期间，羁押必要性审查机制经历了从地方试点到立法，再到实践，最后到规范的过程，旨在将降低未成年人审前羁押率作为立法目标之一，明确了社会

危险性的具体标准,完善了辩方申请变更强制措施的程序,建立了捕后羁押必要性审查机制。① 可见,羁押必要性审查程序的增设与落实,不仅体现了人权保障、权力制衡与比例原则的法理依据,而且是对降低未成年人高羁押率、节约司法成本等诉讼实践需求的回应,进而将"纸面上的法"落实到行动中。其中需要细化与落实的几个关键问题是:

首先,羁押必要性审查主体为刑事执行检察部门,增列其他部门的配合与社会大众的参与。《刑事诉讼规则》第 575 条将羁押必要性审查权赋予了侦监、公诉、执检三个部门,但并未明确羁押必要性审查案件的办理主体到底是谁,这三个部门之间分工不明,难免会出现相互争抢或互相推诿的现象,导致责任难以落实。《羁押必要性规定》第 3 条将必要性审查权赋予刑事执行检察部门,侦查监督、公诉、侦查、案件管理、检察技术等部门予以配合,从而解决了审查主体不明的问题,增强了可操作性。除此之外,增加社会公众的参与度,根据《羁押必要性规定》第 13 条、第 14 条的规定,羁押必要性审查采取了以下方式让公众参与:一是听取涉罪未成年人及其法定代理人、辩护人的意见;二是听取被害人及其法定代理人、诉讼代理人的意见,明确双方是否已达成和解协议;三是审查时可以邀请与案件没有利害关系的人大代表、政协委员、人民监督员、特约检察员参加,但同时需要注意未成年人刑事案件的非公开性;四是通过社会调查报告调查核实涉罪未成年人的基本情况、成长背景、犯罪事实和犯罪成因等,增加社会大众参与羁押必要性审查的广度与深度。

其次,审查内容需突出全面审查与重点审查相结合。根据《刑事诉讼法》第 95 条的规定,羁押必要性审查程序贯穿于侦查、审查起诉和审判的每个诉讼环节,审查具有持续性和全面性,羁押必要性审查不仅要审查逮捕是否符合法定要件,而且要审查羁押的合理性,这样可以弥补逮捕和羁押合一造成的对羁押缺乏二次审查的缺憾。从问卷调查的统计分析可见,影响涉罪未成年人有无继续羁押必要性的因

---

① 参见谢小剑:《羁押必要性审查制度实效研究》,载《法学家》2016 年第 2 期。

素较多,主要因素有行为人本身危险性、犯罪行为危险性、家庭、社会环境因素,以及取保候审和监视居住的条件等。然而,在司法实践中,全国每年因涉罪被羁押的未成年人约为 5 万人以上,刑事执行检察部门如果在每个诉讼阶段对每名被羁押的未成年人进行羁押必要性审查,则每年的审查数量将在 15 万件以上,这不仅会占用大量的司法资源,而且也不利于突出审查重点。因此,在进行涉罪未成年人羁押必要性审查时,既要兼顾法律面前人人平等原则,又要兼顾效率;既要坚持全面审查原则,又要突出审查的重点性。① 例如,上海市检察机关采用"三层滤网"羁押必要性审查方式,根据未成年人刑事案件的不同类型区分审查力度和方式,分别进行全面审、严格审和定期审,经过检察机关审查,对不需要继续羁押的四种情形及涉罪未成年人在符合必备条件后不需要继续羁押的,应当及时变更羁押措施或予以释放。

再次,审查的启动与标准应坚持"检察中心主义"。在未成年人刑事特别程序中,羁押必要性审查程序之目的是在检察环节建立司法分流程序,即检察机关通过羁押必要性审查程序,实现涉罪未成年人的非羁押化和非犯罪化,实现未成年人刑事司法的"检察中心主义"。根据《刑事诉讼规则》第 573 条、第 574 条的规定,羁押必要性审查程序的启动分为申请启动和依职权启动,前者是一种随机的审查,随时申请,随时审查,申请主体是涉罪未成年人及其法定代理人、近亲属或者辩护律师,通过书面或口头的方式提出申请,同时为防止被羁押方滥用申请权,在提出审查申请时应当说明理由并提供相应的证据材料,但这种证据材料的提供并不意味着证明责任的转嫁,只是要求提供初步的表面证据。后者则是一种主动的、常态化的审查机制,审查方式根据《刑事诉讼规则》第 577 条、《羁押必要性规定》第 13 条的规定,包括听取意见、调查核实、书面审查等。因此,羁押必要性审查程序应当以公开审查为原则,以秘密审查为例外,采用书面审查和言辞

---

① 参见郭冰:《羁押必要性审查制度实践运行审视》,载《中国刑事法杂志》2016 年第 2 期。

审查相结合的方式进行,此外,在特别情形下可适时地将听证模式作为审查的重要形式。

最后,建构羁押必要性审查程序的救济机制。羁押必要性审查应具有可救济的程序机制,而现阶段我国尚不存在完全意义上的羁押必要性审查的救济程序,仅规定涉罪未成年人及其法定代理人、近亲属或者辩护律师有权申请变更强制措施,以及对于超期羁押有权要求解除羁押措施,对羁押必要性审查结论缺乏保障。涉罪未成年人对于羁押必要性审查决定不服时,《刑事诉讼法》及司法解释并未赋予被羁押人申请复议和上诉的权利。因此,应当建构羁押必要性审查决定的救济程序,当涉罪未成年人及其法定代理人、近亲属、被害人和辩护律师对审查结果存在异议时,有权通过原机关的申诉部门向上一级检察机关申诉,上一级检察机关经审查后,对下一级机关的审查结果作出合法与否的决定[①],并及时通知当事人及其法定代理人。

(二)羁押替代性措施:羁押必要性审查程序的支持体系

从表4.15可知,大多数受访者认为涉罪未成年人羁押率偏高的主要原因包括取保候审、监视居住机制的不健全及社会观护机制不完善,两者的占比分别为67.3%和65.5%。这说明由于我国羁押替代性措施尚不完善,办案人员有时出于有效保障诉讼活动进行的考虑,迫不得已对涉罪未成年人适用羁押措施。从这个角度而言,完善羁押替代性措施可谓是迫在眉睫,从应然的层面考虑,羁押替代性措施的性质应定位于未成年人所享有的诉讼权利,在对羁押替代性措施进行改造时,应以羁押替代性措施改革中权利化、轻缓化和司法化的国际发展趋势为导向,坚持在无罪推定、人权保障和比例原则的指导下[②],着重强化羁押替代性措施制度设计中的替代羁押功能、诉讼保障功能、诉讼效益功能和人权保障功能[③]。正如有学者所言:"全方位、立体化

---

① 参见侯东亮:《未成年人羁押必要性审查模式研究》,载《法学杂志》2015年第9期。
② 参见姚莉、王方:《我国羁押替代性措施设计之革新》,载《法商研究》2014年第2期。
③ 参见王贞会:《羁押替代性措施的涵义、模式与功能省思》,载《比较法研究》2013年第2期。

的羁押替代性体系在一定程度上保障羁押适用的例外性,例如,法国刑事诉讼法典设置了一套完备的羁押替代措施体系,仅司法管制义务便多达 17 项。"①可见,我国应当建构"以适用羁押替代性措施为常态,以适用羁押措施为例外"的涉罪未成年人羁押制度,具体完善羁押替代性措施的路径包括以下两个方面:

一方面,优化与提升取保候审、监视居住措施的适用率。我国的取保候审、监视居住因其控制力太弱等因素而常被弃用。② 近年来,我国一直将限制适用羁押措施作为司法改革的目标之一,而取保候审、监视居住作为羁押替代性措施,必将得到扩大适用。首先,《刑事诉讼法》已对取保候审、监视居住进行了优化。《刑事诉讼法》第 67 条对取保候审作出明确规定,同时提升了适用取保候审的可能性。例如,明确区别取保候审与监视居住,为取保候审扩大适用提供了必然条件;明确了保证金适用依据和违反取保候审义务的处罚措施,使得取保候审具有可操作性;增加了取保候审附带义务,令取保候审的适用具有成效性,如不得进入特定场所、不得从事特定活动及不得与特定的人见面或通信等。③《刑事诉讼法》第 74 条至第 79 条对监视居住作了细化,比较完整地规定了监视居住的基本内容,主要包括:监视居住的本质是非羁押性强制措施,监视居住的适用条件为符合逮捕的条件,且"具有法定的五种情形之一"④,监视居住的执行处所一般为被监视居

---

① 施鹏鹏、王晨辰:《法国审前羁押制度研究》,载《中国刑事法杂志》2016 年第 1 期。
② 参见李昌林:《降低羁押率的途径探析》,载《中国刑事法杂志》2009 年第 4 期。
③ 参见张剑峰:《论取保候审适用的基础及其完善》,载《中国刑事法杂志》2013 年第 5 期。
④ 根据《刑事诉讼法》第 74 条的规定,五种法定情形为:(1)患有严重疾病、生活不能自理的;(2)怀孕或者正在哺乳自己婴儿的妇女;(3)系生活不能自理的人的唯一扶养人;(4)因为案件的特殊情况或者办理案件的需要,采取监视居住措施更为适宜的;(5)羁押期限届满,案件尚未办结,需要采取监视居住措施的。这五种情形属于选择性条件。例外的情形是,不具备上述条件而符合取保候审的条件,涉罪未成年人不能提出保证人也不交纳保证金的,也可以监视居住。

住人固定的住处,被监视居住的未成年人应当遵守义务①,监视居住期限最长不超过 6 个月,期满或者监视居住的原因、条件已经消失,应当及时解除监视居住。从上述论述可见,我国的强制措施既包含了作为应当优先适用措施的取保候审和监视居住,也包含了作为例外适用措施的羁押措施。② 其次,在实践中,取保候审、监视居住均取得了良好的法律效果与社会效果。例如,通过对公检法司办案人员、律师群体及社会大众的问卷调查可知,大多数人认为应该普遍适用取保候审,取保候审在实务中已经具备一定的生存土壤,而且有利于保障人权和降低诉讼成本。③ 有学者通过对 S 省 L 区和 G 区公安局调研发现,灵活地采取其他监控方式通常也能达到指定监视居住的目的,还可以有效节省警力和经费。④ 最后,防止取保候审、监视居住的"实体化"⑤,建构替代性措施的权利化、轻缓化、司法化及可救济化之路。在实务中,有些地区的取保候审、监视居住除仍然呈现实体化倾向之外,还表现出了权力型主导下定性不准、适用程序不公、适用率低及缺乏有效的监督与救济程序等问题。涉罪未成年人适用取保候审、监视居住的改革路径为:两者由权力主导型逐步转变为权利主导型的强制措施,并将其定性为羁押替代性措施,建立适当的司法审查程序,改变以往公安司法机关采取的"自我决定、自我审批、自我适用"的行政化的内部审批模式,强化检察机关对取保候审、监视居住的法律监督职

---

① 根据《刑事诉讼法》第 77 条的规定,被监视居住的未成年人在被监视居住期间应当遵守下列义务:(1)未经执行机关批准不得离开执行监视居住的处所;(2)未经执行机关批准不得会见他人或者通信;(3)在传讯的时候及时到案;(4)不得以任何形式干扰证人作证;(5)不得毁灭、伪造证据或者串供;(6)将护照等出入境证件、身份证件、驾驶证件交执行机关保存。
② 参见易延友:《刑事强制措施体系及其完善》,载《法学研究》2012 年第 3 期。
③ 参见张剑峰:《论取保候审适用的基础及其完善》,载《中国刑事法杂志》2013 年第 5 期。
④ 参见马静华:《公安机关适用指定监视居住措施的实证分析——以一个省会城市为例》,载《法商研究》2015 年第 2 期。
⑤ 实体化是同程序化相对应的一个概念,是指羁押替代性措施同案件事实的认定、裁判结局等实体问题产生了直接的联系,它成为一种惩罚的手段、成为变相的刑罚及案件实体刑罚的预演。我国取保候审、监视居住的功能在立法和司法层面发生了两次异化,表现为惩罚化、实体裁判预期化和变相刑罚化。实体化的相关论述,具体参见褚福民:《取保候审的实体化》,载《政法论坛》2008 年第 2 期。

能,提供有效的司法救济渠道,赋予未成年人、法定代理人及相关权利人行使申诉、控告、上诉的权利,进而提高涉罪未成年人适用取保候审、监视居住的比例。

另一方面,建构专业化与多元化的社会观护体系。所谓涉罪未成年人社会观护体系,是指检察机关对涉嫌犯罪但无羁押必要的未成年人,采取羁押替代性措施,并交由相关观护组织对未成年人进行管护、帮教、矫治和考察,最终由办案机关根据其在观护期间的综合表现,作出相应的后续处理程序的机制。① 近年来,针对涉罪未成年人羁押率居高不下的问题,各地公安司法机关积极探索建构多元化的社会观护体系,增加对涉罪未成年人适用羁押替代性措施的方式,积累了丰富经验。以企业、学校、医院、敬老院、社工组织、公益组织和社会福利机构等机构或组织作为实施羁押替代性措施的社会观护机构,建立"观护基地""关护基地""管护基地"或"观护工作站",为本地及外地户籍的涉罪未成年人提供基本食宿、教育、工作技能培训和保证人。

此外,这种观护体系也适用于既不能提供保证人又不能交纳保证金的涉罪未成年人。在非羁押期间,观护基地负责对涉罪未成年人履行管理和监督职责,主要职责是为未成年人提供基本食宿,安排学校学习,推荐恰当的工作机会,进行职业技能培训、心理疏导与沟通,树立正确的人生观和价值观,帮助其早日回归社会。考察期限届满后,由观护组织出具涉罪未成年人在观护基地的综合表现情况,并提供给公检法司办案人员,将其作为人民检察院决定起诉与否、人民法院定罪量刑的考虑因素。各地开展的社会观护为建立多元化的社会观护体系提供了有益经验,例如,2004 年上海市闵行区人民检察院成立了闵行区"未成年人社会观护体系工作总站",开启了地方创新建构

---

① 根据 2010 年上海市人民检察院施行的《关于进一步规范涉罪未成年人社会观护工作机制的若干意见》第 2 条的规定,涉罪未成年人社会观护工作是指检察机关未检部门将已涉嫌犯罪但无羁押必要的未成年人,交由社会力量组成的专门观护组织,在诉讼期间进行帮教、考察和矫治,以确保诉讼顺利进行,并为司法处理提供依据。关于涉罪未成年人社会观护体系的相关论述,具体参见张桂霞:《依托社区矫正推进非羁押性强制措施的创新发展》,载《中国人民公安大学学报(社会科学版)》2015 年第 4 期。

社会观护体系的先河,为"无监护人、无固定住所、无经济来源"的"三无"外地户籍的涉罪未成年人提供食宿、帮教观护和保证人;2008年,江苏省无锡市人民检察院整合司法和社会资源,在企业、社区、公益组织和社会福利机构中择优确定观护教育基地,为涉罪未成年人适用取保候审、落实矫正帮教提供了观护基地,解决了外地户籍的涉罪未成年人羁押率高、取保候审难、判处非监禁刑难等问题;2012年,河南省义马市人民检察院积极探索社区矫正机制,将社区矫正工作延伸至羁押替代性措施,让涉罪未成年人参与义工活动,并将其综合表现作为人民法院定罪量刑的依据。再如,江苏江阴模式、四川武胜模式和山东东营河口模式等。有学者曾对上海闵行、江苏无锡等地的部分观护基地进行实地考察,调查显示,社会观护基地在减少涉罪未成年人的审前羁押、刑罚宽缓化、帮助回归社会等方面取得良好效果,并促成办案人员理念和价值观上的改变。[①] 当然,这些先试先行的社会观护基地也存在一些不足,例如,社会观护需要进一步明确自身的职能定位,厘清观护基地的权利与义务,落实观护前的风险评估机制及观护期间对未成年人的有效监督等问题。

(三)量化评估:建立羁押替代性措施风险评估机制

笔者调查问卷的数据显示,超过50%的受访者认为涉罪未成年人羁押率高的主要原因之一是风险评估机制的缺失,这一点与我国大多数学者的论述不谋而合,二者均认为我国有必要建立一套羁押替代性措施的风险评估机制[②]。在规范层面,最高人民检察院颁行的《羁押

[①] 参见宋英辉等:《涉罪未成年人审前非羁押支持体系实证研究》,载《政法论坛》2014年第1期。

[②] 建立风险评估机制的相关论述,具体参见徐美君:《未成年人刑事诉讼特别程序研究:基于实证和比较的分析》,法律出版社2007年版,第110—115页;程晓璐:《对未成年犯罪嫌疑人减少审前羁押之必要性、可行性分析及对策》,载《青少年犯罪研究》2008年第3期;赵国玲主编:《未成年人司法制度改革研究》,北京大学出版社2011年版,第196—202页;宋英辉等:《涉罪未成年人审前非羁押支持体系实证研究》,载《政法论坛》2014年第1期;郭冰:《羁押必要性审查制度实践运行审视》,载《中国刑事法杂志》2016年第2期;谢小剑:《羁押必要性审查制度实效研究》,载《法学家》2016年第2期;等等。

必要性规定》第 16 条也规定,评估涉罪未成年人有无继续羁押的必要性,"可以采取量化方式,设置加分项目、减分项目、否决项目等具体标准"。所谓羁押替代性措施风险评估机制,是指在决定对涉罪未成年人适用羁押替代性措施时,通过对其再犯可能性、人身危险性、犯罪行为危险性等非羁押后可能存在的风险进行量化评估,根据风险的高低决定是否适用、适用何种羁押替代性措施及采取何种保证方式的机制。其中,量化评估的应用在当下已进行得如火如荼,从国际性的"世界正义工程"(World Justice Project)、"透明国际"(Transparency International)及"世界银行"(World Band)等机构设计的量化评估指数①,到"国内的法治政府指数和司法透明指数"②等可见,以量化评估形式对涉罪未成年人进行羁押必要性的风险评估具有现实可行性。

  风险评估机制最先起源于英国的保释制度,英国赋予每一位涉罪未成年人保释的权利,但是,在决定保释之前,法官要进行保释风险的评估,如果涉罪未成年人存在逃跑、继续犯罪和威胁证人的风险,而且这种风险是一种实际存在的风险,那么涉罪未成年人将被拒绝保释;如果只是存在风险的可能性,那么涉罪未成年人则可能被有条件保释;而如果根本就不存在风险,那么涉罪未成年人将被无条件保释。③ 自 2004 年以来,上海市闵行区人民检察院开启了涉罪未成年人

---

① See Svend-Erik Skaaning, "Measuring the Rule of Law", Political Research Quarterly, Vol. 63, Iss. 2, 2010, pp. 455-460; P. Nardulli, B. Peyton and Joseph W. Baijjalieh, "Conceptualizing and Measuring Rule of Law Constructs, 1850-2010", Journal of Law and Courts, Vol. 1, No. 1, 2013, pp. 154-159.

② 关于国内的法治政府指数与司法透明指数的相关论述,具体参见钱弘道等:《法治评估及其中国应用》,载《中国社会科学》2012 年第 4 期;郑智航:《中国量化法治实践中的指数设计——以法治政府指数与司法公正指数的比较为中心》,载《法学家》2014 年第 6 期;付子堂、张善根:《地方法治建设及其评估机制探析》,载《中国社会科学》2014 年第 11 期;肖建飞、钱弘道:《司法透明指数评估指标探讨》,载《浙江大学学报(人文社会科学版)》2015 年第 4 期;钱弘道、王朝霞:《论中国法治评估的转型》,载《中国社会科学》2015 年第 5 期;胡铭、自正法:《司法透明指数:理论、局限与完善——以浙江省的实践为例》,载《浙江大学学报(人文社会科学版)》2015 年第 6 期;等等。

③ 参见徐美君:《未成年人刑事诉讼特别程序研究:基于实证和比较的分析》,法律出版社 2007 年版,第 110—111 页。

取保候审可行性评估机制,对审查逮捕案件中涉案的 350 余名未成年人开展了取保候审的可行性评估,这种评估不仅规范了内部办案流程,减少了办案人员的随意性,而且提高了未成年人取保候审的适用率,降低了未成年人的羁押率。2009 年以来,全国共 20 多个基层检察院试点推广羁押必要性审查,大多数试点检察院对涉罪未成年人羁押必要性审查的风险评估均采取量化评估的方式。例如,上海市闵行区人民检察院的风险评估区分为审查批捕和审查起诉阶段,并分别制作了《未成年犯罪嫌疑人非羁押措施可行性评估表》和《未成年犯罪嫌疑人继续羁押必要性评估表》,前者评估的内容包括个人情况、家庭情况、犯罪行为和保障支持条件等 4 项一级指标,二级指标体系下设犯罪类型、责任年龄、监管情况、学校教育等 26 项量化评估因素;后者评估的内容包括个人情况、犯罪行为、家庭与保障支持等 3 项一级指标,二级指标下设漏罪或重新犯罪、刑事和解及赔偿、监管情况等 20 项量化评估因素。因此,根据《羁押必要性规定》第 15 条至第 18 条的规定,并结合地方试点有益经验,我国应当建立羁押替代性措施风险评估机制,将涉罪未成年人的身体状况、犯罪事实、主观恶性、悔罪表现、案件进展、有无刑罚必要和有无再危害社会的危险等作为量化评估因素,通过量化评估将羁押必要性审查的适用对象划分为基本无风险、低风险、中等风险、高风险对象,其中,对高风险的涉罪未成年人,应拒绝适用羁押替代性措施,从而作出羁押的决定。

(四)理念革新:羁押措施的现代司法理念

从调查问卷的统计数据分析,"办案人员以捕代侦等错误司法理念"也是高羁押率难降的主要原因,占比为 62.2%。公检法司办案人员因长期遵循"以捕代侦""有罪推定""一押到底"和"构罪即押不是错押"等错误的司法理念,致使本来是一种临时性防卫措施的羁押,演变成主要的诉讼保障措施,特别是成为实体性处理措施,具有制裁功能。我国羁押惯用的审批模式为"经办人审查—部门负责人审核—检察长批准或决定"三部曲,这种层级审批制模式,从宏观上符合检察一体的要求,从微观上起到了内部控权的作用,但究其实质,却使有罪推定的理念贯穿始终。从羁押审查程序运行的繁简程度看,押比不押更为容易,押比不押更为安全,变更羁押须经历多层级的审批,这使得办案人员往往怀着"多一事不如少一事"的心态,即便认为应当启动羁押必要性程序,甚至符合变更羁押条件,也很少主动启动审查程序。① 针对办案人员"有罪推定"的理念,重塑羁押措施的司法理念是当务之急,应适度贯彻国际人权公约的精神,树立惩罚犯罪与保障人权并重的理念,以无罪推定原则为基石,以比例原则为改革的度量器,切实缓解司法实务中未决的羁押率居高不下、超期羁押及变相羁押的现状,根治以捕代侦、久侦不决等顽疾。② 具体而言:

首先,坚持无罪推定的理念。无罪推定最早源于古代罗马法,罗马法蕴含着公正、民主和人权的理念价值,发展至今,无罪推定原则不仅是未成年人刑事特别程序的基本原则,而且是未成年人适用羁押措施的指导理念。在特别程序中,无罪推定理念为保障未成年人权利而设定,它强调对人权的保护,其不仅保护法律所赋予涉罪未成年人的各项宪法性权利,同时还赋予涉罪未成年人一定的程序性防御权和司法救济权。③ 具体到羁押措施,无罪推定理念要求:任何人不受任意的羁押,应当遵循适用羁押替代性措施是常态,适用羁押是例外的原则。

其次,加强人权保障的理念。在无罪推定理念下,人权保障成为必然,特别是2012年《刑事诉讼法》第一次将"尊重和保障人权"写入总则,同时增列了非法证据排除规则、技术侦查措施和未成年人刑事特别程序等,彰显了加强人权保障的立法宗旨。刑事诉讼活动在实现犯罪控制的过程中,如何保障人权成为其承担的任务之一。近年来,审前羁押与人权保障因发生冲突与矛盾而被紧密联系在一起。在德国,羁押措施包括对人格自由权之侵犯、对财产权之侵犯、对生理权

---

① 参见胡波:《羁押必要性审查制度实施情况实证研究——以某省会市十二个基层检察院为对象的考察和分析》,载《法学评论》2015年第3期。
② 参见樊奕君:《比例原则视角下刑事强制措施价值平衡研究》,载《中国刑事法杂志》2011年第12期。
③ 参见郭天武:《保释制度研究》,法律出版社2009年版,第229页。

之侵犯、对住宅权之侵犯、对信息自主权之侵犯及对职业自由权之侵犯①，可见，羁押措施几乎包括了所有干预或者限制公民基本权利的行为。因此，在对涉罪未成年人适用羁押措施时，公安司法办案人员应树立人权保障的理念，确立涉罪未成年人的诉讼主体地位，抛弃传统的"构罪即押""一押到底"和"构罪即押不是错押"等错误理念。

最后，符合比例原则。比例原则被誉为"帝王条款"或"皇冠原则"，旨在限制公权对私权的肆意行使，内容包括适当性、必要性与相称性三项。在刑事诉讼领域，一方面，比例原则可有效规范侦查机关、公诉机关和审判机关在刑事诉讼程序中的职权性诉讼行为；另一方面，比例原则是有效规制羁押性强制措施和侦查行为的最佳路径，体现其所要求的控制最小侵害和适度限制公权力的精神。当前羁押措施在一定程度上仍存在定性不准、羁押常态化、适用率高及司法救济虚置化等违背比例原则的问题，《刑事诉讼法》第95条增设的羁押必要性审查内容，试图找寻适用羁押措施的适当性、必要性与相称性，从而在羁押措施适用中贯彻比例原则，这要求将羁押措施定性为预防性或保障性措施，并以涉罪未成年人的人身危险性与社会危险性作为羁押必要性的考虑标准，平衡公民权利与国家、社会利益之间的价值，选择对公民权利限制或侵害最小的一种措施。②

(五)逮捕与羁押：由合一到绝对分离

从调查问卷的统计数据分析，受访者中律师群体及社会大众认为"印证式'侦查中心主义'"是羁押率居高不下的主要原因，占比为41.4%。我国实行"捕押合一"模式，羁押成为逮捕的必然后果，逮捕的实施即意味着相对人将在相当长一段时间内被剥夺人身自由，而羁押措施则缺乏明确的法律地位和单独的适用程序。③ 究其根源，长期

---

① 参见〔德〕克劳思·罗科信：《刑事诉讼法》，吴丽琪译，法律出版社2003年版，第273页。
② 参见姚莉、王方：《我国羁押替代性措施设计之革新》，载《法商研究》2014年第2期。
③ 参见卞建林：《我国刑事强制措施的功能回归与制度完善》，载《中国法学》2011年第6期。

以来,由于历史原因,我国的羁押措施曾以苏联模式为范本,这一模式下公检法三机关的关系呈现出"流水作业型"诉讼构造,并且侦查程序处于整个诉讼程序的核心,即印证式"侦查中心主义",而未能形成"以审判为中心的刑事诉讼制度"格局,特别是在未成年人刑事案件中,法院很少参与审前羁押活动,也无从对警察、检察官所采取的羁押措施进行司法审查。对于逮捕与羁押措施,法院既不能通过发布令状实施事前的司法授权,又不能就羁押的延长问题举行任何形式的司法听证,更不能就逮捕、羁押措施的合法性等问题,接受涉罪未成年人及法定代理人的申诉、建议和上诉。结果,在审前程序中,对涉罪未成年人人身自由加以限制、剥夺的权力不是由法院、法庭或法官通过司法程序享有,而完全由警察和检察官通过一种极具行政化的方式来享有。[①] 可见,现行侦查程序运行模式仍带有较鲜明的"侦查中心主义"倾向,侦查环节中,逮捕与羁押一体化,逮捕的实施几乎意味着羁押,而且逮捕与羁押的适用缺乏有效的检察监督、司法审查及司法救济途径,这也是涉罪未成年人羁押率居高不下的原因之一。

　　实行逮捕与羁押绝对分离是世界上多数国家通行的做法。[②] 例如,在日本,逮捕和羁押实行"保障双重检查",即逮捕时需要实施司法抑制,在羁押时也需要实施司法抑制[③],逮捕是羁押的前置程序,羁押适用的对象一般是那些已经被逮捕的涉罪未成年人,但这并不意味着羁押是逮捕的必然后果。在逮捕程序中,逮捕需要法官签发"逮捕证",而基于宪法令状主义的要求,进行羁押与否的司法审查程序时,司法警察、检察官在特定时间内将嫌疑人提交给法官,法官通过其所提供的证据查清事实真相,听取涉罪未成年人的陈述和辩解,最终决定羁押与否。在美国,治安法官或司法警察发布逮捕令的主要依据

[①] 参见陈瑞华:《审前羁押的法律控制——比较法角度的分析》,载《政法论坛》2001年第4期。

[②] 参见徐静村主编:《刑事诉讼前沿研究》(第4卷),中国检察出版社2005年版,第203页。

[③] 参见[日]田口守一:《刑事诉讼法》,刘迪等译,法律出版社2000年版,第54页。

是有"合理的根据"(probable cause)证明犯罪已发生,且确信即将被逮捕之人实施该犯罪行为,警察则根据逮捕令执行逮捕。对嫌疑人进行逮捕后,应立即将其送至最近的州治安法官或者联邦地方法官处,进行羁押必要性审查的第一次听审程序,在听审程序中,治安法官将告知被逮捕人被起诉的罪名、享有的诉讼权利,正常情况下,庭审程序需有辩护律师方、警察方参与,双方就是否羁押、应否保释等问题展开辩论,治安法官根据听审程序作出是否将被逮捕人羁押或者保释的决定。可见,在绝大多数国家,对涉罪未成年人是否适用逮捕和羁押措施,采取的是分离审查机制,实行双重司法审查标准,并且使逮捕、羁押的决定者与实施者产生实质分离。

逮捕与羁押分离,逮捕并不意味着羁押,将逮捕定位为羁押的前置程序,实行"逮捕前置主义",继而设置独立的羁押必要性审查程序,以有效控制羁押的适用,具体而言:一方面,无论是逮捕还是羁押程序,都应实现决定程序的司法化。在决定程序中,应当以中立、客观的态度,公平、平等地听取侦查机关、起诉机关、辩护律师、涉罪未成年人及法定代理人的意见。例如,在决定是否批准逮捕时,检察机关应当在公安机关和涉罪未成年人及其辩护人双方到场的情况下,以公开听证的方式,对涉罪未成年人是否应受逮捕羁押进行司法审查,审查涉罪未成年人逃跑、自杀、毁灭、伪造证据或指使证人作伪证等方面的人身危险性。[①] 另一方面,分别赋予被逮捕和被羁押的涉罪未成年人以司法救济权。逮捕和羁押的适用都涉及未成年人的人身自由、财产等重大利益,因此,应当赋予被逮捕、羁押的涉罪未成年人向原决定机关申请复议和向上一级检察机关申请复核的权利,并赋予被羁押的涉罪未成年人一系列对抗非法羁押的权利。例如,被羁押的涉罪未成年人享有知悉羁押理由的权利、获得律师帮助的权利(包括会见权、阅卷权、调查取证权等同时赋予律师的权利)、申请捕后羁押必要性审查的权利、申请

[①] 参见易延友:《刑事强制措施体系及其完善》,载《法学研究》2012年第3期。

解除超期羁押的权利、请求对非法羁押进行赔偿的权利等。①

（六）信息化与科学化：控制羁押配套性机制的完善

在实践中,缺乏获取涉罪未成年人基本信息、犯罪行为危险性、人身危险性、取保候审与监视居住保障条件等完整信息的渠道成为羁押必要性审查程序开展的难题,因此,应当依靠和借助现代化的科技手段,建立司法机关网络信息共享平台,依托网络信息共享平台系统加强未成年人的权益保障,确保羁押审查的科学性与公正性。在羁押必要性审查程序中,与羁押措施相关的所有信息都需要录入共享平台,这个共享平台由公安机关维护,在公安系统中应当做到全国联网,并与公安机关已经搭建的人口信息网络平台相融合,设定查询权限,公安机关、检察机关和人民法院在作出羁押决定之前,必须进行信息查询,作出羁押与否的决定后,交由公安机关执行之时,公安机关办案人员应当立即将相关信息录入共享平台中。当然,由于未成年人刑事案件的非公开性,网络信息共享平台的使用权限应仅限于公安司法机关开展羁押必要性审查程序时,不能将其授权给新闻媒体及社会大众。例如,江苏省吴中区人民检察院自主研发了"羁押必要性审查辅助评估系统",利用案管信息共享平台对羁押必要性审查进行智能评估,具有三重功效：一则可以第一时间获知案件进展；二则可以进行一键式筛选功能,即可从诸多案件中筛选出可能变更强制措施的涉罪未成年人,实现从人工筛到智能筛选的跃升；三则发挥风险评估的功能,通过对涉罪未成年人的个人情况、犯罪事实、羁押期间表现、取保候审条件等的量化,评估涉罪未成年人的风险等级,进而为是否继续适用羁押措施提供科学参考。②

此外,虽然现行《刑事诉讼法》、司法解释及《羁押必要性规定》关于羁押措施与羁押必要性审查的规定有一定的历史进步性,但它与西

---

① 参见蓝向东：《审前羁押程序控制探究》,载《河南社会科学》2015年第8期。
② 参见戴佳等：《羁押必要性审查插上"智能翅膀"——苏州吴中：研发辅助评估系统软件高效筛选重点审查对象》,载《检察日报》2013年9月18日,第2版。

方法治发达国家的羁押控制实效仍存在较大的差距,仍需完善控制羁押配套性机制。例如,厘清羁押期限,检察机关批准羁押涉罪未成年人时,应当签发羁押证并载明羁押期限,防止羁押期限与办案期限的混同;完善《国家赔偿法》关于错误逮捕与羁押的赔偿机制,我国现行《国家赔偿法》关于审前程序赔偿范围主要针对错误逮捕与错误羁押两种行为,《国家赔偿法》第 21 条规定"作出逮捕决定的机关为赔偿义务机关",这使得我国每年因不当羁押而赔偿的比例居高不下,因此,我们应当将羁押权交给法院行使,使羁押经过检察机关与法院的双重审查,过程控制更加严格,最大限度地减少羁押数量、缩短羁押期限,从整体上降低国家赔偿的可能性。①

综上所述,随着互联网的飞速崛起,互联网一跃成为主权国家继领土、领海和领空之后的"域外领土",每天在这片"领土"上产生无数新型的未成年人犯罪,随之而来的便是涉罪未成年人的羁押与矫治问题。虽然《刑事诉讼法》和《羁押必要性规定》确立了程序性控制,这一立法变革旨在回应社会各界对"普遍羁押""超期羁押"和"一押到底"的质疑,但立法所秉持的"宜粗不宜细"原则,加之程序性控制的相关配套措施不健全,导致审查程序无法落地生根,其实质上仍是检察机关对羁押性司法审查权的固守和保留,立法改革的意义较为有限。

因此,有效降低涉罪未成年人羁押率有必要建构一套科学且符合国情的程序性控制路径:一方面,从完善程序性控制自身出发,应当细化并落实羁押必要性审查机制,明确审查主体为刑事执行检察部门,增列其他部门的配合与社会大众的参与,内容的审查突出全面审查与重点审查相结合,审查的启动和标准仍坚持"检察中心主义",并设立羁押必要性审查程序的救济机制。另一方面,从完善相应配套机制的视角出发,需要进一步丰富程序性控制的支持体系,设立程序性控制中的风险评估体系,实行逮捕与羁押绝对分离与双重审查,并依托现代化的科技手段,建立司法机关网络信息共享平台,借助网络信

---

① 参见刘计划:《逮捕审查制度的中国模式及其改革》,载《法学研究》2012 年第 2 期。

息共享平台系统地保障未成年人权益,加强羁押审查的科学性与公正性。当然,我们不得不承认以下事实:在互联网时代,涉罪未成年人羁押率能否得到有效控制,取决于公检法三机关之间的权力关系;审查程序由"行政审批"转向"司法审查",由"侦查中心主义"转向"审判中心主义",才能有效回应降低高羁押率、节约司法资源等诉讼实践需求,践行国际人权公约所确立的人权保障条款。

第三节 律师帮助的定位与职能重构

辩护权行使现状被视为衡量一国刑事诉讼文明程度的重要指南,这已成为一种国际共识。[①] 正如学者所言:"从某种程度而言,刑事诉讼的演进史,便是辩护权不断扩大的历史。"[②]其中,未成年人刑事辩护作为刑事辩护的重要组成部分,其落实与否不仅直接关系到未成年人的辩护权能否得到充分保障,而且涉及现行程序对未成年人的"优先保护"问题。所谓未成年人刑事辩护制度,是指在未成年人刑事诉讼程序中行使侦查、起诉、审判职权的国家机关为符合条件的涉罪未成年人指定辩护人或由涉罪未成年人自行委托辩护人为其提供辩护的机制。这种辩护权的保障应视为政府责任,应当由国家为未成年人提供公共服务,是国家亲权和未成年人福利理念的重要体现。本节将探讨未成年人刑事侦查程序中律师的诉讼地位与功能,从实证维度考察各类受访者对律师在诉讼程序中帮助作用程度的认知、表现情况及是否适宜担任合适成年人等问题的看法,并试图提出促进律师帮助最大化的具体路径,以期弥补未成年人诉讼能力的不足,最终保障未成年人的基本人权。

---

① 参见左卫民:《中国应当构建什么样的刑事法律援助制度》,载《中国法学》2013年第1期。

② 〔日〕田口守一:《刑事诉讼法》,刘迪等译,法律出版社2000年版,第89页。

一、未成年人刑事侦查程序之律师定位与功能

辩护律师被誉为刑事诉讼程序的"看门人"[1],探究未成年人刑事侦查程序中律师的定位与功能,首先应从国际公约视野下对其进行考察,联合国《关于律师作用的基本原则》第1条规定:"所有的人都有权请求由其选择的一名律师协助保护和确立其权利并在刑事诉讼的各个阶段为其辩护。"根据《北京规则》第15条第1款的规定,在整个未成年人刑事诉讼程序中,未成年人应享有获得一名法律顾问代表或者申请法律援助的权利。《公民政治权利公约》第14条第3款是关于刑事辩护内容的集中体现,该款第(子)(丑)(寅)(卯)(辰)(巳)(午)项共七项集中阐述了刑事辩护最低限度的基本要求,虽然它们是关于刑事辩护的不同面向,但它们是相辅相成、互有补充的统一体,共同形成了一个刑事辩护机制内在基本要求的有机整体。其中,第(卯)项明确规定出席受审并亲自替自己辩护或经由他自己所选择的法律援助进行辩护;如果他没有法律援助,要告知他享有这种权利;在司法利益有此需要的案件中,为他指定法律援助,而在他没有足够能力偿付法律援助的案件中,不要他自己付费。"此项明确规定要通知被告人享有获得法律援助的权利,这种法律援助不仅适用于审判和有关的上诉程序,还适用于审前程序。"[2]其次从我国《宪法》《刑事诉讼法》及司法解释视野下进行考察,《宪法》《刑事诉讼法》及《律师法》均规定未成年人享有刑事辩护权,而根据1996年《刑事诉讼法》第96条的规定,侦查阶段未成年人享有律师帮助权,这被称为"有限的辩护权",2012年《刑事诉讼法》第33条规定明确了律师在侦查阶段的辩护人地位,为扩大律师在侦查阶段的诉讼权利奠定了坚实基础。此外,2012年《刑事诉讼法》第37条、第38条明确规定了辩护律师的会

---

[1] See Stephanos Stavros, The Guarantees for Accused Persons Under Article 6 of the European Convention on Human Rights, Martinus Nijhoff Publishers, 1993, p. 202.

[2] 顾永忠等:《刑事辩护:国际标准与中国实践》,北京大学出版社2012年版,第30—32页。

见权和阅卷权,第 269 条第 1 款也为律师参与未成年人案件审查逮捕程序提供了法律依据;根据 2013 年最高人民检察院公布的《人民检察院办理未成年人刑事案件的规定》第 17 条第 1 款的规定,检察机关在办理涉罪未成年人审查逮捕案件时,应当讯问涉罪未成年人,并听取辩护律师的意见。

从规范层面而言,无论是国际公约,还是国内法,都明确规定律师在侦查阶段享有辩护人地位,并且律师在侦查阶段的诉讼权利呈现扩大趋势。按照之前 1996 年《刑事诉讼法》的规定,律师在侦查阶段的主要职责是提供法律咨询、代理控告、申诉、申请取保候审等,这种程序上的权利被称为"律师帮助权"而非辩护权,律师只能与涉罪未成年人进行一定程度的交流,而不能涉及实体内容,更不能涉及案件的细节。事实上,在控、辩、审三方组合的刑事诉讼构造下,律师在刑事诉讼三阶段中的身份只能是辩护人,而不可能是"帮助人或法律顾问"。2012 年《刑事诉讼法》对侦查阶段律师地位的确认,从刑事诉讼理论上看,具有"正名"的意味,而这一"正名"还原了辩护律师在刑事诉讼全过程中所享有的独立的诉讼参与人地位。①

在未成年人刑事诉讼程序中,对涉罪未成年人的命运起决定作用的是侦查程序,而不是审判程序。侦查相对于审查起诉和审判而言具有一定的隐秘性,容易发生刑讯逼供、非法讯问、不当羁押等侵害未成年人合法权益的行为,这个阶段是涉罪未成年人相对比较需要律师帮助的阶段,律师通过行使有效辩护权,可规范侦查机关的侦查行为,从这个意义上而言,律师辩护提前至侦查阶段具有特殊的价值功能,具体而言:

首先,对未成年人进行优先与特殊保护。处在侦查阶段的涉罪未成年人,身体尚处于发育阶段,心智尚未成熟,自我控制力较差,而且未成年人犯罪具有随意性、盲目性和跟风性,动机绝大多数较为单一,具有易于重塑和改造等特征。涉罪未成年人一旦进入侦查程

---

① 参见熊秋红:《刑事辩护的规范体系及其运行环境》,载《政法论坛》2012 年第 5 期。

序,即面临被讯问、监视居住、取保候审、逮捕和羁押等强制措施的危险,由于涉罪未成年人认知能力、辨别能力较差,法律意识较薄弱,所以处于弱势地位的涉罪未成年人,很难对抗代表国家公权力的公安司法机关,这时需要有专业素养并有实务经验的律师提供帮助,辩护律师的介入可以提升对涉罪未成年人的帮教效果,帮助涉罪未成年人重返社区,切实贯彻对涉罪未成年人实行"教育、感化、挽救"的方针与坚持"教育为主、惩罚为辅"的原则。

一方面,辩护律师通过与涉罪未成年人的交流与沟通,可以了解其家庭背景、教育程度、犯罪成因及社会帮教等情况,有利于帮助涉罪未成年人正确认识自己行为的危险性,帮助其了解和掌握法律知识,维护自己的合法权益。在笔者与涉罪未成年人的访谈中,有涉罪未成年人谈道:"律师能给我们提供法律咨询和帮助,提高我们的法律意识,有时会代为转达父母亲的关心与问候,缓解我们的紧张与焦虑情绪。"①另一方面,侦查阶段的辩护律师对涉罪未成年人的逮捕、羁押享有建议权和监督权。在实务中,涉罪未成年人大多是城市外来务工人员子女,流动性较强,监控难度较大,这一点在东部沿海地区尤为突出,对此情形,公安司法机关大多采用逮捕、羁押措施限制未成年人。在涉罪未成年人的审查逮捕、羁押程序中,司法机关应当听取辩护律师的意见或建议,对于不当的逮捕、羁押措施,律师有权提出批评建议,并要求其改正,以此降低涉罪未成年人的逮捕率和羁押率,落实"教育为主、惩罚为辅"的原则。

其次,推动侦查程序的正当化,规范侦查机关的侦查行为。正当程序包括程序性正当与实体性正当,而侦查程序的正当性要求涉罪未成年人、法定代理人及辩护律师获得公平参与听审程序的机会。"在一项政府决定中具有充分的利害关系或者权利攸关的人,应当享有通过交叉询问、反驳性证据与辩论的手段,了解和反驳不利证据的权

---

① 该访谈进行于 2016 年 8 月 8 日,编号为:IN1607X。

利……"①可见,程序的正当性重视程序所涉当事人的程序参与权,同时注重发挥辩护律师的参与作用。笔者通过实证调研发现,辩护律师参与对于规范和监督办案人员的侦查行为,防止讯问行为的程序违法或瑕疵,降低逮捕率与羁押率,提高程序正当性具有积极作用。辩护律师比涉罪未成年人的法定代理人或观护组织的专业性更强,律师参与可以对办案人员在侦查讯问、逮捕和羁押程序上存在的违法行为或瑕疵提出改正意见,防止了不当逮捕与违法羁押,增强了侦查程序的正当性,提高了公安司法机关的公信力。

最后,律师辩护的国际标准与中国实践相衔接。1948年以来,联合国通过了一系列国际性文件,确立了刑事辩护的原则和标准,将律师辩护作为保障未成年人合法权益的重要举措之一,旨在为各国刑事辩护制度的修改和完善提供指导性意见。②《公民政治权利公约》《关于律师作用的基本原则》等国际文件,对侦查程序中律师辩护的国际标准作了比较系统的规定,主要包括:(1)涉罪未成年人享有自行辩护权和选任律师协助辩护权;(2)各国应制定保障涉罪未成年人辩护权的程序;(3)涉罪未成年人有选任律师的充足时间;(4)涉罪未成年人享有与律师联络、会见的权利;(5)涉罪未成年人有获得律师有效辩护的权利等。根据《德国刑事诉讼法典》第137条的规定,涉罪未成年人可以在程序的任何阶段委托辩护人为自己提供辩护;同样在美国和英国,侦查阶段的律师都是以辩护人的身份参与侦查程序。近年来,我国为达到侦查阶段律师辩护的国际标准,不断修改和完善国内法,基本上实现了《宪法》《刑事诉讼法》《律师法》三者在刑事辩护规范上的相互呼应,彼此促进,不仅将律师辩护提前到侦查阶段,赋予辩护律师享有独立诉讼参与人的地位,而且侦查阶段中的辩护律师享有申诉建议权、回避申请权、会见权、阅卷权和调查取证权等。可见,我国在侦

---

① Kenneth Culp Davis, Discretionary Justice: A Preliminary Inquiry, University of Illinois Press, 1976, p. 160.

② 参见熊秋红:《从刑事司法国际标准的角度看我国刑事辩护制度》,载《法学评论》1998年第2期。

查阶段扩充了辩护律师所拥有的实体性和程序性权利,加强了对涉罪未成年人辩护权的保障,从而逐步弥合了与国际刑事辩护标准之间的距离。

二、指定与委托辩护:律师帮助的现状考察

从学理和规范层面而言,律师在未成年人刑事侦查程序中为辩护人角色,享有独立诉讼参与人地位。毫无疑问,辩护律师参与未成年人刑事侦查程序在维护未成年人的合法权益,降低涉罪未成年人的逮捕率与羁押率,规范办案人员的侦查行为等方面,都能产生积极效应。为了解大众对律师参与未成年人刑事侦查程序时,对保护未成年人帮助作用的认知情况,律师参与的积极性情况,以及其是否适宜担任合适成年人等情况,笔者将通过调查问卷与个案访谈的方式予以分析。

(一)律师参与对保护未成年人帮助作用程度的实证分析

从理论层面而言,辩护律师参与未成年人刑事侦查程序,有助于保障未成年人的合法权益。在司法实践中,律师在侦查程序中的帮助作用是否发挥了最大效应呢?从表4.16可知,在1286名受访者中,整体而言,认为帮助作用很大及比较大的受访者占比大于认为帮助作用一般、小和无帮助的受访者。54.9%的受访者认为"帮助作用很大"和"帮助作用比较大",42.0%的受访者认为"帮助作用一般",仅有3.1%的受访者认为"帮助作用小"和"无帮助"。这也说明,绝大多数受访者对律师参与未成年人刑事侦查程序时对保护未成年人的帮助作用持肯定态度。

根据卡方检验(表4.17)和Fisher精确检验,不同样本群体或不同地区在帮助作用的选择上具有显著差异。从表4.16可知,公检法司办案人员(54.2%)选择"帮助作用一般"的占比显著高于其他样本群体,律师群体(90.0%)选择"帮助作用很大""帮助作用比较大"的占比大于公检法司办案人员(41.9%)和社会大众(77.3%)。从地区上看,东部地区受访者(45.4%)选择"帮助作用一般"的占比显著高于其他地区,而西部地区受访者(21.3%)选择"帮助作用很大"的占比

高于东部地区受访者(16.6%)。笔者与西部某律师访谈"律师参与未成年人刑事侦查程序时,对保护未成年人帮助作用程度"时,该律师认为:"律师可以运用其专业法律知识,在会见被羁押涉罪未成年人和讯问在场时对不当羁押行为或者讯问程序不规范行为提出意见,并对未成年人进行心理安慰与辅导,与未成年人建立信任关系,帮助未成年人了解相关法律,协助办案人员全面审查案件事实。"①在与某基层警察访谈时,该警察也认为:"律师参与侦查程序,有利于规范侦查讯问行为,对不当的逮捕、羁押提出建议,对保障未成年人的合法权益具有实质意义。"②可见,绝大多数公安司法办案人员、律师群体及社会大众,对律师参与未成年人刑事侦查程序时对保护未成年人的帮助作用持肯定态度。

表 4.16 对律师参与对保护未成年人帮助作用程度认知的交叉分析

选项		帮助作用很大	帮助作用比较大	帮助作用一般	帮助作用小	无帮助	合计
整体		19.4%	35.5%	42.0%	2.7%	0.4%	100.0%
不同样本群体	公检法司办案人员	13.6%	28.3%	54.2%	3.6%	0.3%	100.0%
	律师群体	35.8%	54.2%	9.2%	—	0.8%	100.0%
	社会大众	28.9%	48.4%	20.8%	1.3%	0.6%	100.0%
不同地区	东部	16.6%	36.2%	45.4%	1.7%	0.1%	100.0%
	中部	28.9%	47.4%	21.1%	2.6%	—	100.0%
	西部	21.3%	34.5%	39.7%	3.9%	0.6%	100.0%
	东北	45.5%	18.2%	36.3%	—	—	100.0%

---

① 该访谈进行于 2016 年 8 月 8 日,编号为:IN1608X。
② 该访谈进行于 2016 年 8 月 8 日,编号为:IN1609X。

表 4.17　不同样本群体、不同地区对律师参与对保护未成年人
帮助作用程度认知的卡方检验

		值	df	渐进 Sig.(双侧)
不同样本群体	Pearson 卡方	188.436^a	8	0.000
	似然比	205.614	8	0.000
	线性和线性组合	113.243	1	0.000
	有效案例中的 N	1280		
不同地区	Pearson 卡方	26.459^a	9	0.009
	似然比	26.744	9	0.008
	线性和线性组合	1.570	1	0.210
	有效案例中的 N	1280		

(二)律师参与侦查程序积极性的交叉分析

绝大多数受访者认为律师参与未成年人刑事侦查程序对保障未成年人合法权益具有积极意义,但却不知律师参与未成年人刑事侦查程序的表现如何。从表 4.18 可知,整体而言,认为辩护律师在未成年人刑事侦查程序中表现"一般"的受访者最多,占比为 61.6%;仅有 21.4% 的受访者认为辩护律师在未成年人刑事侦查程序中表现"很积极很努力",而有 5.7% 的受访者认为辩护律师在未成年人刑事侦查程序中表现"比较消极"。从不同样本群体的交叉分析和卡方分析(表 4.19)可知不同样本群体对辩护律师在侦查程序中表现的看法有显著差异。律师群体(51.7%)选择"很积极很努力"的占比显著高于公检法司办案人员(17.2%)和社会大众(21.2%),而公检法司办案人员(71.5%)选择"一般"的占比显著高于律师群体(39.2%)和社会大众(43.1%),受访者中 29.3% 的社会大众选择"不清楚",这说明律师群体认为律师参与未成年人刑事侦查程序的积极性较高,而公检法司办案人员和社会大众对此却持异议,仅有 17.2% 的公检法司办案人员和 21.2% 的社会大众认为律师在未成年人刑事侦查程序中表现"很积极

很努力"。从地区上看,西部地区受访者选择"一般"的占比显著高于其他地区,这在某种程度上说明西部地区辩护律师参与未成年人刑事侦查程序的积极性低于其他地区。

表4.18 对律师在侦查程序中积极性认知的交叉分析

	选项	很积极很努力	一般	比较消极	不清楚	合计
	整体	21.4%	61.6%	5.7%	11.3%	100.0%
不同样本群体	公检法司办案人员	17.2%	71.5%	6.1%	5.2%	100.0%
	律师群体	51.7%	39.2%	0.8%	8.3%	100.0%
	社会大众	21.2%	43.1%	6.4%	29.3%	100.0%
不同地区	东部	17.2%	62.0%	4.8%	16.0%	100.0%
	中部	21.1%	47.4%	7.9%	23.6%	100.0%
	西部	25.5%	62.9%	6.2%	5.4%	100.0%
	东北	45.5%	18.2%	18.2%	18.1%	100.0%

表4.19 不同样本群体对律师在侦查程序中积极性认知的卡方检验

		值	df	渐进 Sig.(双侧)
不同样本群体	Pearson 卡方	222.746[a]	6	0.000
	似然比	194.227	6	0.000
	线性和线性组合	48.289	1	0.000
	有效案例中的 N	1284		

调研发现,辩护律师参与未成年人刑事侦查程序时的表现较为消极,究其原因:一方面,司法资源投入未成年人刑事法律援助的有限性,导致参与律师"入不敷出"而"敷衍了事"。在实务中,大多数未成年人刑事案件的辩护律师来自法律援助,根据国务院《法律援助条例》第3条的规定,法律援助本是政府责任,而《律师法》第42条又将这种援助义务转嫁给律师,政府履行这一责任的方式即是通过购买律师服务,进行有偿的律师资源调配。实务中"有偿"方式常

被简化为支付一笔象征性的办案补贴,这种有偿的办案补贴最后演变为"政府请客,律师买单"。例如,根据 2020 年 10 月 31 日福州市律师协会第六届理事会第九次会议修订的《福州市律师服务收费指导标准》的规定,在福州市,以审判阶段为例,一个代理刑事案件第一审程序的律师收费标准为 6000—200000 元。而根据福州市财政局及福州市司法局制定的《福州市法律援助办案补贴标准》,福州市区办理法律援助案件的,刑事案件每件补贴 2000—2500 元。再以广东省为例,广东省的刑事辩护收费要比福建省高很多,根据广东省物价局、司法厅颁行的《律师服务收费管理办法》的规定,广州市一个刑事辩护案件从侦查到一审程序的律师服务收费为 14000—55000 元,而一个未成年人刑事案件法律援助的办案补贴仅为 1800—2300 元,二者之间的较大差距导致很多律师不愿参与未成年人刑事案件,就算被"强制"进行法律援助,辩护律师也只是敷衍了事。例如,律师经常省略大量辩护工作,缩短会见时间、减少会见次数、不认真阅卷等。

另一方面,律师资源的紧缺性与辩护技能的格式化。我国律师制度已恢复 40 余年,自 1997 年《律师法》颁行以来,律师制度得到了快速的发展,特别是执业律师的人数出现了巨大的增长,1996 年年底全国律师仅有 83498 人,而司法部发布的《2022 年度律师、基层法律服务工作统计分析》中显示,截至 2022 年年底,全国共有执业律师 65.16 万多人,律师事务所 3.86 万多家;全国基层法律服务机构 1.3 万多家,基层法律服务工作者 5.6 万多人。[1] 虽然全国律师与事务所在数量上都有了巨大增长,但截至 2022 年 7 月 31 日,据报道,我国仍有 44 个县(西藏 32 个、青海 12 个)仍旧是"无律师县"。[2] 由于律师数量的有限

---

[1] 参见《司法部发布〈2022 年度律师、基层法律服务工作统计分析〉》,载司法部官网,http://www.moj.gov.cn/pub/sfbgw/gwxw/xwyw/202306/t20230614_480739.html?eqid=b688005e00042295000000066490242c,访问时间 2023 年 6 月 20 日。

[2] 参见靳昊:《我国基本解决"无律师县"问题》,载《光明日报》2022 年 7 月 31 日,第 4 版。

性与法律援助的办案补贴较低,许多有多年执业经验的律师都不愿承担未成年人刑事侦查程序的法律援助,就算有律师参与,也是一些初级律师或实习律师,这些律师一般缺乏刑事辩护经验,较难提供高质量的辩护。笔者与一位基层警察访谈时,该警察谈道:"侦查阶段的辩护律师,主要以会见未成年人为主,很少发表辩护意见,如果发表,则以书面辩护的形式提交,辩护意见呈现格式化特征,多以未成年人归案后有如实供述自己的犯罪行为、认罪态度良好、有悔罪表现、家庭教育情况良好、犯罪诱因简单、系初犯偶犯、无前科劣迹等理由请求从轻、减轻或免除处罚,缺乏鞭辟入里的分析。"[1]可见,部分律师责任心和辩护质量都有待进一步提高,这也说明律师参与未成年人刑事侦查程序的积极性有待提高。

(三)律师担任合适成年人的适格性考察

律师是否适合担任合适成年人,一直是实务界与理论界争论的焦点,从理论层面而言,合适成年人在诉讼中处于客观中立的地位,承担着抚慰、沟通、监督和教育的职能;律师在侦查阶段中居于辩护人地位,其作为特定的诉讼参与人,被置于涉罪未成年人一方,能更好地起到私权对公权的限制作用进而达到保护私权的目的。两者在诉讼中地位完全不同,但在职能方面确有交叉与重合。从表4.20可知,整体而言,认为律师比较适合担任涉罪未成年人的合适成年人的受访者最多,占比为43.4%,共有53.2%的受访者选择"非常适合"或"比较适合";40.8%的受访者认为律师不适合担任涉罪未成年人的合适成年人,而仅有1.8%的受访者认为律师非常不适合担任涉罪未成年人的合适成年人。从不同样本群体的交叉分析可知,不同样本群体对"律师是否适合担任涉罪未成年人的合适成年人"这一问题看法存在显著差异。律师群体选择"非常适合"与"比较适合"的占比显著高于公检法司办案人员和社会大众,合计为87.5%,这也说明律师群体认为自身适合担任合适成年人,并对担任合适成年人充满信心,而公检法司

---

[1] 该访谈进行于2016年8月9日,编号为:IN1610X。

办案人员(52.2%)选择"不适合"的占比显著高于其他样本群体,这说明超过半数的公检法司办案人员认为律师不适合担任合适成年人。从不同地区的交叉分析可见,不同地区的受访者对"律师是否适合担任涉罪未成年人的合适成年人"的看法存在显著差异,其中西部地区受访者(60.8%)选择"非常适合""比较适合"的占比显著高于东部地区(45.5%)。

表 4.20　对律师担任合适成年人适格性认知的交叉分析

选项		非常适合	比较适合	不适合	非常不适合	不清楚	合计
整体		9.8%	43.4%	40.8%	1.8%	4.2%	100.0%
不同样本群体	公检法司办案人员	6.8%	36.9%	52.2%	0.9%	3.2%	100.0%
	律师群体	29.2%	58.3%	10.0%	0.8%	1.7%	100.0%
	社会大众	10.7%	55.7%	21.4%	4.5%	7.7%	100.0%
不同地区	东部	6.8%	38.7%	48.3%	2.0%	4.2%	100.0%
	中部	7.9%	55.3%	23.7%	7.9%	5.2%	100.0%
	西部	12.9%	47.9%	34.3%	1.0%	3.9%	100.0%
	东北	27.3%	36.4%	18.2%	9.1%	9.0%	100.0%

从问卷调查中可见,律师群体和社会大众认为律师适合担任合适成年人的占比远高于公检法司办案人员。考察我国各地方合适成年人机制的实践运作,从 2002 年合适成年人参与机制开始试点至今,律师担任合适成年人呈现出四种模式:"形式上的半参与,职能上的全参与"[①]及"形式上的全参与,职能上的半参与""混合模式""无律师模式"。在厦门市同安区试点的合适成年人参与机制中,律师参与采用

---

① 所谓形式上的半参与,是指试点地区合适成年人并非只有律师担任,律师只占其中部分比例,其他参与主体可由教师、妇联、关工委和法工委等组成;所谓职能上的全参与,是指律师担任合适成年人时,应积极发挥抚慰、沟通、监督和教育等职能。具体参见马秀峰:《律师担任合适成年人的非适格性》,载《环球市场信息导报》2015 年第 15 期。

"形式上的半参与,职能上的全参与",合适成年人既可以由律师担任,也可以由教师、妇联和关工委等人员担任,但如果律师担任合适成年人,则该律师不得同时担任同一案件的辩护律师,明确区分辩护律师与合适成年人的角色定位。在北京海淀、昌平和浙江义乌等地试点的合适成年人参与机制中,律师参与采用"形式上的全参与,职能上的半参与",合适成年人一般由法律援助的律师担任,但其仅承担讯问时在场职责,协助办案人员与未成年人沟通并监督讯问的合法性。在重庆市沙坪坝区试点的合适成年人参与机制中,律师参与采用"混合模式",律师以辩护律师的身份介入讯问和审查逮捕程序中,同时在部分诉讼程序中又承担着合适成年人的职责,起到协助沟通、安抚等作用。而在上海试点的"无律师模式",严格区分合适成年人与辩护律师在侦查程序中的不同角色定位与职责,同时规定在侦查程序中合适成年人不得为辩护律师。

从各地合适成年人参与机制试点的实践效果来看,律师担任合适成年人具有正反面的效果。律师担任合适成年人的优势在于,律师具有法律专业知识与技能,熟悉诉讼程序与目的,可以运用其专业知识更好地发挥合适成年人的作用并履行职责。律师担任合适成年人的劣势在于,"律师多重职能容易使其诉讼角色发生混淆,影响合适成年人在侦查程序中的客观中立的角色定位;律师的专业思维和职业习惯易使其偏离合适成年人的沟通、监督等职能,影响基本职责的发挥;律师参与会增强侦查机关的对抗性,使讯问的氛围更加紧张,不利于保护未成年人合法权益"[1]。可见,合适成年人参与机制的改革不可能一蹴而就,正如弗朗西斯·培根所言:"对于一切事物,尤其是最艰难的事物,人们不应期望播种与收获同时进行,为了使他们逐渐成熟,必须有一个培育的过程。"[2] 一项制度的建构与完善需要经过一个不断摸索、循序渐进的过程,笔者认为,律师担任合适成年人的制度近景

---

[1] 俞楠:《律师担任合适成年人的适格性分析》,载《甘肃社会科学》2012年第2期。
[2] 转引自〔意〕贝卡里亚:《论犯罪与刑罚》,黄风译,中国大百科全书出版社1993年版,"序言"。

是:采取分步骤、分阶段、分层次的方式对律师担任合适成年人的现状予以完善,兼顾试点初期司法资源利用的有效性及实践的便捷性,建立合理的分工机制,但要明确律师在担任合适成年人后,便不能再以辩护人的身份介入侦查程序;制度远景是:建立专门化、体系化的合适成年人队伍,排除律师担任合适成年人,使律师继续履行法律援助和辩护职责,与合适成年人一起共同实现对未成年人合法权益的有效保护。

三、律师职能最大化的路径选择

在侦查阶段,理想型律师辩护不仅应当具有普遍性与准确性,更重要的是,还必须具备实质性与有效性。侦查阶段律师辩护的普遍性与准确性,不仅要求每一位涉罪未成年人都享有获得辩护的权利,而且要求辩护律师及时参与侦查讯问、审查逮捕、捕后羁押、变更强制措施等环节,从司法实践而言,绝大多数嫌疑人的命运在侦查程序中即已决定。① 因此,要使律师辩护为涉罪未成年人带来实质性的帮助,辩护的普遍性与及时性就显得非常重要。侦查阶段的律师辩护是否具有实质性与有效性,不仅取决于律师能否及时地介入侦查程序,更大程度上还取决于承担辩护任务的律师所从事的活动,比如是否及时会见涉罪未成年人,是否认真查阅相关案卷材料并对案件涉及的法律问题进行深入研究,是否对讯问、逮捕、羁押程序进行有效的辩护并提出专业、中肯的辩护意见等。要使律师辩护职能最大化,具体而言包括以下几个方面:

(一)加大对法律援助的财政支持,提高辩护的普遍性与有效性

在司法实践中,绝大多数未成年人刑事案件的辩护律师源于法律援助,法律援助作为一项政府责任,已在国际社会上得到普遍认同,我国也积极承认法律援助乃政府责任。从实证考察可知,虽然各地援助律师参与未成年人刑事案件的援助补贴不一,但总体而言,一起该类

---

① 参见徐美君:《我国刑事诉讼运行状况实证分析》,载《法学研究》2010年第2期。

法律援助案件的补贴仅是普通刑事案件律师费的10%左右,这也导致资深律师都不愿参与法律援助案件,大多参与法律援助案件的都是年轻的或者刚入行的律师。如何提高未成年人刑事案件辩护的普遍性与有效性?当务之急,是政府加大对法律援助的财政支持,以达到侦查阶段律师辩护的"帕累托最优",通过提高援助补贴的方式激励更多的优秀律师参与侦查程序,进而改善辩护的质量。据财政部发布的财政收支情况统计:2022年全国财政收入20.37万亿人民币,比上年增长0.6%,可见,国家已具备充足的财政资源。近年来,我国每年的未成年人刑事案件量约为7万多起,即便是建立充分普惠式的法律援助机制,同时吸取英国刑事法律援助的相关举措,如果每起案件都以政府购买社会律师服务的方式进行法律援助,并将案件成本以3000—5000元/人(件)计算,所需援助费用不过为1.5亿—2.5亿元,这笔费用完全在我国现有财政的可控范围内。当然,借鉴美国模式,建立并推行普遍的公设刑事法律援助,律师事务所承担主要的未成年人刑事案件法律援助工作,甚至大多数刑事案件的辩护工作,也可以考虑,这也是国家财政能承担的。①

除加大对法律援助的财政支持外,还应着力增强我国刑事法律援助制度的有效性。在我国许多未成年人刑事案件的法律援助中,由于援助律师大多为青年律师或初任律师,律师的综合素养参差不齐,刑事辩护能力有高有低,责任心也各有不同,导致侦查阶段辩护的效果不尽如人意。笔者认为,一方面,应采取集中式的律师援助方式,由当地司法局(所)与专门的刑辩律师事务所和刑辩律师签订长期法律援助协议,使其接受集中式的法律援助培训,从而增强侦查阶段援助律师辩护的有效性。另一方面,构建专业化的刑事辩护律师团队,推动刑事辩护的专业化建设,构建刑事辩护执业律师的专门化法律机

---

① 参见左卫民:《中国应当构建什么样的刑事法律援助制度》,载《中国法学》2013年第1期。

制,逐步消除刑事辩护良莠不齐的现象,提高执业刑事辩护的准入门槛①,以使更多专业化与资深化的刑事辩护律师投入未成年人刑事案件中。

(二)提高辩护的实质性,根治辩护中的"新三难"问题

侦查阶段要提高律师辩护的实质性,从辩护的内容上而言,律师辩护贯穿于刑事诉讼的全过程,包括程序性辩护和实体性辩护,具体表现为程序性辩护与实体性辩护并存并重,并且在不同的诉讼阶段有不同的侧重点,"侦查阶段程序性辩护为主实体性辩护为辅,审查起诉阶段程序性辩护与实体性辩护并重,审判阶段实体性辩护为主程序性辩护为辅"②。其中,程序性辩护要求律师以侦查程序违法或者侵犯涉罪未成年人的程序性权益为由提出辩护,实体性辩护要求律师从实体上提出涉罪未成年人无罪、罪轻或者减轻、免除其刑事责任及有无羁押逮捕必要的证据材料等。2012年《刑事诉讼法》的修正将辩护制度作为重点改革的领域,将原来的10个条文增加至16个条文,立法上和司法实践中律师辩护存在的突出问题基本上得到克制。例如,针对实践中辩护律师"会见难、阅卷难、调查难"问题,改善了辩护律师会见程序,明确持"三证"会见未成年人,而且赋予了辩护律师会见时不被监听的权利,并在一定程度上完善了辩护律师的阅卷权。2018年《刑事诉讼法》在辩护方面基本延续了2012年《刑事诉讼法》的规定,只是补充了值班律师的相关规定。目前,虽然辩护律师"三难"问题有所缓解,但个别规定仍存在过于原则、模棱两可、难以执行等问题,还需要继续加强律师辩护的实质性。

首先,明确辩护律师持"三证"即可会见涉罪未成年人。律师会见涉罪未成年人难的问题,不仅存在于看守所,而且同样存在于指定居

---

① 参见闫俊瑛、陈运红:《新〈刑事诉讼法〉背景下强化律师刑事辩护权研究》,载《法学杂志》2013年第5期。
② 顾永忠:《刑事辩护的现代法治涵义解读——兼谈我国刑事辩护制度的完善》,载《中国法学》2009年第6期。

所的监视居住中。根据《刑事诉讼法》第 39 条第 2 款、第 3 款的规定,除两种例外情形外,辩护律师有权凭"三证"会见涉罪未成年人。但实践中,办案机关要求辩护律师持"三证"会见之前,必须到看守所进行辩护资格"审查认证",只有通过资格认证才有可能安排会见。另外,办案机关没有把拘留、逮捕的原因和羁押的场所告知辩护律师,辩护律师根本不知道涉罪未成年人关押在何处,这些无疑给会见设置了障碍。因此,公安部及最高人民法院、最高人民检察院的司法解释应当明确规定,一般情况下拘留、逮捕涉罪未成年人后必须通知监护人和辩护律师,并注明监视居住或羁押的场所。对于辩护律师的资质是否合格,应当要求律师在接受委托后,及时将接受委托的情况及符合执业资格的材料送交办案机关,办案机关经过审查认证,对于存在禁止执业情形的,应当及时通知看守所和司法行政机关。公安部及最高人民法院、最高人民检察院的司法解释也应当对违反"辩护律师会见犯罪嫌疑人、被告人时不被监听"的消极性后果作出规定,例如,以监听方式获得的证据材料及以此为线索获得的材料不具有可采性,且对于滥用职权安排非法秘密监听的相关责任人员,应当追究法律责任。①

其次,保障辩护律师审查起诉阶段的阅卷权。阅卷权是辩护律师进行有效辩护的基础,辩护律师通过阅卷,在了解和掌握案件材料的基础上,才能对涉罪未成年人被指控的事实和所依据的证据进行有效辩护。根据《刑事诉讼法》第 40 条的规定,辩护律师自检察机关对案件审查起诉之日起,即可查阅、摘抄、复制本案的案卷材料,应该说辩护律师行使阅卷权的内容并未受到法律限制,这意味着技侦材料也属于律师阅卷范围。如果有些技侦材料存在暴露技侦人员身份或技术侦查方法的风险,检察机关可以将相关技侦材料转化形式,将可能暴露技侦人员身份或技术侦查方法的信息予以隐去后交给律师查阅,保障辩护律师在侦查程序中查阅案卷材料的充分性,实现辩护律师的有效辩护与监督职能。

---

① 参见陈光中:《我国刑事辩护制度的改革》,载《中国司法》2014 年第 1 期。

最后,辩护律师在侦查阶段应享有调查取证权。法律赋予辩护律师调查取证权,这是全面收集证据、了解和掌握案件事实的前提,是为涉罪未成年人提供有效辩护的重要举措。《刑事诉讼法》第38条系对辩护律师职能加以概括,并未否定辩护律师享有调查取证权。根据《刑事诉讼法》第42条的规定,按照前半句的表述,辩护律师有权收集涉罪未成年人不在犯罪现场、未达到刑事责任年龄、依法不负刑事责任的证据。但结合《刑事诉讼法》第43条分析,辩护律师经证人或者其他有关单位和个人同意,可以向他们收集与本案有关的材料,也可以申请人民检察院、人民法院收集、调取证据,或者申请人民法院通知证人出庭作证。考察域外法,在侦查阶段赋予辩护律师调查取证权是国际上的通行做法。在传统的大陆法系国家,辩护律师在侦查阶段被赋予调查取证权,例如,在德国,辩护律师享有自行调查取证权,但并没有强制取证权,而且这种取证权只能以公民身份收集材料。[①] 英美法系实行双轨制侦查,辩护律师在侦查阶段享有调查取证权被认为是理所当然的。为了保证辩护律师能够提供有效辩护,借鉴国外经验,考虑到侦查阶段未成年人刑事案件的特殊性,我们可以法律解释的形式赋予侦查阶段的辩护律师一定的调查取证权,以使辩护律师提供有效辩护,充分保障未成年人的合法权益。

(三)听取律师辩护意见的专门程序,实现辩护的实质化

近年来,在辩护"老三难"没有彻底解决的情况下,又出现"新三难",即申请调取无罪、罪轻证据难,法庭质证难,律师辩护正确意见被采纳难。实际上,"新三难"更多地反映了辩方与办案机关的关系问题,通俗一点而言即"你辩你的,我办我的"。《刑事诉讼法》试图改变辩护中"新老三难"问题,明确了听取辩护律师意见的专门法律程序,通过8个条文分别规定了审查批捕、侦查终结前、审查起诉、开庭

---

① 参见〔德〕托马斯·魏根特:《德国刑事诉讼程序》,岳礼玲、温小洁译,中国政法大学出版社2004年版,第66页。

以前、死刑复核等五个阶段需要听取辩护律师的意见①，其中，特别强调在对涉罪未成年人适用逮捕、羁押措施时，应当听取辩护律师的意见。虽然 2012 年《刑事诉讼法》明确规定侦查阶段对涉罪未成年人适用逮捕、羁押措施，应当听取辩护律师的意见，但是法条并未对具体权利与义务归属进行明确，而且缺少具体的听取程序与救济程序。② 我们知道，听取辩护律师意见的程序应当包括告知辩护律师权利、规范听取程序、核实辩护律师材料、规范审查程序、告知审查结论和救济程序等。例如，在核实辩护律师材料时，办案机关一般结合全案证据进行核实，如果辩护律师提交新的证据，检察机关可依法开展询问、调查等工作，必要时要求辩护律师参与。当辩护律师提交涉罪未成年人羁押必要性材料时，检察机关需综合考察涉罪未成年人的家庭情况、教育背景、职业状况、犯罪成因、认罪悔罪态度、人身危险性及社会帮教条件等因素，综合全案权衡涉罪未成年人是否具有羁押的必要性。

从辩护律师发表意见的内容而言，辩护律师既可以对案件的实体问题发表意见，也可以对程序问题提出意见；既可以就司法结论发表意见，也可以就证据问题发表意见。正如达马斯卡所言："当事人之所以认为他们能够影响案件的结局，主要就是因为他们能够对证据施加

---

① 《刑事诉讼法》中听取律师意见的规定有：第 88 条第 2 款规定："人民检察院审查批准逮捕，可以询问证人等诉讼参与人，听取辩护律师的意见；辩护律师提出要求的，应当听取辩护律师的意见。"第 161 条规定："在案件侦查终结前，辩护律师提出要求的，侦查机关应当听取辩护律师的意见，并记录在案。辩护律师提出书面意见的，应当附卷。"第 173 条第 1 款规定："人民检察院审查案件，应当讯问犯罪嫌疑人，听取辩护人或者值班律师、被害人及其诉讼代理人的意见，并记录在案。辩护人或者值班律师、被害人及其诉讼代理人提出书面意见的，应当附卷。"第 187 条第 2 款规定："在开庭以前，审判人员可以召集公诉人、当事人和辩护人、诉讼代理人，对回避、出庭证人名单、非法证据排除等与审判相关的问题，了解情况，听取意见。"第 195 条规定，"审判人员应当听取公诉人、当事人和辩护人、诉讼代理人的意见。"第 234 条第 2 款规定："第二审人民法院决定不开庭审理的，应当讯问被告人，听取其他当事人、辩护人、诉讼代理人的意见。"第 251 条第 1 款规定："最高人民法院复核死刑案件，应当讯问被告人，辩护律师提出要求的，应当听取辩护律师的意见。"第 280 条第 1 款规定："对未成年犯罪嫌疑人、被告人应当严格限制适用逮捕措施。人民检察院审查批准逮捕和人民法院决定逮捕，应当讯问未成年犯罪嫌疑人、被告人，听取辩护律师的意见。"

② 参见李远亭：《听取律师意见的实施程序研究》，西南政法大学 2013 年硕士学位论文，第 9—10 页。

影响,并通过这种影响使程序的斯芬克斯(Sphinx)听见甚至看见他们的所思所想。"①可见,只有保障辩护律师在证据问题上的意见发表权,才有可能实现辩护的实质化,也才有可能发挥律师辩护在未成年人人权保障中的重要作用。

(四)建构律师辩护的救济性规范与后果性规范体系

所谓保障性规范体系,是指为了保障律师辩护的授权性规范与义务性规范得以实施而设立的救济性规范和后果性规范。②从内涵可知,要想使律师辩护发挥其预设功效,就必须建构律师辩护的保障性体系:一方面,完善律师辩护的救济性规范。根据《刑事诉讼法》第49条的规定,辩护律师认为公安司法机关及其工作人员阻碍其依法行使诉讼权利的,有权向同级或者上一级检察机关申诉或者控告,检察机关对辩护律师的申诉或者控告应当及时进行审查,情况属实的,通知有关机关予以纠正。该规定赋予辩护律师申诉、控告和建议权,并将权利救济的主体明确为检察机关,这符合检察机关在刑事诉讼中的法律监督者地位。然而,对于救济性规范而言,程序性制裁应当是救济性规范之中的最后一道防线,这就要求建立程序性制裁的申请、受理、答辩、审理及裁决等程序。例如,当辩护律师对涉罪未成年人适用羁押、逮捕措施提出申诉、控告时,检察机关不审查或不及时审查,不处理或不公正处理,或者要求办案机关进行纠正而办案机关不予纠正时,应当明确规定对检察机关或办案机关实施相应的程序性制裁措施。

另一方面,构建律师辩护的后果性规范体系。完善律师辩护的保障性体系,不得不谈辩护律师的执业风险与执业保障,环顾当今西方发达国家,在刑事诉讼程序中对于辩护律师从事的辩护工作都给予了

---

① 〔美〕达马斯卡:《漂移的证据法》,李学军等译,中国政法大学出版社2003年版,第56页。
② 《刑事诉讼法》在一定程度上加强了对辩护律师诉讼权利的保障,同时对义务性规范进行了一定程度的调整,其中,授权性规范主要体现在赋予辩护律师独立的回避申请权、会见权、调查取证权和听取律师意见等,义务性规范则主要表现在委托告知义务、特定证据告知义务和不得妨碍刑事司法的义务等。相关律师辩护保障性体系的建构,具体参见熊秋红:《刑事辩护的规范体系及其运行环境》,载《政法论坛》2012年第5期。

多方面的保障,例如,辩护律师在刑事诉讼中的拒证权、律师执业行为的豁免权等。回看我国,《刑法》第 306 条规定了辩护人、诉讼代理人毁灭证据、伪造证据、妨害作证罪,从司法实践分析,该规定的存在成为有些公安机关、检察机关滥用职权,打击、报复律师执业活动的"法律依据";从社会效果看,该条的存在严重挫伤了辩护律师办理刑事案件的积极性,该条规定弊大于利,应当由其他条文取代。①《刑事诉讼法》第 44 条对辩护律师涉嫌犯罪的刑事追诉,设定了特殊程序:其一,应当第一时间通知其所在的律师事务所或者所属的律师协会,以便其获得行业的保护;其二,要求承办案件的原侦查机关回避,防止其先入为主与报复性追诉。应该说,这一规定降低了辩护律师的执业风险,促进了律师辩护的普遍性与有效性。此外,我们也要防止公检法三机关曲意释法②,从制度、程序、技术等多方面同时着手,迫使三机关对辩护律师的调查取证权、阅卷权、举证责任、惩戒权等争议问题作出合理、合法的解释,加强辩护律师执业权益保障,为律师执业提供良好的司法环境。

第四节　违反侦查程序的制裁模式与路径选择

在未成年人刑事侦查阶段,程序性制裁机制是特别程序得以贯彻落实的重要保障。何谓程序性制裁?其又称为"程序性法律后果"③,是指在刑事诉讼程序中,侦查人员、检察人员和审判人员在侦

---

① 参见顾永忠等:《刑事辩护:国际标准与中国实践》,北京大学出版社 2012 年版,第 331—332 页。

② 所谓曲意释法,是指公安机关、检察机关和人民法院利用其解释和适用《刑事诉讼法》的"话语权",故意违背《刑事诉讼法》的立法原意曲解《刑事诉讼法》的条文内涵,对《刑事诉讼法》作出有利于自己却不利于辩护律师的解释,以扩张自身权力并压缩辩护权行使的空间、抑制辩护权的行使。关于曲意释法的相关论述,具体参见万毅:《"曲意释法"现象批判——以刑事辩护制度为中心的分析》,载《政法论坛》2013 年第 2 期。

③ 参见王敏远:《论违反刑事诉讼程序的程序性后果》,载《中国法学》1994 年第 3 期;马永平:《刑事程序性法律后果研究》,法律出版社 2019 年版,第 1 页。

查阶段、审查起诉阶段、审判过程中因违反法定的诉讼程序所必须承担的程序性的法律后果。① 典型的程序性制裁包括解除羁押制度、非法证据排除规则、撤销原判制度、诉讼行为无效制度及诉讼终止制度。② 在西方法学界，他们不仅对非法证据排除规则和宪法性侵权的程序救济问题有着深入的研究，而且对其他程序性救济措施也作出过一定量的研究成果。③ 例如，在德国、法国等大陆法系的研究成果中，刑事诉讼行为无效理论一直占据着极为关键的地位。④ 相较于其他国家，我国学者最为关注的程序性制裁机制为非法证据排除规则，并对其内涵、适用情形及制裁机制等问题进行了深入讨论⑤，而对于其他程序性制裁机制则鲜有讨论，特别是对违反未成年人刑事侦查阶段的程序性制裁机制的研究，无论中外都凤毛麟角。

未成年人刑事侦查程序作为刑事诉讼程序的重要内容之一，不仅适用一般性的程序性制裁规则，而且具有自身独特的程序性制裁模式。为防止涉罪未成年人在刑事侦查程序中受到不公正的处遇，特别程序规定了关于涉罪未成年人的诸多程序性保护措施，如合适成年人参与、法律援助、听取辩护律师的意见、羁押必要性审查机制等。但稍显遗憾的是，《刑事诉讼法》及司法解释对于保障这些程序性保护措施的程序性制裁规则，有些规定得过于模糊，有些程序性保护措施甚至没有相应的程序性制裁规则。有鉴于此，本节将着重分析未成年人刑

---

① 相关程序性制裁内涵的论述，具体参见陈永生：《刑事诉讼的程序性制裁》，载《现代法学》2004年第1期；陈瑞华：《程序性制裁制度的法理学分析》，载《中国法学》2005年第6期；陈瑞华：《刑事诉讼的前沿问题》（第5版），中国人民大学出版社2016年版，第323页。

② 参见陈瑞华：《程序性制裁理论》，中国法制出版社2005年版，第163—188页。

③ See Andrew L-T Choo, Abuse of Process and Judicial Stays of Criminal Proceedings, Oxford University Press, 1993, p. 7.

④ 参见陈瑞华：《大陆法中的诉讼行为无效制度——三个法律文本的考察》，载《政法论坛》2003年第5期。

⑤ 参见陈瑞华：《刑事程序失灵问题的初步研究》，载《中国法学》2007年第6期；陈虎：《程序性制裁之局限性——以非法证据排除规则为例的分析》，载《当代法学》2010年第2期；林喜芬：《"程序性制裁理论"的理论反思——以非法证据排除规则为分析焦点》，载《南京师大学报（社会科学版）》2010年第2期；刘忠：《被识别的几率：非法取证程序性制裁的构成性前提》，载《中外法学》2011年第2期；等等。

事侦查程序中程序性制裁的价值、功能与模式,并提出程序性制裁机制的完善路径。

一、程序性制裁在侦查程序中的特殊价值

如果说程序正当是刑事诉讼程序的灵魂,那么程序与实体的公正则是共同承载灵魂的躯体,程序性制裁即是这一躯体中不可或缺的免疫器官,而程序性违法行为显然是侵蚀程序正当的毒瘤。我们知道,刑事侦查阶段是未成年人最容易遭受非法取证、非法讯问、不当逮捕或超期羁押的阶段,如何才能有效地防止这些程序性违法行为呢?正如有学者论证的,程序性制裁有其自身特殊价值:从经验主义的视角来看,不宣告违反法律程序的诉讼行为无效,就无法促使公检法三机关遵守《刑事诉讼法》所确立的程序规则;从程序中心主义的视角来看,为维护程序法的贯彻落实而不惜牺牲所谓的实体公正结果,这集中体现了建构"以程序为中心的诉讼规则";从保障当事人利益的视角来看,通过宣告违反法律程序的诉讼行为无效,程序性制裁不仅不再充当三机关的"帮凶"和"共犯",而且为那些受害者提供了"为权利而斗争"的机会,这显然有助于程序正义与实体正义的实现。[①] 毫无疑问,程序性制裁在未成年人刑事侦查程序中也有独立的价值,彰显了侦查程序的独立性与正当性,遏制了实践中程序性违法行为的发生,并有助于弥补实体性制裁之不足,具体表现在以下方面:

其一,凸显未成年人刑事侦查程序的独立性与正当性,体现了特别程序对未成年人的特殊保护。程序性制裁自身蕴含着对侦查权、公诉权和审判权的惩戒。从程序性制裁对未成年人刑事侦查程序的影响来看,其所体现的是一种以程序为中心的制裁方式,遵循程序的参与性、公开性、中立性、对等性、及时性与终结性,即只要侦查程序存在违法行为,则有可能导致受该违法行为直接影响的结论被宣告无效。很明显,这种"程序违法直接导致实体结论无效"的制裁方式,已经赋

---

① 参见陈瑞华:《程序性制裁制度的法理学分析》,载《中国法学》2005年第6期。

予诉讼程序以完全独立的价值,使得诉讼程序不再附庸实体而存在,遵守诉讼程序也不再被认为是实现实体法的工具或者发现案件事实真相的手段。程序性制裁在未成年人刑事侦查程序中,旨在为公安机关办理未成年人刑事案件确立行为准则,确保其按照法律规定的程序处遇未成年人,避免其滥用侦查权,对涉罪未成年人造成侵害。相反,如果在未成年人刑事侦查程序中只规定办案机关应当通知法定代理人到场,应当为涉罪未成年人提供法律援助,应当听取辩护意见等内容,而不规定其因违反上述规定所应承担的法律性后果,那么这些规则注定难以得到有效落实①,未成年人刑事诉讼程序所追求的未成年人利益最大化之目的也必然落空。

其二,遏制侦查机关的程序性违法行为,形塑正当程序的理念。正如美国大法官威廉·奥威尔·道格拉斯曾言:"权利法案的大多数规定都是程序性条款,这一事实绝不是无意义的。正是程序决定了法治与恣意的人治之间的基本区别。"②可见,正当程序对于建设法治国家具有重要意义。树立正当程序的理念,要求遵循司法运行规律,遵循司法的中立性和司法权行使的独立性;既强调程序正义,也强调实体公正,既注重公正与效率,又注重内部与外部的有效监督。例如,在特别程序中给予未成年人更多的正当程序保障,在侦查环节,要求警察讯问未成年人必须通知法定代理人到场。再以公正与效率的关系为例,对于诉讼的公正而言,由于这种制裁对体现公正价值的诉讼程序规则的维护是统一的,并不因违反诉讼程序的行为在某一具体案件中可能未影响正确处理刑事实体问题而可以忽视,可见,程序性制裁对实现诉讼公正具有不可或缺的作用;对于诉讼的效率而言,如果不是将效率狭隘地理解为急速,而将效率视为最大限度的客观、及时、公正地处理刑事实体问题,那么,诉讼活动按照特别程序所设定的操作

---

① 参见刘建国等:《未成年人刑事案件程序性制裁机制研究》,载《预防青少年犯罪研究》2015年第3期。
② 转引自季卫东:《法律程序的意义——对中国法制建设的另一种思考》,载《中国社会科学》1993年第1期。

流程进行显然是最有效率的。① 其实,在侦查阶段,程序性制裁所依据的事实不仅是侦查机关存在程序性违法行为,而且还有他们侵犯涉罪未成年人的人身权利或者诉讼权利,或者违反了侦查程序所确立的基本法律准则。一般说来,尽管程序性制裁机制所针对的程序性违法行为种类多样、形式各异,但几乎都是侦查机关在办理未成年人刑事案件中所存在的程序错误。例如,警察的非法搜查、非法逮捕、非法羁押、非法讯问、非法监听、非法辨认等行为,就属于非法证据排除规则的适用对象;侦查机关的诱惑侦查、拖延诉讼、重复追诉等滥用诉讼程序的行为,就可能成为诉讼终止制度的制裁对象。当然,程序性制裁要准确把握适度性原则,区分轻微的技术违法行为和严重的程序违法行为,该制裁机制针对的是严重违反程序法禁止性规定的行为,而不是轻微的技术性程序违法行为,如果将一切违反程序规则的行为均纳入程序性制裁的范围,则制裁过于宽泛,难以发挥效用。可见,程序性制裁机制不仅有利于遏制侦查机关的程序性违法行为,还有利于树立正当程序的理念。

其三,以程序性制裁弥补实体性制裁的缺陷,实现程序性与实体性制裁的相互配合。侦查阶段是最容易发生刑讯逼供等违法行为的阶段,我们总想通过让侦查人员承担包括刑事追究、民事赔偿和行政处分等在内的多种实体性制裁,来遏制刑讯逼供行为的发生,但由于实体性制裁本身的适用范围非常有限,仅制裁造成严重后果的行为,而且该机制普遍存在"做自己案件的法官"的问题,使得绝大多数应受到处分的刑讯行为得不到任何实体性处罚。② 例如,根据最高人民检察院《关于人民检察院直接受理立案侦查案件立案标准的规定(试行)》的规定,只有以下几种刑讯逼供、暴力取证的行为,检察机关才给予立案侦查:(1)手段残忍、影响恶劣的;(2)致人自杀或者精神失常的;(3)造成冤、假、错案的;(4)3次以上或者对3人以上进行刑

---

① 参见王敏远:《论违反刑事诉讼程序的程序性后果》,载《中国法学》1994年第3期。
② 参见黄士元:《以程序性制裁弥补实体性制裁之不足》,载《法学论坛》2005年第5期。

讯逼供或暴力取证的;(5)授意、指使、强迫他人刑讯逼供或暴力取证的。然而,司法实践中绝大多数刑讯逼供或者暴力取证行为并不符合其中的情形,使得想通过实体性制裁遏制程序性违法行为,犹如"水中月、镜中花"。

从改进实体性制裁机制的视角出发,实体性制裁本身适用范围的有限性和"结果中心主义"的问题不可能通过制度变革予以消除,而"做自己案件的法官"的问题,理论上存在通过诉讼制度改良予以解决的可能,但变革何时能实现仍不可预知。① 相比于实体性制裁,程序性制裁不仅适用范围广泛,可以适用于几乎全部刑讯逼供和非法取证的行为,而且比实体性制裁更容易实现。此外,二者并不是非此即彼的关系,而是相互配合、相互补充的关系,只有对违法者既给予实体性制裁又给予程序性制裁,才有可能从根本上抑制刑讯逼供、非法取证等违法行为的发生。

二、无效与可补救:程序性制裁的模式与局限

从西方国家刑事诉讼法的立法、判例及司法实践来看,程序性制裁的模式主要有:终止诉讼、撤销原判、诉讼行为无效、非法证据排除、从轻量刑等。然而,在我国,这些程序性制裁模式并非完全适用于未成年人刑事侦查程序,我们知道,特别程序中确立的许多程序性保护规范,旨在保障未成年人在侦查阶段中的程序性权益,但与其相对应的程序性制裁模式却存在诸多缺陷。本部分笔者将通过论述适用于侦查阶段的程序性制裁机制,揭示其存在的实践局限。

(一)非法证据排除:绝对排除抑或相对排除

非法证据排除被称为"警察的手铐"②。最高人民法院、最高人民检察院、公安部、国家安全部、司法部于2010年联合发布了《关于办理

---

① 参见黄士元:《以程序性制裁弥补实体性制裁之不足》,载《法学论坛》2005年第5期。
② 刘彦辉:《论非法证据调查程序在我国的立法确立》,载《中国法学》2011年第4期。

刑事案件排除非法证据若干问题的规定》和《关于办理死刑案件审查判断证据若干问题的规定》，在施行两年并积累丰富经验的基础上，2012年《刑事诉讼法》第54条规定了具有中国特色的非法证据排除规则，确立了绝对抑或相对的证据排除规则。为了使非法证据排除规则在司法实践中得以更好地落实，随后，最高人民法院、最高人民检察院分别颁行的《刑诉法解释》第123条、第124条与《刑事诉讼规则》第66—71条等，均对非法取证方法、非法证据范围及排除结果进行了细化。从立法及司法解释层面看，对于非法实物证据，采取相对排除，即允许进行补正或者作出合理解释，对于非法言词证据，则采取绝对排除。非法证据排除规则存在的问题主要集中于审判程序，存在排除条件逻辑混乱，排除范围狭窄及排除不彻底等问题。[①] 从实践层面看，通过对判决书的考察发现，很少有证据被认定为非法证据并被排除，法院往往将非法证据排除和供述的真实性问题捆绑在一起，不愿意仅仅因为取证手段违法而将其排除。[②]

回归到未成年人刑事侦查程序部分，根据《刑事诉讼法》第281条的规定，对于未成年人刑事案件，侦查机关讯问未成年人时应当通知法定代理人到场，并保证其阅读讯问笔录，法定代理人有权对不当讯问提出意见。侦查机关对未成年人进行讯问，讯问目的是获取涉罪未成年人的供述，其本质是一种取证行为。如此说来，如果在讯问未成年人时法定代理人未到场，则讯问实质上属于非法取证行为，通过该方法获取的讯问笔录，应当绝对排除还是相对排除？特别程序部分并未给予明确规定。从《刑事诉讼法》第56条的规定可知，采用刑讯逼供等非法方法收集的涉罪未成年人的供述，应当予以排除。按照《刑事诉讼规则》第66条、第67条及《刑诉法解释》第123条对"刑讯逼供

[①] 参见顾永忠：《我国司法体制下非法证据排除规则的本土化研究》，载《政治与法律》2013年第2期；左宁：《论我国非法证据排除规则的排除范围与排除结果——基于我国新〈刑事诉讼法〉第54条及司法解释相关规定的省思》，载《法学杂志》2014年第5期。

[②] 参见吴宏耀：《非法证据排除的规则与实效——兼论我国非法证据排除规则的完善进路》，载《现代法学》2014年第4期；左卫民：《"热"与"冷"：非法证据排除规则适用的实证研究》，载《法商研究》2015年第3期。

等非法方法"的界定,能否将"讯问时法定代理人未到场"解释为与刑讯逼供行为并列的行为,将其纳入"等非法取证行为"之行列？对此问题的解释,理论界与实务部门存在不同意见,实务部门认为,这种证据虽然违反了法定的取证程序,但仅属于可补正的瑕疵证据,只有在无法解释或是不能的补正情况下才予以排除。而有学者认为,从未成年人身心不成熟的特点和权利需要特殊关注的角度出发,这类证据应当排除。① 笔者赞成后者的观点,可将其"违反法定代理人到场"解释为与刑讯逼供行为并列的行为,将其纳入"等非法取证行为"之列,并以非法证据形式予以排除。可见,特别程序对于违反程序性规范的行为,是否予以绝对排除或相对排除,《刑事诉讼法》及司法解释的规定总显得晦涩模糊,这不仅不利于未成年人权益的特殊保护,而且会导致各地执法标准不一,损害司法公信力。

(二)违反法定程序的诉讼行为:无效抑或可终止

无效抑或可终止是两种程序性制裁的模式,以大陆法系国家的法国、葡萄牙和意大利为例,针对警察的程序性违法行为,建立诉讼行为的无效机制,在法定无效的基础上,引入"实质无效"②理论,其适用前提乃某一程序性违法行为侵害了当事人的权益,并且法官对该违法行为损害程度的判定有一定的自由裁量权。相对于其他程序性制裁模式,诉讼行为终止是一种最严厉的程序性制裁模式,只要办案机关在刑事诉讼中出现严重违反法定程序的诉讼行为,无论涉罪未成年人有罪或是无罪,侦查机关都必须终止诉讼,作无罪处理。例如,在美国,如果被追诉人认为侦查机关的行为严重侵犯其宪法性权利,那么在判决作出之前,他有权向法院提出撤案动议(Motion to Dismiss)。

---

① 参见汪海燕:《评关于非法证据排除的两个〈规定〉》,载《政法论坛》2011年第1期。
② 实质无效(法文 nullité substqntielle)是指办案机关的行为违反刑事诉讼法所规定的程序,尽管刑事诉讼法并没有针对这一违法行为确立法定的无效后果,但由于该违法行为侵犯了当事人的权利或者损害了当事人的利益,因此可以宣告诉讼行为无效。相关实质性无效行为的论述,具体参见陈瑞华:《大陆法中的诉讼行为无效制度——三个法律文本的考察》,载《政法论坛》2003年第5期。

假如法律规定从被告被捕后至其第一次出庭期间不得超过24小时,而警察在72小时后才把他带去见法官,被告就可以此为理由要求法庭撤销该案。① 可见,对于违反法定程序的诉讼行为,宣告其无效或是可终止,均是规制侦查阶段程序性违法行为的有效路径。

在我国的未成年人刑事诉讼程序中,《刑事诉讼法》及司法解释仅对人民法院违反未成年人刑事案件不得公开审判的诉讼行为,规定了完整的程序性制裁措施,不仅明确了违反不得公开审判这一规定的法律性后果,即二审法院发现一审法院的审理违反有关不得公开审判的规定的,应当作出裁定撤销原判,发回原审法院重新审理,而且明确了司法救济途径,针对一审法院违反不得公开审判的诉讼行为,涉罪未成年人可以提起上诉,检察机关可以提起抗诉。然而,我们可以观察到,对其他违反法定程序的诉讼行为,并没有任何形式的程序性制裁举措,例如,根据《刑事诉讼法》第280条的规定,在未成年人刑事侦查程序中,对涉罪未成年人适用逮捕、批准逮捕和决定逮捕时,应当听取辩护律师意见,这一程序性规范旨在保护未成年人的人身自由。但《刑事诉讼法》及司法解释并未规定公检法三机关违反上述程序性规范,应当承担何种程序性制裁措施及涉罪未成年人如何寻求司法救济等,这也导致实务中"听取辩护律师意见"成了无足轻重的程序。可见,对于违反法定程序的诉讼行为,适时地引入"无效抑或可终止"的程序性制裁举措,程序性违法行为便不会因制裁机制的缺乏而得不到纠正和制止。

(三)缺乏完善的配套制度:绩效考核与效益困局

程序性制裁机制的良性运行,需要一系列完善的配套措施作为支撑,一般需要规则条款对制裁程序的启动与审查的主体、程序的举证责任与证明标准、程序的申诉与上诉要件、程序的抗诉条件与审核基准等方面,作出较为明确且具有可操作性的规定。然而,在司法实践中,程序性制裁机制的配套措施却表现得力不从心,主要表现在两个

---

① 参见陈永生:《刑事诉讼的程序性制裁》,载《现代法学》2004年第1期。

方面:一方面是不科学的绩效管理与考评体系。当前,公检法三机关均有自身的绩效管理和考评体系,绩效管理与考评的结果已成为评价三机关或者其内部办案人员工作质量高低的重要参考,并直接影响到该机关及其办案人员日后的奖惩与晋升。长期以来,我国的刑事司法机关针对刑事案件的办案质量及工作效率制定了一套比较完整的绩效管理与考评体系。[①] 绩效管理与考评的指标呈现在"量"与"率"中[②],以公安机关的绩效管理与考评体系为例,在司法实践中公安机关或多或少存在"以办案数量论成败"的考评体系,以"破案率""逮捕率""最终起诉率""最终判决率"等作为量化的考评机制,这些考评指标往往会迫使侦查人员采取变通的方法进行侦查活动,这一考评机制也导致侦查机关片面追求办案数量,不注重案件的质量。盲目追求"破案率""逮捕率"等指标,片面强调"量"的重要性,导致司法实践中往往出现"运动式"执法,导致侦查机关尤其是基层的办案人员疲于应付;片面强调打击犯罪与控制犯罪数量的重要性,损害了程序的正当性,损害了司法的权威性,更有甚者放纵了警察的违法行为。此外,公安机关的绩效管理与考评体系对"率"的强调,片面强调侦查阶段的比率,导致公检法三机关的关系失衡,形成了为达到考核指标而片面强调"流水线"式的办案模式,使得刑事诉讼程序的"过滤"和"救济"功能完全被架空。同时,对"率"的强调还导致侦查机关变相地剥夺涉罪未成年人基本的诉讼权利以保证绩效评估中的"率"。

另一方面则是以有限的资源成本,要求无限的收益。目前,我国各地公安机关办案人员的待遇并不高,尤其是中西部地区,加之繁重的侦查任务,使得很多一线的办案人员因收入过低、任务过重等原因而辞职做律师或者从事其他职业,导致"案多人少"现象越来越突出。尤其是一些经济欠发达和偏远的基层地区,不仅不能给高素质、高能

[①] 参见艾佳慧:《中国法院绩效考评制度研究——"同构性"和"双轨制"的逻辑及其问题》,载《法制与社会发展》2008年第5期。
[②] 参见胡铭等:《错案是如何发生的——转型期中国式错案的程序逻辑》,浙江大学出版社2013年版,第22—25页。

力的人才提供较好的待遇,而且不能为其配备较为齐全的侦查技术设备,使得一些办案人员购买现代化的检验仪器成了一种奢望,在有些地方,一张桌子、一张椅子、一支笔、一张纸就成了全部的侦查设备。在如此稀缺的司法资源下,办案人员为了达到基本的绩效管理与考评指标,有可能采用刑讯逼供等违法方法以实现高破案率之目的。可见,一项权利是否能够得到保障,并不仅仅取决于法律是否规定、制度是否健全及公民是否具有足够的权利意识,也不仅仅取决于法学家是否具有"为权利而呼唤""为权利而论证""为权利而斗争"的恒心与勇气,而更加取决于国家和社会是否具有支撑这种权利的充足资源。①

三、程序性制裁路径:从违法性宣告到渐进式制裁

正如美国大法官本杰明·卡多佐所言:"一方面,我们的社会希望犯罪应被控制;另一方面,我们的社会不希望警察过于傲慢而轻视法律。"毫无疑问,程序性制裁对于规制侦查机关的程序性违法行为及有效治理犯罪,均具有重要的规制效应。完善程序性制裁机制,首先需要遵循程序性制裁的基本原则,即权利保障原则、规范职权原则、完整性原则、充分性原则、适当性原则、协调性原则及法定与裁量相结合原则等七个原则②,其次也需要运用内部视角与外部视角相结合的改良技术,发挥程序性制裁机制在未成年人刑事侦查阶段的最优效应。

(一)扩大非法证据排除规则在侦查阶段的适用率

扩大非法证据排除规则在侦查阶段的适用范围,以使更多的程序性违法行为能够被纳入程序性制裁的范围中,从而消除侦查人员刑讯逼供、非法取证等违法行为的诱因。《刑事诉讼法》及司法解释对违反法定代理人到场机制所获得的讯问笔录是否应当予以排除并未明确

---

① 参见桑本谦:《理论法学的迷雾——以轰动案例为素材》,法律出版社2008年版,第17页。
② 参见王敏远:《设置刑事程序法律后果的原则》,载《法学家》2007年第4期。

规定,这不仅导致实务中适用的无序,而且也降低了"非法证据排除"这一程序性制裁措施的权威性。笔者认为,违反法定代理人到场机制所获得的讯问笔录属于不可补正的非法证据,应当将其视为非法证据予以排除。考察西方国家的法定代理人到场机制,大多数国家将违反法定代理人到场机制所获取的讯问笔录作为非法证据予以排除。例如,在澳大利亚,《少年罪犯法》对儿童法庭就警察如何在一宗法庭案件中利用未成年人的口供有特别的规定。假如未成年人在回答警察问题时,其家长不在场,通常未成年人的口供不会作为指控犯罪的呈堂证据。[①] 同样,英国的判例认定,如果口供是在没有合适成年人参与的情况下获得的,那么,应当根据《警察与刑事证据法》第76条的规定予以排除。[②] 可见,国际社会对于违反法定代理人到场机制所获取的讯问笔录应当作为非法证据予以排除已形成共识。

在我国,对于违反法定代理人到场机制所获取的讯问笔录,也应当将其作为不可补正的非法证据予以排除。这无论在实体上还是在程序上均有其合法性与正当性。从实体维度而言,考虑到未成年人特殊的心理和生理特点,他们处于青春的叛逆期,可能会产生逆反心理,法定代理人到场,可以缓解未成年人紧张对立的情绪,促进办案人员与未成年人之间的沟通,帮助未成年人正确理解侦查人员的讯问,并助其有效沟通与交流,保证其供述的真实性,防止实体不公。从程序维度而言,与普通刑事侦查程序相比,未成年人刑事侦查程序比较封闭,未成年人缺乏法律知识,不知道讯问的流程,有可能使未成年人遭遇不公正的待遇,法定代理人到场,可以对侦查机关的讯问行为进行有效监督,预防程序不公现象的发生。

(二) 实体性与程序性制裁的渐进式融合

在西方国家,侦查阶段的程序性违法行为的制裁措施,一般包括

[①] 参见叶青、王超:《试论澳大利亚少年刑事司法的最新发展》,载《青少年犯罪问题》2001年第6期。

[②] 参见徐美君:《"适当成年人"讯问时在场制度研究——以未成年犯罪嫌疑人为中心》,载《现代法学》2003年第5期。

排除规则、民事赔偿责任的承担和对违法人员的内部惩戒。① 结合我国的基本国情与未成年人刑事侦查程序的特殊性,适用于未成年人刑事侦查阶段的程序性制裁措施有:非法证据排除、诉讼终止和诉讼行为无效等。要在未成年人刑事侦查程序中建构多元化的程序性制裁机制:首先,适当扩大非法证据排除规则的适用范围。关于非法证据排除,已在上文详细阐述,在此不重复赘述。其次,建立宣告诉讼行为无效的机制。非法证据排除所针对的主要是侦查机关以违法方法所获得的证据,撤销原判只能对法院的违法审判行为进行制裁,而诉讼行为无效则贯穿于刑事诉讼的始终,是宣告侦查机关诉讼行为无效的重要方式。考察大陆法系国家的诉讼行为无效制度可知,其具有明显的权利救济色彩,并只针对侦查机关、检察机关和审判机关的诉讼行为,原则上,以刑事诉讼法的明确规定为前提,但一些国家也将那些法律没有明文规定的重大程序性违法行为作为制裁的对象。② 在我国的未成年人刑事侦查程序中,按照《刑事诉讼法》及司法解释的规定,应当为未成年人提供法律援助而没有提供,审查批准逮捕或决定逮捕时应当讯问涉罪未成年人、听取辩护律师意见而没有讯问或听取意见等违法行为,其他程序性制裁机制并没有适用的空间,建立宣告诉讼行为无效的机制则可以有效弥补其他程序性制裁措施在适用范围上的局限。③ 以上两项制度事关未成年人权益保护和最基本的程序正义,违反两制度不仅是对未成年人合法权益的重大侵犯,而且对司法公正价值造成了破坏,应当宣告该诉讼行为绝对无效,并明确赋予相应的救济途径。再次,借鉴诉讼终止机制的合理内涵。诉讼终止起源于英国,与程序滥用(the abuse of process)紧密联结在一起,普遍适用于英美法系国家,其主要适用于两类情形:一则是涉罪未成年人不可

---

① 参见谢佑平:《检察机关与非法证据排除》,载《中国检察官》2010年第21期。
② 参见陈瑞华:《大陆法中的诉讼行为无效制度——三个法律文本的考察》,载《政法论坛》2003年第5期。
③ 参见刘建国等:《未成年人刑事案件程序性制裁机制研究》,载《预防青少年犯罪研究》2015年第3期。

能得到公正审判;二则是对涉罪未成年人进行审判是不公正的。① 例如,在英国,从 1980 年 R v. Sang 案②到 1996 年 R v. Latif 案中的"侦查陷阱"问题,在判例中从仅作为"量刑考虑"到确立诉讼终止,如果建立在"侦查陷阱"之上的刑事指控违反了社会大众的道德观,那么,该侦查陷阱行为应当被终止。同样,在我国的未成年人刑事侦查程序中,如果侦查机关使用的技术侦查行为超越了大众所能容忍的限度,则该诉讼行为也应当被终止。不得不强调的是,诉讼终止只是"例外"的一种处置措施,只有在其他程序性制裁措施不能有效地发挥作用的情形下才予以适用。最后,实体性与程序性制裁机制的渐进式融合。我国的渐进式程序既可有效协调公检法三机关的职业利益,使之形成遏制侦查程序违法行为的合力,也可成为积累判例和提炼经验的平台。③ 目前,纵观中西理论,针对实体性与程序性制裁的各自优劣特征,妥善协调实体性与程序性制裁之间的关系,存在两种治理路径,即"平行式与合并式"④。为了扬长避短,发挥两者的优势,避免两者的短板,可采取渐进式路径。完整意义上的渐进式路径将程序性违法行为的规制分散于平行式与合并式方法,从而实现多元审查主体之间的风险分散、责任共担和压力缓解。具体而言,一方面,在程序性制裁无法适用的领域,通过完善实体性制裁机制发挥其警示、遏制与治理程序性违法行为的功效;另一方面,在程序性制裁机制可以适用的领

---

① 参见李玉萍:《程序滥用与诉讼终止制度及其给我国的启示》,载《法商研究》2006年第 2 期。

② See Andrew L-T Choo, Abuse of Process and Judicial Stays of Criminal Proceedings, Oxford University Press, 1993, p. 148.

③ 参见郭晶:《论程序性监督之嬗变——从违法性宣告到渐进式制裁》,载《现代法学》2014 年第 1 期。

④ 平行式首先承认实体性制裁机制对程序性违法行为具有一定的规制效应,但实体性制裁措施存在不可操作性及短期内无法实现的困境,并将改良的着眼点放置于如何完善程序性制裁机制上。合并式则在探讨与剖析实体性与程序性制裁机制各自优劣之处后,将二者融合起来进行分析,目的是建构一种推定性的程序性制裁机制。关于平行式与合并式的论述,具体参见林喜芬:《"程序性制裁理论"的理论反思——以非法证据排除规则为分析焦点》,载《南京师大学报(社会科学版)》2010 年第 2 期。

域,考虑到程序性制裁机制的固有局限,建构一种实体性与程序性制裁机制相结合的推定性程序性制裁机制。以推定性程序性制裁机制中的推定性非法证据排除规则为例,即非法取证行为发生后,经由程序性裁断判定应归责于执法机关,则推定适用民事侵权赔偿责任,如果执法机关不能或不愿支付赔偿费用,则适用非法证据排除规则排除证据,这种推定性非法证据排除规则最大的优点在于可以截取两种机制之优势。① 这种机制既可以保留非法证据排除规则可操作性的优势,又可督促侦查机关对办案人员积极主动地实施纪律惩戒措施,进而提高办案人员的侦查技能和法律素养。②

(三)配套措施的科学化与效益化

在未成年人刑事侦查程序中,完善相应的配套机制是实现程序性制裁机制最优效应的有力保障:首先,构建科学合理化的绩效管理与考评体系。探索完善侦查机关绩效管理与考评体系,要取消"以办案数量论英雄"的考核评价模式,充分尊重司法运行规律,突出侦查人员的主体地位,切实增强绩效评估的科学性、合理性与客观性,把握司法改革的最新动向,准确定位绩效考核的理念、方式方法;引入科学方法,合理评估办案人员工作量;精心分析,建立符合司法运行规律的考评体系;运用信息化手段,增强绩效考核的客观性。③ 例如,构建办案人员绩效电子档案,全面、连续记载侦查人员承办案件的数据统计、学习培训、奖惩记录及调研成果等综合信息,同时实现各种数据的智能化评估与分析,将此作为办案人员绩效评估的重要方式,彻底摒弃行政化的绩效管理与考评体系。

其次,明确不同类型程序性违法行为的责任区分。一项完善的法

---

① 参见林喜芬:《"程序性制裁理论"的理论反思——以非法证据排除规则为分析焦点》,载《南京师大学报(社会科学版)》2010年第2期。

② See Donald Dripps, "The Case for the Contingent Exclusionary Rule", The American Criminal Law Review, Vol. 38, Iss. 1, 2001, pp. 1–46.

③ 参见王海清:《司法管理新常态下完善审判绩效考核的思考》,载《人民法院报》2015年5月13日,第8版。

律规则应当具备假定、处理和制裁三个逻辑要素,其中,责任区分是实现威慑或激励的前提,罪责自负原则要求每个人都应当对自身所犯的过错,在其理性能够预期或者应当预期的范围内承担责任。① 因此,针对侦查机关的程序性违法行为,应通过内部追责的方式将违法责任追加至违法者身上,形成以个体责任为主、以集体责任或国家责任为辅的制裁体系,将办案人员不同的违法行为类别化,适用区分处理原则,选择宽严不一的、具有灵活性的应对方式。具体区分步骤为:第一步,将严重侵犯未成年人权益的侦查行为直接推定为有害错误,对其不必进行无害错误分析,这种违法侦查行为直接归为个人责任;第二步,在进行无害错误分析时,可以设置宽严不一的认定标准;第三步,设计具有分层性与针对性的程序性制裁措施体系,明确区分个人责任与集体责任或国家责任。② 只有将程序性制裁机制施加于违法者个人,才能发挥威慑与特殊预防功能,从根本上减少程序性违法行为的数量。

最后,对有限司法资源进行效益化的合理配置。司法资源稀缺与社会需求之间的矛盾,要求在侦查活动中对可供投入的有限的司法资源进行合理整合与配置。③ 在未成年人刑事侦查程序中,固定成本和变动成本的投入是无法避免的,最终成本取决于所耗费投入量的大小,决定其投入量大小的因素主要包括:个案侦查的周期、侦查人员的数量和专业素养、侦查程序的设置等。如何实现有限司法资源投入的效益化?考察国外司法资源配置的最佳状态,其是通过实行司法行政与司法业务相分离,司法机关人财物管理的标准化、系统化和透明化

---

① 参见张维迎、邓峰:《信息、激励与连带责任——对中国古代连坐、保甲制度的法和经济学解释》,载《中国社会科学》2003 年第 3 期。
② 所谓无害错误,是指办案人员的违法行为不影响案件实质正义,同时尚未震惊普通人良知,其认定标准包括两项需同时具备的检验条件:实质正义检验条件与震惊良知检验条件。具体参见蒋鹏飞:《刑事诉讼程序性制裁机制之弊端及其应对》,载《中国刑事法杂志》2010 年第 12 期。
③ 参见陈卫东、王政君:《刑事诉讼中的司法资源配置》,载《中国法学》2000 年第 2 期。

及社会化来解决。① 因此,在我国未成年人刑事侦查程序中,应当通过优化侦查程序、缩短侦查周期、提高侦查人员侦查技能等措施,实现司法资源管理的标准化、系统化、透明化和社会化,最终达到合理配置有限司法资源之目的。

---

① 参见谢鹏程:《司法行政事务省级统管路径研究》,载《人民检察》2014年第8期。

第五章　未成年人刑事审查起诉程序研究

没有起诉就没有法庭审判,审查起诉是案件审判的必经程序,对实现刑事诉讼之目的具有重要意义。审查起诉是保证案件质量、保障未成年人合法权益不受侵犯的重要阶段,是实现国家刑罚权的重要程序环节,也是检察机关实现侦查监督职能的重要方式。① 自1986年上海市长宁区人民检察院设立我国第一个"少年刑事案件起诉组",我国未成年人检察(简称"未检")工作经历了三十多年不平凡的发展历程。从1986年诞生第一个"少年刑事案件起诉组",到1992年上海市虹口区人民检察院率先建立全国首家集审查逮捕、审查起诉于一体的未检科,到1997年最高人民检察院和一些地方检察院取消未检专门机构,直到2002年最高人民检察院颁布《人民检察院办理未成年人刑事案件的规定》,才通过司法解释的形式首次对未检工作作出系统规定,到2015年12月,全国成立有独立编制的未检机构900多个。目前,各地检察机关仍在不断加强专门机构和专业化队伍建设,将一批熟悉未成年人身心特点、善于做未成年人教

---

① 参见胡铭:《刑事诉讼法学》,法律出版社2016年版,第306页。

育工作、具有专业性的检察人员充实到未检岗位①,最高人民检察院更是在全国建立了多个未检工作联系点,以强化对未检工作的宏观指导。本章将通过问卷调查、访谈、座谈及典型个案研究的方法,从实证维度着重探讨未检工作的开展情况、存在问题及完善路径,特别是附条件不起诉制度、分案起诉制度和社会观护机制,以期对我国未检工作的整体改革有所裨益。

第一节 附条件不起诉的运行逻辑

早在1992年年初,上海市长宁区人民检察院便开始针对未成年人刑事案件试点推行附条件不起诉制度,随后,该制度在全国各地逐步推广,并收到了良好的法律效果和社会效果。然而,长期以来,检察机关适用附条件不起诉一直处于"于法无据"的状态,直到2012年《刑事诉讼法》"特别程序"一章第271条、第272条、第273条3个条款规定附条件不起诉制度,2018年《刑事诉讼法》第282条、第283条、第284条延续这一立法范式。这不仅有效回应了实务部门的立法诉求,而且彰显了该制度在未成年人刑事诉讼程序中的特殊价值,一方面,作为一项程序性制度,附条件不起诉制度体现了国家监护理念、未成年人福利理念、恢复性司法理念、诉讼效益理念以及宽严相济的刑事司法政策;另一方面,附条件不起诉制度符合国际社会对轻微犯罪处遇的非犯罪化和非刑罚化的发展趋势②,借由特别程序来实现对未成年人处遇的非犯罪化、非刑罚化。本节将通过问卷调查、访谈和座谈的方法,系统考察检察机关适用附条件不起诉制度的现状与问题,尝试对附条件不起诉与酌定不起诉间的选择适用;附条件不起诉附设的"条件"是否合理;检察机关如何妥

---

① 参见杨新娥主编:《4+1+N:未成年人检察的实践与探索》,中国检察出版社2015年版,第6页。
② 参见陈光中:《关于附条件不起诉问题的思考》,载《人民检察》2007年第24期。

当运用此项裁量权;在具体个案中如何妥当运作;如何保障涉罪未成年人在程序中的参与权等问题,给予一些回应。

一、附条件不起诉适用实证考察

从规范层面分析,根据《刑事诉讼法》第282条的规定,涉罪未成年人适用附条件不起诉应当符合的条件为:(1)涉罪未成年人所涉嫌的犯罪为侵犯公民人身权利、民主权利罪和侵犯财产罪、妨害社会管理秩序罪这三类犯罪;(2)涉罪未成年人可能判处一年有期徒刑以下刑罚,此处"可能判处一年有期徒刑以下刑罚"应为宣告刑,而不是法定刑;(3)涉罪未成年人具有悔罪表现,主要表现为积极承认犯罪事实,向被害人赔礼道歉、积极赔偿、取得被害人的谅解等;(4)涉罪未成年人的犯罪事实必须已经查清,证据确实充分,符合起诉条件。司法实务中对涉罪未成年人适用附条件不起诉,附设的"条件"是否过于严苛?如何与酌定不起诉区分适用?检察机关是否存在滥用裁量权现象?

(一)附条件不起诉所附"条件"具有严苛性

从法条的规定可知,我们已经对涉罪未成年人适用附条件不起诉的条件有了明确界定,而司法实务中,公检法司办案人员、律师群体及社会大众,对附条件不起诉所附条件的认知如何?从表5.1可见,选择"比较合理"的受访者最多,占比为51.4%,21.6%的受访者认为"过于严苛",18.6%的受访者认为"一般",仅有1.3%的受访者认为"非常不合理"。从总体上而言,约70.0%的受访者认为附条件不起诉所附条件比较合理或一般,这也表明,绝大多数的受访者对附条件不起诉所附条件的合理性是认可的,但事实上,其所附的条件存在过于严苛的问题。

表 5.1 对附条件不起诉所附条件合理性认知的交叉分析

	选项	过于严苛	比较合理	一般	非常不合理	不清楚	合计
整体		21.6%	51.4%	18.6%	1.3%	7.1%	100.0%
不同样本群体	公检法司办案人员	29.9%	52.1%	13.9%	0.7%	3.4%	100.0%
	律师群体	5.0%	60.8%	25.8%	0.8%	7.6%	100.0%
	社会大众	5.2%	46.0%	28.8%	2.9%	17.1%	100.0%
不同地区	东部	27.9%	43.5%	16.5%	1.3%	10.8%	100.0%
	中部	2.6%	60.5%	26.3%	—	10.6%	100.0%
	西部	16.4%	59.6%	19.6%	1.4%	3.0%	100.0%
	东北	—	36.4%	63.6%	—	—	100.0%

从表 5.2 可见,根据卡方检验,不同样本群体在这一问题上具有显著差异。根据标准残差分析,公检法司办案人员(29.9%)选择"过于严苛"的占比显著高于律师群体(5.0%)和社会大众(5.2%),律师群体(60.8%)选择"比较合理"的占比显著高于其他样本群体,而社会大众选择"一般"和"非常不合理"的占比显著高于其他样本群体。而从地区上看,东部地区受访者(27.9%)选择"过于严苛"的占比显著高于西部地区(16.4%),而西部地区受访者(59.6%)选择"比较合理"的占比显著高于东部地区(43.5%)。其中,我们看到,公检法司办案人员认为所附条件过于严苛的占比远高于其他样本群体,为什么会有如此大的悬殊?笔者与多位基层检察官进行了访谈,一位西部地区的基层检察官谈道:"由于法律明确规定了附条件不起诉的适用条件,而且所附条件比较严苛,导致本该适用附条件不起诉而有利于回归社会的未成年人,因不符合适用条件只好放弃适用。"在与其他几位检察官的访谈中,也得到相类似的答案,这也说明附条件不起诉所附条件的严苛性,使得部分涉罪未成年人没有适用的空间。

表 5.2　不同样本群体、不同地区对附条件不起诉所附条件合理性认知的卡方检验

		值	df	渐进 Sig.(双侧)
不同样本群体	Pearson 卡方	184.795ª	8	0.000
	似然比	194.097	8	0.000
	线性和线性组合	163.685	1	0.000
	有效案例中的 N	1278		
不同地区	Pearson 卡方	87.957ª	12	0.000
	似然比	92.631	12	0.000
	线性和线性组合	1.332	1	0.248
	有效案例中的 N	1278		

(二) 附条件不起诉与酌定不起诉适用情形模糊不清

酌定不起诉是"微罪不举"意义上的起诉裁量机制,也被认为是对起诉便宜主义(The Principle of Opportunity)原则的贯彻,属于检察机关自由裁量权的适用范围。在学理上,关于附条件不起诉与酌定不起诉之间的关系,存在包含说、替代说和递进说等三种学说[①],本质上,两者在检察机关自由裁量权运行状态及程序价值上都迥然不同,而真正导致两者关系含混不清的一个重要因素则是:"刑诉法对附条件不起诉的设计存在缺陷,从法条层面考察,条文规定的附条件不起诉之适用范围过于狭窄,无法充分发挥起诉裁量主义的价值。"[②]一方面,附条件不起诉仅适用于未成年人,导致两种不起诉难以互相配合;另一方面,将附条件不起诉的罪质要件局限于刑法分则的特定罪名,同

[①] 关于三种学说关系的论述,具体参见葛琳:《附条件不起诉之三种立法路径评析——兼评刑诉法修正案草案中附条件不起诉之立法模式》,载《国家检察官学院学报》2011 年第 6 期;柳小惠:《论我国附条件不起诉制度的立法完善》,载《人大研究》2013 年第 7 期;谢安平、郭华主编:《未成年人刑事诉讼程序探究》,中国政法大学出版社 2015 年版,第 172 页。

[②] 李辞:《论附条件不起诉与酌定不起诉的关系》,载《法学论坛》2014 年第 4 期。

时把可能判处的刑罚范畴限制在 1 年有期徒刑以下刑罚,这不符合立法逻辑与原意。那么,当涉罪未成年人同时符合附条件不起诉与酌定不起诉时,优先适用何者呢?

从表 5.3 可知,认为优先适用酌定不起诉的受访者最多,占比为 49.0%,25.1% 的受访者认为优先适用附条件不起诉,22.0% 的受访者认为依具体案情确定,3.9% 的受访者认为不清楚。在司法实践中,当涉罪未成年人同时符合附条件不起诉和酌定不起诉时,认为应当优先适用"附条件不起诉"或"依具体案情确定"的受访者的占比与认为应当优先适用"酌定不起诉"的受访者的占比相差不大,这也表明实务中关于两者的优先适用情况处于模糊不清的状态,到底优先适用何者仍是混沌的。

从表 5.3 可知,不同样本群体在这一问题上的看法具有显著差异。公检法司办案人员(55.6%)选择优先适用酌定不起诉的占比显著高于律师群体(31.7%)和社会大众(37.9%)。公检法司办案人员(23.5%)认为优先适用附条件不起诉的占比低于律师群体(40.0%)和社会大众(23.6%)。很有意思的是,选择优先适用附条件不起诉的受访者中,占比最低的为公检法司办案人员。这也说明,在司法实务中,仍有一些公检法司办案人员对涉罪未成年人同时符合两者时优先适用何者的问题模糊不清,更别说律师群体和社会大众对优先适用何者问题的疑惑。而从地区上看,东部地区受访者(54.2%)选择优先适用酌定不起诉的占比显著高于西部地区(44.7%),而中部地区受访者(36.8%)选择优先适用附条件不起诉的占比显著高于其他地区,这在某种程度上说明,经济相对发达的东部沿海地区受访者对于两者界限的把握比其他地区要相对好一些。

表 5.3　对涉罪未成年人同时符合
附条件不起诉与酌定不起诉时优先适用何者认知的交叉分析

选项		附条件不起诉	酌定不起诉	依具体案情确定	不清楚	合计
整体		25.1%	49.0%	22.0%	3.9%	100.0%
不同样本群体	公检法司办案人员	23.5%	55.6%	19.1%	1.8%	100.0%
	律师群体	40.0%	31.7%	25.8%	2.5%	100.0%
	社会大众	23.6%	37.9%	28.2%	10.3%	100.0%
不同地区	东部	21.4%	54.2%	19.1%	5.3%	100.0%
	中部	36.8%	31.6%	23.7%	7.9%	100.0%
	西部	28.4%	44.7%	24.9%	2.0%	100.0%
	东北	18.2%	45.5%	27.2%	9.1%	100.0%

(三)检察机关的附条件不起诉裁量权存在滥用风险

根据《刑事诉讼法》第 282 条的规定,涉罪未成年人适用附条件不起诉的条件具有严苛性,很少有起诉裁量的空间,但对于最终是否作出起诉决定,检察机关却有很大的裁量权。可见,附条件不起诉拓宽了检察机关对未成年人刑事案件起诉与否的裁量权,同时配合犹豫期间、附带处分等机制,为检察机关提供了更多裁量形态与方式的选择空间,然而裁量空间扩大的本身,相对地会伴随着裁量权被滥用的风险,虽存在多样的选择,却也可能造成不知如何选择的窘境。[①] 可以看到,《刑事诉讼法》第 282 条从公安机关、被害人、涉罪未成年人及其法定代理人多方对检察机关的裁量权进行了一定的规制,具体而言,检察机关在对涉罪未成年人作出附条件不起诉的决定时,应当听取公安机关、被害人的意见;如果涉罪未成年人及其法定代理人对检察机关决定附条件不起诉有异议,检察机关应当作出起诉的决定;对检察机

[①] 参见刘学敏:《检察机关附条件不起诉裁量权运用之探讨》,载《中国法学》2014 年第 6 期。

关附条件不起诉的决定,公安机关可以要求复议、提请复核,被害人如果不服可以申诉。即便特别程序赋予被害人提出意见、申诉或直接起诉的权利,以及赋予公安机关提出意见、申请复议和提请复核的权力,附条件不起诉裁量权依然有被滥用的风险,具体表现在三个方面:

第一,适用附条件不起诉时刑罚裁量权存在被滥用的风险。例如,在对涉罪未成年人适用附条件不起诉时,附条件不起诉仅适用于可能判处1年有期徒刑以下刑罚的未成年人,其中涉及刑罚的裁量问题,而量刑工作并不是检察机关的专长,由检察机关进行刑期判断就可能会带有有罪推定,包括预判定罪和处罚的重刑化,增加了附条件不起诉裁量权的不可控性。① 第二,附条件不起诉程序启动后裁量权存在被滥用的风险。检察机关作为附条件不起诉的决定主体,决定着考验期的长短、教育和矫治方案的设定、考验期综合表现的评估等,而且检察机关最终还决定着是否撤销附条件不起诉决定,提起公诉,还是作出不起诉决定。第三,关于附条件不起诉的相关条文表述过于笼统,不具有可操作性,为检察机关裁量权的恣意行使留下余地。例如,《刑事诉讼法》第283条第3款规定的附加义务,类似于《刑法》关于缓刑、假释制度的行为约束规定,过于笼统、单一,未能充分彰显未成年人的特殊性,如第(一)项条件为"遵守法律法规",其乃每个公民都应遵守的基本义务,不应成为涉罪未成年人所应附加的特殊义务,等等。②

二、附条件不起诉制度的释义路径

通过问卷调查、实地访谈,我们发现,附条件不起诉所附"条件"具有严苛性,适用范围偏窄、可操作性不强、附加义务过于笼统、单一,以及附条件不起诉与酌定不起诉两者间存在适用模糊不清等问题,如何使附条件不起诉中所附条件具有合理性?本着"他山之石,可以攻玉"

---

① 参见彭玉伟:《未成年人刑事案件附条件不起诉制度探析》,载《预防青少年犯罪研究》2012年第5期。
② 参见张中剑:《检视与完善:我国未成年人附条件不起诉制度若干问题探讨》,载《中国刑事法杂志》2013年第7期。

之理念,借鉴德国、日本及我国台湾地区的"附条件不起诉制度",并结合我国大陆办案实践的具体情况,笔者提出了附条件不起诉所附"条件"的合理化路径。

(一)附条件不起诉适用标准的精细化与合理化

结合《刑事诉讼法》、相关司法解释及未检工作运行逻辑,借鉴与对比域外相关制度的适用标准与救济程序(如表5.4所示),为使我国大陆附条件不起诉制度的适用标准更加趋于精细化和合理化,可采用的主要举措包括:首先,合理界定"可能判处一年有期徒刑以下刑罚"的实质内涵。此处的"可能判处一年有期徒刑以下刑罚",应该认定为宣告刑,而不是法定刑,如果解释为法定刑,则仅有侵犯通信自由罪、高空抛物罪、偷越国(边)境罪等罪名能适用附条件不起诉,这显然不符合立法原意和帮助未成年人回归社会之目的。例如,《德国刑事诉讼法典》第153条a规定:"检察院可以对轻罪暂时不予提起公诉。"根据1998年《德国刑法典》第12条的规定,重罪是最低刑为1年或者1年以上自由刑的犯罪,轻罪是最高刑为1年以下自由刑或者科处罚金刑的犯罪。我国台湾地区"刑事诉讼法"第253-1条则规定暂缓起诉适用于被告所犯为死刑、无期徒刑或本刑最低刑为3年以上有期徒刑以外之罪。① 事实上,我国大陆学界刑事诉讼法建议稿均将附条件不起诉的适用范围定为"可能判处三年以下有期徒刑、拘役、管制、单处罚金的"犯罪行为或案件。② 因此,笔者认为,应将适用附条件不起诉的刑期扩大为"可能判处三年有期徒刑以下刑罚",以便充分发挥附条件不起诉的教育、感化和挽救涉罪未成年人的功能。

---

① 参见公文卿:《青少年犯罪的暂缓起诉制度研究》,载《中国青年政治学院学报》2006年第4期。

② 代表性的学者观点,具体参见陈卫东主编:《模范刑事诉讼法典》,中国人民大学出版社2005年版,第439页;陈光中主编:《中华人民共和国刑事诉讼法再修改专家建议稿与论证》,中国法制出版社2006年版,第509页;葛琳:《附条件不起诉之三种立法路径评析——兼评刑诉法修正案草案中附条件不起诉之立法模式》,载《国家检察官学院学报》2011年第6期;张中剑:《检视与完善:我国未成年人附条件不起诉制度若干问题探讨》,载《中国刑事法杂志》2013年第7期;等等。

表5.4 我国大陆及台湾地区与德国、日本附条件不起诉之间的比较

国家/地区		我国		德国	日本
		大陆	台湾地区		
称谓		附条件不起诉	暂缓起诉	暂时不予起诉	起诉犹豫
理论基础		国家亲权、未成年人福利、恢复性司法	折中	一般预防、起诉法定主义为主	特殊预防、起诉便宜主义为主
适用范围	适用对象	未成年人	无限制	无限制	无限制
	案件类型	《刑法》分则第四章、第五章、第六章规定的犯罪	无限制	无限制	无限制
	刑度要求	可能判处1年有期徒刑以下刑罚的	除死刑、无期徒刑以及本刑最低刑为3年以上有期徒刑以外的	轻罪	刑事诉讼法无规定
期间	考验期间	6个月至1年	1年至3年	无	无
	履行期间	无	有,不超过考验期间	1年以内	无
所附条件		(1)遵守法律法规,服从监督;(2)按照考察机关的规定报告自己的活动情况;(3)离开所居住的市、县或者迁居,应当报经考察机关批准;(4)按照考察机关的要求接受矫治和教育	(1)向被害人道歉;(2)立悔过书;(3)损害赔偿;(4)向公库或指定之公益团体等支付一定之金额;(5)公益劳务;(6)强制治疗;(7)保护被害人安全之必要命令;(8)预防再犯之必要命令	(1)作出一定的给付,弥补行为造成的损害;(2)向某公益组织或国库交付一笔款额;(3)作出其他公益给付;(4)承担一定数额的赡养义务	刑事诉讼法无,实践中有

（续表）

国家/地区		我国 大陆	我国 台湾地区	德国	日本
参与主体	法院同意	无	无	有	无
	被诉人不同意 决定	未作区分,事后异议	无	有	实践中有,刑事诉讼法无
	被诉人不同意 条件		无	有	
	被害人同意	无、征询意见	无、征询意见	无、征询意见	无、征询意见
救济路径	检察院	申诉	申请再议	抗告	申请检察审查会建议公诉
	法院 程序称谓	自诉	交付审判	基于事前法院同意,事后强制起诉程序的例外	准起诉程序
	法院 提起主体	被害人	检察院	—	律师
	最终效力	无禁止再诉之效	不得再诉	无禁止再诉之效	无禁止再诉之效

其次,扩宽附条件不起诉适用的罪名范围。我国《刑事诉讼法》第282条规定的涉罪未成年人附条件不起诉适用范围偏窄,不仅有刑期的限制,而且有案件类型的限制,仅适用于侵犯公民人身权利、民主权利罪和侵犯财产罪、妨害社会管理秩序罪这三类犯罪。我们知道,任何犯罪均有社会危害性大小的问题,即便是侵害社会公共利益等整体危害性较大的犯罪亦存在初犯、过失犯罪等情节轻微的情形,因此,不能简单地因某一类型的犯罪整体危害性较大而否认其在具体个案中存在危害性较小的情形。从表5.4可知,德国、日本及我国台湾地区均未设定附条件不起诉适用的案件类型。因此,可以将适用涉罪未成年人附条件不起诉的罪名适当扩充,并逐步扩展至《刑法》分则规定的所有犯罪类型。

再次,科学厘定"符合起诉条件"的含义。何谓符合起诉条件,《刑事诉讼法》第 176 条第 1 款规定,"人民检察院认为犯罪嫌疑人的犯罪事实已经查清,证据确实、充分,依法应当追究刑事责任的,应当作出起诉决定"。可见,涉罪未成年人附条件不起诉的刑事案件必须是犯罪事实清楚、证据确实充分的案件,而正常情况下,必须经过控辩双方质证,被法庭认定才能达到犯罪事实清楚、证据确实充分的条件,这也要求检察机关在附条件不起诉决定作出前征求法院的意见,让法院参与到涉罪未成年人附条件不起诉机制中。其实,实践中法院参与附条件不起诉案件的情况并不少见,笔者在实地考察 Z 省 H 市 J 区人民法院时发现,当地检察机关在对涉罪未成年人作出附条件不起诉决定之前,一般会与法院法官进行沟通交流,征询是否符合起诉条件,是否适宜适用附条件不起诉,这同时有利于防止检察机关起诉裁量权的滥用。

最后,细化"有悔罪表现"的具体情形,使其具有可操作性。悔罪表现能够反映涉罪未成年人的人身危险性和社会危险性程度,如果涉罪未成年人没有悔罪表现,将其放回社会中,一方面不利于实现未成年人特殊保护之目的,另一方面不利于社会的和谐与稳定,有可能给被害人及社会带来再次伤害。考察北京、上海、广州等地衡量涉罪未成年人是否确有悔罪表现的标准,可以发现多地均按照主客观相一致原则,不仅要有认罪、忏悔的意思表示,还要有认罪、忏悔的行为,可具体细化为:涉罪未成年人是否主动认罪,是否存在自首立功情节,是否积极向被害人赔礼道歉并取得谅解,是否赔偿损失或采取其他补救措施,实施犯罪后是否存在毁灭、隐藏销毁证据或串供等行为。①

(二)进一步细化附条件不起诉的考察义务

涉罪未成年人在考验期间是否遵守或履行考察义务,是其最终

---

① 参见郭建龙、刘奎芬:《试论附条件不起诉之适用问题》,载《中国刑事法杂志》2013 年第 11 期。

能否被不起诉的要素之一。根据《刑事诉讼法》第283条第3款的规定,被附条件不起诉的涉罪未成年人,应当承担的义务包括:(1)遵守法律法规,服从监督;(2)按照考察机关的规定报告自己的活动情况;(3)离开所居住的市、县或者迁居,应当报经考察机关批准;(4)按照考察机关的要求接受矫治和教育。以上四项义务,其中前三项类似于《刑法》关于缓刑、假释制度的行为约束内容,属于对被附条件不起诉的涉罪未成年人一般性的最基本要求,没有彰显未成年人的特殊性,第四项虽然是针对涉罪未成年人的特别要求,但是无法确定"矫治和教育"的具体方式和内容,以至于考察义务没有发挥其应有功效。

考察德国及我国台湾地区关于附条件不起诉的所附条件,依据其功能目标,可以分为三种类型:第一,保护观察型,即为预防未成年人再犯或保护被害人,要求未成年人自愿完成戒瘾、精神治疗或遵守检察机关指示的命令;第二,修复损害型,即基于狭义被害人立场,向被害人赔礼道歉、赔偿损失或向某公益组织或国库交付一笔款额等;第三,社区回馈型,基于广义被害人(社会公共利益)立场,向指定公益团体或社区提供义务服务等。依据《刑事诉讼法》第283条第3款及《刑事诉讼规则》第476条的规定,在遵守这些"必要条件"和"选择条件"基础上,应当根据具体的案情、犯罪侵犯的法益、涉罪未成年人的身心特点等,结合涉罪未成年人的年龄、性格、家庭成长、心理境遇和犯罪性质等有针对性地设定考察义务,做到因人而异、因案而异。例如,为了消除涉罪未成年人的人身危险性,可以设定要求其接受心理辅导、观看指定影片、阅读指定书籍和书写矫治报告等义务,对于有吸毒史或者网瘾的被附条件不起诉的涉罪未成年人,应当设定要求其到一定机构接受毒瘾或网瘾戒除的义务,有的涉罪未成年人的不良行为主要是因为家庭关系不融洽,可以开设家庭课堂帮助家长正确与涉罪未成年人沟通交流,营造和谐家庭氛围;为了修复涉罪未成年人与社区之间的关系,应当要求涉罪未成年人对被害人赔礼道歉、赔偿损失,要求涉罪未成年人向社区提供公益劳动等,增加其社区认同感,接触社区正能量。①

(三)准确区分附条件不起诉与酌定不起诉的适用标准

当涉罪未成年人同时符合附条件不起诉和酌定不起诉时,优先选择何者?通过实证考察发现,少数的公检法司办案人员、律师群体和社会大众均处于模棱两可的状态,导致这一问题的根本原因在于未能准确把握起诉裁量权。我们知道,附条件不起诉和酌定不起诉具有共同的理论基础即起诉裁量主义,起诉裁量主义是与起诉法定主义相对的理论,它的优点在于可以利用刑事政策处理涉罪未成年人,可以考虑被害人和社会大众的意愿,而且有利于诉讼经济②,两者系起诉裁量主义下检察机关行使起诉裁量权的不同模式。上文已经详细阐述了附条件不起诉的适用条件,而酌定不起诉的适用标准可分为两个步骤:犯罪情节轻微是适用酌定不起诉的前提条件,在满足这一条件的前提下,符合不需要判处刑罚或者免除刑罚的条件时才能适用酌定不起诉。③ 可见,两种不起诉制度均发轫于起诉裁量主义,但各自均有不同的适用标准,主要表现在:

首先,两种不起诉制度所呈现的核心价值不同。附条件不起诉关注涉罪未成年人本身,其核心价值在于实现对未成年人的"保护和矫治",所追求的是在法律允许的范围内最大限度地不起诉涉罪未成年人,并帮助其回归社会;酌定不起诉则更加关注犯罪行为本身,其核心价值在于对宽严相济的刑事政策及诉讼经济的运用,采取一种"微罪不诉更加经济、更加实惠"的思维模式。其次,两种不起诉制度的法律定位不同。附条件不起诉的适用主体局限于涉罪未成年人,适用客体仅限于三类犯罪,适用刑期限于一年有期徒刑以下刑罚,其着重于防止未成年人再犯、特殊保护的预防理念,允许起诉裁量的范围不局限

---

① 参见郭建龙、刘奎芬:《试论附条件不起诉之适用问题》,载《中国刑事法杂志》2013年第11期。

② 参见〔日〕田口守一:《刑事诉讼法》(第5版),张凌、于秀峰译,中国政法大学出版社2010年版,第123页。

③ 参见陈光中:《论我国酌定不起诉制度》,载《中国刑事法杂志》2001年第1期。

于微罪案件。而酌定不起诉仅适用于犯罪情节轻微且不需要判处刑罚或免除刑罚的情形,对可适用主体和客体没有特殊限制,"适用于法定刑为3年以下有期徒刑的轻罪案件"①,从法律意义上而言,酌定不起诉是在对犯罪嫌疑人追诉并无公共利益,欠缺处罚必要的情况下,使其尽快从刑事诉讼程序中解脱的一种刑事处遇处分,属于微罪的起诉放弃②。最后,两种不起诉制度的法律效果不同。附条件不起诉通过检察机关与涉罪未成年人约定考察义务,实现矫治和帮助涉罪未成年人的目的,这属于司法外或转向处遇,乃与特别预防刑事政策相结合,通过去标签化以达到保护更生的目的,以兼顾一般预防理念。③ 酌定不起诉为检察机关裁量后作出的一种不附加条件的不起诉,反映在追诉制度上,则仅有在行为人仅具极少的罪责且其犯罪行为对公共利益也无影响时,检察官才放宽对此种微罪的强制起诉。④ 以上内容从两种不起诉制度的核心价值、法律定位与法律效果等方面分别界分、厘清了两种不起诉制度规定的适用对象、条件及罪刑要件等,并确定了两种不起诉制度的优先适用顺序,进而确立了我国起诉制度的四个阶层,即"法定不起诉→酌定不起诉→附条件不起诉→起诉"。

三、通过正当程序限制检察机关的起诉裁量权

在附条件不起诉中,没有赋予检察机关在适用条件上的起诉裁量权,却在最终是否起诉上赋予检察机关很大的起诉裁量空间。我们知道,赋予检察机关一定的起诉裁量权,就是为其自主决定、自主行为提供一定的空间,这是充分考虑到诉讼中人的因素并为适应社会和人的实际复杂性而作出的选择。起诉裁量权的效用在于,可以使检察机关

---

① 彭东、张寒玉:《检察机关不起诉工作实务》,中国检察出版社2005年版,第76页。
② 参见张丽卿:《起诉便宜原则的比较研究》,载《台湾大学法学论丛》1996年第3期。
③ 参见刘学敏:《检察机关附条件不起诉裁量权运用之探讨》,载《中国法学》2014年第6期。
④ 参见〔德〕克劳思·罗科信:《刑事诉讼法》,吴丽琪译,法律出版社2003年版,第103页。

根据案件事实、证据、诉讼参与人和社会等各方面的实际情况，采取更适于该具体案件的处理办法，使法律所追求的某一或者某些价值得以实现。① 在采判例法的美国，"检察官的起诉裁量权几乎是不受控制的，其不仅有决定起诉与否的权力，而且有降格起诉、撤回起诉和拒绝起诉的权力，甚至有向法院提出量刑建议的权力"②。"而大陆法系国家和我国均设立了防止检察机关滥用起诉裁量权的有效机制。"③同理，为防止检察机关在附条件不起诉中滥用起诉裁量权，不仅需要有效的监督与救济程序，而且应当充分听取公安机关、被害人、涉罪未成年人、法定代理人及其辩护人的意见，调整当事人相互间的利益，积极而妥善地运用附条件不起诉裁量权，具体表现为：

首先，遵循行使起诉裁量权的基本原则。检察官在行使附条件不起诉的自由裁量权时，应当遵循合法原则、符合情理原则、平等性原则及综合考虑注重效果原则。④ 其中，合法原则是起诉裁量权行使的基本前提，要求检察机关按照附条件不起诉制度建立的初衷和精神去斟酌是否行使起诉的权力，在犯罪事实已经查清、证据已经充分的前提下，进行有无起诉必要的衡量，防止案件处理的不公正；符合情理原则要求检察机关作出的附加义务，应是有利于帮助涉罪未成年人回归社会等具有保护和矫治功能的措施，而不能使用惩罚性机制；平等性原则要求检察机关处遇的均衡化，避免个案之间落差太大；综合考虑注重效果原则要求检察机关行使附条件不起诉裁量权时，必须在法律框架内综合考虑案件中的相关因素，并注重处理效果，实现法律效果与社会效果的统一。

其次，科学设定附条件不起诉裁量权行使的内外监督程序。在法治原则下的起诉裁量权控制，应以过程控制模式为核心，综合运

---

① 参见陈光中、张建伟：《附条件不起诉：检察裁量权的新发展》，载《人民检察》2006年第7期。

② Kenneth Culp Davis, Discretionary Justice, University of Illinois Press, 1976, pp. 188-199.

③ 陈岚：《论检察官的自由裁量权——兼析起诉便宜原则的确立及其适用》，载《中国法学》2000年第1期。

④ 参见龙宗智：《检察官自由裁量权论纲》，载《人民检察》2005年第15期。

用内部监督和外部监督等多种程序。根据《人民检察院办理未成年人刑事案件的规定》第37条的规定,附条件不起诉裁量权的内部监督,主要是通过上级检察机关对下级检察机关的业务指导和备案审查的方式进行的,当上级检察机关认为附条件不起诉决定不当时,可以撤销该决定并指令下级检察机关提起公诉。深化内部监督程序,应当充分发挥内部监督机构对未检工作的监督制约作用,发挥案件管理部门跟踪预警作用,严格管理办案流程,确保检察人员的公正廉洁,全面促进未检工作依法规范开展。强化外部监督程序,应当接受案件侦办部门的案件代理人的监督、人民监督员的监督,实现多元主体复合监督的外部制约机制。例如,检察机关对拟附条件不起诉的案件,在作出最终决定之前,应召集公安机关承办人员、社会调查员、心理专家、被害人及涉罪未成年人所在学校、社区、单位或其他未成年人保护机构的代表等,会同涉罪未成年人及其法定代理人和辩护人一起,在听取各方意见和理由的基础上,决定是否对涉罪未成年人附条件不起诉。①

最后,建立多元主体参与的不公开听证程序。听证程序可以以看得见的方式实现正义,也是优化附条件不起诉裁量权的有效路径。根据《人民检察院办理未成年人刑事案件的规定》第30条、第31条第1款的规定,公安机关或被害人对附条件不起诉有异议或争议较大的案件,检察机关可以举行不公开听证会,充分听取各方的意见和理由。在附条件不起诉中率先规定不公开听证程序是借助听证程序"陈述—答辩"的方式,让各方充分表达对附条件不起诉决定的观点和理由,打破检察机关暗箱操作的办案逻辑,提升检察机关的公信力和权威。听证程序具备了司法的核心要素,即控辩对抗、裁判居中,在听证程序中,矛盾双方都享有平等机会提出自己的意见和证据,反驳对方的意见和证据等,且听证程序的运作相较于纯粹的司法程序更为简捷,可

---

① 参见黄卫延、熊柳:《未成年人附条件不起诉监督制约机制探讨》,载《预防青少年犯罪研究》2013年第3期。

以在冗繁的诉讼程序中迅速地为当事人提供公正且高效的权利救济。① 未成年人刑事案件本身属于不公开办理的案件,采用不公开听证程序能够保护涉罪未成年人的隐私,避免因案件信息的外泄而损害涉罪未成年人的利益。

不公开听证程序的参与主体是多元性的,不仅应当包括检察机关办案人员、侦查人员、被害人、涉罪未成年人及其法定代理人、辩护人,而且还可以包括社会调查员、心理专家及涉罪未成年人所在学校、社区、单位或其他未成年人保护机构的代表等。当然,对附条件不起诉案件开展不公开听证程序应当注意一些细节:合理设定听证程序的主体、完善听证程序各主体之间的权利义务、为听证的公开性与对未成年人的隐私保护设置一个平衡点。可以说,不公开听证程序不仅是一项附条件不起诉的救济程序,而且满足了附条件不起诉裁量权规制的运作需求。目前有些地区的检察机关已经开始在办案中试行不公开听证程序,例如,上海市青浦区检察机关在涉罪未成年人附条件不起诉案件中试行不公开听证程序等②,为我国进一步探索附条件不起诉裁量权的规制路径提供了有益经验。

第二节 分案起诉制度

所谓分案起诉制度,是指检察机关对于提起公诉的未成年人与成年人共同犯罪的案件,在不妨碍整个案件审理的前提下,对未成年被告人和成年被告人分别以独立案件的形式提起诉讼,法院分别审理的

---

① 参见陈卫东、程永峰:《新一轮检察改革中的重点问题》,载《国家检察官学院学报》2014年第1期。
② 参见周峰、金磊:《上海青浦检察院积极探索未成年人附条件不起诉听证》,载正义网,http://www.jcrb.com/procuratorate/jckx/201304/t20130409_1084720.html,访问时间:2022年8月1日。

制度。① 分案起诉制度体现了未成年人刑事司法中程序分离原则的实质要求,展现了对涉罪未成年人在刑事起诉程序中特殊处遇下人格尊严与诉讼权益的特殊保护,同时蕴含了国家亲权、未成年人福利与恢复性司法的理念。在美国,未成年人刑事司法制度与成年人刑事司法制度之间存在"本质性差异",故创立出一套特有的概念体系,试图从名称、形式到内容将未成年人从成年人刑事司法制度中分离出来。② 其目的在于强化"本质性差异",实现未成年人刑事诉讼程序独立存在的价值。本节将运用实证研究方法、比较研究方法,系统探索分案起诉制度的特殊价值与模式,通过实证视角考察共同犯分案起诉制度的适用率,以及探索扩大适用分案起诉制度的有效路径,以期建构一体化的未成年人刑事案件分案起诉制度。

一、分案起诉制度的模式与价值

分案起诉制度作为我国刑事诉讼程序制度之一,虽然带来了检察机关工作量的增加和诉讼成本的额外付出,但是对于贯彻未成年人刑事诉讼程序"教育、感化、挽救"的方针政策,更好地达到挽救失足未成年人的立法目的具有重要价值。世界上绝大多数国家和地区均将未成年人和成年人的起诉程序在未成年人刑事案件中进行了明确区分,可将分案起诉模式归纳为三种类型,即绝对分案起诉模式、相对分案起诉模式及裁量分案起诉模式,这三种模式的功能与价值将于下文详细论述。

(一)分案起诉制度的三种模式

考察世界各国和地区的立法例,分案起诉制度的运作模式分为以下三种类型:

---

① 关于分案起诉制度的论述,具体参见温小洁:《我国未成年人刑事案件诉讼程序研究》,中国人民公安大学出版社 2003 年版,第 86 页;姚建龙:《长大成人:少年司法制度的建构》,中国人民公安大学出版社 2003 年版,第 198 页;赵国玲主编:《未成年人司法制度改革研究》,北京大学出版社 2011 年版,第 230 页。

② 参见王敏远主编:《刑事诉讼法学》,知识产权出版社 2013 年版,第 878 页。

其一,绝对分案起诉模式。当前,实行绝对分案起诉模式的典型国家主要是印度和意大利,例如,印度《中央少年法》第 24 条规定:"不问刑事诉讼法典及现行有效的其他任何法律规定,不得将少年与非少年作为共犯告诉或者审理……即使少年与非少年共同犯罪被告发而被审理时,法律也必须命令将该少年与其他人员分离进行审判。"①《意大利刑事诉讼法典》第 14 条第 1 款规定:"针对在行为时尚未成年的被告人的诉讼,与针对成年人被告人的诉讼不发生牵连关系。"②从印度和意大利两个国家的分案起诉模式可知,不管未成年人刑事案件的具体情况和分案起诉是否会影响案件的审判,共同犯罪中有未成年人参与,就一律将未成年人和成年人分开起诉,这种分案起诉模式是彻底的、绝对的,就算是同一未成年人在未成年时的犯罪与成年后的犯罪,也予以分案起诉和审理。

其二,裁量分案起诉模式。实行裁量分案起诉模式的代表性国家为法国,1945 年法国颁布了《关于少年犯罪的法令》,该法令序言对未成年人的处遇提出了"教育为主"的原则,并专门规定了未成年人刑事诉讼程序。法国《关于少年犯罪的法令》第 1 条规定:"对被指控犯有重罪和轻罪的未成年人不得在普通刑事法院提起诉讼,而只能在少年法庭、未成年人轻罪法庭或未成年人重罪法庭接受审判。被控犯有第五级违警罪的未成年人根据第 20-1 条规定的条件在未成年人法庭提起诉讼。"③根据法国法律,当未成年人在触犯前四级违警罪时,应当由违警罪法院受理;而当未成年人触犯第五级违警罪、轻罪和重罪时,案件应当移送预审法官和上诉法院设立的预审法庭进行预审,未满 16 周岁的未成年人犯重罪案件、未满 18 周岁的未成年人犯轻罪案件和第五级违警罪案件的,交由未成年人法庭审理;已满 16 周岁不满 18 周岁的未成年人犯重罪案件的,由未成年人重罪法院专门审理,当然,由于法国的普通重罪法庭与未成年人重罪法庭在设置上极其相似,因此,普

---

① 《印度一九六〇年中央少年法》,沈重译,载《国外法学》1985 年第 1 期。
② 《意大利刑事诉讼法典》,黄风译,中国政法大学出版社 1994 年版,第 9 页。
③ 金邦贵主编:《法国司法制度》,法律出版社 2008 年版,第 192 页。

通重罪法庭也可以审理16周岁至18周岁的未成年犯。[①] 在法国的裁量分案起诉模式下,诉讼程序是合并进行还是分离进行,由具体的司法机关裁量,法官拥有较大的裁量权和决定权,但它同时表现出对涉罪未成年人权益保护的不彻底与不充分。

其三,相对分案起诉模式。从保护未成年人利益最大化方面考虑,如果说绝对分案起诉模式具有浓厚的理想主义色彩,那么相对分案起诉模式则多了一些现实主义成分。实行相对分案起诉模式的代表性国家主要有英国、日本、俄罗斯等,例如,《日本少年法》第49条第1款和第2款规定:"一定要把少年犯罪嫌疑人或者被告人,与其他犯罪嫌疑人或者被告人分离出来,务必避免接触。少年被告案件即使与其他被告案件有牵连的时候,只要不妨碍审理,必须将他们在程序上分离开来。"[②]《俄罗斯联邦刑事诉讼法典》第422条规定:"对与成年人一起实施犯罪的未成年人的刑事案件,应依照本法典第154条规定的程序分出单独进行诉讼。如果不能分出单独进行诉讼,则对与成年人在同一刑事案件中被追究的未成年人适用本章的规则。"[③]从各国规定可知,相对分案起诉模式"以分案为原则,以合并起诉为例外",即只有当分案起诉有碍案件的查明时,才对未成年人参与的共同犯罪案件实行一案起诉,否则即应当分别起诉。可见,这种模式灵活性较大,司法机关可以根据案件情况选择合适的起诉方法,当然,实务中却因存在并案处理的可能性而实际架空分案起诉制度,这也是相对分案起诉模式亟须解决的难题。

(二)分案起诉制度的特殊价值

在我国,分案起诉承接侦查与审判,根据《人民检察院办理未成年人刑事案件的规定》第51条第1款的规定可知,我国采纳的是相对分案起诉模式,只有在四种例外情形下,检察机关才可以不分案起诉,这

[①] 参见阮雪芹:《未成年人刑事案件分案起诉制度实证研究——以基层检察院工作实践为视角》,载《海峡法学》2015年第1期。
[②] 沈重:《日本〈少年法〉》,载《国外法学》1979年第6期。
[③] 《俄罗斯联邦刑事诉讼法典》,黄道秀译,中国政法大学出版社2003年版,第286页。

既确保案件事实的查清与责任的认定,又可以适时地将涉罪未成年人从共同犯罪中分离出来,以实现保障未成年人利益之目的。从问卷调查数据统计可知,分案起诉的特殊价值主要体现在以下几个方面:

首先,有利于实现未成年人个别化与特殊化保护。从表5.5可见,认为"利于未成年人个别化与特殊化保护"的受访者最多,占比为79.4%,公检法司办案人员、律师群体与社会大众认为"利于未成年人个别化与特殊化保护"的占比分别为83.6%、70.0%和71.6%。在司法实务中,共同犯罪案件相对复杂,参与人数众多,犯罪嫌疑人与案件事实纠缠在一起,使得办案人员在查清事实、搜集证据、确定起诉罪名等方面花费大量的时间和精力,以至于无心对涉罪未成年人进行个别化保护与特殊化矫治。而实行分案起诉可以弥补这一劣势,检察机关可以把起诉重心放到未成年人的矫正方面,切实贯彻"教育为主、惩罚为辅"的原则与"教育、感化、挽救"的方针,同时还可以避免将对成年人适用的起诉程序机械地套进未成年人的司法领域,减少普通起诉程序对未成年人产生的不良影响,可以更充分地考虑涉罪未成年人各自的身心特点、犯罪特点,有针对性地采取教育、感化、挽救等矫正措施。

其次,有利于防止被成年犯"交叉感染"。从表5.5可见,74.7%的受访者认为分案起诉的优点是"防止被成年犯'交叉感染'",公检法司办案人员、律师群体与社会大众认为"防止被成年犯'交叉感染'"的占比分别为78.6%、70.0%和65.8%,这也说明绝大多数受访者认为分案起诉有利于防止未成年人犯被成年犯"交叉感染"。确实,在绝大多数共同犯罪中,成年人大都处于主导地位,对未成年人起到不良的示范效应,如果将未成年人与成年人同案起诉,很容易对未成年人产生暗示,使未成年人产生各种各样的犯罪思想,不利于涉罪未成年人重归社会及人格重塑,这种现象在未成年人与成年人共同羁押的案件中尤为突出。

最后,有利于查明案件事实,提高诉讼效率。从表5.5可见,57.0%的受访者认为分案起诉"利于查明案件事实,提高诉讼效率",这表明超过半数的受访者对分案起诉有助于调整司法公正与效率的关系表示认可。分案起诉采用符合未成年人身心特点的讯问和起诉方式,以专案组起诉的模式消除未成年人的紧张情绪与抵触心理,引导其在相对轻松的环境下详细地叙述案件事实,同时提高诉讼的效率。当然,强调对未成年人的特殊保护,不能忽视对司法公正与效率之间关系的调整,在对未成年人合法权益的保护之余,要尽可能做到各种利益的均衡化,在坚持分案起诉的基础上兼顾诉讼效率,最终实现司法公正。

表 5.5 对未成年人刑事案件分类起诉优点认知的交叉分析

选项	整体	不同样本群体		
		公检法司办案人员	律师群体	社会大众
利于查明案件事实,提高诉讼效率	57.0%	63.4%	50.0%	42.3%
防止被成年犯"交叉感染"	74.7%	78.6%	70.0%	65.8%
利于未成年人个别化与特殊化保护	79.4%	83.6%	70.0%	71.6%
不清楚	6.9%	5.5%	7.5%	10.6%

二、分案起诉制度适用率低的实证分析

从北京、重庆、广州等地的试点情况来看,分案起诉在维护未成年人正当权益、防治未成年人犯罪方面具有显著成效,但是实践中存在着若干限制分案起诉适用的因素,妨碍了分案起诉应有价值的发挥。这些限制分案起诉适用的根本原因,既存在于分案起诉的法律规范本身,又存在于制度的运作逻辑层面。具体表现在以下几个方面:

其一,程序分离的司法理念并未深入实践。程序分离的司法理念是指导分案起诉制度设计和司法实际运作的理论基础,是决定共同犯罪案件分案起诉的重要因素,这种理念表现在司法体制、司法组织、司法程序中,并直接作用于司法人员,形成"行动中的法"即司法实践中的重要因素。[①] 通过问卷调查来看,受访者关于检察机关对共同犯罪

---

① 参见王申:《理念、法的理念——论司法理念的普遍性》,载《法学评论》2005 年第 4 期。

案件是否会分案起诉的认知,也可以从侧面检验程序分离的司法理念深入实践的情况。从表5.6可见,认为会分案起诉的受访者最多,占比为47.5%,30.0%的受访者认为"不一定,视案情而定",9.1%的受访者认为不会分案起诉,13.4%的受访者认为"不清楚"。从整体上而言,认为检察机关对共同犯罪案件会分案起诉的受访者的占比不到50%,这在某种程度上说明程序分离的司法理念并未深入未成年人共同犯罪案件的起诉程序中。

根据表5.6和表5.7的卡方分析,不同样本群体在这一问题上的认知具有显著差异,其中根据标准残差分析,公检法司办案人员(60.3%)选择会分案起诉的占比显著高于律师群体(26.3%)和社会大众(20.6%),律师群体(46.6%)选择"不一定,视案情而定"的占比显著高于公检法司办案人员(25.0%)及社会大众(37.1%)。这在某种程度上说明律师群体和社会大众对检察机关办理共同犯罪案件会分案起诉的信任度极低,同时表明程序分离的司法理念并未嵌入分案起诉制度中。

从表5.6中我们可以看出,从地区上看,东部地区受访者(52.2%)选择会分案起诉的占比显著高于中部地区(16.2%),而东北地区受访者选择"不一定,视案情而定"的占比显著高于其他地区。

表5.6 关于检察机关对共同犯罪案件是否会分案起诉认知的交叉分析

	选项	会	不会	不一定,视案情确定	不清楚	合计
	整体	47.5%	9.1%	30.0%	13.4%	100.0%
不同样本群体	公检法司办案人员	60.3%	8.9%	25.0%	5.8%	100.0%
	律师群体	26.3%	11.0%	46.6%	16.1%	100.0%
	社会大众	20.6%	9.0%	37.1%	33.3%	100.0%
不同地区	东部	52.2%	6.2%	23.2%	18.4%	100.0%
	中部	16.2%	10.8%	40.5%	32.5%	100.0%
	西部	44.7%	12.3%	36.3%	6.7%	100.0%
	东北	36.4%	—	45.5%	18.1%	100.0%

表 5.7　不同样本群体关于检察机关对共同犯罪案件是否会分案起诉的卡方检验

	值	df	渐进 Sig.（双侧）
Pearson 卡方	239.273ª	6	0.000
似然比	233.674	6	0.000
线性和线性组合	212.384	1	0.000
有效案例中的 N	1275		

其二,分案起诉的法律规范过于笼统和原则。在未成年人刑事诉讼程序中,广义的分案处理制度包括侦查阶段分开羁押与看管、起诉阶段分开审查与起诉、审判阶段分开审理与判决、执行阶段分开服刑与管教。然而,根据《刑事诉讼法》第 280 条的规定,未成年人与成年人应当分别关押、分别管理、分别教育,但并未在基本法层面规定分案起诉与分案审判规则。分案起诉主要规定在《人民检察院办理未成年人刑事案件的规定》第 51 条第 1 款、最高人民检察院《关于在检察工作中贯彻宽严相济刑事司法政策的若干意见》(以下简称《贯彻宽严相济刑事司法政策意见》)第 19 条等。例如,《贯彻宽严相济刑事司法政策意见》第 19 条规定了未成年人与成年人共同犯罪案件原则上分案起诉,但具体如何分案起诉并未列明。再如,《人民检察院办理未成年人刑事案件的规定》明确规定了分案起诉的四种例外情形。① 为了保持最高人民检察院规定的案件范围的一致性,有必要对《人民检察院办理未成年人刑事案件的规定》中的第一种情形进行修改。此外,该规定第 51 条第 1 款未对第二种情形中的"重大、疑难、复杂"作出明确解释,也未规定"可能妨碍案件审理"的具体情形,在实务中难以准确把握;第四种情形属于兜底性条款,没有任何限制条件,规定过

---

① 分案起诉的四种例外情形:①未成年人系犯罪集团的组织者或者其他共同犯罪中的主犯的;②案件重大、疑难、复杂,分案起诉可能妨碍案件审理的;③涉及刑事附带民事诉讼,分案起诉妨碍附带民事诉讼部分审理的;④具有其他不宜分案起诉情形的。

于笼统。①

其三,各地检察机关没有统一操作标准。继1996年上海市虹口区人民检察院开始试点分案起诉制度以来,北京、广州、重庆、贵阳、张家口等地陆续开展分案起诉的试点工作②,并取得良好的法律效果和社会效果。然而,分案起诉在各地取得良好社会效果之余,也暴露出各地检察机关适用分案起诉标准不一,导致"同案不同判"③问题。例如,上海市浦东区实行"三分开"模式,即分案移送、分案起诉、分案审理,保障了未成年人在刑事诉讼程序的各个环节都有专门的机构、专门人员在专门场所并适用专门程序对未成年人进行特殊保护。④ 从各地检察机关分案起诉的适用标准来看,存在一些突出问题:一方面是没有统一的适用细则,另一方面是分案起诉部门各不相同,有的地方检察院成立专门的机构负责起诉,有的仍旧附属于公诉科。可见,当前未检机构的发展很不均衡,仍有很大比例的基层检察院没有设立和配备专门负责未成年人起诉工作的机构和人员,导致无法为分案起诉

---

① 参见刘淑妹:《完善未成年人案件分案起诉制度》,载《检察日报》2013年7月3日,第3版。

② 关于分案起诉试点的地区,具体参见《西城检察院启动分案起诉制 未成年人犯罪单独公诉》,载东方律师网,https://www.lawyers.org.cn/info/fce4e2b63f07430a9b9ad49baec649d8,访问时间:2022年3月1日;《对未成年人进行司法保护 小河尝试分案起诉》,载搜狐网,https://news.sohu.com/20061210/n246930883.shtml,访问时间:2022年3月1日;《河北张北县检察院办理全市首例分案起诉分案审理案件》,载河北省张家口市张北县人民检察院官网,http://www.hezhangbei.jcy.gov.cn/zfba/201706/t20170614_2007674.shtml,访问时间:2022年3月1日。

③ "同案不同判"案例:上海某区法院曾办理一起宋某、王某、张某等人非法拘禁案,其中被告人宋某系未成年人,其他被告人均为成年人,予以分案起诉。未成年人庭判处宋某有期徒刑9个月,审理成年人的刑庭却认定被告人王某累犯,具有自首情节,判处其有期徒刑6个月;被告人张某具有自首情节,判处其拘役5个月。本案中未成年被告人宋某与其他成年被告人在犯罪过程中所起作用并无差异,然而判决结果差异较大,未成年人量刑较成年人重,显然有失公平。

④ 参见严剑漪、黄丹:《上海浦东法院"三分开"模式保障未成年人权益》,载中华人民共和国最高人民法院官网,http://www.court.gov.cn/zixun-xiangqing-9406.html,访问时间:2022年3月1日。

工作的顺利开展提供坚实的组织基础。①

三、分案起诉制度扩大适用的优化路径

提高分案起诉制度的适用率,一方面需要从转变司法理念、设置专门机构及配备专门人员方面努力,以期为制度运行提供坚实的组织基础;另一方面需要从细化制度本身着手,细化原则性规定,增强其在实务中的可操作性,保证分案起诉制度落地生根,具体优化路径可细化为以下三个方面。

(一)将程序分离的司法理念嵌入未检实践

程序分离的司法理念是未成年人刑事诉讼程序体系化的基石,程序分离作为未成年人刑事司法的重要理念之一,不仅对定罪量刑程序、辩护程序和调审分离等具有引导效应②,而且对分案起诉乃至分案处理均有指导作用。程序分离的司法理念只有用于指导分案起诉的实践才能实现其自身价值,因此,如何将程序分离的司法理念贯彻于未成年人刑事司法实践是需要进一步探讨的问题。笔者认为,应当将程序分离的司法理念根植于未成年人刑事起诉程序的宏观与微观两个层面。

在宏观层面,程序分离的司法理念的实现涉及未成年人刑事诉讼程序的基本方针及司法解释。在实行"教育、感化、挽救"方针的同时,要贯彻"双向保护原则",既要保障涉罪未成年人的合法权益,还要

---

① 有学者关于169名检察官的调查数据显示,有独立建制的少年检察机构的检察院共16家,占调查总数的9.25%;设立少年检察组的检察院共24家,占调查总数的13.87%;指定专人办理的检察院有72家,占调查总数的41.62%;既没有设立专门组织,也没有指定专门人员办理未成年人案件的检察院有57家,占调查总数的32.95%。具体参见赵国玲、徐凯:《未成年人分案起诉适用中存在的问题与改进建议——基于175份检察官调查问卷的实证分析》,载《中国检察官》2010年第1期。

② 关于程序分离在诉讼程序运用中的论述,具体参见陈瑞华:《定罪与量刑的程序分离——中国刑事审判制度改革的另一种思路》,载《法学》2008年第6期;谢鹏程:《论量刑程序的张力》,载《中国法学》2011年第1期;李浩:《调解归调解,审判归审判:民事审判中的调审分离》,载《中国法学》2013年第3期;等等。

教育其认罪服法,促使其主动向被害人赔礼道歉、赔偿损失,实现涉罪未成年人权利保护与被害人保护之间的均衡化与正当化。而就司法机关制定的司法解释而言,在指导分案起诉实践的过程中更应当以程序分离的司法理念为指引,使得司法解释的适用有利于程序分离的司法理念的实现。在微观层面,程序分离的司法理念的实现涉及实体法与程序法上的分案处理制度,从实体法维度确立违反分案起诉制度的救济与惩罚机制,从程序法维度确立分案起诉的具体标准与操作流程,使程序分离的司法理念贯穿于实体法与程序法的立法、司法和执法过程。

(二)细化分案起诉的适用标准与操作流程

从对法律及司法解释的分析可知,分案起诉的法律规范过于笼统和原则,并未实现预期的法律效果。针对这一问题,细化分案起诉的适用标准与操作流程显得尤为重要。

一方面,应进一步细化未成年人与成年人共同犯罪案件分案起诉的例外情形。在共同犯罪案件的分案起诉中,应当区分任意的共同犯罪和必要的共同犯罪①,当未成年人被指控的共同犯罪罪名在《刑法》上属于与成年被告人必要的共同犯罪的案件时,此类案件的分案起诉往往会产生事实认定、法律适用、证据采信和定罪量刑方面的障碍,因此这类案件不适宜分案起诉。但是在一些特殊情况下可以合并起诉,例如,当未成年被告人与成年被告人具有父母子女、兄弟姐妹等近亲属关系时,合并起诉并不会影响对涉罪未成年人的特殊保护和帮助矫正,而且亲属的悔罪与认罪也会间接地对未成年人悔改产生积极影响,所以这类案件可以合并起诉。

另外,《人民检察院办理未成年人刑事案件的规定》第51条第1款第4项"具有其他不宜分案起诉情形"作为兜底性条款,赋予检察机

---

① 关于必要的共同犯罪与任意的共同犯罪,其中,必要的共同犯罪是指在《刑法》分则中所规定的特定罪名的构成必须由2人以上来实施,缺乏2人以上的要件则不能构成该罪,它们是不能有单独犯的,必须由2人以上取得意思一致并共同实施才能构成犯罪。具体参见李宇先:《论必要的共同犯罪》,载《中外法学》2004年第4期。

关较大的自由裁量权,以确保个案公正与个案效率均衡化。当然,检察机关自由裁量权的行使必须在合法、合理、符合比例原则的限度内,兼顾司法效率,在合理期限内告知涉罪未成年人及其法定代理人、辩护人"其他不宜分案起诉"的理由与救济途径,其中应当要求检察机关在"不宜分案起诉"的理由部分充分释明案件事实、法律依据及形成裁断的心理历程,只有在充分释理和确保救济的情况下,才能保障未成年人的合法权益不被检察机关的自由裁量权所侵害①,同时,检察监督部门亦要做好相应的监督工作,以防止检察机关自由裁量权的滥用。

另一方面,细化分案起诉的操作流程。为了防止检察机关滥用自由裁量权而使分案起诉制度形同虚设,共同犯罪案件的分案起诉程序应采取"三步走"策略:第一步,承办检察官受理案件后应及时查阅卷宗,对案件进行全面审查,及时提讯涉罪未成年人和成年犯罪嫌疑人,在充分掌握案件事实与证据的基础上,确定是否符合分案起诉的适用标准。对于符合分案起诉标准的,应当及时制作分案起诉报告并备案。第二步,分案起诉的两个案件应由同一检察官承办,以避免因不同检察官承办所造成的审查意见不一、多次制作案件审查报告及混淆案件承办人等弊端。第三步,确保分案起诉的两个案件及时由同一审判组织进行裁决。承办检察官在作出分案起诉决定后,应当确立案件编号,并分别制作起诉书及出庭预案,分别起诉至人民法院,确保分案后的两个案件能够由同一审判组织在同日或7个工作日内进行裁决。此外,应当建立分案起诉的恢复机制,共同犯罪案件在审查起诉或法庭审理过程中,一些案件可能因出现新的情况而不适宜分案起诉,在此种情形下,如果案件仍处于审查起诉阶段,则由承办检察官提出合并起诉建议并备案;如果案件处于审判阶段,则由承办检察官通

---

① 参见谢安平、郭华主编:《未成年人刑事诉讼程序探究》,中国政法大学出版社2015年版,第130页。

过追加起诉或变更起诉的方式,建议法院并案审理①,以补救因分案起诉不当而造成的不良后果。

(三)促进未检机构的渐进式改革,保障分案起诉适用的组织基础

建构专业化和体系化的分案起诉制度,不仅需要理念的更新与技术的改良,而且需要有坚实的组织基础作为制度运作的支点。党的十一届三中全会以来,从起初的"摸着石头过河",到逐步形成一条具有中国特色的渐进式改革路径,我国渐进式改革已经走过三十多年的历程,现阶段正面临全面深化改革的重任,未检机构改革的最优路径即为渐进式改革,原因是我国尚处于法治的初级阶段,支撑现代法治的某些基本条件尚不完备,司法改革不能祈求尽善尽美、一步到位,而只能采取渐进式的方法,从逐步的技术性改良走向制度性变革②,渐进式改革植根于我国的本土文化,因其具有丰富性、独创性和深刻的实践意义而引起民众的广泛关注③,这同时也是一条具有重大理论意义和实践意义的改革道路。未检机构的渐进式改革,需要从技术性改良走向制度性变革,为分案起诉提供坚实的组织基础。

首先,促进未成年人检察机构渐进式发展。从各地基层检察院的考察可知,未检机构发展不均衡,组织形式各式各样,很多基层检察院没有建立专门的机构办理未成年人案件。经考察发现,美国已形成精细化和专业化的未检机构,"以华盛顿州克拉克郡为例,该郡检察院专设有未成年人检察科、儿童支持科(Child Support Division)及儿童虐待检察科(Child Abuse Prosecution Division),其中,未成年人检察科主要负责由警方转来的未成年人刑事案件,并协助当地未成年人法院处理微罪及缓刑违反案件"④。反观我国的未检机构设置,由于司法资

---

① 参见刘淑妹:《完善未成年人案件分案起诉制度》,载《检察日报》2013年7月3日,第3版。

② 参见龙宗智:《论司法改革中的相对合理主义》,载《中国社会科学》1999年第2期。

③ 参见张宇:《论中国渐进式改革的实质和经验》,载《中国特色社会主义研究》1999年第2期。

④ 张鸿巍:《美国未成年人检察制度》,载《国家检察官学院学报》2011年第3期。

源的有限性与分布的不均衡性,未检机构的改革不能祈求一蹴而就,只能采取渐进式改革方法,分阶段、分批次地完善未检机构的组织基础,即对于缺乏未成年人案件专门负责人员的检察院,应当优先指定若干名专职检察官负责未成年人案件的起诉工作;对于已经有专职检察官负责未成年人案件起诉工作的检察院,在时机成熟时可以考虑设立检察小组;对于已经设立检察小组的检察院,可以在条件具备的情况下,设立独立的未检机构;对于已经设立未检机构的检察院,可以在未检机构工作中不断总结分案起诉的经验和改革创新的路径,为未检机构建构专业化和体系化的分案起诉制度打下扎实的基础。

其次,配备一批专业化的未检专职人员。当前,我国未检制度发展所面临的最核心的问题,即是突破以理性的成人为假设对象所制定的规则的束缚,突破传统的重刑主义和报应主义[1],走向保护主义和帮教主义,实现从"国家公诉人身份"向"国家保护人身份"的转化。要实现这一转化,关键在于未检人员要从传统的"国家守夜人"角色中解脱出来,培养一批专业素养过硬的未检专职人员:一方面,未检人员需要具备专业化的职业素养。未检人员不仅需要具备心理学、犯罪学、教育学、管理学等专业的基础知识和相关法律知识,而且应当熟悉未成年人身心发展特点,善于做未成年人思想教育工作,以便帮助涉罪未成年人回归社会。另一方面,在机构编制上保证未检机构的常设性。改变未检机构编制因个人因素或者犯罪形势变化而随意废设的局面,唯有如此,未检人员才能够全身心投入未检工作中[2],也才能实现未检人员的职业化和精细化。

最后,完善并实现其他分案处理制度的完备化和体系化。要想实务中贯彻分案起诉制度,除需要具备自身的组织基础外,更重要的,还需要完善其他相应的配套措施。主要表现为:一方面,将分案起诉阶段适当前移至侦查阶段。对于未成年人与成年人共同犯罪的案件,不

---

[1] 参见姚建龙:《理解未成年人检察制度》,载《青少年犯罪问题》2007年第2期。
[2] 参见赵国玲、徐凯:《未成年人分案起诉适用中存在的问题与改进建议——基于175份检察官调查问卷的实证分析》,载《中国检察官》2010年第1期。

仅在侦查阶段要予以分别讯问、分别羁押,而且在立案与初步侦查后,即应当对其是否符合分案起诉的条件进行初步审查,符合条件的,应分别制作起诉意见书,并将案件材料分卷装订,分别以独立的案件卷宗形式移送检察机关审查起诉①,以便与分案起诉形成衔接。另一方面,完善分案审判与分案执行的配套措施。对于分案审判程序而言,应当探索在部分地区建立未成年人法院,配备专门人员及机构负责未成年人案件的审理工作,确保分案起诉在审判阶段落到实处;对于分案执行程序而言,执行阶段最关键的莫过于对涉罪未成年人的教育改造及重归社会的帮扶工作,这就需要良好的监管场所、硬件设施及优秀的干警,有针对性地对涉罪未成年人进行教育引导,保证其在重归社会的过渡阶段矫正良好,避免保护断层现象的发生,从实质意义上帮助涉罪未成年人改过自新,实现从分案起诉制度的专业化到分案处理制度的一体化。

第三节　未成年人社会观护体系建构

20 世纪 90 年代,上海市长宁区成立第一家"未成年人帮教考察基地",截至目前,北京、无锡、杭州、昆明、成都、厦门等多地试点了社会观护基地。从各地试点的情况来看,社会观护主要发挥三项职能:第一,对被检察机关作出附条件不起诉的涉罪未成年人进行帮教、技能培训和心理矫治;第二,为无法提供保证人且不能交纳保证金的涉罪未成年人提供保证人或保证金,并对涉罪未成年人进行观护教育;第三,协助司法行政机关对涉罪未成年人进行社区矫正,为不能赔偿被害人或无力缴纳罚金的涉罪未成年人提供弥补的机会。此外,有的观

---

① 参见周小萍、曾宁:《略论未成年人刑事诉讼中的分案起诉制度》,载《青少年犯罪问题》2000 年第 5 期。

护基地还负责观护教育被警察留置盘问的涉罪未成年人。① 从观护基地的职能可知,将涉罪未成年人置于观护基地进行观护,符合国家亲权理念、未成年人福利理念和恢复性司法理念,可以避免标签效应和染缸效应;符合我国对涉罪未成年人"教育为主、惩罚为辅"的原则和"教育、感化、挽救"的方针,可以严格限制适用逮捕羁押措施;同时也符合国际未成年人刑事司法的趋势和潮流,可以有效降低涉罪未成年人的羁押率和刑罚化倾向。然而,由于规范层面没有对社会观护体系进行明确规定,导致实务中对社会观护体系的功能与价值定位不准,各地社会观护的适用标准和运行状况也是千差万别。本节将通过典型个案、访谈座谈等方式明确社会观护体系的法律地位与价值,并从各地试点实践分析社会观护的本土实践样态,试图将社会观护上升为检察职能,以期实现未成年人社会观护体系的全面化和系统化,有效降低涉罪未成年人的羁押率与刑罚率。

一、社会观护的基本类型、职能定位与权利义务

上海市长宁区作为我国社会观护基地的发源地,在1994年成立"未成年人帮教考察基地",2009年又探索建立"就地观护、跨区协作、异地委托的三层立体式观护模式"。② 2012年上海华阳社区成立"未成年人观护基地",有效解决对"三无"涉罪未成年人(即无监护人、无固定住所、无经济来源)的社会观护问题。截至2019年10月,上海市共设立观护总站16个、观护点214个、观护基地48个,累计对5647名涉罪未成年人落实观护帮教,其中99.4%涉罪未成年人没有脱保或者重新犯罪,而是顺利回归社会。③ 除此之外,各地观护基地的试点也在

---

① 参见宋英辉等:《未成年人刑事司法改革研究》,北京大学出版社2013年版,第137页。
② 参见王福弟等:《探索构建涉罪未成年人三层立体式观护体系——以上海市长宁区人民检察院为研究个案》,载《青少年犯罪问题》2010年第5期。
③ 参见《未成年人司法社会工作服务体系建设研讨会在上海召开》,载澎湃网,https://www.thepaper.cn/newsdetail_forward_4892497,访问时间:2022年7月29日。

如火如荼地推进中,例如,江苏省无锡市检察机关通过动员社会力量建立涉罪外来人员管护教育基地,有效地解决了涉罪外来人员取保候审的司法难题①;北京市海淀区人民检察院提出"4+1+N"的观护模式,"4"即审查批捕、审查起诉、监所检察、犯罪预防四项检察职能,首次提出"捕诉监防一体化"的未检工作模式,依托社工队伍的力量,对涉罪未成年人开展专业化和全面化的观护②;大连市西岗区也建立了未成年人社会观护体系,该体系由365社会观护站和365观护基地构成,分别设在365市民大楼和365外来人口综合服务中心,以破解实务中涉罪未成年人高逮捕率、高起诉率等现实问题③。这些地方的试点经验和创新模式,为勾勒社会观护体系的基本范式,明确其职能地位及权利义务提供了行之有效的分析样本。

(一)社会观护基地的基本类型

从北京、上海、杭州、重庆、昆明、钦州、成都、广州、无锡、江阴等地试点的观护基地来看,按照不同的分类标准,可将观护基地分为若干类型。首先,按照主导观护活动的主体机关不同,可以将观护基地分为社区主导的观护基地、检察机关主导的观护基地、司法行政机关主导的观护基地和多元主体主导的观护基地四种类型。(1)社区主导的观护基地以社区为单位,充分调动社区力量实施观护。这类观护基地以重庆市渝北区、沙坪坝区为典型代表,检察机关与相关社区签署帮教协议,建立观护基地,逐步在各社区设立社区观护办公室,成员包括检察机关工作人员和社区观护人员,充分发挥社区、各机关团体、学校、家庭、企业的作用,建立完整的社区观护体系。④(2)检察机关主

---

① 参见苏文海:《江苏无锡:管护教育基地有望地方立法》,载《检察日报》2011年5月16日,第4版。

② 参见杨新娥主编:《4+1+N:未成年人检察的实践与探索》,中国检察出版社2015年版,第8页。

③ 参见王晓雨、于艳新:《西岗区建立全省首个未成年人社会观护体系》,载《大连日报》2015年9月28日,第2版。

④ 参见盛宏文:《微罪被不起诉人社区帮教工作机制探索》,载《中国刑事法杂志》2012年第1期。

导的观护基地以检察机关为主要倡导者,基本包揽所有的观护活动,这是探索建立观护基地的初期。(3)司法行政机关主导的观护基地在全国多地较为普遍,涉罪未成年人的户籍所在地司法局(所)协助检察机关做好日常观护、帮教工作,以弥补检察机关人力不足和不能个别化观护的缺憾。然而,司法局往往在矫正观护的手段上难以区分社区矫正对象和社区观护对象,容易给未成年人贴上"罪犯"的标签。(4)多元主体主导的观护基地,以大连市西岗区为代表,西岗区人民检察院联合区365市民大楼、公安、司法、团委、妇联等13个职能部门参与构建①,并与观护点、观护站及特殊观护基地签署观护协议,依靠政府、学校和社区等多方面力量,采用教育、观护等方法挽救和预防未成年人犯罪。

其次,按照是否采取分类观护,可以将观护基地分为分类式和非分类式两种类型。考察各地观护基地的分类标准,其主要是按照性别、年龄、是否为在校学生或者其他标准,结合涉罪未成年人的自身特点,将其放在相应的观护基地进行矫治和帮教。以重庆市沙坪坝区人民检察院的沙区模式为代表,针对未成年人的不同情况,把不捕、不诉的未成年人分为三类,即实施涉嫌犯罪的行为之前是在校学生的、有工作单位的、既非在校学生也没有工作单位的,分别责成未成年人所在学校、工作单位或者关爱基地对其进行观护,解决其在观护过程中在心理、学习、就业、生活等方面遇到的困难,矫正涉罪未成年人的不良心理和行为,促使其顺利回归社会。②

再次,按照是否集中观护进行分类,可将观护基地分为个别式和集中式两种类型。个别式采用一对一的帮教形式,针对涉罪未成年人的犯罪行为、心理特征和社会危害性等,进行个别社会化的帮教监督机制,并对其身份保密,积极与犯罪记录封存制度相衔接,以尽可能避

---

① 参见王晓雨、于艳新:《西岗区建立全省首个未成年人社会观护体系》,载《大连日报》2015年9月28日,第2版。

② 参见李昌林、陈川陵:《未成年人刑事检察工作的沙区模式研究》,载《南京大学法律评论》2013年第1期。

免交叉感染。而集中式采取将同类型涉罪未成年人统一安排在一个基地进行帮教的方式，这样的观护方式有利于节约司法资源，但不利于涉罪未成年人犯罪行为和心理问题的个别化矫正，也容易造成交叉感染。各地的观护基地既有个别式的，也有集中式的。

最后，按照限制涉罪未成年人自由程度的不同，可将观护基地分为开放式和半开放式两种类型。在开放式观护中，涉罪未成年人可以自由出入基地，仅需遵守基地相关纪律；而半开放式观护则要求涉罪未成年人不得离开观护基地外出活动，若有事确需离开，必须经过有关部门批准。这种不同程度的限制人身自由的观护方式，为我国建立强制程度不同的层级式非羁押措施体系提供了有益经验。

对于存在一定风险但应当羁押或起诉的涉罪未成年人，可以采取半开放式的甚至更严的观护措施；对于不具有社会危险性或危险性较小的涉罪未成年人，可以采取开放式的观护措施，并按照一定标准进行分类化与个别化的方式帮教，以取得较好的法律效果和社会效果。

(二) 社会观护的职能定位

从国际公约维度考察社会观护的职能定位，公约已明确将对涉罪未成年人开展社会观护的内容纳入其中。例如，根据《儿童权利公约》第40条规定，应当尽可能对未成年人采用非监禁方式开展指导、辅导、察看、寄养、教育和职业培训等，以符合未成年人福利理念。《北京规则》第11条"观护办法"的"说明"，将社会（社区）观护作为代替未成年人刑事诉讼程序的可行办法，并明确对社会观护等一切有利于开展未成年人观护的措施予以肯定和鼓励。再依据《利雅得准则》第6条、第9条、第10条和第60条的规定，以社区为基础，联合劳工、儿童保育、卫生教育、社会、执法、司法机关等部门制定预防未成年人犯罪的方案，整合社会各方力量开展未成年人犯罪预防机制。从国际公约的有关规定可知，公约从宏观层面将社会观护确立为保障涉罪未成年人合法权益的处遇措施，其不仅为涉罪未成年人适用非羁押性措施和非监禁刑提供了可能，而且在预防涉罪未成年人再犯方面发挥了重要功能。

从国内法律及司法解释维度分析社会观护的职能定位,《刑事诉讼法》第277条确立了未成年人的"教育、感化、挽救"方针和"教育为主、惩罚为辅"原则,并规定对未成年人应当限制适用羁押性措施和监禁刑,而社会观护正是替代羁押和监禁的传统帮教模式的帕累托最优。《预防未成年人犯罪法》第4条和《未成年人保护法》第6条均明确规定,可以集结家庭、学校、政府、司法机关等社会各界力量履行保护和预防未成年人犯罪的法律职责,同时为汇集各方社会力量参与社会观护工作提供了法律依据。此外,最高人民检察院《关于进一步加强未成年人刑事检察工作的决定》和《检察机关加强未成年人司法保护八项措施》,均明确检察机关要以政府购买服务等方式,将观护帮教、心理疏导、社会调查、合适成年人参与和附条件不起诉的监督考察等工作,交由专业社会力量承担,逐步建立并完善司法借助社会专业组织的长效机制。可见,国内相关法律及司法解释,不仅从基本原则、方针方面确立了可以开展社会观护等方式保护和帮教未成年人,而且可以联合家庭、学校、政府、社会团体等各方力量对未成年人开展社会观护活动。

无论是国际公约,还是国内法律及相关司法解释,均明确社会观护在保护未成年人和预防未成年人犯罪方面的功能与价值,也都明确司法机关可以整合家庭、学校和政府等社会力量进行社会观护,以对涉罪未成年人开展相应的考察、教育、挽救工作。可见,从职能定位视角而言,社会观护体系是未成年人刑事诉讼程序的社会支持体系和未成年人犯罪预防的社会保障系统。具体而言,社会观护的职能定位包括以下几点:首先,预防涉罪未成年人重新走上犯罪道路。检察机关负有整合家庭、学校、社工组织、企事业单位等社会力量,共同对涉罪未成年人开展教育考察、观护帮教工作的职责。其次,为涉罪未成年人提供适用非羁押性措施和非监禁刑的观护条件,贯彻以非羁押(非监禁)为原则,以羁押(监禁)为例外的理念。再次,为检察机关的起诉与否和法院的定罪量刑提供参考依据。涉罪未成年人在社会观护期间的认罪态度、悔罪表现、观护效果等均可作为起诉与否、定罪量刑的参考因素,例如,很多法官就谈道:"会对未成年人观护期间的观护效果进行考虑,对观护效果良好的涉罪未成年人适用缓刑、减轻处罚、从轻处罚或免除处罚。"最后,能够保障涉罪未成年人刑事诉讼程序顺利进行。观护基地的主要功能之一,是协助有关机关监督涉罪未成年人遵守相关规定,保证其不逃避侦查、起诉和审判,不妨碍诉讼顺利进行。

(三)社会观护人员的权利与义务

在法律关系上,权利是义务的关联词或对应词,两者相辅相成,有义务即有权利,有权利即有义务,两者互为目的、互为手段。① 同样,观护基地享有的权利与负担的义务应当是均衡的,当涉罪未成年人进入观护基地时,观护基地就有权利对观护对象进行监督、考察和矫正;而当观护基地由于自身疏忽大意而造成涉罪未成年人逃脱或者再次犯罪时,基地及相关人员就应当接受相应的惩罚或者追究相关人员的责任。从各地试点的观护基地运行实践来看,观护人员享有的权利与承担的义务是不对等的,例如,根据《无锡市涉嫌犯罪外来人员管护教育基地建设若干意见(试行)》的规定,管护基地及相关人员应当履行的义务包括保障管护对象基本的生活条件、提供职业技能培训、投保人身意外伤害险、管护对象擅自离开则及时报告以及为管护对象推荐合适担保人等,而管护基地享有的权利仅限于获得表彰和奖励、获得领导小组指导与建议。② 可见,无锡市管护教育基地及相关人员享有的权利和负担的义务是不均衡的,这种权利义务的不对等将会导致观护基地及相关人员参与的积极性受挫,而且不利于保护与帮教涉罪未成年人及观护机制的推广。

笔者认为,应当从法律及司法解释层面确立观护基地的权利和义务体系,明确观护基地及相关人员承担的义务和享有的权利,以实现权利与义务的均衡化。一方面,观护基地及相关人员应当积极履行相

---

① 参见沈宗灵:《权利、义务、权力》,载《法学研究》1998年第3期。
② 《无锡涉嫌犯罪外来人员管护教育制度地方立法研讨会(一)》,载正义网直播,https://live.jcrb.com/html/2010/457.htm,访问时间:2022年8月7日。

应的义务。这些义务主要包括:(1)为观护对象提供住宿和基本的生活保障。(2)对观护对象进行观护教育。观护基地不仅要为涉罪未成年人提供住宿和基本的生活保障,而且还要进行观护教育,观护教育的内容为:限制涉罪未成年人的活动场所,使涉罪未成年人定期进行思想汇报,对涉罪未成年人开展心理辅导,增强涉罪未成年人的法律意识和培养涉罪未成年人的工作技能等。[①] (3)对观护对象进行风险评估。在涉罪未成年人进入观护基地或被准予离开观护基地时,应当对涉罪未成年人的犯罪行为危险性和社会危害性等进行评估,以确定该未成年人是否适宜观护或能否帮教成功。(4)为观护对象交纳保证金或提供保证人。例如,在对涉罪未成年人适用取保候审或监视居住时,有合适保证人或交纳保证金是适用非羁押性措施的条件之一,观护基地在涉罪未成年人无法提供保证人或交纳保证金时,应当为其提供适格保证人或代交保证金,从而尽可能使其适用非羁押性措施。(5)出具观护期间的情况证明。针对观护对象在观护基地期间的表现,观护基地及相关人员应当记录、建档,定期考察并记录观护的活动和教育事项,以作为检察机关是否作出起诉决定和法院定罪量刑的重要参考。(6)严格遵守观护期限,不得任意延长。如需延长涉罪未成年人的观护期限,必须经过相关主管部门或上级部门的审批和备案,以免超过案件的办理期限。

另一方面,观护基地及相关人员应当被赋予一定的权利。享有的权利应该以承担的义务为基础,即一个人所享有的权利应该等于他所负担的义务,而他所行使的权利则应该至多等于他所履行的义务。[②] 因此,观护基地及相关人员应当被赋予的权利主要包括:(1)获得政府的补贴或补助;(2)自主决定观护的内容。例如,对涉罪未成年人进行教育考察,教育考察的内容包括:思想道德教育、认罪服法教育、心理健康教育、法治教育、生活辅导、期满总结教育和社会保障政

[①] 参见宋英辉等:《未成年人刑事司法改革研究》,北京大学出版社2013年版,第146—149页。

[②] 参见王海明:《论权利与义务的关系》,载《伦理学研究》2005年第6期。

策教育等,具体采取哪几项内容则由观护人员自主决定,不受其他司法行政机关的干扰。(3)一定的申诉、建议权。对涉罪未成年人是否作出起诉决定及定罪量刑情况,观护基地及相关人员具有一定的申诉、建议权,因为他们是对涉罪未成年人认罪态度、悔罪表现等情况最清楚的人,赋予他们一定的申诉、建议权,有利于树立司法权威,并保证实体公正。(4)在税收方面获得适当优惠。观护基地本身并非以营利为目的,享有适当的税收优惠,有助于调动企业、社会组织等参与的积极性。另外,负担义务就意味着承担相应的责任,当观护基地消极履行帮教职责时,司法机关可责令其检讨或具结悔过,如果发生涉罪未成年人脱逃或再次犯罪等严重情形的,除撤销观护基地资格外,还可以对该基地处以罚款或追究基地观护人员的责任。[①]

二、问题与反思:社会观护的本土实践样态

诚如苏力先生所言:"作为一种制度的现代化法治之所以不可能靠'变法'或移植来建立,必须从中国的本土资源中演变创造出来,还有另外一个理由,即知识的地方性和有限理性。"[②]同样,我国的社会观护实践具有地方性的特征,一方面不能仅仅依靠变法或移植来寻求问题的出路,另一方面不能试图以个别人或少数人的有限理性来规划构建一个尽善尽美的观护体系,而需要从各地实践中寻找社会观护的问题根源,并从问题的根本角度出发提出一些切实可行的优化路径。本部分笔者将结合实地考察与访谈座谈的素材,剖析社会观护存在的根源性问题,为建构社会观护体系奠定基础。

(一)社会观护的相关法律规范尚未形成一体

从各地社会观护的运行现状考察,有些地方的社会观护正在如火如荼地推进中,而有些地方的社会观护却毫无开展的迹象,特别是

---

① 参见宋英辉等:《涉罪未成年人审前非羁押支持体系实证研究》,载《政法论坛》2014年第1期。

② 苏力:《法治及其本土资源》(第3版),北京大学出版社2015年版,第19页。

一些西部少数民族地区①,问题的根源在于社会观护的相关法律规范尚未统一,且在基本法层面尚未确立社会观护制度。对于各地正在试点的社会观护而言,开展社会观护的主要依据是一些法律原则及地方性法规,其存在相关立法层次普遍不高、地方立法形式分散、地方立法技术粗糙及地方立法尚存诸多空白等问题。具体而言:首先,法律规范层级普遍不高。当下,我国以《宪法》为根本法,制定了包括《刑事诉讼法》《未成年人保护法》《预防未成年人犯罪法》《义务教育法》等在内的一系列法律法规,基本形成了相对完整的未成年人法律体系。但是,关于建构社会观护的法律及司法解释却鲜有见到,主要依据仍是一些地方性法规。以观护基地开展起到模范效应的无锡为例,江苏省无锡市出台了《涉嫌犯罪外来人员管护教育基地工作条例》(《管护教育工作条例》)、《外来人员关护基地工作实施细则》(《关护基地实施细则》)、《关于建立关护教育基地平等保护涉罪外来人员取保候审权利的工作意见》(《关护基地工作意见》)和《关于成立涉罪外来人员关护基地领导小组的决定》(《关护基地决定》)等,从法律位阶上来看,各地建立社会观护基地的依据是一些地方性条例、决定、实施细则或工作意见,缺乏统一的法律及司法解释。

其次,地方性"法规"形式分散且立法技术较为粗糙。从无锡市开展社会观护的情况观察,其规范散见于《管护教育工作条例》《关护基地实施细则》《关护基地工作意见》《关护基地决定》等四部地方性"法规"。许多关于社会观护的地方性"法规"之间概念的使用呈混乱状态,有的概念之间存在内涵交叉的现象,有时容易产生冲突。例如,"观护基地"一词,有的地方使用"关护基地""管护基地"等概念,这些概念的含义存在交叉,内涵不明确,甚至在同一地区同样存在用语不一的现象。此外,各地方性"法规"之间的协调性差,重复性规范较

---

① 笔者在与凉山某基层检察院副检察长访谈时,该检察长谈道:"我们检察院暂时没有成立未检科的计划,涉罪未成年人的起诉工作仍由公诉科负责,检察院的工作重心仍然是公诉和检察监督,也暂时没有打算与相关部门成立社会观护基地……"考察西部多个少数民族地区,都存在此类型问题。

多,可操作性不强。最突出的例子莫过于各地基层的"观护基地实施细则"多数照搬照抄上一级机关制定"观护基地条例",导致实施细则的可操作性不强。

最后,地方性"法规"存在立法空白。由于社会观护相关地方性立法存在立法漏洞,导致各地的探索出现了模式不一、观护对象不一、职能定位不同、机构设置各异、基地权利义务要求不一等情况。例如,有地方的观护基地将观护对象扩大至外来的涉罪未成年人及一些具备取保候审条件但无法提供保证人或交纳保证金的涉罪未成年人,而有地方的观护对象依然仅限于本地户籍,对于外地的涉罪未成年人,仍然采用送回原籍的方式进行处遇。对于如何防范涉罪未成年人接触各类不良信息,例如互联网上的色情信息、电视电影中的暴力信息、色情暴力类书刊等,现行地方性"法规"尚存在不少空白,往往导致未成年人正常获取信息的权利受到侵害和剥夺。①

(二)社会观护实践呈现标准不一与帮教失灵现象

由于我国的社会观护尚处于摸索期,从各地观护基地的运行实践情况来看,其呈现出观护职责履行不到位及帮教失灵的现象,具体表现在以下几个方面:其一,执行机构不一、参与力量不足。各地社会观护的执行机构各不相同、各具特色,缺乏统一的执行机构具体负责观护工作的开展,导致观护体系的运行没有达到预期效果,有地方的社会观护由检察机关主导,有的由社会组织主导,有的则由地方司法局(所)主导,更有甚者由法院主导社会观护工作的展开。从表5.8可见,认为"观护主体模糊,职责不清"的受访者,占比为75.8%,公检法司办案人员、律师群体和社会大众选择"观护主体模糊,职责不清"的占比分别为81.8%、72.9%和60.3%,这也表明绝大多数受访者认为我国社会观护机制存在观护主体模糊、职能不清的现象。在理想状态下,各地观护工作是由公安机关、检察机关、审判机关、团委、妇联、家

---

① 参见吴鹏飞:《我国儿童法律体系的现状、问题及其完善建议——以域外相关法律体系为借鉴》,载《政治与法律》2012年第7期。

庭、学校、社区、企业、基层组织、志愿者组织和社工组织等各方力量共同组建、共同参与的,而通过实地考察可知,绝大多数地方的社会观护基地,实际上仅有爱心企业或社工组织在承担观护工作,总体数量偏少,发展也很不平衡,真可谓"形式上为共同参与,实质上为挂牌参与",这与调查问卷的统计结果相互印证。

表5.8 我国社会观护机制存在的主要问题的交叉分析

选项		公检法司办案人员	律师群体	社会大众	合计
观护主体模糊,职责不清	人数(人)	692	86	184	962
	百分比	81.8%	72.9%	60.3%	75.8%
观护组织缺乏规范化	人数(人)	742	95	230	1067
	百分比	87.7%	80.5%	75.4%	84.1%
观护覆盖率低,落实不到位	人数(人)	719	92	228	1039
	百分比	85.0%	78.0%	74.8%	81.9%
观护举措单一,效果不明显	人数(人)	659	79	172	910
	百分比	77.9%	66.9%	56.4%	71.7%
其他问题	人数(人)	57	8	31	96
	百分比	6.7%	6.8%	10.2%	7.6%

其二,观护人员缺乏专业性和稳定性。从理想视角而言,观护基地正常运作的前提是,决定机关与执行机构相互配合。而在观护实践中,观护工作的开展主要依赖于社工组织,由于缺乏相应的社工组织资格准入机制,导致观护方式和观护效果参差不齐。在未成年人社会观护机制存在的主要问题的问卷调查中,从表5.8可见,认为"观护组织缺乏规范化"的受访者最多,占比为84.1%,公检法司办案人员、律师群体和社会大众,认为存在这一问题的占比分别为87.7%、80.5%和75.4%,这也表明司法行政机关对这一问题的看法基本一致。探究问题产生的根源,其主要包括两个方面:一方面,决定机关不能为观护人员提供专业化的技能培训。虽然一些未检人员经过相关专业知识的

培训,但是在办案之余要完成专业性高、延时性长的技能工作培训,对于未检人员来说确实要求过高。另一方面,社工队伍自身职业化素养有待提高,稳定性需要加强。目前,我国社工组织的相关体系建设、配套措施等方面还不够完善,导致社工队伍的职业化、专业化水平还不够高。此外,社工组织在观护工作方面投入的人力、物力较大,而相应的薪酬体系、职业保障等机制又不够健全,从而导致社工队伍的流动性较大,观护工作难免受到影响。

其三,观护职责落实不到位,导致帮教失灵。当前社会观护制度缺乏明确的法律依据,相关理论研究存在滞后性,而且观护参与主体的范围不明,观护人员职责不清、合法地位受质疑,导致实践中社工组织开展社会观护"名不正言不顺"。通过问卷调查统计分析可知,认为"观护举措单一,效果不明显"的受访者占比为71.7%,这也说明实践中确实存在观护职责落实不到位的现象,导致观护效果不明显。

从上文的论述中我们知道,观护基地及观护人员应当履行以下职能:为未成年人提供住宿和基本的生活保障,提供观护教育,进行风险评估,交纳保证金或提供保证人等,但由于观护工作缺乏专业人才,导致社会观护帮教职责落实不到位。此外,社会力量参与的相关法律规范不健全,负责统筹社会观护建设的政府部门缺位,政府购买社工组织服务等配套制度不到位,严重制约了社会观护体系在全国的推广。以经费保障不到位所导致的问题为例,资金短缺往往成为制约社会组织持续参与的原因①,这些因素共同作用导致社会帮教失灵现象发生。

(三)外地涉罪未成年人适用社会观护的概率普遍较低

随着互联网经济的快速发展,未成年人的流动也日趋频繁,外地未成年人犯罪案件呈逐年上升的趋势,这已是刑事司法实践中面临的突出问题,东部沿海地区尤为严重。从表5.8可知,认为"观护覆盖率低,落实不到位"的受访者占比为81.9%,其中,公检法司办案人员、律

---

① 参见宋志军:《论未成年人刑事司法的社会支持体系》,载《法律科学(西北政法大学学报)》2016年第5期。

师群体和社会大众对这一问题的认识基本一致,占比分别为85.0%、78.0%和74.8%。在司法实践中,由于部分司法机关办案人员执法观念落后,对外来涉罪未成年人适用非羁押措施风险较大,以及相应司法保护制度、社会观护体系不具备或者不完善,导致外来涉罪未成年人与本地涉罪未成年人没有得到同等的保护,突出表现为外来涉罪未成年人取保候审和非监禁刑的适用率较低,适用非监禁刑的形式较为单一,同时缺少社工组织的观护。①

笔者在实地考察Z省J区时发现,对于外来涉罪未成年人,即使在符合取保候审或监护居住条件的情况下,由于他们的监护人不在身边,无法提供适格的保证人,也无法交纳保证金,加之没有固定的居所,一般司法机关办案人员倾向采取逮捕措施,从而造成大量外地涉罪未成年人被羁押。在与一位Z省J区有着多年办案经验的基层法官访谈时,该法官谈道:"对于外地涉罪未成年人,办案机关首先会考虑将其送回户籍所在地办案机关进行处遇,而该地办案机关仍会采取羁押性措施,另一种则是就近处遇,由于没有监护人在身边,又没有固定居所,也会采用羁押性处遇措施。"②对外地涉罪未成年人普遍适用羁押性措施,既造成了司法成本的大幅度浪费,同时侵害了外地涉罪未成年人获得平等保护的权利,违反了未成年人利益最大化原则,也不利于涉罪未成年人后期的观护与回归社会。

(四)观护基地与政府、决定机关之间权责不明

在各地的社会观护制度试点中,政府与观护基地之间的关系单一化,而决定机关与观护基地之间的关系则处于凌乱状态。具体从两个方面进行阐述:一方面,社会观护体系的运作绝大多数依赖于政府的财政支出。在观护实务中,社会观护工作多数由政府推动开展,少数地方吸收社会公益组织参与,观护人员大多数由政府聘用,所需经

---

① 参见严明华:《检察机关深入推进预防未成年人犯罪社会管理创新工作的途径探索》,载《青少年犯罪问题》2010年第S1期。
② 该访谈进行于2016年9月1日,编号为:IN1611X。

费也由当地政府进行财政拨款。这种单一化的政府财政支持模式,一则不利于社会观护体系在全国推广,比如在一些相对落后的西部民族地区,可能因为没有地方政府的财政支持,而没有相应的经费建立观护基地及聘用观护人员。二则不利于理顺政府与观护基地之间的关系,观护基地的建立依赖于当地政府财政的支出,可能导致两者之间的关系沦为领导与被领导的关系,观护基地不再具有"社会"成分,绝大部分观护人员也演变为公职人员。

另一方面,观护基地与决定机关之间权责不清。考察多个地方的观护实践发现,司法行政机关拥有较大的自由裁量空间,权力较大容易造成现有观护体系中决定机关占主导地位的局面,公检法司机关不仅决定着社会观护的适用与否,也决定着观护措施、观护内容及观护起止期限。以涉罪未成年人的取保候审和监视居住为例,按照《刑事诉讼法》的规定及法理分析,取保候审和监视居住由公安机关执行,公安机关主导着社会观护程序的运行,观护基地及观护人员承担着对涉罪未成年人监督、辅导与帮助的职责。但是在实践中,这种主导关系往往导致"决定机关怎么说,观护基地及观护人员怎么做",没有理顺两者在社会观护中的角色定位和各自的权责。

三、应然与实然之弥合:社会观护体系化的建构

社会观护体系的建构与完善需要经历一个长期的过程,按照"保护理念化、观护模式化、运行规范化、管理专业化、主体多元化"的发展思路,需要积极改善软硬件设施,持续创新观护形式,不断提升观护帮教成效,在这个过程中,一方面需要因地制宜,有选择地借鉴域外成熟经验,实现本土资源与域外经验的良性互动;另一方面需要总结地方试点的有益经验,从各地实践探索中汲取养分。

(一)逐步实现社会观护相关立法的体系化

针对社会观护方面的相关法律规范层次普遍不高、规范形式分散、立法技术粗糙及尚存诸多空白等问题,需要采取科学合理的措施来建构社会观护方面的法律体系,实现未成年人权利保障的可视化。

具体而言,首先,需与国际公约中相关的社会观护条款形成有效衔接。根据"条约必须遵守原则"[①],我国作为联合国主要成员国之一,理应遵守国际公约中有关社会观护的条款。例如,根据《公民政治权利公约》第10条、《儿童权利公约》第40条、《北京规则》第11条及《利雅得准则》第6条、第9条、第60条等有关社会观护内容的规定,我国应当通过《宪法》《刑事诉讼法》《未成年人保护法》《预防未成年人犯罪法》等法律法规确立社会观护制度,对涉罪未成年人原则上适用非羁押性措施或非监禁刑,形成以国际公约为蓝本,以《宪法》为基础,以《刑事诉讼法》《未成年人保护法》等法律为重点的有关社会观护职能定位和权利义务的完整的法律体系。

其次,完善地方性法规,使其具有可操作性。要制定出良好的有关未成年人社会观护的地方性法规,"就应当确定地方立法良法的形式标准和实体标准,形式标准应当符合执行性标准、地方性标准、可操作性标准、恪守立法权限标准等,同时,实体标准应当符合保护人身权标准、保障参与权标准、保护隐私权标准、保障平等受教育权标准和特殊未成年人的权益保护标准等"[②]。其中,地方性法规要具有可操作性,简而言之即是所立的法规条文要有针对性、适用性,要管用、实用,能解决实践难题。[③] 例如,结合地方试点的有益经验,明确观护基地的职能定位、权利义务及归责原则等,使关于社会观护的地方性条例及实施细则具有可操作性。

最后,通过创新性立法弥补地方性法规的立法空白。目前,鉴于社会观护方面的立法经验不足、对象特殊、时机不成熟、社会关系尚未定型等,存在立法空白在所难免,通过创新性地方立法弥补立法空白,可以填补法律、法规的空白以实现社会观护的职能。创新性地方立法要求观护基地以保护未成年人人身安全为优先,以适用非羁押性

---

① 王庆海等:《与国际法上条约必须遵守原则相悖的研究》,载《社会科学战线》2010年第3期。
② 周伟:《未成年人地方立法良法标准实证研究》,载《法学论坛》2014年第5期。
③ 参见李高协:《地方立法的可操作性问题探讨》,载《人大研究》2007年第10期。

措施或非监禁刑为优先,以就近观护帮教为优先,以最大限度为涉罪未成年人提供社会观护为目标等,以弥补立法的缺陷。

(二)建构复合型、专业化的社会观护体系

在各地试点的社会观护制度中,有已取得良好的法律效果和社会效果的,一方面,各地陆续建立了涉罪未成年人社会观护机制,为办案机关对涉罪未成年人适用非羁押性措施或非监禁刑提供了可能。以上海市观护体系建构情况为例,截至 2015 年 6 月,上海市检察机关共建立观护总站 17 个,观护点 215 个,成立观护基地 68 个,已有 2984 名涉罪未成年人被纳入观护体系帮教,其中非沪籍涉罪未成年人 2294 人,占比 76.9%。① 另一方面,涉罪未成年人的个案观护效果显著,逐步实现司法专业化与观护社会化的有效结合。例如,未成年人陈某盗窃案②和未成年人黄某某、施某某容留他人吸毒案③等,均实现了使涉罪未成年人重返校园、重新融入社会之目的。针对实践中存在的观护职责履行不到位及帮教失灵的现象,笔者提出了建构复合型、专业化

---

① 参见吴燕:《涉罪未成年人社会观护体系的构建与完善》,载《预防青少年犯罪研究》2015 年第 5 期。

② 参见肖凤珍等:《云南昆明:编好"社会观护网" 打好"情感帮教牌" 修好"制度规范路" 探索办理未成年人案新路径》,载《检察日报》2015 年 1 月 5 日,第 2 版。

③ 未成年人黄某某、施某某容留他人吸毒案,是笔者在实地考察 A 省 Q 市 H 区人民检察院时,该检察院提供的,由于未成年人案件的不公开性及涉及个人隐私,笔者对本案人名、地名等进行了技术化处理,以保护未成年人的隐私。基本案件:2013 年 9 月 1 日,犯罪嫌疑人施某某和黄某某在 Q 市金巢 KTV 订了 V05 包厢过生日,邀请朋友邓某某、陈某某等 11 人到所开的包厢内玩耍。其间,犯罪嫌疑人施某某和黄某某容留上述人员在包厢内吸食毒品氯胺酮,后被公安民警抓获,并缴获疑似毒品氯胺酮 1 小包,自制吸毒工具 1 批,用于包装毒品的氯胺酮小塑料袋 1 包。经提取尿样检测,上述 11 人检测结果均呈阳性。经物证检验鉴定:缴获的毒品含有氯胺酮。公安民警遂于 2013 年 11 月 13 日向检察机关提请批准逮捕犯罪嫌疑人黄某某、施某某,检察机关于 2013 年 11 月 28 日对黄某某、施某某作出批准逮捕的决定。2014 年 3 月 10 日公安机关向检察机关移送审查起诉。2014 年 6 月 19 日,检察机关决定对施某某、黄某某适用附条件不起诉,设定为期 6 个月的考验期。经过 6 个月的观护考察、心理疏导和回访跟踪,检察机关最终于 2014 年 12 月 23 日对黄某某、施某某作出不起诉决定,同时对不起诉进行宣告。本案作为社会观护取得良效的典型案件,笔者将结合个案分析社会调查、心理疏导及观护过程,以试图建构复合型、专业化的社会观护制度。在此由衷感谢 H 区人民检察院检察官提供典型的观护个案,并热情地接受访谈、座谈与问卷调查。

的社会观护体系,在总结地方有益经验之余,有选择地借鉴域外成熟经验。具体可细化为三个方面:

其一,建构复合型观护主体,发挥各参与主体的功效。从未成年人黄某某、施某某容留他人吸毒案的个案观护中,笔者观察到,社会观护的流程主要包括:观护对象的确认→文书的转接及衔接→成立观护小组→签订观护协议→日常观护帮教→评定考核→跟踪观护等,在这个观护过程中,不仅需要政府、工商、妇联、共青团及司法机关等的参与,而且需要社会企业、爱心组织等社会力量的参与。可见,观护的社会化、多样化有赖于建构复合型观护主体,同时发挥各参与主体的作用。例如,政府决定资源调动与整合,宜成为统领复合型观护主体的牵头者;教育部门的主要职能是为观护对象提供继续教育、职业技能培训;检察机关应立足监督职能,发挥关键引导作用,实现未检工作的专门化等。① 总之,复合型观护主体,家庭、学校及政法部门、文化部门等都需要参与。构建一个纵横交错、点面结合的复合型观护体系,这样才能做到治标和治本相结合,有效减少未成年人犯罪。

其二,组建一支专业化的观护队伍,夯实社会观护的组织保障。拥有一支专业化的观护队伍是社会观护制度有效运行的组织基础。例如心理矫正、职业技能培训等,如果由没有受过专业技能培训、不具备专业资质的观护人员从事,则很难达到预期的效果。然而,我国司法社工正处于萌芽阶段,社工数量和质量远远达不到司法实践的需求。因此,组建一支专业化的观护队伍,具体路径如下:首先,需要科学合理地遴选和培训观护人员。挑选熟悉未成年人身心特点、包容度较大、综合素质较为全面和热衷于未成年人关爱工作的人担任观护人员。其次,需要专业化的教育培训。完善观护人员队伍知识结构,注重心理学、教育学、管理学、社会学等方面的知识补充,合理设置观护人员的年龄、性别、特长等,针对不同的观护对象选择最合适的观护人

---

① 参见李美霖:《试析我国未成年人"复合型"观护机构的建立——以"国家亲权"理论为视角》,载《预防青少年犯罪研究》2016年第1期。

员。最后,建立健全观护队伍的政策体系和配套制度。规范观护队伍的遴选、录用、考评、奖惩及执业保障等机制[1],吸引更多复合型人才加入这支专业化的观护队伍中。

其三,完善社会观护的配套措施,配备相应的司法资源。资源问题是社会观护配套措施发展的瓶颈,未成年人社会观护工作要实现专业化,需要配备专业的观护人员、观护基地、软硬件设施等,这些配套措施的完善也会带来观护人员薪酬待遇、观护基地维持和发展等经费来源问题。解决这一问题的关键,即是以政府财政支持为支撑,通过吸纳社会公益组织或爱心企业资金的途径,整合这些有限的资源,采取市场化、契约化方式,向具有专业资质的企事业单位和爱心企业购买观护服务。当然,以政府为主导向社会组织购买观护服务,需要设定科学合理的承接政府购买项目主体的资质及审查制度,制定规范的招投标程序,建立规范的效果评估机制等[2],以保障社会观护的配套措施进入良性的发展轨道,为复合型、专业化社会观护体系的建构提供良好的物质基础。

(三)探索三层式观护体系,实现观护适用的平等性

在各地的观护实践中,针对外来涉罪未成年人社会观护适用率普遍较低的现象,应当以"属地观护为主体、就近协作为补充"的理念,探索建立三层式观护体系,即"就地观护、跨区协作、异地委托",以降低外来涉罪未成年人适用羁押性措施或监禁刑的概率,有效促进外来涉罪未成年人的平等保护。这种三层式观护体系最初试点于上海市检察机关,以来沪无监护条件、无固定住所、无经济来源(以下简称"三无")的涉罪未成年人为主要观护对象,成立开放式、社会化的观护组织,即"未成年人社会观护站",观护组织一般对"三无"涉罪未成年人设定3—6个月的观察期,通过适当的劳动学习和思想疏导,促其真诚

---

[1] 参见叶国平等:《涉罪未成年人社会观护体系的实践研究》,载《青少年犯罪问题》2014年第2期。

[2] 参见宋志军:《论未成年人刑事司法的社会支持体系》,载《法律科学(西北政法大学学报)》2016年第5期。

悔罪,实现未成年人"零障碍"回归社会。①

探索建立三层式观护体系,旨在有效促进外来涉罪未成年人适用非羁押性措施或非监禁刑的概率,三层式观护体系的第一层即是"就地观护",要求对本地范围及部分在本地有固定住址的涉罪未成年人开展社会观护,观护过程中各参与主体分工负责、齐抓共管,不断推进社会化观护工作机制运行;第二层是跨区协作,即对办案机关办理的符合观护条件的外来涉罪未成年人开展社会观护,签订《观护帮教协议》,定期对观护对象的思想动态、学习情况、劳动表现、社区内综合表现等,提出全面、客观、公正的观护意见②;第三层是异地委托,即对符合取保候审、监视居住条件的无前科劣迹、在犯罪所在地无固定住址的外来涉罪未成年人,如果监护人提出回原籍观护并自愿签立监护保证书的,可以联系、委托居住地或户籍地的观护组织对其进行观护帮教③,以真正实现本地与外来涉罪未成年人适用观护措施的平等。

(四)厘清观护基地与政府、决定机关三者之间的角色定位

从国家亲权、未成年人福利及恢复性司法理念可知,未成年人社会观护的社会化、多样化有赖于多元主体的共同参与,需要进一步明确各参与主体在观护帮教工作中的角色定位,厘清观护基地与政府、决定机关三者之间的关系,具体表现为:一方面,以政府为主导,吸收社会公益组织、爱心企业共同参与观护基地的建设。未成年人是国家的"未来财富",政府作为国家公权力在公共领域的代表,有责任对未成年人予以特殊保护。但是,仅由政府承担全部经费的单一形式已不能满足观护基地建设的需求,这就要求政府不仅自身要投入观护基地的建设,而且要积极吸收社会公益组织、爱心企业等参与观护基地的

---

① 参见林中明等:《为来沪涉罪未成年人提供平等观护帮教——上海首个市级未成年人社会观护站揭牌》,载《检察日报》2011年11月25日,第1版。

② 参见王福弟等:《探索构建涉罪未成年人三层立体式观护体系——以上海市长宁区人民检察院为研究个案》,载《青少年犯罪问题》2010年第5期。

③ 参见吴燕:《涉罪未成年人社会观护体系的构建与完善》,载《预防青少年犯罪研究》2015年第5期。

建设,并使公职观护人员与志愿者共同参与观护工作,以弥补政府经费的不足。其实,在英美法系国家,早期也面临类似问题,起初社会观护工作均是由志愿者推动发展,后由于观护经费和志愿者的不足,才由政府和志愿者共同参与观护工作。当然,政府与观护基地之间的关系,并不会因为政府主导出资而发生变化,两者不存在领导或隶属关系,对涉罪未成年人采取何种观护帮教措施等,观护基地及观护人员有自主决定权,政府不得干涉。

另一方面,以决定机关为主导的模式转变为决定机关与观护基地相互配合的模式。社会观护制度的运行有两个阶段:第一个阶段由检察机关确定观护对象,将涉罪未成年人附条件地置于观护基地中;第二阶段由观护基地及观护人员对涉罪未成年人进行观护教育、沟通交流、心理疏导、监督辅导及风险评估等,帮助其重新回归社会。理论上,决定机关与观护基地分别承担前后阶段的工作,相互之间并无隶属关系,如追溯社会观护创立的初衷,则观护工作具有更加重要的意义。因此,决定机关不应过度参与具体观护工作,而应恪守职责,与观护基地及观护人员相互配合,这有助于厘清政府与观护、司法与观护之间的关系,使三者按照专业分工的原则,做到各司其职,避免角色冲突。[①] 当然,在观护基地的建设中,检察机关作为法律的监督机关,依然要履行监督职能,保障社会观护的每一阶段都符合法律的正当程序及比例原则,真正实现观护模式的专业化、观护力量的社会化、观护体系的全面化。

---

① 参见上海市闵行区人民检察院课题组:《新刑事诉讼法框架下未成年人社会观护制度的深化和完善》,载《上海公安高等专科学校学报》2012年第5期。

第六章 未成年人刑事审判与执行程序研究

未成年人刑事审判与执行程序作为审查起诉程序的衔接点,是未成年人刑事诉讼程序的核心环节。目前学界已经就未成年人刑事审判与执行程序进行了许多有益的探索,尤其是对庭前审查程序、庭审模式、简易程序、法庭调查、社会调查报告的证据属性、暂缓判决、社区矫正及判后回访等内容进行了深入研究。自1984年上海市长宁区设立第一个"审理未成年人刑事案件的合议庭"以来,将近四十年的审判实践形成了最具中国特色的未成年人刑事审判制度,它是当前推进司法改革和完善我国未成年人刑事诉讼程序的着眼点,也是未成年人刑事审判程序发展成熟的重要标志。本章拟结合司法审判实践,通过问卷调查、访谈座谈、样本分析及典型个案的研究方法,对庭审教育、圆桌审判、社区矫正、社会调查报告的证据属性及社工组织参与社区矫正等问题进行深入讨论。笔者之所以选取这几个问题进行探究,一方面是由于这些问题在理论界与实务界均存在争议,亟须从微观维度找寻问题的根源,并提出完善对策;另一方面,这些问题一直困扰着未成年人刑事审判与执行程序的实践运作,需要从宏观维度理顺审判程序与执行程序之间的关系,真正发挥庭审教育与社区矫正对于涉罪未成年人的特殊教育和回归社区的功能。

第一节　圆桌审判与庭审教育的法理基础与路径选择

教育贯穿于未成年人刑事诉讼程序的始终，在侦查和起诉程序中，由警察和检察官主导；在执行程序中，则由执行人员和社工组织负责；在审判程序中，庭审教育作为审判的重要环节，不仅需要有利于教育、感化涉罪未成年人的主体参与，比如法官、检察官、辩护律师、社工组织、涉罪未成年人的法定代理人等，而且要注重发挥其矫治功能，将"寓教于审"贯穿于庭审的全过程。然而，在司法实践中，圆桌审判（Round Table Trial）与庭审教育呈现出形式化、适用标准不统一及教育效果欠佳等问题，针对其存在的局限性，本节将通过问卷调查、访谈座谈的形式及以李某某强奸案等十起影响性未成年人刑事案件为分析样本，试图揭开圆桌审判与庭审教育的真实面纱，探因寻果，找寻圆桌审判与庭审教育的实质化路径，进而为推动整个未成年人刑事审判程序的改革提供可供参考的实践路径。

一、圆桌审判与庭审教育问题的法理分析

圆桌审判作为一种舶来的审判模式，最早诞生于澳大利亚，是新南威尔士州对原住居民适用的审判方式，"是指采用灵活性与严肃性相结合的原则，改方台坐镇式审理为圆桌式审理，并运用与未成年人生理、心理特点相适应的方式进行审判的一种庭审模式"[①]。在我国，1992年北京市海淀区人民法院最早采用圆桌审判模式，该模式符合未成年人的身心特点和世界未成年人刑事司法改革的主流，契合了我国未成年人刑事审判程序所秉持的"寓教于审，惩教结合"理念和"教育、感化、挽救"方针，彰显了未成年人刑事审判程序的人文关

[①] 郭连申等：《圆桌审判——少年刑事审判方式改革的探索与思考》，载《人民司法》1998年第11期。

怀,因而广受司法实务部门的青睐。庭审教育作为未成年人刑事审判程序的一环,与圆桌审判具有共同的法理基础,主要体现在以下三个方面:

其一,蕴含着"寓教于审,惩教结合"的理念。"寓教于审,惩教结合"理念是指人民法院在审理未成年人刑事案件过程中,以教育为主、惩罚为辅,教罚相结合,将教罚寓于整个审判程序中,矫正治理涉罪未成年人的心理问题和犯罪行为,使其改邪归正并重新回归社会。这一理念要求法院在审判程序中,应当创造出温馨、和谐的庭审氛围,减轻涉罪未成年人的精神压力,采取交谈或对话的方式,消除涉罪未成年人消极、对立的情绪,循序渐进地进行帮助、教育与疏导,晓之以理,动之以情,使涉罪未成年人真诚悔悟、改过自新,并切身感受到自身行为的危险性,自觉约束自身的不良行为。同时,这一理念要求未成年人法庭的法官不能机械地适用法条,而是要在理解立法初衷的基础上合理、科学地适用法条,并结合未成年人生理特点,将教育、感化与责任意识融入庭审程序中,以达到挽救涉罪未成年人之目的。

此外,"寓教于审,惩教结合"理念贯穿于未成年人刑事诉讼程序的部门立法、司法与执法过程中。例如,1991年最高人民法院《关于办理少年刑事案件的若干规定(试行)》第5条规定,"少年法庭应当根据少年被告人的生理和心理特点,在审判的方式、方法上,注重疏导,寓教于审,惩教结合"。可见,该条正式确立"寓教于审,惩教结合"为未成年人刑事审判程序所应秉持的基本理念。1999年《预防未成年人犯罪法》第44条再次强调了寓教于审,教罚结合理念。2001年最高人民法院《关于审理未成年人刑事案件的若干规定》第9条则规定,人民法院在审理未成年人刑事案件时,应当准确把握涉罪未成年人的生理和心理特点,帮助其认清犯罪原因和犯罪行为的社会危害性,做到寓教于审,惩教结合。2006年修订的《未成年人保护法》规定了"教育、感化、挽救"的方针,"教育为主、惩罚为辅"的原则,通过"六字方针,八字原则"充分肯定了"寓教于审,惩教结合"理念。2012年,《刑事诉讼法》第266条明确将"六字方针,八字原则"正式纳入国家基本法的程序法中,再次确认寓教于审,惩教结合理念在未成年人刑事审判程序中的重要地位。①

其二,承接着国家亲权与未成年人福利的理念。国家亲权和未成年人福利理念要求在较为缓和的氛围中对涉罪未成年人进行法庭审判和法庭教育。一方面,在国家亲权理念下,要求设置圆桌式法庭、选择专业的法官,试图建构适于未成年人生理、心理特点的法庭教育模式。"国家监护②作为对不具有行为能力又缺乏有效监护的未成年人的一种国家保护,相较于其他监护而言具有权威性、终局性。"③国家亲权的权威性体现在法庭教育并非可有可无的程序,它是法庭审判的必经程序,是国家代替自然监护人履行监督与教育职责的过程;终局性则体现在任何没有自主生活能力的未成年人在丧失有效家庭监护和社会监护的情况下都可以最终获得国家的有效监护与教育。另一方面,在未成年人福利理念下,庭审教育应采取柔性司法路径,注重情感交流,在多方教育之间形成合力。如果在未成年人刑事案件审理中过度强调司法的刚性,可能会导致不必要的冲突、对抗,加之未成年人生理、心理上的不成熟又会导致其产生慌乱、对抗情绪,采用圆桌审判方式有利于缓解未成年人的紧张情绪,进而开展耐心、细致的疏导和教育工作。

庭审教育通常围绕以下三项内容展开:(1)教育涉罪未成年人正确对待法庭审判;(2)涉罪未成年人犯罪行为的社会危害性和应受惩罚性;(3)分析犯罪行为产生的主客观原因及应当吸取的经验教训。在法庭审理中,审判长是整个庭审教育的主导者,有序地组织公诉机关、辩护律师、法定代理人、人民陪审员和帮教席上的师友等不同身份的主体,从法律、道德、亲情和友情的角度,对涉罪未成年人进行多层次、全方位的教育,深入剖析犯罪成因,使其认识到犯罪行为给社会、家庭及自身带来的危害和应承担的法律责任,为其指明重新回归社会

---

① 参见尚秀云:《"寓教于审"在未成年人刑事审判中的应用》,载《预防青少年犯罪研究》2013年第3期。
② 国家监护即前文所述的国家亲权。
③ 何燕、杨会新:《国家监护视域下未成年人民事司法救济》,载《河南社会科学》2012年第12期。

的道路。① 例如,公诉机关将教育挽救与惩罚犯罪相结合,在恪守公诉人职责之余,对涉罪未成年人进行法制教育;辩护律师在庭审教育中处于更有利的角色,为涉罪未成年人进行辩护之余对其犯罪的主客观原因进行辨析,从而开展道德教育;法定代理人、师友则对涉罪未成年人进行亲情与友情教育等。通过庭审教育,促使涉罪未成年人反思过去,痛改前非。

其三,承载着未成年人利益最大化理念。我国是《儿童权利公约》与《北京规则》的缔约国,两公约均确立了未成年人利益最大化理念,即有关未成年人的一切行为,不论是公共组织、政府部门、立法机关还是人民法院,均应以未成年人最大利益为首要的考量因素。《北京规则》第14.2条规定:"诉讼程序应按照最有利于少年的方式和在谅解的气氛下进行,应允许少年参与诉讼程序,并且自由地表达自己的意见。"可见,圆桌审判符合非标准司法性的要求,符合未成年人利益最大化的方案,符合现代刑事司法所追求的谦抑性的价值目标。要求立法者以最小的支出——少用甚至不用刑罚(而用其他刑罚替代性措施)——获取最大的社会效益——有效地预防和控制犯罪。② 圆桌审判模式与当事人主义或职权主义模式均有不同,无论是当事人主义模式还是职权主义模式,均追求国家刑罚权的正确使用,追求罪刑法定与罪刑相适应,而在圆桌审判中,法官、公诉人、辩护律师及其他诉讼参与人所追求的是对涉罪未成年人进行有效的庭审教育,并寻找一个符合未成年人最大利益的解决方案。③

二、圆桌审判局限性的实证分析

在未成年人刑事审判程序的实践中,为考察圆桌审判与庭审教育

---

① 参见尚秀云:《"寓教于审"在未成年人刑事审判中的应用》,载《预防青少年犯罪研究》2013年第3期。
② 参见陈兴良:《本体刑法学》,商务印书馆2001年版,第76—77页。
③ 参见赵国玲主编:《未成年人司法制度改革研究》,北京大学出版社2011年版,第251页。

运行现状及存在问题,笔者选取了"十大影响性未成年人刑事案件"①作为实证考察的样本。所谓影响性诉讼案件,是指对立法、司法有重大影响并且为社会广泛关注,可以用来观察法治情况的案件。其特点是刑事案件比例高,案件发生地分布广泛,引起社会大众的普遍关注,可评估诉讼程序的运行现状等。②从表6.1可知,笔者选取这十起案件进行分析的原因是:首先,这十起案件虽为常发型案件,但均引起社会大众的普遍关注,各大新闻媒体也都争相报道。其次,这十起案件的审判程序囊括合适成年人参与情况、社会调查报告、辩护律师的积极性、是否适用圆桌审判、庭审教育效果及社会舆论的评价等内容,这些元素共同反映了审判程序与庭审教育的运行现状及存在的问题。最后,法官在审理这十起案件时,如何协调司法与新媒体、社会舆论之间的关系,均是值得深入研究的。因此,笔者将通过这十起案件、问卷调查、访谈座谈等,从实证维度解析圆桌审判与庭审教育运行现状与存在的问题。

表6.1 以十大影响性未成年人刑事案件解析审判程序的运行现状

时间地点	当事人罪名	年龄职业	合适成年人是否参与	社会调查报告	庭审教育效果	辩护律师的积极性	是否适用圆桌审判	案件裁判结果	舆论评价
2016年上海	李某某盗窃案	17岁无业	有参与	全面	显著	一般	否	一审判处拘役5个月,缓刑5个月	"社会调查作为适用缓刑的重要参照"
2012年四川	龚某某等故意伤害案	16岁学生	无参与	全面	显著	一般	否	一审判处有期徒刑1年5个月,缓刑1年6个月	"校园内刑事案件的典范"

---

① 这十大影响性未成年人刑事案件为:上海李某某盗窃案,四川龚某某等故意伤害案,北京张某抢劫、寻衅滋事案,福建许某某诈骗案,广东吴某某等校园枪击案,山东李某故意伤害案,北京李某某强奸案,河南王某盗窃案,江苏刘某强奸案,广东陆某某等12人参加黑社会性质组织案。

② 参见自正法:《自由之边界:司法改革背景下新媒体公开的维度与限度》,载《安徽师范大学学报(人文社会科学版)》2016年第6期。

(续表)

时间地点	当事人罪名	年龄职业	合适成年人是否参与	社会调查报告	庭审教育效果	辩护律师的积极性	是否适用圆桌审判	案件裁判结果	舆论评价
2011年北京	张某抢劫、寻衅滋事案	17岁无业	有参与	全面	显著	一般	否	一审判处有期徒刑3年,缓刑3年	"运用了合适成年人制度"
2013年福建	许某某诈骗案	16岁无业	无参与	一般	一般	一般	否	一审判处有期徒刑1年6个月	"成年人与未成年人共同组织的网络诈骗犯罪案件"
2011年广东	吴某某等校园枪击案	15岁学生	无参与	一般	良好	一般	否	一审分别判处13年、14年、6年有期徒刑	"校园枪击案"
2012年山东	李某故意伤害案	14岁学生	无参与	全面	显著	一般	是	一审判处有期徒刑1年,缓刑2年	"运用圆桌审判,帮助其回归社会"
2013年北京	李某某强奸案	17岁学生	无参与	全面	一般	非常积极	否	一审判处有期徒刑10年→二审维持原判	"近十年未成年人案件关注度最高的案件"
2011年河南	王某盗窃案	17岁务工	无参与	全面	一审一般;二审显著	一般	否	一审判处有期徒刑2年→二审判处有期徒刑2年,缓刑2年	"与被害人达成谅解协议并改判"
2012年江苏	刘某强奸案	17岁无业	无参与	一般	显著	一般	否	一审判处有期徒刑3年,缓刑3年	"被告人与被害人均系未成年人,采用双向保护"

(续表)

时间地点	当事人罪名	年龄职业	合适成年人是否参与	社会调查报告	庭审教育效果	辩护律师的积极性	是否适用圆桌审判	案件裁判结果	舆论评价
2010年广东	陆某某等12人参加黑社会性质组织案	均为未成年人；有的无业，有的为学生	无参与	一般	一般	一般	否	一审分别判处有期徒刑2年3个月至8个月	"未成年人涉黑问题引起了社会的高度关注"

（一）圆桌审判的适用范围过窄且适用率较低

圆桌审判追求拉近与涉罪未成年人之间的距离，采用相对亲和的方式提问或审讯未成年人，但这也面临法官的权威性被削弱，淡化刑罚的威慑力，以及漠视受害人权益等问题①，因而司法实践中圆桌审判的适用率并不是太高。从表6.1可知，在这十起影响性未成年人刑事案件中，仅李某故意伤害案适用圆桌审判，这也说明对于社会大众、新闻舆论比较关注的影响性刑事案件，法院几乎很少适用圆桌审判。甚至一些试点法院也对圆桌审判的适用范围加以限制。例如，河北省石家庄市长安区人民法院出台的《"圆桌式审判方式"实施办法》规定，该院圆桌审判适用范围限于适用简易程序、16周岁以下未成年人犯罪、犯罪情节较轻、事实清楚、证据充分或者被告人属初犯、偶犯、主观恶意不深的案件，而对于杀人、恶性强奸、抢劫等犯罪情节严重、影响恶劣、主观恶性较深的案件，则不适用圆桌审判。②

从表6.2可知，从整体上而言，选择"一般应采用，5年以上刑罚的不适用"的受访者最多，占比为60.7%，16.8%的受访者选择"所有未

---

① 参见祝国勤、姚宏科：《"圆桌审判"的另一面》，载《人民检察》2004年第12期。
② 参见徐美君：《未成年人刑事诉讼特别程序研究：基于实证和比较的分析》，法律出版社2007年版，第215页。

成年人案件均应采用",10.9%的受访者选择"不应采用圆桌审判",11.6%的受访者认为"仅是一种形式,无所谓"。认为所有未成年人刑事案件均应采用圆桌审判的占比不到20%,这表明绝大多数受访者认为圆桌审判的适用范围应加以限制,和一些地方法院法官、检察官的访谈内容形成了相互印证。

表6.2 对圆桌审判适用范围认知的交叉分析

选项		所有未成年人案件均应采用	不应采用圆桌审判	一般应采用,5年以上刑罚的不适用	仅是一种形式,无所谓	合计
整体		16.8%	10.9%	60.7%	11.6%	100.0%
不同样本群体	公检法司办案人员	15.0%	8.5%	67.1%	9.4%	100.0%
	律师群体	24.2%	13.3%	50.8%	11.7%	100.0%
	社会大众	18.9%	16.6%	46.6%	17.9%	100.0%
不同地区	东部	12.6%	9.4%	66.1%	11.9%	100.0%
	中部	13.5%	2.7%	62.2%	21.6%	100.0%
	西部	21.6%	13.0%	54.6%	10.8%	100.0%
	东北	9.1%	9.1%	63.6%	18.2%	100.0%

从表6.3可知,根据卡方检验,不同样本群体对"您对圆桌审判的看法"这一问题的认识具有显著差异。根据标准残差分析,公检法司办案人员(67.1%)选择"一般应采用,5年以上刑罚的不适用"的占比显著高于律师群体(50.8%)和社会大众(46.6%),而律师群体(24.2%)认为"所有未成年人案件均应采用"的占比高于公检法司办案人员(15.0%),这也表明律师群体对于未成年人适用圆桌审判的期望高于公检法司办案人员。而从不同地区上看,东部地区(66.1%)选择"一般应采用,5年以上刑罚的不适用"的占比显著高于西部地区(54.6%),而西部地区(21.6%)选择"所有未成年人案件均应采用"的占比显著高于东部地区(12.6%)。可见,无论是在调查问卷、影响性刑事案件分析中,还是在实地考察一些试点法院的圆桌审判的运用

中,均表现出未成年人刑事案件适用圆桌审判范围较小,且实务中圆桌审判适用率不高的问题。

表6.3 不同样本群体间对圆桌审判认知的卡方检验

选 项	值	df	渐进 Sig.（双侧）
Pearson 卡方	52.554ª	6	0.000
似然比	50.762	6	0.000
线性和线性组合	2.594	1	0.107
有效案例中的 N	1276		

（二）圆桌审判在法庭审判中呈现出形式化与虚无化的特征

圆桌审判的初衷是通过对以往普通审判庭布局形式上的改变,将庭审中审问的语气、态度、核心内容及对庭审程序的掌控,由以往的棱角割据式改为圆缓相近式,从而营造出一个亲和、宽松又不失法律权威性的庭审氛围,实现形式与实质的统一,争取最佳的庭审效果,进一步减轻未成年人的恐惧和抵触心理,使其认罪悔过,实现庭审发现犯罪真相,给予正确处置和教育挽救之目的。① 然而,圆桌审判在法庭审判中仅表现为一种形式,并未表现出实质化的一面。从表6.2可见,约有11.6%的受访者选择"仅是一种形式,无所谓",其中社会大众占比为17.9%,高于律师群体（11.7%）和公检法司办案人员（9.4%）。同样,有学者在对山东省未成年人犯管教所的1400名未成年人犯的问卷调查（有效数据1282份）中发现,41.9%的未成年犯对是否适用圆桌审判持无所谓的态度,仅有38.6%的未成年犯希望适用圆桌审判。② 由此可知,无论是公检法司办案人员、律师群体、社会大众,还是涉罪未成年人自身,均存在认为圆桌审判在法庭审判中仅为一种"花瓶式摆设"的错误意识。很多法院虽然设置了圆桌式审判庭,但徒有

---

① 参见陈建明、钱晓峰:《论圆桌审判在少年刑事审判中的运用》,载《青少年犯罪问题》2005年第6期。

② 参见赵国玲主编:《未成年人司法制度改革研究》,北京大学出版社2011年版,第255页。

其外在形式,未成年人刑事案件的审理程序与成年人案件的审判方式、程序设置及庭审教育几乎相差无几,甚至完全一致。

(三)圆桌审判没有配套的专门法庭与基础设备

圆桌审判要在未成年人刑事审判程序中发挥效应,一方面需要有法可依、更新理念;另一方面需要设置专门的圆桌式法庭,配备专业的法官及相应的司法人员,并邀请有利于庭审工作和教育感化未成年人的社会组织和人员到庭参与。然而,在司法审判实践中,圆桌审判不仅面临无法可依、没有配套的专门法庭与基础设备等问题,而且有些法院的圆桌审判陷入停滞,更有甚者面临取消,这样的问题在经济较为落后的地区尤为突出。类似的问题,同样存在于我国台湾地区,笔者曾实地考察台北、高雄、台中、台南等地的未成年人审判庭,在经济较为发达的高雄少年及家事法院,不仅建有宽敞、温馨而又不失严肃的圆桌审判庭,而且配有专业的法官、观护人员和社工组织等,而在经济相对落后的台南地区,有的少年法庭仅配备几名法官和一张简陋的圆桌,其他基础设施则可以忽略不计。

三、未成年人庭审教育问题的困境考察

庭审教育作为未成年人刑事庭审程序中的核心环节,与圆桌审判紧密相连。一般而言,庭审教育是在主审法官的主导下,以教育、感化、挽救为方针,由参与庭审的相关人员对涉罪未成年人进行思想、法治、道德、亲情教育,以帮助其悔过自新,重新回归社会的庭审环节。而在司法审判实务中,庭审教育并未收到良好的法律效果与社会效果,究其根源,主要是教育主体单一化,教育内容沦为"一句话教育"等。

(一)庭审教育重形式而轻实质

从庭审教育的进程观察,我国刑事庭审在绝大部分情形下遵循如下教化型步骤:表态阶段——展示阶段——教育阶段——悔过阶段[1],这

---

[1] 参见李昌盛:《刑事庭审的中国模式:教化型庭审》,载《法律科学(西北政法大学学报)》2011年第1期。

样的教化型庭审方式旨在让未成年人真诚悔罪,重新回归社会。然而,在庭审实践中,绝大多数人对圆桌审判的建立初衷与理念把握不清,过分注重"圆桌审判"的形式。法官、检察官、被害人、辩护律师、人民陪审员、涉罪未成年人、法定代理人坐在"圆桌"上,心里却未想着"圆桌",庭审教育"走过场",对案例个性特征把握不准,缺乏针对性的说教,将圆桌审判作为应付上级领导考核与检查的任务,作为新闻报道和法院宣传的素材,作为法官个人业绩评估的亮点等。这些现象无不反映出审判实务中对庭审教育重形式而轻实质的倾向,也在一定程度上表现出对圆桌审判自身独立存在价值的否认,这也成为圆桌审判方式在司法实践中推广与应用的瓶颈。

(二)庭审教育主体呈现单一化倾向

庭审教育由合议庭及到庭的诉讼参与人共同开展,包括法官、检察官、辩护律师、人民陪审员、法定代理人等,还可以邀请有利于感化、教育未成年人的近亲属或教师。法官、检察官"以法为据"开展教育,辩护律师"以理为本"开展教育,近亲属和教师"以情融理"开展教育,各方参与主体多管齐下,形成多元主体合力,促使涉罪未成年人真心悔罪。有学者更是建议女性法官主导庭审教育,原因是女性法官细致、缜密、耐心和敏锐,容易发现被忽视的细微枝节问题,并以此作为突破口消除与未成年人之间的隔阂,充分发挥天然的母性关怀优势,从而使未成年人主动倾诉。可见,庭审教育应该是"多主体、多维度、多元素"共同建构的教育模式。① 但从笔者考察的多起未成年人刑事案件的庭审教育看,很多庭审常常沦为主审法官一人的独角戏,其他诉讼参与人包括人民陪审员,并未积极主动地参与庭审教育,即使教育,也极有可能是在主审法官的极力要求下进行的,并且教育内容时常简单重复。究其根源,主要是诉讼参与人没有在理念上进行更新,认为庭审教育是主审法官的事,与自己无关,并没有把

---

① 参见陈碧红:《试论少年审判制度与女法官在其中的作用》,载《湖湘论坛》2008年第4期。

自己当作庭审教育的主角,导致庭审教育的主体单一且没有实质内容。

(三)庭审教育内容沦为"一句话教育"

从笔者选取的这十起影响性刑事案件中分析可知,只要法官认真调控庭审教育的节奏和氛围,注重语言表达、"道具"应用,营造出良好的教育氛围,庭审教育效果就会比较明显,例如,上海李某某盗窃案,四川龚某某等故意伤害案,北京张某抢劫、寻衅滋事案等均取得了显著的庭审教育效果。而在多数的审判实务中,法官言语贫乏,内容乏善可陈,常常沦为"一句话教育",未能引导、启发涉罪未成年人。笔者在某基层法院考察时,曾随机抽取一份庭审教育的笔录,该笔录可真实反映出"一句话教育"的现象。

以黄某某盗窃案庭审教育现场对话为例:

主审法官:被告人黄某某的行为构成了盗窃罪,公诉机关指控的罪名成立。下面由到庭的诉讼参与人对被告人进行庭审教育。

公诉人(检察官):被告人黄某某,你要从内心认识到自身行为的危险性,要有悔改之心。

辩护律师:以后做事要对家人和自己负责,切记不可再做盗窃之事,要立志做个对社会有用的人。

法定代理人(父亲):我平时疏于对孩子的管理和教育,以后会严加看管。

人民陪审员:被告人黄某某,你还很年轻,要感恩父母、老师和朋友对你的关心,重新立志做一个对国家、对社会、对家庭有所作用的年轻人。

审判员:被告人黄某某,以后做人做事要遵纪守法,不能不劳而获、好逸恶劳,要勤奋、踏实,要有一颗仁厚之心,希望你今后能走上正道。

主审法官:黄某某,刚刚大家对你都进行了教育,希望你认真聆听并悔改,现在你结合自身谈谈你的想法。

被告人黄某某：我知道自己行为辜负了爸妈及师友对我的殷切期望，我会认真悔改，今后重新做人。①

可见，"一句话教育"在庭审教育中普遍存在已是不争的事实，如何建构既重形式又重实质的庭审教育模式，已是审判程序改革的当务之急。

四、构建多元化未成年人庭审模式的路径

完善未成年人刑事审判程序，集中体现在理念和制度两个方面，在理念上，以国家亲权、未成年人福利及恢复性司法理念为指导，坚持未成年人刑事审判程序特有的原则，即寓教于审原则、全面调查原则、秘密审判原则、程序亲和原则及非监禁化原则②，庭审中坚持保护未成年人的最大利益；在制度设计上，符合未成年人优先保护与特殊教育之程序目的，实现涉罪未成年人重新回归社区的初衷。因此，完善圆桌审判与庭审教育，应首先从建构多元化的未成年人刑事审判机构着手，丰富庭审教育内容，这样才能标本兼治。

（一）创设层级化与多样化的未成年人刑事审判机构

以1984年上海市长宁区人民法院设立未成年人刑事案件合议庭为起点，我国的未成年人刑事审判机构演变历程为：未成年人刑事案件合议庭——未成年人刑事案件审判庭——未成年人综合案件审判庭——未成年人案件指定管辖审判庭。21世纪初，"关于是否创设未

---

① 黄某某盗窃案是笔者在实地考察某基层法院时，随机查阅卷宗时搜集的未成年人刑事案件，由于未成年人刑事案件的非公开性，笔者隐去了时间、地点、人物及具体案情，仅保留庭审教育的笔录内容。

② 参见姚建龙：《长大成人：少年司法制度的建构》，中国人民公安大学出版社2003年版，第222—224页；徐美君：《未成年人刑事诉讼特别程序研究：基于实证和比较的分析》，法律出版社2007年版，第197—205页；赵国玲主编：《未成年人司法制度改革研究》，北京大学出版社2011年版，第243—244页等。

成年人法院是当时学界争论的焦点"①。截至今日,这个话题依然有讨论的价值。针对我国应建立何种形式的未成年人审判机构这一问题,笔者进行了问卷调查和深度访谈,从表6.4可知,总体上而言,选择"未成年人刑事审判庭"的受访者最多,占比为37.1%,约21.5%的受访者选择"未成年人法院",约19.4%的受访者选择"未成年人综合庭",约22.0%的受访者选择"分级设不同机构"。从四种审判机构选择的占比观察,认为应当继续坚持"未成年人刑事审判庭"的呼声最高,"分级设不同机构"次之。

从表6.4可观察到,不同样本群体对我国未成年人刑事审判机构的认知具有显著差异,根据标准残差分析,公检法司办案人员(23.9%)选择"未成年人法院"的占比显著高于律师群体(10.8%)和社会大众(19.0%),而律师群体(55.8%)选择"未成年人刑事审判庭"这一项的占比显著高于公检法司办案人员(33.9%)和社会大众(39.0%)。从不同地区上观察,东部地区受访者(25.9%)选择"未成年人法院"的占比高于西部地区(17.0%),而西部地区受访者(44.3%)选择"未成年人刑事审判庭"的占比显著高于东部地区(29.4%)。无论是公检法司办案人员、律师群体,还是社会大众,选

---

① 关于未成年人法院创设与否的争论,参见吕敏、王宗光:《少年法院的创设模式和收案范围》,载《政治与法律》2000年第1期;叶青、王超:《创立少年法院的若干问题思考》,载《青少年犯罪问题》2001年第3期;乔宪志:《上海成立少年法院前瞻》,载《青少年犯罪问题》2001年第4期;田幸:《建立少年法院的几点设想》,载《青少年犯罪问题》2001年第4期;徐建:《论我国建立少年法院的条件和必要性》,载《青少年犯罪问题》2001年第4期;肖建国:《试论少年法院建设过程中的疑难问题》,载《青少年犯罪问题》2001年第4期;丁凤春:《设置少年法院是中国少年审判工作向前发展的必然》,载《青少年犯罪问题》2001年第5期;李璞荣、韩轩:《论我国建立少年法院的必要性和可行性》,载《青少年犯罪问题》2001年第5期;王伯勋:《关于设立少年法院的设想》,载《青少年犯罪问题》2001年第5期;陈建明:《如何理解建立少年法院的"法律依据"》,载《青少年犯罪问题》2001年第5期;张倩:《少年法院应设立少年观护庭》,载《青少年犯罪问题》2001年第5期;张莺:《论中国少年法院的创建模式》,载《青少年犯罪问题》2001年第5期;吕敏等:《成立我国少年法院的若干困惑解析》,载《青少年犯罪问题》2001年第5期;佟丽华:《未成年人法学》,中国民主法制出版社2001年版,第363—367页;毛宇峨、赵俊:《刍论我国少年法院的设立》,载《青少年犯罪研究》2003年第1期;姚建龙:《创设少年法院必要性研究的反思》,载《青少年犯罪问题》2004年第2期;等等。

择"未成年人刑事审判庭"的占比均为最高,而创设"未成年人法院""未成年人综合庭"及"分级设不同机构"也均有一定数量的民众支持,这也证明创设层级化、多样化的未成年人刑事审判机构有其运作空间。

表6.4 对我国未成年人刑事审判机构认知的交叉分析

选项		未成年人法院	未成年人综合庭	未成年人刑事审判庭	分级设不同机构	合计
整体		21.5%	19.4%	37.1%	22.0%	100.0%
不同样本群体	公检法司办案人员	23.9%	16.3%	33.9%	25.9%	100.0%
	律师群体	10.8%	25.0%	55.8%	8.4%	100.0%
	社会大众	19.0%	25.6%	39.0%	16.4%	100.0%
不同地区	东部	25.9%	17.5%	29.4%	27.2%	100.0%
	中部	15.8%	10.5%	55.3%	18.4%	100.0%
	西部	17.0%	22.1%	44.3%	16.6%	100.0%
	东北	27.3%	9.1%	45.5%	18.1%	100.0%

笔者认为应当建构层级化、多样化的未成年人刑事审判机构,即建立未成年人刑事审判庭、未成年人法院、未成年人综合庭并存的格局。具体而言,首先,率先在经济高度发达、人口密度大、未成年人刑事案件高发地区试点设立未成年人法院,比如北京、上海,或者参照全国巡回法庭的设置,遵循"择地试验、择机推开"的原则,在较大片区内试点设立一个未成年人法院,例如在东部沿海地区设立一个未成年人法院,共同管辖上海、江苏、浙江三地未成年人刑事案件。这样有利于提高对未成年人的司法保护水平,与国际接轨,适应世界未成年人刑事司法制度发展的趋势;同时有利于发挥未成年人刑事审判的特殊性与专业性,更好地结合未成年人自身特点,对其开展系统的帮教工作。其次,在社会经济发展相对缓慢、区域面积较大、人口密度相对较小、未成年人犯罪量较小的中小型城市,继续保留未成年人刑事审判庭或

未成年人综合庭的设置,以应对部分地区设立未成年人法院案源少的困境,但需要保证有独立编制的审判人员、法庭设置、办案经费和帮教人员等,摆脱机构不稳定、案源不足等问题。最后,未成年人刑事审判机构应当与社会公益组织、爱心企业、社区等进行合作,共同对涉罪未成年人开展心理辅导、职业培训,并帮助其重新回归社会。可见,这种层级化、多样化的未成年人刑事审判机构,符合中国特色未成年人刑事司法制度建设的内在要求,同时符合保护未成年人利益最大化理念。

(二)以圆桌式为主的多元化庭审模式

针对圆桌审判的适用范围太窄、适用率较低,且法庭审判呈现形式化与虚拟化等问题,笔者采取问卷调查、深度访谈的方式,以便确定圆桌审判的改革方向:取消或改良。从表6.5分析,总体而言,选择"以圆桌式为主的多元化庭审模式"的受访者最多,占比为57.5%,21.5%的受访者选择"圆桌审判",16.9%的受访者选择"与普通程序相同",4.1%的受访者认为"不清楚"。根据卡方检验(表6.6),"不同样本群体对圆桌审判改革与否"这一问题具有显著差异。根据标准残差分析,公检法司办案人员(25.6%)选择"圆桌审判"的占比显著高于律师群体(9.2%)和社会大众(14.6%),而公检法司办案人员、律师群体和社会大众选择"圆桌审判"与"以圆桌式为主的多元庭审模式"的占比合计分别为81.2%、69.7%和76.0%,而整体选择"与普通程序相同"的占比不到20%,这也说明大多数民众对未成年人刑事案件采用"圆桌审判"没有异议,我们应当在继续坚持圆桌审判的基础上,持改良主义,完善以圆桌式为主的多元化庭审模式。

表6.5 对未成年人刑事案件庭审模式认知的交叉分析

选项	圆桌审判	与普通程序相同	以圆桌式为主的多元化庭审模式	不清楚	合计
整体	21.5%	16.9%	57.5%	4.1%	100.0%

(续表)

	选项	圆桌审判	与普通程序相同	以圆桌式为主的多元化庭审模式	不清楚	合计
不同样本群体	公检法司办案人员	25.6%	16.4%	55.6%	2.4%	100.0%
	律师群体	9.2%	23.5%	60.5%	6.8%	100.0%
	社会大众	14.6%	15.9%	61.4%	8.1%	100.0%

表6.6 不同样本群体对圆桌审判认知的卡方检验

	值	df	渐进 Sig.(双侧)
Pearson 卡方	47.062[a]	6	0.000
似然比	47.791	6	0.000
线性和线性组合	27.504	1	0.000
有效案例中的 N	1277		

完善以圆桌式为主的多元化庭审模式,具体而言:首先,拓宽圆桌审判的适用范围,提高适用率。对于基层法院审理的未成年人刑事案件,圆桌审判除适用于简易程序审理的案件之外,还可以适用于可能判处10年以下有期徒刑、拘役、管制,并且未成年人系初犯、偶犯、认罪态度良好、主观恶性不大、社会危害性不大的案件;对于中级法院审理的未成年人刑事案件,圆桌审判除适用于一审法院采用圆桌审判审理的上诉案件之外,还可适用于一审当事人仅就附带民事诉讼部分提出上诉的案件,以及一审法院未采用圆桌审判,但对原审涉罪未成年人可判处10年以下有期徒刑的上诉案件。在审判实务中,还有其他适宜适用圆桌审判的情形,经审判长同意,也可以适用圆桌审判,在审理过程中,一旦发现不适宜采用圆桌审判的情况,应当休庭并转为普通法庭审理。① 其

---

① 参见范登峰、易慧琳:《从形式走向实质:未成年人刑事案件圆桌审判方式的完善路径探讨》,载万鄂湘主编:《建设公平正义社会与刑事法律适用问题研究——全国法院第24届学术讨论会获奖论文集》,人民法院出版社2012年版,第762页。

次,实现圆桌审判方式程序内容的实质化,并配备专门法庭及其他基础设施。圆桌审判应结合涉罪未成年人自身特点、悔罪表现、回归社会的决心及赔偿受害人情况等,在审判方式上注重疏导、寓教于审、惩教结合,将庭审教育作为圆桌审判重心,明确区别于普通程序的审判;同时,加大政府财政的投入力度,联合社会公益组织、爱心企业等,保障有专业化的司法人员及办案经费。最后,探索建立多元化的庭审模式。除圆桌审判之外,还可探索建立"互联网+"或"智能化"的审判方式,采用现代化的电子信息技术,在充分考虑未成年人身心特点和权益保障的情况下,构建多元化、亲和化、信息化和立体式的未成年人刑事庭审模式,最终形成以圆桌式为主的多元化庭审模式。

(三)注重庭审教育量与质的结合

庭审教育的目的是教育、感化、挽救未成年人,要实现这一目的,庭审教育不仅要注重教育的形式,也要注重教育的内容。具体从两个方面进行阐述:一方面,参与庭审教育的主体应当多样化,以法官为主导,检察官、辩护律师、人民陪审员、法定代理人、学校教师及其他成年近亲属等共同参与教育。在审判程序中,主审法官不仅仅是一名裁判者、监督者和教育者,更重要的是一名组织者,要适时引导、指挥各方主体的角色定位、教育立场,而各主体应当运用适合的角色语言实质性地、有效地进行庭审教育活动,使庭审教育内容更有针对性和实效性。以学校教师参与为例,笔者在考察某基层法院时看到,一般庭审教育邀请老师参与均能收到良好的教育效果,原因是老师对涉罪未成年人的近亲属、家庭状况及在校期间的情况都比较熟悉,而且老师具有较强的说服力,能结合涉罪未成年人自身特点,让其认识到自身的错误,唤起重新生活的希望。

另一方面,实现庭审教育内容的实质化,由"一句话教育"转化为有感染力、有亲和性、有针对性的法庭说教。庭审教育应采取容易被未成年人接受的方式,有的放矢地开展思想、法治、道德和亲情的教育,对认罪、悔罪态度欠缺的涉罪未成年人应偏重法制教育,对初犯、偶犯应偏重人生观、世界观教育,对因家庭问题而滑入犯罪泥潭的涉罪未成年人应着重亲情教育①,最关键的是要根据涉罪未成年人在庭审教育中的反应,适时地对其进行回应,以使未成年人感受到关爱和尊重。在一些法院审判实务中,庭审教育更是适时地进行了延伸,在法庭判决后,根据涉罪未成年人的成长经历、教育背景、犯罪成因和悔罪表现等,结合情、理、法,写一篇"法官寄语",并附在判决书上,这种教育方式可以使涉罪未成年人再次聆听到法官的教诲②,真切感受到法官对未成年人的人文关爱。

第二节 社会调查报告的证据效力

未成年人社会调查报告(简称"社会调查报告")在司法实践中的适用面越来越宽泛。所谓社会调查报告,是指熟悉未成年人身心特点、具有专业知识的人,以涉罪未成年人为中心,对与犯罪行为相关的情况进行全面调查,基于其专业知识和经验,运用科学的方法,对该未成年人进行全面、综合、客观、公正的评估,并对犯罪成因、涉罪未成年人的人身危险性和社会危险性进行科学的、深层次的、专业的分析评估,然后提出处理意见,作出专业的书面意见报告,为法官对涉罪未成年人定罪量刑时考虑从轻、减轻处罚提供法律依据。③ 它不仅是提请批准逮捕、审查起诉、法庭教育和观护帮教的关键依据,而且是法庭审判定罪量刑的重要参考。近年来,我国司法实务界和学界对社会调查报告的法律属性也是争论不休,有学者认为社会调查报告具有证据属性,属于鉴定意见、证人证言、品格证据、

---

① 参见孙曙光:《审理未成年人刑事案件做好庭审教育的几点思考》,载《法制与社会》2011年第13期。
② 参见徐美君:《未成年人刑事诉讼特别程序研究:基于实证和比较的分析》,法律出版社2007年版,第211页。
③ 参见罗芳芳、常林:《〈未成年人社会调查报告〉的证据法分析》,载《法学杂志》2011年第5期。

专家证据或量刑证据①,也有学者认为社会调查报告不具有证据属性,仅能在对涉罪未成年人量刑和庭审教育时作为参考②。针对"社会调查报告是否具有证据属性"这一争议点,笔者结合十起影响性刑事案件的分析、问卷调查、深度访谈及参考域外有益经验等,对社会调查报告是否具有证据属性的正当性基础、实践局限及完善社会调查报告的路径进行详细阐述,以期对完善社会调查报告的运用规则和拓宽其适用范围有所裨益。

一、社会调查报告证据效力的法理基础

我国的社会调查制度与第一个未成年人法庭同步诞生,并成为未成年人刑事审判程序区别于普通刑事审判程序的重要特性之一。早在1988年,上海市长宁区人民法院的《未成年人刑事审判工作细则》就指出,社会调查除查清事实、核对证据之外,最关键的是要查明犯罪成因、找寻回归社会的方法。经过三十多年的发展,从地方试点到全国推广,再到《刑事诉讼法》予以专门的规定,社会调查已在立法和司法实践层面得到确认,社会调查报告的证据属性已具备最佳的法理依据,其正当性基础表现在以下几个方面:

---

① 社会调查报告具有证据属性的观点,具体参见何家弘、姚永吉:《两大法系证据制度比较论》,载《比较法研究》2003年第4期;高维俭:《少年司法之社会人格调查报告制度论要》,载《环球法律评论》2010年第3期;张静、景孝杰:《未成年人社会调查报告的定位与查》,载《华东政法大学学报》2011年第5期;罗芳芳、常林:《〈未成年人社会调查报告〉的证据法分析》,载《法学杂志》2011年第5期;陈立毅:《我国未成年人刑事案件社会调查制度研究》,载《中国刑事法杂志》2012年第6期;李国莉:《未成年人社会调查报告的证据法解析及量刑运用》,载《学术交流》2013年第10期;田宏杰、庄乾龙:《未成年人刑事案件社会调查报告之法律属性新探》,载《法商研究》2014年第3期;王志坤:《未成年刑事案件社会调查制度研究》,载《法学杂志》2014年第10期;等等。

② 社会调查报告不具有证据属性的观点,具体参见徐建主编:《青少年法学新视野》,中国人民公安大学出版社2005年版,第754页;郑圣果:《未成年人社会调查报告只能作为办案参考》,载《检察日报》2011年6月1日,第3版;李兰英、程莹:《新刑诉法关于未成年人刑事案件社会调查规定之评析》,载《青少年犯罪问题》2012年第6期;马迪、张宏伟:《未成年人刑事司法中社会调查材料的法律性质》,载《北京政法职业学院学报》2013年第3期;等等。

(一)社会调查报告具有完整的证据属性

社会调查报告的证据属性包括相关性(Relevancy)、可采性(Admissibility)和可信性(Credibility)。根据《刑事诉讼法》第50条第1款的规定,证据是用于证明案件事实的材料,证据属性是证据的本质特征。证据属性从起初的"两性说"[①](关联性和客观性)到"三性说"[②](关联性、客观性和法律性),再到"四性说"[③](相关性、客观性、合法性、一贯性),最后到"新三性说"[④](相关性、可采性和可信性)。社会调查报告具有的证据三性可阐述为:首先,社会调查报告具有证据的相关性。相关性是指证据与待证事实之间具有证明关系,有助于法官审查判断事实之存在可能性的属性[⑤],它是证据的根本属性。而判断一份社会调查报告是否具有相关性,需要三个连续性推论:一是由证据性事实得出推断性事实;二是由此推出要素性事实;三是由此推出法定要件事实。[⑥] 依据我国《刑事诉讼法》规定,有关罪行轻重量刑情节的事实是审判过程中需要用证据加以证明的法定要件事实,其中,量刑情节有法定和酌定情节两种,而社会调查报告的很多内容均与酌定量刑情节密切相关,为法官全面了解涉罪未成年人、考虑其主

---

① 有关"两性说"论述,具体参见巫宇甦主编:《证据学》,群众出版社1983年版,第66—72页;陈一云主编:《证据学》,中国人民大学出版社2000年版,第104—105页。

② 有关"三性说"论述,具体参见刘金友主编:《证据法学》,中国政法大学出版社2001年版,第114—126页;何家弘、张卫平主编:《简明证据法学》,中国人民大学出版社2007年版,第29—33页。

③ 有关"四性说"论述,具体参见高家伟等:《证据法原理》,中国人民大学出版社2004年版,第8—25页。

④ 有关"新三性说"论述,笔者与张保生教授商榷,在张教授主编的教材《证据法学》(第2版)中,张教授采用"新四性说",即相关性、可采性、证明力和可信性,张教授认为:"证据的可采性,又称为证据能力,具有一定资格的证据才可以被采纳,因此证据的相关性及可采性包括了证据的证明力属性,采新三性说。"本节大多数内容均与张教授商榷,有些内容文献也由张教授提供,在此表示感谢。具体参见张保生主编:《证据法学》(第2版),中国政法大学出版社2014年版,第17—37页。

⑤ 参见张保生主编:《证据法学》(第2版),中国政法大学出版社2014年版,第18页。

⑥ 参见〔美〕罗纳德·J.艾伦等:《证据法:文本、问题和案例》(第3版),张保生等译,高等教育出版社2006年版,第147—159页。

观恶性、评估其社会危险性,以及更全面地挖掘犯罪诱因提供了重要参考,从而为法官对涉罪未成年人进行定罪量刑时考虑从轻、减轻或免除处罚提供了法律依据。① 很显然,社会调查报告具有相关性。

其次,社会调查报告具有证据的可采性(又称"证据能力")。可采的证据是相关的并具有诸如无不公正的偏见、不基于传闻、不属于特免权等品质,法院应当采纳它的证据。② 可见,相关性是可采性的必要条件。在上述论述中,社会调查报告具有证据的相关性,然而具有相关性的证据并不必然具有可采性。③ 就社会调查报告在定罪量刑中的可采性而言,一般情况下,定罪证据是由公诉方提出的具有控诉意义的证据,社会调查报告所证明的是涉罪未成年人的主观个性,这种主观个性主要通过涉罪未成年人的成长经历、品德习惯和悔罪表现等方面体现出来,涉罪未成年人具有什么样的主观个性与定罪事实并无直接联系,可以说假如将社会调查报告用于定罪程序,其证明力较弱。在量刑程序中,法官所关注的焦点是与涉罪未成年人的人身危险性及社会危害性相关的事实,通过社会调查的方式能够为解决前述问题提供有价值的参考意见,一份具有强大说服力及较高可信度的社会调查报告也就成为法官量刑时参考的重要依据。随着量刑改革的不断深入,社会调查报告将会更加广泛地运用于未成年人刑事诉讼程序之中,特别是在法庭质证环节,也将赋予法定代理人及辩护律师对报告内容进行补充,并允许其对提出的证据加以佐证的权利。④ 可以说社会调查报告在量刑程序中具有证据可采性是毫无疑问的。

最后,社会调查报告具有证据的可信性。社会调查报告的可信性需要考虑三个特性:诚实、客观与观察灵敏度,需要通过交叉询问和对

---

① 参见罗芳芳、常林:《〈未成年人社会调查报告〉的证据法分析》,载《法学杂志》2011年第5期。
② See Bryan A. Garner, Black's Law Dictionary, 8th ed., Thomson West, 2004, p. 50.
③ 参见张保生主编:《〈人民法院统一证据规定〉司法解释建议稿及论证》,中国政法大学出版社2008年版,第11—12页。
④ 参见高欣:《未成年人刑事证据问题研究》,中国政法大学出版社2018年版,第45—102页。

质检验社会调查报告的可信性。在英美法系国家的审判程序中,法官主要负责证据相关性、可采性的审查及可采性与证明力的平衡检验,发挥着"过滤器"或"守门人"的作用,而陪审团则是事实和可信性的唯一裁判者。① 而在我国,一份合格的社会调查报告是根据严格的法律程序制作的,由适格的制作主体、调查主体、科学的调查方法及可以相互印证的证明材料组成,严格的制作程序是保障社会调查报告可信性的重要前提,而制作方法的专业性和科学性则进一步增强了社会调查报告的可信性②,当然,社会调查报告的可信性并不能证明其具有可采性或者具有较强的证明力。但是需要强调的是,社会调查报告具有可信性已经得到了联合国相关文件的确认,并体现在1985年的《北京规则》之中。③ 显然,合格的社会调查报告是具有证据可信性属性的。

(二)社会调查报告具有品格证据属性

在英美法系国家,"品格"(Character)在证据法领域里是一个非常重要的概念,"其可以指代一个人在其所生活的社区中的名声,即身份说;也可以是特定行为方式中的倾向性,即倾向说;还可以是过去履历中的特定情事,即行为说"④。根据英美普通法与制定法的相关规定,关于涉罪未成年人的品格证据,除了符合例外的情形,原则上不得用以证明其在特定场合的行为与其品格特征具有一致性⑤,对品格证据进行排除,原因是其存在三个弱点:第一,品格证据对于说明与品格

---

① 参见〔美〕罗纳德·J.艾伦等:《证据法:文本、问题和案例》(第3版),张保生等译,高等教育出版社2006年版,第147—159页。
② 参见田宏杰、庄乾龙:《未成年人刑事案件社会调查报告之法律属性新探》,载《法商研究》2014年第3期。
③ 1985年《北京规则》第16.1条规定:"所有案件除涉及轻微违法行为的案件外,在主管当局作出判决前的最后处理之前,应对少年生活的背景和环境或犯罪的条件进行适当的调查,以便主管当局对案件作出明智的判决。"由此可知,社会调查报告的可信性已得到联合国相关文件的确认。
④ Peter Murphy, Murphy on Evidence, 7th ed., Blackstone Press Limited, 2000, p.131.
⑤ 参见宋洨沙:《英美法系与大陆法系品格证据之比较研究》,载《政治与法律》2012年第5期。

一致的行为而言,即使有证明价值,也不是很大;第二,用于证明品格的证据具有较低证明力且会转移事实审理者对主要问题的注意力;第三,容易产生不公正的偏见。① 英美证据法从表面上看,原则上不容许以品格证据证明案件事实,但是,原则充斥着如此多的例外,并且新的例外还在不断地增加,以至于原则已经被例外淹没②,特别是品格证据的适用规则已几乎毫无界限,实现了对不同类型品格证据可采性的区分③。

笔者认为,社会调查报告具有品格证据的属性,从社会调查报告的内容来看,其包含对涉罪未成年人的品格进行调查的内容。一份完整的社会调查报告将涉罪未成年人的以下情况全部囊括其中:(1)未成年人的基本情况、健康状况、心理状态、智力发育、性格特征、道德品质、有无犯罪前科、是否经受过重大挫折等;(2)未成年人的家庭、教育背景;(3)未成年人在社区与学校的表现、邻里关系、师生关系及社会交往情况等;(4)未成年人就业情况、与同事间相处的情况及工作综合表现等;(5)未成年人犯罪后的自我悔罪态度,包括是否有自首、立功、坦白交代,积极赔偿被害人或退回赃物,积极避免、减少犯罪所造成的损失,已经取得被害人的谅解等情形;(6)未成年人的犯罪动机、犯罪意图及犯罪成因;(7)就定罪量刑及帮教矫治措施提出建议等。从内容考察,社会调查报告不仅仅具有证明涉罪未成年人品格的内容,而且可以作为对其权益保护、处遇矫治及定罪量刑的重要依据,同时作为未成年人刑事诉讼程序的各阶段作出某项决定的依据④,具体表现在未成年人刑事侦诉审程序中。⑤

---

① 参见张保生主编:《证据法学》(第 2 版),中国政法大学出版社 2014 年版,第 294 页。
② 参见易延友:《英美法上品格证据的运用规则及其基本原理》,载《清华法学》2007 年第 2 期。
③ 参见王禄生:《美国性品格证据适用规则之借鉴》,载《法学》2014 年第 4 期。
④ 参见高欣:《未成年人刑事证据问题研究》,中国政法大学出版社 2018 年版,第 56—78 页。
⑤ 参见田宏杰、温长军:《超越与突破:未成年人刑事检察工作机制研究——兼及未成年人刑事案件公诉体系的构建》,载《法学杂志》2012 年第 11 期。

首先,在侦查程序中,当公安机关、检察机关需要依照法定程序对涉罪未成年人作出逮捕或取保候审的决定时,通过参考社会调查报告的内容,综合考量确认涉罪未成年人的一贯表现,公安机关可以适时地对涉罪未成年人适用相应的强制措施,进而推进诉讼活动的顺利进行,同时保障涉罪未成年人尽可能适用非监禁性的处遇措施。其次,在审查起诉程序中,通过社会调查报告对涉罪未成年人进行全面评估,检察机关可以最终决定是否作出起诉决定,并采取适宜的观护帮教措施。再次,在审判程序中,无论是对涉罪未成年人作出暂缓判决的决定,还是对其进行判前考察、庭审教育和定罪量刑评估,审判机关都需要将社会调查报告作为重要的裁判依据。最后,在执行程序中,对涉罪未成年人进行假释、判后回访及社区矫正等,均需要以社会调查报告为执行依据。由此可推知,社会调查报告贯穿于未成年人刑事诉讼程序的全过程,它既是一份关于未成年人品格证据的报告,具有品格证据的完整属性,又是一份结合未成年人身心特点,为未成年人提供权益保护和处遇帮教的证据报告。

(三)社会调查报告具有良性的实践场域

正如前述,我国的社会调查制度经历了三十余年的发展及完善,已经经历了从地方零星试点到全国推广,再到中央立法确认,社会调查报告已具有良性的实践场域,具体表现在以下三个方面:首先,全国各地法院普遍赋予社会调查报告证据资格,即无论是在侦查程序、审查起诉程序中,还是在审判和执行程序中,社会调查报告都是一份不可或缺的证据报告。在笔者选取的十起影响性刑事案件中,绝大多数未成年人刑事案件均进行了全面的社会调查,并作为庭审教育和定罪量刑的重要证据。其次,在办理未成年人刑事案件过程中,社会调查工作开展得如火如荼,越来越受到实务部门的重视,全国各地区法院、检察院及公安机关等均陆续颁布了许多关于完善和规范社会调查报告的意见或建议,例如,上海市长宁区人民法院颁布的《未成年人刑事案件特邀社会调查员工作规范(试行)》,黑龙江省佳木斯市中级人民法院制定的《佳木斯市涉少案件社会调查员制度实施办法》,采取庭前调查、参与诉讼、跟踪帮教的"三段两议式"服务等,这些地方试点都为今后社会调查制度的改革提供了有益经验。最后,社会调查报告的调查主体完成了由警察、检察官、法官亲自进行调查到委托或指定具有相关经验、具备专业知识的调查人员开展调查的转变。

在域外的实践场域中,社会调查报告的运用就更加广泛了。未成年人刑事案件社会调查制度肇始于《北京规则》第16条关于社会调查的规定,该规定设定了国际社会关于社会调查报告的五个最低标准要素,即社会调查适用的案件范围、启动时间、主体、结果和目的等,对于世界各国社会调查制度的确立和发展具有指导作用,是我国社会调查制度理论研究与司法实践发展的基础①,也是国际条约规定的义务。世界上大多数国家都系统规定了社会调查制度,例如,《德意志联邦共和国青少年刑法》第43条、《日本少年法》第11条、《新加坡儿童与少年法》第57条等。特别是美国,在办理未成年人刑事案件时,社会调查是必经的程序,社会调查报告由缓刑官负责,并独立于检察官和警察。未成年人缓刑官应当经过统一、专业的培训,并取得相关资格。最终负责执行并完成社会调查报告的主体是受过特殊训练的中立的专家,其任务在于向法庭提出一个旨在平衡未成年人最大利益与社会需求的独立的裁决建议。② 随着美国未成年人刑事司法改革的不断深入,社会调查报告的适用拓展至更多的诉讼阶段。当然,并不是所有州都适用社会调查报告,社会调查报告的适用范围也不相同,有些州将社会调查报告适用于重罪,有些州则将其适用于可能判处一定刑罚的案件,例如,在科罗拉多州,除非出现检控官、未成年人主动提出放弃使用社会调查报告的要求,否则,社会调查报告是审理任何案件都必须准备的一项书面材料。而在路易斯安那州、弗吉尼亚州及华盛顿州等,是否在诉讼中使用社会调查报告则由法官自由裁量。可见,无论是在国内场域,还是在域外场域,社会调查报告的运行都已具备良

---

① 参见李国莉:《未成年人刑事案件社会调查制度研究》,吉林大学2015年博士学位论文,第11—16页。
② 参见杨飞雪主编:《未成年人司法制度探索研究》,法律出版社2014年版,第97页。

性的实践场域。

二、社会调查报告证据效力运行的实践局限

在理论层面上,虽然社会调查报告的证据效力已有法理正当性基础,但是在实务运作中却并不像我们所期望的那么理想,仍存在许多问题。从法律文本层面上看,社会调查制度在《刑事诉讼法》和公安部、最高人民检察院、最高人民法院的办案规定和司法解释中都存在过于原则、规定不统一等问题;从制度运行层面上看,《刑事诉讼法》和公检法三机关文件具体规定的模糊与混乱导致实践中操作各不相同,呈现的问题也是形式各异。

(一)调查职权主体与执行主体多元化,法律地位不明

从《刑事诉讼法》第279条的规定来看,虽然社会调查的职权主体为公安机关、人民检察院和人民法院,但其并未规定委托主体为哪些?报告制作者是谁?审查者是谁?除了公检法三机关,当事人尤其是辩护律师能否申请或开展相应调查?对于这些问题,《刑事诉讼法》都没有作出有效回应。笔者对1286名受访者进行问卷调查,问题为:"您认为,未成年人刑事案件社会调查实施主体是?"从图6.1可见,认为"公安为主,检法及其他组织辅助"的受访者最多,占比例为44.9%,15.0%的受访者认为"检察院为主,公安法院及其他组织辅助",8.0%的受访者认为"法院为主,公检及其他组织辅助",仅有25.8%的受访者认为"公检法同为重要主体",这也表明公检法三机关同为社会调查实施主体的做法并不被社会大众所接受。究其根源,一方面,这样会增加案件承办人员的工作量,特别是在司法资源较为紧缺的地方,将会严重影响办案效率。另一方面,案件承办人对非本地户籍涉罪未成年人的基本信息等较难掌握,这将影响社会调查的准确性。而且由法院主导社会调查,会损害司法的中立性和被动性,可能使法官先入为主地进行裁判。[①] 此外,《刑事

---

① 参见谢安平、郭华主编:《未成年人刑事诉讼程序探究》,中国政法大学出版社2015年版,第220—221页。

诉讼法》仅规定"可以"进行调查,执行与否的弹性较大,尤其是在司法资源紧缺的地区,容易将"可以"消解为"偶尔"甚至"从不"。由于异地作案、流窜作案案件的社会调查成本较高,公检法三机关进行社会调查的驱动力就会明显下降。对于公检法三法机关而言,"可以"调查,意味着多了一个办案选择,如果展开调查对办案有益,则可以选择展开调查;对于涉罪未成年人而言,"可以"调查,其实是少了一项抗辩事由,他们将因没有开展社会调查而失去提出异议的机会。①

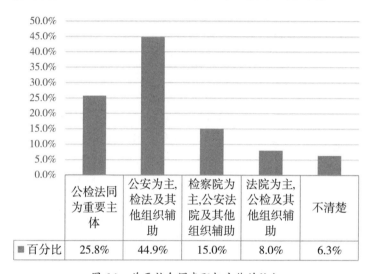

图6.1 关于社会调查职权主体的认知

从表6.7可见,公检法三机关的相关规定分别将自己视为社会调查的职权主体。从执行主体看,公检法三机关规定的执行主体依次呈扩大趋势,这也带来一系列问题,例如,公安机关可否委托其他组织、机构开展调查?有无必要对调查的被委托主体作出统一规定?2010年中央综治委预防青少年违法犯罪工作领导小组、最高人民法院、最高人民检察院、公安部、司法部、共青团中央《关于进一步建立和完善

---

① 参见部占川、刘洋:《从模糊文本走向生动实践——未成年人社会调查制度的困境与化解》,载《西北师大学报(社会科学版)》2015年第6期。

办理未成年人刑事案件配套工作体系的若干意见》规定社会调查由涉罪未成年人户籍所在地或者居住地的司法行政机关社区矫正工作部门负责,并可联合相关部门开展社会调查,或委托共青团组织以及其他社会组织协助调查。这也成为实务中司法行政机关、共青团组织及其他社会团体组织共同构成委托开展社会调查主体的合法依据。从理论层面上看,这样的规定使公检法三机关可自主裁量是否启动社会调查,根据社会调查报告的用途和刑事案件的过滤效应[1],结合前述意见关于公检法三机关在调查程序中的职能相互配合,而且有其他司法行政机关、共青团组织及社会团体组织的协助调查,应当说有利于推进社会调查工作的全程化、职业化、专业化发展,并有利于调查涉罪未成年人基本信息,以及与后期的帮教考察等形成有效衔接。

表6.7 公检法三机关有关社会调查规定的对比分析

条文 比较项	《刑事案件程序规定》第322条	《刑事诉讼规则》第461条	《刑诉法解释》第568、575条
职权主体 执行主体	(1)公安机关(职权); (2)委托主体无规定	(1)人民检察院(职权); (2)委托有关组织和机构	(1)人民法院(职权); (2)委托社区矫正机构、共青团、社会组织等
调查内容	成长经历、犯罪原因和监护教育等情况	成长经历、犯罪原因和监护教育等情况	性格特点、家庭情况、社会交往、成长经历、犯罪原因、犯罪前后的表现、监护教育等情况
报告功能	提请批准逮捕、移送审查起诉时,应综合考虑	办案和教育的参考	办理案件和教育未成年人的参考

---

[1] 参见刘方权:《刑事诉讼实证研究中的数据解读——与徐美君女士商榷》,载《中国刑事法杂志》2010年第12期。

(续表)

条文 比较项	《刑事案件程序规定》第322条	《刑事诉讼规则》第461条	《刑诉法解释》第568、575条
审查主体	(1)公安机关进行综合考虑； (2)提请批捕、移送审查起诉时，移送人民检察院审查	(1)人民检察院作为办案和教育的参考； (2)移送人民法院审查	法庭应当审查，并听取控辩双方意见

然而，在司法实践中，社会调查的职权主体与执行主体均存在权责不明及法律地位不明等现象。一方面，从理论上讲，本应是公安机关启动社会调查的次数最多，而实务中却是法院和检察院启动的次数最多，公安机关则最少。有学者对G市P区法院的调研也印证了这一现象，其发现P区法院未成年人审判庭2013年审理的171件未成年人刑事案件中的36件有社会调查报告，其中法院启动调查的有27件，检察院启动调查的有6件，公安机关启动的仅有3件。① 究其原因，公安机关一向秉持"重追诉而轻保护"理念，并且其案件负担沉重，司法资源有限，社会调查又需要花费大量的时间，如开展社会调查，则会导致侦查阶段的办案期限严重不足。另一方面，社会调查的执行主体资质不佳且呈现凌乱化，法律地位不明晰的现象突出。当前常见的社会调查执行主体主要包括：公安司法行政机关、公益律师、社区矫正机构、共青团组织、社会志愿者、专业社工组织及未成年人保护组织等，执行主体远大于法律及司法解释规定的范围。社会调查的性质决定了执行主体应当具有教育学、心理学、法学等综合知识，而实务中除专业社工组织人员外，其他主体几乎不完全具备相关专业知识。

此外，对于社会调查被委托主体在未成年人刑事诉讼程序中处于什么样的诉讼角色，《刑事诉讼法》及司法解释并未规定，社会调查的执行主体究竟是证人，还是鉴定人，抑或是其他诉讼参与人？有人可

---

① 参见蒋雪琴：《我国未成年人社会调查制度实践考察》，载《兰州大学学报(社会科学版)》2014年第5期。

能认为,社会调查员和证人一样都是就自身所感知的案件事实来为办案机关提供依据。也有人可能认为,社会调查执行主体与鉴定人类似,都是在诉讼过程中就某一个专门性的问题提供意见。① 其实,这样的认识都有一定局限性,社会调查的执行主体既不是证人,也不是鉴定人,那到底他们处于什么样的诉讼地位?毋庸置疑,社会调查执行主体是未成年人刑事诉讼中独立的诉讼参与人,是司法机关承办人员的辅佐者。

(二)调查方式多样化,内容不统一且质量不高

社会调查报告是调查内容的综合记录形式,是全部调查活动和调查结论的载体,它反映涉罪未成年人的基本情况、犯罪成因及帮教条件,并发现教育、感化、挽救涉罪未成年人的着手点,为法院的定罪量刑提供重要依据。从表6.7可见,公安机关和检察院调查的内容仅包括成长经历、犯罪原因和监护教育等情况,倾向于简单化,而法院所列的调查内容则比公安机关和检察院详尽许多。针对社会调查的内容,笔者对公检法司办案人员、律师群体和社会大众进行了问卷调查,从图6.2的统计分析可见,受访者选择"犯罪事实""成长经历""家庭情况""性格特征""社会交往"和"有无社会观护条件"的占比分别为91.5%、83.9%、80.5%、79.5%、72.5%和58.5%,选择"其他"的占比为17.1%。由此可知,实务部门的认知与《刑诉法解释》的规定内容高度一致,因此,社会调查报告内容应体现其全面性、客观性和专业性。

然而,在司法实践中,各地的社会调查内容可谓是千篇一律,缺乏对调查内容的深入挖掘和剖析,呈现出简单化、格式化的趋势,导致调查内容的质量普遍不高。首先,有些地方的社会调查报告内容的完整度不高,往往格式化地记录涉罪未成年人的基本信息、家庭背景、教育经历、作案过程、事后悔罪表现和对被害人的赔偿情况等,而对涉罪未成年人具体犯罪成因、社会危害性程度等缺乏细致深入的分析。这就

---

① 参见杨雄:《未成年人刑事案件中社会调查制度的运用》,载《法学论坛》2008年第1期。

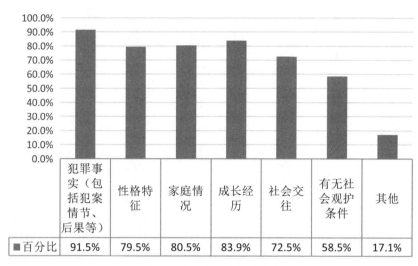

图 6.2 受访者对社会调查报告内容的认知

使得调查偏离立法初衷,失去了其独特的价值,因为这些格式化的信息,就算没有调查员开展调查,案件承办人员也会全面记录。其次,社会调查报告主观性太强而专业性不足。调查本该通过问卷调查、深度座谈、实地考察等方式开展,而实务中调查员为图简便,只搜集有限的客观性材料,仅凭主观臆断来完善信息,导致报告比较片面,无法保证其专业性和可信度。最后,从调查员的分析部分而言,其所提出的建议绝大多数比较宏大,缺乏实质性的参考意见。例如,大多建议为"可从轻或减轻处罚"这种并无任何实质性意义的建议。导致社会调查报告流于形式的原因是多种多样的,最关键的原因在于法律并未赋予调查员会见交流权、阅卷权,也未确保充足的调查时间等。[1]

(三)报告证据属性认知呈混沌状态,且审查程序不规范

社会调查报告是否具有证据属性,属于哪一类法定证据,《刑事诉讼法》第 279 条并没有给出回应,而且第 50 条也没有将社会调查报告

---

[1] 参见谢安平、郭华主编:《未成年人刑事诉讼程序探究》,中国政法大学出版社 2015 年版,第 229—230 页。

作为法定证据种类之一。虽然笔者在前文中论述了社会调查报告具有证据效力的法理正当性，但是在实务中各地法院做法不一，有的地方将其作为量刑证据，有的地方则仅作为"参考"依据。笔者对"社会调查报告是否具有证据属性"这一问题进行了问卷调查，从表6.8可见，认为"具有证据属性"的受访者最多，占比为42.6%，34.2%的受访者认为"不具有证据属性"，18.9%的受访者认为"看制作主体而定"，仅有4.3%的受访者认为"不清楚"。从总体上而言，受访者认为"具有证据属性"与"不具有证据属性"的比例相差无几。根据卡方分析（表6.9），不同样本群体在"社会调查报告是否具有证据属性"这一问题上具有显著差异。根据标准残差分析，公检法司办案人员中有52.8%的受访者认为具有证据属性，而有29.8%的受访者认为不具有证据属性。在受访的律师群体和社会大众中，分别有52.1%和39.1%的受访者认为不具有证据属性，这与公检法司办案人员的认知形成鲜明对比，这也表明在实务中对于"社会调查报告是否具有证据属性"这一问题的认知处于混沌状态。

表6.8 关于社会调查报告是否具有证据属性认知的交叉分析

选项		具有证据属性	看制作主体而定	不具有证据属性	不清楚	合计
整体		42.6%	18.9%	34.2%	4.3%	100.0%
不同样本群体	公检法司办案人员	52.8%	14.7%	29.8%	2.7%	100.0%
	律师群体	21.8%	23.5%	52.1%	2.6%	100.0%
	社会大众	23.5%	28.3%	39.1%	9.1%	100.0%

表6.9 不同样本群体对关于社会调查报告是否具有证据属性认知的卡方检验

	值	df	渐进Sig.(双侧)
Pearson卡方	122.488[a]	6	0.000
似然比	122.706	6	0.000
线性和线性组合	72.001	1	0.000

(续表)

	值	df	渐进 Sig.(双侧)
有效案例中的 N	1244		

对于社会调查报告的审查程序问题,《刑事诉讼法》及司法解释并未作出明确的规定,仅公检法三机关的相关规定中作了粗略规范。审查公安机关作出的社会调查报告的流程为:先由公安机关办案时自己综合考量;然后移送检察机关审查,以此决定是否批准逮捕和提请公诉。审查检察机关作出的社会调查报告或者经审核后采用的公安机关所制作的社会调查报告的流程为:先是检察机关自己审查,用于办案和教育的参考;然后在提请公诉时移送法院后由法院审查。法院作出的社会调查报告或者其采用的检察机关移送的社会调查报告,则由法院自行审查,作为办理案件和教育涉罪未成年人的参考。在法院的审查程序中,绝大多数社会调查报告在庭审中均经过了审查,但控辩双方仅对社会调查报告内容的全面或真实与否提出意见,而不是佐证,并且提出的意见一般不被采纳。[①] 可见,法律及司法解释对社会调查报告审查程序的规定过于简单、笼统,使实务中该制度的可操作性不强,导致审查程序流于形式。

三、必由之路:完善社会调查报告证据效力的对策论

实践证明,社会调查报告对于科学化、专业化地规范未成年人刑事诉讼程序具有重要意义,作为未成年人刑事诉讼程序的标志性产物,我们应该给予其完善的空间。从明确报告调查主体、丰富调查内容、确立报告证据属性和规范报告审查程序等方面进行完善,社会调查报告适用于普通程序的改革才成为可能。

(一)主体:分工负责与权责明晰

社会调查报告的主体分为两类:一类为职权主体,另一类为执行

[①] 参见四川省高级人民法院课题组:《未成年人刑事案件审理中社会调查制度的实际运用与分析》,载《法律适用》2014年第6期。

主体。一般而言,公检法三机关作为职权主体,在时间、司法资源充裕的情况下,应当自行开展社会调查,而且社会调查开展得越早越好,如果能将调查开展至侦查阶段,社会调查报告能在批捕程序和审查起诉环节就得到审查,那么其将更有真实性和可靠性,也有利于证据的搜集和提取。如果在审查起诉阶段再进行调查,实质上是将过滤职能转移至审判阶段,如果在未开展社会调查的情况下就直接对涉罪未成年人适用逮捕、羁押措施,其实是不利于对涉罪未成年人的挽救和教育的。公检法三机关自行开展社会调查,存在更大的优势,如能直接掌握第一手资源,调查手段丰富,调查的公信力较强,涉罪未成年人及近亲属等普遍较为配合,开展的调查更具及时性和针对性等。

当然,笔者不建议由法院直接开展社会调查,但可委托其他专业的社会组织或共青团组织等进行调查,原因是:如果法院进行调查,法官会先入为主地对案件进行裁判,损害法官的中立性和被动性。在我国台湾地区,法官之所以对未成年人刑事案件享有社会调查权,是因为法官对未成年人案件具有先议权,而且有独立处理未成年人案件的机构,即少年法院,并将未成年人案件分为保护事件和刑事案件,如果被定性为刑事案件,则由检察官负责侦查、起诉。

当公检法三机关因特殊情况无法开展社会调查时,可委托其他司法行政机关、共青团组织或其他社会团体组织等开展社会调查,这些被委托主体应当具备以下条件:稳定性,拥有一支较为稳定的调查团队;专业性,具有心理学、教育学、社会学等专业知识;中立性,调查员须秉持相对独立客观的立场;敬业性,调查员热衷于未成年人保护工作,对其工作认真负责。例如,司法行政部门社区矫正机构、专门从事社会调查或协助矫正的民间组织或者共青团组织等,均是比较适格的执行主体。执行主体作为公检法三机关的司法辅助人员,有别于翻译人员、鉴定人和证人的角色定位,应当赋予社会调查员特殊诉讼参与人的法律地位,使其享有一定的诉讼权利,例如,在开展社会调查过程中享有与涉罪未成年人会见、交流的权利,到办案机关查阅、摘抄、复制与涉罪未成年人相关的案卷信息的权利等。社会调查员同时履行以下职责:社会调查、制作调查报告、出庭宣读报告、接受法庭质询、参加庭审教育、开展帮教工作和保守案件信息秘密等。

(二)内容:全面化、科学性与专业化

调查方式及报告内容是否全面、科学和专业,直接决定着社会调查报告的证据效力,因此,有必要对调查方式及报告内容进行完善。首先,保障调查方式的多样化与科学性。传统的社会调查方式存在单一化倾向,采用格式化表格、实地走访调查和会见涉罪未成年人及近亲属等方法,这些传统的调查方式虽然能够调查到一些信息,但毕竟有限。笔者认为,可以采取多元方法交叉应用的方式,即"实地考察为主,间接调查为辅"的方法。调查员可以实地开展调查,与涉罪未成年人及近亲属等面对面进行会谈,若是涉罪未成年人地处偏远地段,可以采用书信、电话、邮件等方式进行,或者委托当地的司法行政部门的社区矫正机构进行调查。当然,随着科学技术的高速发展,如果局限于上述调查方式,可能无法了解到问题的本质,此时有必要对涉罪未成年人进行鉴定和人格测试。其中,对于一些需要专业知识和特定技术才能解决的问题,可以采用鉴定的方式来完成。例如,在日本、瑞士及我国台湾地区,采用伤情鉴定、心理鉴定、精神鉴定等方式,鉴定涉罪未成年人的生理和心理问题。人格测评可以对涉罪未成年人的人身危险性和刑事责任能力进行评估,为庭审教育、社区帮教打下坚实的基础。例如,美国心理学家梅加吉(Megargee)的明尼苏达多项人格量表,区别出了十种人格类型;古德伯格(Goldberg)的五因素人格结构,通过对犯罪人的神经质性、宜人性、外倾性、认真性、创新性进行分析,以此来测评未成年人。[①]

其次,调查内容不仅要具备全面性,而且要有专业性。社会调查报告不仅要包括涉罪未成年人的成长经历、犯罪成因、观护帮教等内容,而且要包括科学、合理化的帮教建议,这些是社会调查报告全面性

---

① 参见谢安平、郭华主编:《未成年人刑事诉讼程序探究》,中国政法大学出版社2015年版,第244页。

与专业性的集中体现。社会调查报告需要在对犯罪行为的社会危害性、犯罪成因、再犯可能性、社区关系修复情况、是否具备帮教条件等进行全面评估的基础上,提出科学的量刑建议、社区矫正或帮教建议。①

最后,规范调查程序,从程序上保证调查工作的中立、客观、可信。具体的调查工作程序为:(1)一个案件至少需有两名调查员,在调查时相互配合、分工负责、相互监督;(2)调查员需具有合格的调查函,并征得涉罪未成年人及其法定代理人的同意;(3)调查员前往羁押场所会见涉罪未成年人并与其交流,必须征得授权机关的同意,并且需要有法定代理人或合适成年人在场;(4)对调查内容应当制作笔录,或者以录音录像的方式予以保存,作为社会调查报告的依据。②

(三)审查:类型确定与程序规范

通过对调查员的选任、监督以及社会调查报告取证、举证、质证、认证等程序,确认社会调查报告的法定证据种类的问题,规范报告的审查程序。关于社会调查报告属于哪一类法定证据种类的问题,从表6.10可见,总体而言,认为属于"涉案未成年人供述和辩解"的受访者最多,占比为41.0%,其次为"书证"和"鉴定意见",占比分别为23.1%和20.7%,而认为属于"其他证据种类"的受访者占比仅为7.2%。对于社会调查报告属于哪一类证据种类的交叉分析中,根据卡方检验及Fisher精确检验,不同样本群体在这一问题上具有显著差异,其中根据标准残差分析,公检法司办案人员选择"涉案未成年人供述和辩解"的占比显著高于律师群体和社会大众,而律师群体认为属于"书证"的占比显著高于其他样本群体。在公检法司办案人员和社会大众中,选择"涉案未成年人供述和辩解"的受访者占比最高,分别为46.3%和26.5%;在律师群体中,选择"书证"的占比最高,为47.5%。这也表明受访者对于社会调查报告具有证据属性没有争议,但对于其属于哪

---

① 参见周庆华、储昭节:《社会调查报告需追求实效》,载《检察日报》2013年11月17日,第3版。
② 参见张立勇主编:《中国特色少年司法制度改革与完善研究》,法律出版社2012年版,第425页。

一种法定证据,则存在不同的认识。笔者认为,社会调查报告到底属于涉案未成年人供述和辩解、鉴定意见、书证或是新型的法定证据种类的哪一种,应当根据其内容、制作主体、证明对象、报告用途等综合权衡从而确定。

表6.10 关于社会调查报告证据种类认知的交叉分析

选项		物证	书证	涉案未成年人供述和辩解	鉴定意见	勘验检查笔录	其他证据种类	合计
整体		5.9%	23.1%	41.0%	20.7%	2.1%	7.2%	100.0%
不同样本群体	公检法司办案人员	5.5%	21.4%	46.3%	20.6%	0.6%	5.6%	100.0%
	律师群体	—	47.5%	15.0%	25.0%	5.0%	7.5%	100.0%
	社会大众	9.7%	22.1%	26.5%	19.5%	8.0%	14.2%	100.0%

对于社会调查报告的审查,采用形式审查和实体审查:首先,在庭前会议环节,对社会调查报告是否符合形式要件进行审查。主要审查调查主体是否适格,调查手段是否合法,调查内容是否符合规范等。以调查手段为例,调查员在开展社会调查时,不得对涉罪未成年人及近亲属等采用暴力、威胁、利诱等非法手段,否则即应当将社会调查报告以非法证据予以排除。其次,接受法庭的质询和审查。社会调查报告必须像普通证据一样接受质询和审查,《刑事诉讼法》及司法解释规定了社会调查由公检法机关启动,则公诉机关应当主动当庭宣读社会调查报告的内容,接受法庭质证与询问。如果辩护人认为社会调查报告的结论并不能给涉罪未成年人带来其预期的效益,则可以对此提出质询,必要时可申请调查员出庭接受询问,如果经质询发现调查程序或社会调查报告存在重大瑕疵,辩护人可以向法庭申请,或者由法庭主动要求进行补充调查。① 最后,法庭对社会调查报告进行综合评

---

① 参见邰占川、刘洋:《从模糊文本走向生动实践——未成年人社会调查制度的困境与化解》,载《西北师大学报(社会科学版)》2015年第6期。

判,确定其是否具有证据"三性",即相关性、可采性、可信性。通过对社会调查报告"三性"的审查,以确定其证据资格和证据效力,并结合报告评估涉罪未成年人的人身危险性和社会危害性,以便采取相应的处遇措施。

(四)应用:由特别程序拓展至普通程序

社会调查报告适用范围由特别程序拓展至普通刑事诉讼程序,需要"三步走"策略。第一步:拓宽社会调查报告适用的范围,将其应用于未成年人刑事诉讼程序的全过程,即侦查、审查起诉、审判和执行阶段。在侦查程序中,社会调查报告是公安机关对涉罪未成年人提请逮捕、移送审查起诉和检察院审查批准逮捕时对羁押必要性审查的重要材料;在审查起诉程序中,社会调查报告是检察院作出酌定不起诉、附条件不起诉和拟定观护计划的重要材料;在审判程序中,社会调查报告是法院定罪量刑和庭审教育的重要参考材料,尤其是在决定对涉罪未成年人是否判处管制、缓刑等非监禁刑或免除刑罚的时候;在执行程序中,社会调查报告是法官回访、跟踪帮教和社区矫正的重要材料,尤其是需要对涉罪未成年人开展个别化、有针对性的帮教时,社会调查报告为了解涉罪未成年人提供了重要的参考依据。

第二步:成为法院定罪量刑的证据材料。有学者指出,对定罪—量刑庭审程序的改革,是推广社会调查报告的关键。基于定罪与量刑审理对象、证据规则、法庭辩论焦点及律师辩护技巧的差异,有必要建立相对独立的量刑程序。[①] 例如,隔离式的量刑程序改革,有助于提高量刑程序的透明度,增加法官获取、采纳量刑信息的数量与比率[②],只有这样,才能为社会调查报告在普通刑事诉讼程序中的实质性参与提供必要的结构性因素和"法定空间"。笔者认为,随着社会调查制度及

---

① 参见曹志勋:《推广社会调查报告的障碍及对策》,载《中国刑事法杂志》2012 年第 2 期。

② 关于隔离式量刑程序改革的论述,具体参见陈卫东:《论隔离式量刑程序改革——基于芜湖模式的分析》,载《法学家》2010 年第 2 期;陈卫东、程雷:《隔离式量刑程序实验研究报告——以芜湖模式为样本》,载《中国社会科学》2012 年第 9 期。

调查报告的日趋成熟,社会调查报告不仅可以作为法院量刑程序的证据材料,同时可以作为定罪的证据材料。当然,社会调查报告作为定罪证据,不仅需要具有证据的相关性、可采性与可信性,而且需经法庭质证与认证,具体而言:首先,社会调查报告应当进行证据开示,以保证控辩双方能够充分了解报告的内容,有充足的时间做辩护准备;其次,调查员需出庭接受质询,确保控辩双方对社会调查报告有充分质证的权利①;最后,法官在判决书中对社会调查报告以及辩护意见的采纳与否,需要进行充分的释法说理,以保证社会调查报告对法庭定罪量刑产生实质的、有效的影响。

第三步:社会调查报告的适用空间由特别程序拓展至普通刑事诉讼程序,这是制度改革的远景。未成年人刑事司法领域的社会调查制度为改革积累了有益经验,由于我国社会调查制度适用条件本身以非罪化、缓刑化、轻刑化为导向,因此,将社会调查制度普及于刑事诉讼程序,应当完善普通程序侦查阶段中非羁押性措施的适用,提高审查起诉阶段酌定不起诉或附条件不起诉的适用率,以及建构审判程序定罪量刑的精确化与科学化制度等,使其成为整个刑事诉讼程序改革的切入点。

第三节　未成年人社区矫正的理念与路径

2003 年最高人民法院、最高人民检察院、公安部、司法部联合出台了《关于开展社区矫正试点工作的通知》,选择在北京、上海、天津、江苏、浙江、山东等六省市开展未成年人社区矫正(以下简称"社区矫正")的试点工作;到 2009 年,社区矫正工作已在全国推广。在规范层面上,2011 年《刑法修正案(八)》将社区矫正正式写入《刑法》,这是

---

① 参见李国莉:《未成年人社会调查报告的证据法解析及量刑运用》,载《学术交流》2013 年第 10 期。

"社区矫正"一词第一次正式出现在《刑法》条文中。2012年《社区矫正实施办法》正式施行,并明确对涉罪未成年人的身份保护、分开执行、帮教就学等予以重点规定,这对涉罪未成年人适用社区矫正、保护其合法权益具有里程碑式的意义。2020年正式施行的《社区矫正法》是我国第一部对社区矫正工作进行全面规范的法律,它提高了社区矫正的质量,明确了社区矫正的目标和工作原则,坚持监督管理与教育帮扶结合、专门机关与社会力量相结合。与其同日施行的《社区矫正法实施办法》更是为推进和规范社区矫正工作贡献了重要力量。在实践层面,毫无疑问,社区矫正具有诸多益处:有利于降低刑罚执行成本、防止交叉感染、帮助涉罪未成年人回归社会、降低涉罪未成年人的重新犯罪率、维护社会和谐稳定等。① 有课题组对全国12个省、直辖市的社区服刑人员进行了匿名抽样调查,高达90.3%的人认为社区服刑有利于重新融入社会,其中,东部地区占比为92.2%,中部地区占比为89.6%,西部地区占比为86.5%。② 然而,社区矫正在我国还处于初创期,一些涉及矫正质量和制度成效的基础问题亟待解决,例如,矫正立法层级较低,尚未形成体系,矫正主体与定性不准,矫正举措单一及效果不佳等问题。针对社区矫正存在的局限,本节将以更新社区矫正理念为切入点,从实证维度揭示社区矫正面临的困境,并从善治视野提出社区矫正的治理模式,以期真正实现预防和减少未成年人犯罪的目标。

一、矫正理念:特殊预防、社会控制与修复关系

当前理论及实践理念对社区矫正的定位仍持传统矫正预防的一元论,认为其区别于监禁刑强调报应惩罚和威慑预防之目的,社区矫正以特殊预防目的和教育矫治为制度着眼点,希望通过对人身危险性和社会危害性较轻的涉罪未成年人实行开放式处遇和社会化行刑

---

① 参见社区矫正调研课题组:《关于推进中国特色社区矫正工作的调研报告》,载《中国司法》2011年第2期。
② 参见匡敦校:《中国未成年人社区矫正的问题及对策》,载《中国青年社会科学》2015年第1期。

的方式,有效恢复涉罪未成年人的社会融入复归能力,防范其再犯可能。① 由此可知,社区矫正是一种法治化矫正理念的实践表现形态,蕴涵着人文关怀(人道主义)、特殊处遇(个别主义)、资源整合(经济主义)、再社会化(价值回归)等矫正理念②,集中体现了三种矫正理念:特殊预防、社会控制与修复关系。

(一)社区矫正与特殊预防理念

社区矫正制度肇始于《刑法》的特殊预防理念,该理念从刑法相对理论(又称预防理论)中衍生而来,由李斯特提出,他倡导并发展了以重新社会化为核心的特殊预防理念,特殊预防不仅仅要保护个人和社会,而且要帮助行为人纠正思想。③ 特殊预防理念表现在社区矫正中,不是要将涉罪未成年人赶出社会,并在他身上打上犯罪标签,而是要帮助他与社会重新融为一体。这就要求在社区矫正中建立各种适应社会的训练和帮助项目,从而使对社区矫正进行结构性改革成为可能。

然而,仅以特殊预防理念为基础的社区矫正虽然在勃兴发展过程中,却也遭遇了一些实践难题:第一,矫正效果往往与预期的理想状态相距甚远。例如,美国20世纪70年代社区矫正后的罪犯再犯率大幅度攀升,此时社区矫正的预防功能就遭受了许多诟病。④ 第二,执行者具有较大的自由裁量权,但法定标准不明和量刑不透明,可能导致仍然具有较强人身危险性和社会危害性的犯罪过早复归社会,进而重新犯罪。第三,社区矫正对人身权的保障可能产生负面影响。社区矫正与特殊预防的个体处遇原则相适应,执行者在量定和执行社区矫正过

---

① See Eric J. Wodahl and Brett Garland, "The Evolution of Community Corrections: The Enduring Influence of the Prison", The Prison Journal, Vol. 89, Iss. 1, 2009, pp. 91-93.

② 参见李晓莉:《中国社区矫正制度协同创新的路径选择》,载《兰州学刊》2015年第4期。

③ 与预防理论相对的理论是绝对理论,其集大成者是著名的德国哲学家和思想家康德和黑格尔,主张"通过使罪犯承担痛苦的方法,使行为人由于自己的行为而加于自身的罪责,在正义的方式下得到报复、弥补和赎罪"。具体参见王世洲:《现代刑罚目的理论与中国的选择》,载《法学研究》2003年第3期。

④ See Paul Gendreau and Robert R. Ross, "Revivification of Rehabilitation: Evidence from the 1980s", Justice Quarterly, Vol. 4, Iss. 3, 1987, pp. 95-105.

程中的自由裁量权过大,具有相同人身危险性和社会危害性的个体在不同矫正体系中,可能接受的矫正时间、约束措施和衡量标准却全然不同,这种情形在实践中大量存在,严重影响司法的公正性,进而影响公民人身权利的公平性。① 虽然特殊预防理念在社区矫正执行中受到了一些批评和怀疑,但是社会化和个别化处遇原则,正是建构社区矫正的核心基石。正如美国学者戴维·波普诺所言:"再社会化是有意忘掉的价值观和行为模式,接受新的价值与行为,是一种带有弥补、补救、矫正性质的社会化。"②

(二)社区矫正与社会控制理念

社会控制理念不仅勾勒出了未成年人犯罪的根源,也为我们探索如何对涉罪未成年人进行社区矫正提供了改革思路。1964年,特拉维斯·赫希从里奇蒙(Richmond)计划所研究的17500名中学生中,采用按种族、性别、学校和年级进行分层抽样的方法,选择了5545名中学生进行问卷调查(获取有效问卷4077份),从而提出了未成年人犯罪的社会控制理念,"该理念基本观点是任何人都是潜在的犯罪人,个人与社会的联系可以阻止个人进行违反社会准则的越轨或犯罪行为,当这种依附程度越来越弱时,个人就会无约束地实施犯罪行为"③。因此,在对涉罪未成年人开展社区矫正过程中,一方面,需要采取多种途径强化涉罪未成年人与社区、学校和家庭之间的依附关系;另一方面,需要采用反向联系,即采取增强社会控制的方式,通过社区、学校和家庭的引导逐步增强涉罪未成年人的自我控制能力。

赫希认为,未成年人犯罪是个人与传统社会的联系削弱或破裂的结果,这也是社区矫正过程中需要着力修复的关系。这种社会联系主要由四种成分组成:第一种成分为依恋(Attachment),是指未成年人对他人

---

① 参见李川:《从特殊预防到风险管控:社区矫正之理论嬗变与进路选择》,载《法律科学(西北政法大学学报)》2012年第3期。
② 〔美〕戴维·波普诺:《社会学》(第10版),李强等译,中国人民大学出版社1999年版,第142—167页。
③ Travis Hirschi, Causes of Delinquency, University of California Press, 1969, p. 16.

或群体的感情联系,包括对学校、父母和同辈朋友的依恋。这种依恋越强烈,未成年人在预备犯罪行为时,就越会考虑犯罪行为会给这种依恋造成的损害,因此,依恋是控制未成年人犯罪的重要抑制因素。第二种成分为奉献(Commitment),是指将时间、精力和努力用于传统活动中。"赫希认为,如果未成年人为了顺应传统的生活方式而花费时间和精力,致力于传统的生活、财产、教育、名誉等活动中,那么他就不大可能有时间和精力从事犯罪活动。"①第三种成分为投入(Involvement),是指花费时间和精力较深入地参加传统的活动。犯罪活动总是与游手好闲密切联系在一起,如果未成年人总是全力以赴地忙于各种传统事务,那么他就会缺少从事犯罪的时间和精力。第四种成分为信念(Belief),是指对共同的价值体系和道德观念的赞同、承认和信任。如果缺乏对这些价值体系和道德观念的信任,未成年人就有可能越轨或实施犯罪行为。②

社会控制理念使社区矫正更具有可操作性,从"依恋""奉献""投入""信念"四个方面解析未成年人犯罪产生的根源,并阐述了社区、学校、家庭在未成年人犯罪中的效应,这些均对矫正工作具有重要的指导意义。在社区矫正过程中,应当发挥家庭和学校的不可替代性,注重"依恋"和"投入"在矫正中的积极作用,积极干预涉罪未成年人和不良社会成员之间的联系与交流,通过社区内教育教学和社会实践项目的开展,通过社区资源的充分应用和传统活动的开展,尽可能满足涉罪未成年人的物质需求和精神需求,让涉罪未成年人愿意"依恋"家庭和学校,可以"投入"正常健康的学习和业余活动,愿意为此"奉献"时间,并在矫正过程中形成正确的"信仰"。③

---

① 吴宗宪:《赫希社会控制理论述评》,载《预防青少年犯罪研究》2013 年第 6 期。
② 关于社会控制理念中社会联系的四种成分或四个方面的论述,具体参见〔美〕特拉维斯·赫希:《少年犯罪原因探讨》,吴宗宪等译,中国国际广播出版社 1997 年版,第 69—196 页;钟其:《转型社会青少年犯罪成因剖析——以社会控制理论为视角》,载《浙江学刊》2007 年第 5 期;吴宗宪:《西方犯罪学史》(第 2 版),中国人民公安大学出版社 2010 年版,第 1161—1170 页;吴宗宪:《赫希社会控制理论述评》,载《预防青少年犯罪研究》2013 年第 6 期等。
③ 参见郭晓红:《未成年犯罪人社区矫正的路径选择——以社会控制理论为视角》,载《法学杂志》2014 年第 7 期。

(三) 社区矫正与修复关系理念

修复关系理念作为恢复性司法的核心理念,是指动员全社会的力量,吸收被害人及涉罪未成年人所在的社区参与到对犯罪的矫治过程中,它所关注的焦点是对涉罪未成年人的心理治疗与涉罪未成年人回归社会、对被害人心灵的抚慰与修复,以及对社区秩序的修复与重建。可见,与传统刑事司法理念相比,修复关系理念在满足各方当事人需求、吸引社会公众参与、预防和减少再犯、降低诉讼成本、促进社会和谐等方面具有优势。① 为什么要将涉罪未成年人放回社区中进行矫正? 其实,犯罪的本质是社区中的个人对个人的侵害,犯罪是未成年人错误选择的结果,涉罪未成年人应当对此负责;对涉罪未成年人的第一反应不应当是惩罚,而应当是修复因犯罪而造成的各种损失,真正的负责不是消极地等候刑罚,而是积极地挽回犯罪所造成的不良后果,帮助涉罪未成年人建立一种新的生活,并鼓励所有受到犯罪影响的人(包括涉罪未成年人的监护人、被害人、社工组织等)都参与到涉罪未成年人的矫正中。②

修复关系理念与社区矫正存在共同的契合点,两者之间具有共同的价值基础,迎合了刑罚轻缓化与行刑再社会化的潮流,彰显了人道主义与人性的关怀。③ 可见,修复关系理念在社区矫正中有其运作的空间,未成年人虽然因为认知能力低、控制能力差、情绪化严重而实施犯罪行为,但他们也有可塑性强等特点,所以对涉罪未成年人进行教育与矫正时需要符合其身心特点,注重矫正的社会效果和对被害人的赔偿与补偿,同时,社区服务内容既要考虑社区的受益情况和公众效应,以满足公众的正义期待心理,又要考虑对被害人的精神抚慰和物质补偿,对被害人定向的悔罪式交流和补偿性劳务成为有被害人的社区矫正的优先选择。④

---

① 参见陈晓明:《论修复性司法》,载《法学研究》2006 年第 1 期。
② 参见张传伟:《我国社区矫正运行模式研究》,山东大学出版社 2010 年版,第 19 页。
③ 参见黄延峰:《恢复性司法视域下未成年犯社区矫正研究》,载《学术探索》2014 年第 10 期。
④ 参见李川:《修复、矫治与分控:社区矫正机能三重性辩证及其展开》,载《中国法学》2015 年第 5 期。

二、社区矫正面临的困境：基于运行现状的实证考察

虽然社区矫正在未成年人犯罪治理中发挥着举足轻重的作用，但是在司法实践中面临着一些困境，对此，笔者进行了问卷调查（发放调查问卷1850份，有效问卷率为69.5%），并实地考察基层社区矫正基地，与当地社区矫正工作者、街道工作人员及志愿工作者进行面对面的访谈，同时查阅有关卷宗，适时地应用了一些社区矫正工作者的调查资料进行研究分析。从表6.11可见，总体而言，选择"矫正举措单一，效果不明显"的受访者最多，占比为75.9%，其次为"矫正未针对未成年人个性制定具体矫正项目"和"社区综合评估未考虑未成年人特点"，占比分别为71.9%和68.7%，再次为"社区矫正的主体与定性不准确""对不服从社区矫正人员缺乏相应的强制措施"和"尚无针对未成年人规范的社区矫正制度、组织"，占比分别为62.8%、56.9%和50.3%。笔者将结合地方社区实践的样态，进一步解释这一现象的诱因，找寻问题的根源。

表6.11 对社区矫正面临问题认知的交叉分析

选项	整体	不同年龄段					不同样本群体		
		20岁以下	20—30岁	30—40岁	40—50岁	50岁以上	公检法司办案人员	律师群体	社会大众
社区矫正的主体与定性不准确	62.8%	77.8%	53.6%	74.9%	55.0%	65.0%	67.4%	58.3%	51.8%
社区综合评估未考虑未成年人特点	68.7%	11.1%	59.2%	84.8%	58.1%	47.5%	74.7%	56.7%	56.6%
矫正未针对未成年人个性制定具体矫正项目	71.9%	33.3%	62.9%	85.2%	66.7%	62.5%	77.1%	67.5%	59.5%

(续表)

选项	整体	不同年龄段					不同样本群体		
		20岁以下	20—30岁	30—40岁	40—50岁	50岁以上	公检法司办案人员	律师群体	社会大众
矫正举措单一,效果不明显	75.9%	55.6%	64.1%	88.3%	79.8%	85.0%	83.9%	73.3%	55.0%
对不服从社区矫正人员缺乏相应的强制措施	56.9%	44.4%	39.4%	76.5%	59.7%	60.0%	66.3%	49.2%	34.1%
尚无针对未成年人规范的社区矫正制度、组织	50.3%	33.3%	44.8%	55.8%	56.6%	45.0%	51.7%	59.2%	43.1%
其他配套措施不完善	27.5%	33.3%	26.6%	29.0%	24.8%	30.0%	28.4%	28.3%	24.8%

(一)社区矫正主体不明与矫正举措单一

目前,《社区矫正法》和《社区矫正法实施办法》是社区矫正方面的统一性规定。《社区矫正法》第8条至第12条规定了参与社区矫正的主体除法院、检察院、公安机关、司法行政部门及其所属社区矫正机构、司法所和监狱之外,还包括社区矫正人员所在单位、居(村)民委员会、就读学校、家庭成员(监护人)、保证人、社会工作者和志愿者。从参与主体的数量上看,可谓是数量众多,但是哪些为社区矫正的职权主体?哪些为执行主体?这些主体各自的职能与定位是什么?该办法并未明确规定。在北京、上海的社区矫正模式中,是由地方政法委组织牵头,由司法行政部门具体负责矫正工作,并由公安、检察院、法院及民政等部门协调合作,多部门共同开展。可见,矫正主体呈现多元化趋势,同时,一些地方存在社区矫正的队伍不稳定,人员紧缺等问题。以成都市为例,该地绝大多数矫正工作由司法所负责,成都市共有316个司法所,其中1人所179个,2人所50个,3人以上所(含3人)15个,无直属编制的司法所72个。不仅大部分司法所只有1人,而且大约四分之一为非直属司法所(即挂牌司法所)。①

在笔者开展的问卷调查中,由表6.11可见,30—40岁的受访者(这一年龄段的受访者大多数为当前司法实务中的一线人员),认为社区矫正的主体与定性不准确的占比为74.9%;在受访的公检法司办案人员中,认为存在这一现象的有效比为67.4%。可见,在矫正实务中,参与主体的范围远超法律的规定,各主体间权责不明、地位不清,而在具体的执行部门,存在队伍不稳定、人员紧缺的现象。

在很多地方的社区矫正试点中,虽然对涉罪未成年人有一定的特殊照顾,但是几乎与成年人的矫正举措相类似,多数为一种"盆景效应",无论是监督教育、教育矫正还是帮助服务举措都没有形成一个体系,缺乏针对涉罪未成年人的个别化矫正措施。相对于其他发达国家丰富多彩的社区矫正措施而言,我国有法律依据的矫正手段和方式近乎空白,监管形式非常单一,而且缺乏对涉罪未成年人的区别对待。② 从表6.11可见,在不同年龄段的受访者对"社区矫正面临问题"的看法中,30—40岁的受访者选择"矫正举措单一,效果不明显"的占比最高,为88.3%,50岁以上的受访者认为存在这一问题的占比为85.0%,40—50岁受访者的占比同样也有79.8%。在公检法司办案人员、律师群体和社会大众的受访者中,认为存在"矫正举措单一,效果不明显"的占比分别为83.9%、73.3%和55.0%,这也表明社会大众对社区矫正存在"矫正举措单一,效果不明显"的现象已成共识。

(二)尚未形成针对涉罪未成年人的矫正项目与评估体系

《社区矫正法实施办法》共59个条文,其中第55条规定了制定适

---

① 参见但未丽:《社区矫正的"北京模式"与"上海模式"比较分析》,载《中国人民公安大学学报(社会科学版)》2011年第4期。
② 参见赵国玲主编:《未成年人司法制度改革研究》,北京大学出版社2011年版,第339页。

应未成年人特点的矫正方案,但该条规定得过于原则、笼统、简单,不具有可操作性,实践中也尚未形成针对涉罪未成年人的矫正体系,未取得良好的社会效果。主要表现在三个方面:首先,缺乏适合未成年人个性的社区矫正项目。从表 6.11 可见,在不同年龄段的受访者中,30—40 岁的受访者选择"矫正未针对未成年人个性制定具体矫正项目"的占比为 85.2%,其次是 40—50 岁的受访者,选择该项的占比为 66.7%。在公检法司办案人员、律师群体与社会大众中,认为"矫正未针对未成年人个性制定具体矫正项目"的占比分别为 77.1%、67.5% 和 59.5%,这表明无论是不同年龄层的受访群体,还是不同样本群体的受访者,都认为社区矫正未针对未成年人个性制定具体的矫正项目。在矫正过程中,未成年人的矫正项目均与成年人一样,迫切需要针对涉罪未成年人的特点设立新的矫正项目,有些社区除了组织一些一般性的职业技能培训和学习教育,再无其他适合涉罪未成年人的矫正项目,以至于多数涉罪未成年人常常处于无事可做的状态。

其次,社区综合评估没有考虑涉罪未成年人特点。根据《社区矫正法实施办法》第 21 条的规定,社区矫正人员应当根据涉罪未成年人被判处的刑罚种类、犯罪类型、矫正阶段、再犯罪风险等情况进行综合评估。以北京市社区综合评估为例,矫正机构将社区服刑人分为 A 类、B 类、C 类,分别对应不同的管理措施,即低强度管理、中强度管理、高强度管理①,未成年人的社区矫正方式与成年人一样,到社区后先实行为期 3 个月的高强度管理,之后根据社区矫正人员、涉罪未成年人分别填写的多份评估表,对其进行评估,算出分数,并综合确定涉罪未成年人的管理等级,其中,评估表中的许多评价指标均未考虑未成年人所处的年龄段、实际状况及身心特点②。笔者开展的调查问卷也佐证了这一现象,从表 6.11 可见,30—40 岁的受访者选择"社区综

---

① 参见中国监狱学会、加拿大刑法改革与刑事政策国际中心编:《中加社区矫正概览》,法律出版社 2008 年版,第 35—36 页。

② 参见甄贞、管元梓:《未成年人社区矫正工作的制度完善——以矫正方案科学化为视角》,载《河南社会科学》2013 年第 5 期。

合评估未考虑未成年人特点"的占比最高,为84.8%,其次在受访的公检法司办案人员、律师群体与社会大众中,认为"社区综合评估未考虑未成年人特点"的,占比分别为74.7%、56.7%和56.6%。这样机械地应用评估表不利于正确评估涉罪未成年人的内心状态及矫正效果。

最后,尚未形成针对涉罪未成年人的矫正管理制度与组织。在矫正实务中,社区矫正人员管理涉罪未成年人,一般参照《刑法》《刑事诉讼法》及司法解释的规定。例如,按照《刑法》第39条、第75条和第84条的规定,进行社区矫正的管制、缓刑、假释的涉罪未成年人均应当遵守以下几项规定:(1)遵守法律、行政法规、服从监管;(2)遵守考察机关有关会客的规定;(3)按照社区矫正人员的规定报告自己的活动情况;(4)离开所居住的市、县或者迁居的,应当报经社区矫正机关批准等。从这一规定可知,社区对管制、缓刑、假释人员的监督和管理内容基本相同,并不会因为管理对象和刑种的不同而有所区分。从表6.11可见,在不同年龄段的受访者对"社区矫正面临问题"的调查中,40—50岁的受访者选择"尚无针对未成年人规范的社区矫正制度、组织"的占比最高,为56.6%,其次为30—40岁的受访者,占比为55.8%。受访者为公检法司办案人员的群体中,认为"尚无针对未成年人规范的社区矫正制度、组织"的占比也有51.7%。笔者在云南省某民族地区的基层司法所实地考察时看到,负责社区矫正的基层司法所,一方面人员紧缺,正式编制的员工仅有2—3名,他们不仅要负责处理司法局已有的工作,如基层调解、法制宣传、法律援助、法律服务和司法信访综合服务窗口等,而且要参加地方政府交办的保持社会和谐稳定的工作。另一方面,基层司法所归当地政府管理,上级主管部门具有业务领导功能,本来由司法所管理的社区矫正工作,最后却演变为由地方政府管理负责。这些调查与实地考察,均表明社区矫正尚未形成专门针对涉罪未成年人的矫正管理制度与组织。

(三)缺乏相应的惩罚性措施及其他配套机制

在矫正实践中,由于涉罪未成年人好奇心强,自我控制力较弱,社区矫正人员又没有可采取的强制措施,导致失管、漏管和脱管现象时常发生且屡禁不止。2014年,某课题组对山东省济南市章丘区所作的实地调研显示,该市共有在矫人员800人,其中仅有3人受到警告,有1人拟收监执行。① 可见,不服从社区管理,涉罪未成年人受到的惩罚不过是警告或者收监执行,以至于有些正在接受社区矫正的涉罪未成年人更加肆无忌惮。从表6.11可见,30—40岁的受访者选择"对不服从社区矫正人员缺乏相应的强制措施"的占比最高,为76.5%,其次为50岁以上的群体,占比为60.0%。律师群体和社会大众认为"对不服从社区矫正人员缺乏相应的强制措施"的占比分别为49.2%和34.1%。笔者与社区矫正人员访谈时,矫正人员反馈道,针对这种失管、漏管和脱管现象,社区矫正人员有权采取的最严厉的措施也不过是警告或向司法行政机关提出收监执行的建议。由此可知,缺乏相应的监管措施导致社区矫正的监管效果欠佳。

此外,欠缺社区矫正的其他配套性机制。在接受调查的受访者中,总体上而言,选择"其他配套措施不完善"的占比为27.5%,在不同年龄段的受访者中,20岁以下的受访者选择"其他配套措施不完善"的占比最高,为33.3%,其次为50岁以上受访者,占比为30.0%。在不同样本群体的受访者中,公检法司办案人员和律师群体认为"其他配套措施不完善"的占比分别为28.4%和28.3%,这表明受访者对于社区矫正存在配套措施不完善的问题有一定共鸣。我们知道,社区矫正不仅需要有专业的社区矫正人员、矫正方式、矫正制度,而且需要配备基础设施,例如心理检测器、教育设施、职业技能培训环境等,这些基础设施都需要政府、公安司法机关及社会组织等合力投入,以帮助完备配套设施。

三、善治:涉罪未成年人社区矫正治理路径

现代法治为国家治理注入良法的基本价值,提供善治的创新机

---

① 参见匡敦校:《中国未成年人社区矫正的问题及对策》,载《中国青年社会科学》2015年第1期。

制①,而善治本身是规则之治,需要贯彻实施良法,同时需要以良法促善治、保善治②。未成年人社区矫正建构善治之路,以《社区矫正法》和《社区矫正法实施办法》为根本性指引,既要以良法作为支撑,也要贯彻落实社区矫正的基本理念,即特殊预防理念、社会控制理念和修复关系理念,这是完善社区矫正治理路径的基本前提。

(一)明确矫正主体与矫正内容实质化

针对矫正实践中参与矫正主体数量众多、混乱无序及定位不明等问题,首先,需要明确社区矫正的职权主体为司法行政机关,由司法行政机关统一负责指导管理、组织开展社区矫正工作。在以前的地方试点中,有的由政法委或公安机关担任社区矫正领导,组织与执行工作,但是矫正效果并不乐观,根源之一是社区矫正与其角色定位相冲突。司法行政机关作为矫正主体具有天然的优势,其不仅积累了做群众工作和犯罪改造的经验,而且有利于实现刑事执行的"一体化"③。

其次,按照公检法三机关的职能分工,明确三机关在社区矫正中的定位。在矫正过程中,公安机关对违反治安管理规定和重新犯罪的未成年人进行及时的依法处理,不再承担具体的社区矫正工作;检察院对社区矫正各执法环节依法实行法律监督,及时纠正违法或不当的矫正行为;法院则对符合社区矫正适用条件的涉罪未成年人依法作出判决、裁定或决定,以便司法行政机关对涉罪未成年人进行适当的处遇。

最后,配备专业化的司法矫正人员与辅助人员队伍,明确职能定位与权利义务。配备专业化的社区矫正人员,是做好社区矫正工作的

---

① 参见张文显:《法治与国家治理现代化》,载《中国法学》2014年第4期。
② 参见王利明:《法治:良法与善治》,载《中国人民大学学报》2015年第2期。
③ 所谓"一体化",是指对有关行刑问题进行科学系统的、完整的、全方位专门化的研究和统筹规划,以达到刑事执行的最佳整体效益,而不是壁垒的支离的;而"刑事执行一体化"是在一体化理念上,在刑罚执行实行统一的刑事执行法律规范调整的基础上,结合我国现行的刑事司法组织体系,逐步建立专门、统一健全的刑事执行、行刑司法体制,以实现对基本性质一致、价值取向相同的行刑司法活动统一规范、统一管理。具体参见力康泰、韩玉胜:《刑事执行一体化初探——刑罚实现的制度性思考》,载《犯罪与改造研究》2000年第10期;但未丽:《社区矫正:立论基础与制度构建》,中国人民公安大学出版社2008年版,第200页。

关键环节,社区矫正人员需要具有责任意识、文化素质、专业素质及较强的组织领导和协调能力,负责监督管理和教育帮助社区矫正人员,承担社区矫正的日常工作。辅助人员的范围包括:有关部门、居(村)民委员会、就读学校、监护人(家庭成员)、被害人、保证人、社工和志愿者等,社区矫正不仅需要专门机关参与,而且需要吸收社会大众参与,协助社区矫正机构进行社区矫正,使社区矫正工作与群众路线相结合,以实现社区矫正改造与挽救涉罪未成年人之目的。其中,特别强调被害人的参与,落实修复关系理念的关键要素之一就是恢复涉罪未成年人与被害人的关系,不仅注重赔偿被害人因犯罪而遭受的物质损失,而且注重营造两者间沟通、交流的环境,进而消除两者之间的心理隔阂。目前,世界上大多数国家及地区均建立了有别于成年人的社区矫正机制,有专门从事未成年人社区矫正的专门机构,并配备专门人员。例如,在美国以及我国香港特区和台湾地区,对未成年人的社区矫正也是由专门的机构来管理,并且与成年人的社区矫正管理机构相区别。①

此外,实现社区矫正内容的实质化。矫正内容的实质化,集中体现在保障涉罪未成年人合法权利与落实矫正义务上。在保障涉罪未成年人合法权利维度,在矫正期间,虽然涉罪未成年人的人权具有不完整性,部分权利处于暂时被剥夺状态,但是以下几项合法权利应当被保障:(1)正常生存及发展权,矫正主体的干预必须以适度为基础,以不影响涉罪未成年人正常的生活、教育、就业为原则。(2)受辅助权,获得心理矫正、物质帮助与生活扶助的权利。(3)正当权益受保障权,包括法定权利不被侵害及权益被侵害时的受救济性,涉罪未成年人未被依法剥夺和限制的权利仍受法律的保护,任何人不得以任何理由任意侵害其合法权益。②

---

① 参见涂龙科:《未成年人社区矫正若干立法问题研究》,载《青少年犯罪问题》2008年第4期。

② 参见孟红:《未成年犯社区矫正中的法律主体研究》,载《华东政法学院学报》2006年第5期。

在完善涉罪未成年人社区矫正义务维度,一方面,在保留原有命令性规定之外,适当补充一些命令性规定。命令性规定主要包括:(1)定期报告,涉罪未成年人通过谈话、电话、交思想汇报等方式向矫正组织定期汇报自身情况,以便矫正组织更好地把握其思想动态,适时地调整矫正方案;(2)接受义务教育,受教育既是一项公民的权利,又是一项法定义务,通过学校教育提高涉罪未成年人的自我控制能力,改正不良的思想和行为;(3)遵守社区的指示,积极参加一些社区的公益性活动、社会训练、工作技能培训等。另一方面,增加一些禁止性规定,以保证涉罪未成年人摆脱不良的影响。这些禁止性事项包括:(1)不得与特定的人交往,特别是以往共同犯罪的成员;(2)不得进入容易产生危险行为的社交场所,例如电子游戏厅、桑拿中心、歌舞厅、夜总会等;(3)不得随身持有、携带或保管危险物品等。

(二)建构针对涉罪未成年人的矫正项目与评估体系

针对矫正实务中矫正项目单一化的问题,需要构建多元化的社区矫正项目,适时地借鉴域外经验,例如,在美国,社区矫正的经费来源于政府专项拨款和民间捐款两部分,并已建构多元化的社区矫正项目,常见的矫正项目包括:转向、假释、缓刑、家中监禁、中途之家、工作释放、归假制度、社区服务等。[1] 英国的社区矫正项目由各种可单独或合并使用的社区矫正令构成,包括宵禁、保护观察、出席中心、行动计划、结合矫正、毒品治疗和检测。[2]

结合地方试点经验,针对具有不同程度人身危险性和社会危害性的涉罪未成年人设置不同类型的矫正项目:对于低风险的涉罪未成年人,即属于初犯且犯罪情节轻微的涉罪未成年人,可以适用社区服务、技能培训、日处遇项目等,通过矫正使涉罪未成年人对自己的不良行为有正确的认知,矫正不良行为,同时又不让他们产生负面心理,重拾

---

[1] 参见翁里:《中美"社区矫正"理论与实务比较研究》,载《浙江大学学报(人文社会科学版)》2007年第6期。

[2] 参见刘晓梅:《英国的社区矫正制度及其对我国刑罚制度改革的启示》,载《犯罪研究》2006年第3期。

他们与家庭、学校、社会之间的依恋关系。对于中度风险的涉罪未成年人,即属于犯罪情节较严重的涉罪未成年人,采用低风险的矫正项目不足以让其意识到其行为的危害性,因此,可以适用社交监督、训练营地、养育家庭和小组之家等①,通过限制涉罪未成年人一定的人身自由的方式,促使涉罪未成年人进行社会交往、日常活动及和谐家庭的建构,"奉献"一些个人的时间精力。对于高度风险的涉罪未成年人,即属于情节严重甚至恶劣、主观恶性较大或者人身危险性较大的涉罪未成年人,可以对其适用带有人身限制性的社区矫正项目,包括家中监禁、电子监控等。② 其中,电子监控主要是运用现代化电子信息技术,提高对高度风险的涉罪未成年人的控管效率和监管质量,使社区矫正方式朝着更加人性化、社会化和科学化的方向发展。

而对于涉罪未成年人风险系数的评估,应当建构一套科学、全面、专业化的风险评估指标体系,遵循科学性、系统性、客观性、可操作性及静态性与动态性结合的原则③,采取"三段式"评估方式,即事前、事中和事后的评估。涉罪未成年人进行矫正前的评估,由专业人员对其进行个案评估,出具评估报告,针对涉罪未成年人的性格、成长经历、教育背景、犯罪成因、人身危险性及社会危害性等方面进行评估,并有针对性地制定矫正方案;在社区矫正中期,应对涉罪未成年人进行中期评估,并根据评估结果对矫正方案适时地进行调整,有针对性地对其进行心理矫治;在社区矫正后期,再次通过个案评估,全面评估涉罪未成年人经过矫正后的效果,帮助涉罪未成年人认识自身行为的危险

---

① 社交监督,是指对涉罪未成年人的社会交往加以监督。训练营地,是指通过类军事化的训练培养矫正涉罪未成年人的自律性并帮助其重塑人格,例如,工读学校等。养育家庭,是指为涉罪未成年人提供类似家庭的环境,并为他们提供个别化的关心、爱护方法。具体参见徐升:《浅议未成年犯社区矫正项目的类型化设置》,载《黑龙江省政法管理干部学院学报》2011年第2期。

② 按照涉罪未成年人具体情况的不同,可以分为宵禁、家中限制和家中监禁;而电子监控则是用来查证涉罪未成年人所在方位的一种矫正技术,已在我国较为发达地区试点运用。参见赵国玲主编:《未成年人司法制度改革研究》,北京大学出版社2011年版,第340—344页。

③ 参见林瑀:《论社区矫正风险评估及其相应制度——以未成年人犯罪为视角》,载《东南学术》2015年第6期。

性及社会危害性,矫正不良的行为和思想。

在制作与应用涉罪未成年人风险评估指标体系时,应当注意:首先,评估指标体系内容的全面性。评估指标应包括涉罪未成年人的基本情况(年龄、身体状况、文化程度、一贯表现、当前表现、个人品行等)、犯罪行为(犯罪类型、犯罪行为、犯罪情节、量刑幅度等)、家庭社会影响因素(家庭情况、社区现状、学校环境、社会交往等)、反社会人格评估及矫正项目建议等,应用这个评估体系精确地评估涉罪未成年人的风险等级,并选择适宜的矫正项目。其次,制定与应用评估主体的专业性。制定和应用评估体系的主体要适格,不仅应当具有法学、教育学、心理学、社会学、统计学等专业知识,而且能利用主成分分析(Principal Component Analysis, PCA)方法来确定涉罪未成年人风险评估的等级,并利用数理统计 t 分布检验的方法来确定这些指标选取的合理性。最后,评估体系的特殊性。评估体系应当针对不同涉罪未成年人的不同情况进行分类评估,避免将"填表—算分"式评估方式演变为风险评估的常态。

(三)完善相应的惩罚性措施及配套机制

对于矫正实务中存在的失管、漏管和脱管现象,监管措施过于单一,缺乏层次性和过渡性等问题,有必要完善针对涉罪未成年人的递进式惩罚性措施,进而起到特殊预防的作用。根据涉罪未成年人违反行为规范的次数、情节,给予相应的惩罚性措施:(1)训诫;(2)警告;(3)记过;(4)罚款(没收保证金);(5)禁闭;(6)延长考验期;(7)收监执行等。其中,禁闭是将涉罪未成年人关在一个较小的房子内,在一定的时间内不允许外出,让其闭门悔过。禁闭主要适用于那些不认真矫正、不服从监管,甚至存在辱骂、殴打矫正工作人员的涉罪未成年人,禁闭的时间最长为 7 天,最少不低于 24 个小时。[①] 具体的适用细则为:对于一般违反社区矫正规定的行为累积达到一定次数的,例

[①] 参见宗会霞:《从"矫枉过正"到"刚柔并济"——我国社区矫正理念重塑及实务探索》,载《政治与法律》2011 年第 5 期。

如,不服从矫正工作者的管理、不定期交思想汇报、无故拒绝参与社区公益活动等,可以给予训诫或警告处分;对于情节严重者可以记过或者罚款;对于长期违反矫正管理规定,拒不履行相应矫正义务的,可以适当延长矫正期;对于严重违反矫正管理规定且屡教不改的,或者发现漏罪、再犯新罪的,可以对其进行收监执行。当然,笔者需要强调的是,对涉罪未成年人的人身自由作出限制的惩罚性措施,都必须由法官确定并宣告,不得随意侵犯矫正对象的人身自由。

针对社区矫正配套措施的完善,最主要的莫过于增加社区矫正的经费来源,进而稳定矫正队伍、配备基础设施和完善监督管理机制等。目前,我国社区矫正几乎没有民间捐助,笔者认为应当拓宽社区矫正的经费渠道,不仅要增加政府的财政支出和司法预算,而且要吸收企业、社会组织、爱心基金会及个人的捐助,设立未成年人社区矫正工作基金,用于解决对志愿者适当付酬、对矫正对象进行相关的技术知识培训、矫正对象过渡期生活费和住宿费补贴等方面的问题,从而提高社区矫正的质量,促进我国未成年人社区矫正事业蓬勃发展。

第四节 社工组织参与社区矫正的模式与路径

社工组织作为社会组织的重要组成元素,常被认为是非营利组织(Non-profitable Organization)、公民社会组织(Civil Society Organization,CSO)、非政府组织(Non-governmental Organization,NGO)或第三部门(The Third Sector,NPO)的重要组织形式之一,它具有非营利性、非政府性、合法性、公益性、志愿性等特征。[①] 在社区矫正过程中,社工组织作为社区矫正的重要参与力量之一,应用自身的专业性与结构性,缓解了社区矫正领域专业人才短缺的困境,提升了对涉罪

---

① 参见〔美〕莱斯特·M.萨拉蒙等:《全球公民社会——非营利部门视界》,贾西津、魏玉等译,社会科学文献出版社2002年版,第3—5页。

未成年人提供个别化服务的能力,同时推动了行刑权由国家向社会的回归,实现了刑罚资源的科学配置。① 2013 年,《中共中央关于全面深化改革若干重大问题的决定》指出,创新社会治理体制的重要举措之一是激发社工组织活力,提升社工组织服务功能。② 2014 年,司法部、中央综治办、教育部、民政部、财政部、人力资源社会保障部联合颁行了《关于组织社会力量参与社区矫正工作的意见》,进一步鼓励引导包括社工组织在内的社会力量参与社区矫正工作。然而,社工组织参与社区矫正仍存在许多问题,例如,人员不足,普及率不高(特别在落后地区),专业化程度达不到要求等,严重影响了社区矫正的社会效果。针对实践中存在的问题,本节将通过调查问卷的方式,结合北京、上海、广东、重庆、吉林等地的社工组织参与社区矫正的运作模式,深入剖析社工组织参与社区矫正存在的问题,并从问题出发,找寻解决问题的路径,以探索社工组织参与社区矫正的长效机制。

一、社工组织参与社区矫正的运行模式

所谓模式,是指某种事物的标准形式或使人们可以照着做的标准样式③,主要包括结构样式、方法体系、范式体系等。在我国内地,社工组织虽然起步较晚,仍处于摸索阶段,但它已是社区矫正的中坚力量,已初步形成自身的运行模式。笔者将对北京、上海、广东、重庆、吉林等地社工组织的运作模式进行研究,并借鉴美国、英国、日本及我国港澳台地区的社工组织参与社区矫正的运作模式,探寻适合我国内地社工组织参与社区矫正的模式。

(一)社工组织主导型模式

随着社会阶层结构的变化和不同群体利益诉求的多元化,政府需

---

① 参见周国强:《社区矫正中的社会力量参与》,载《江苏大学学报(社会科学版)》2009 年第 4 期。
② 参见《中共中央关于全面深化改革若干重大问题的决定》,载中国政府网,http://www.gov.cn/jrzg/2013-11/15/content_2528179.htm,访问时间:2022 年 8 月 20 日。
③ 参见中国社会科学院语言研究所词典编辑室编:《现代汉语词典》,商务印书馆1978 年版,第 791 页。

要由最初的"全能型政府""管理型政府"向"服务型政府"转变,如何在社区矫正中实现这一转变?主要是通过政府向社工组织购买服务的形式,由社工组织主导社区矫正工作。从全世界范围观察,发达国家的社工组织在社会公共事务中发挥着越来越重要的作用,美国是社会工作专业化、职业化发展最为前沿的国家之一,据调查,早在1979年,约有55%的服务是由州政府和社工组织签订契约的方式提供的,到2005年年底,全美共有社会工作者56.2万人,2008年升至64.2万人,2012年为60.73万人,增长速度高于其他职业。[①] 可见,社区矫正要实现社工组织主导型模式,首先需要有相当数量的专业社工人员与经费支持。

在我国,北京及上海、浙江、广东等沿海的个别发达地区,社工组织主导的社区矫正已初步形成,在笔者参与的杭州市某区黄某某故意杀人案[②]的矫正中,自当地司法局与社工组织签订服务合同时起,有关黄某某的社区矫正方案、风险评估、监督教育、职业技能培训、矫正工作记录、矫正效果评估等均由当地社工组织开展,并由当地的司法局、关工委、共青团等协助进行矫正。由此可见,社工组织主导下的涉罪未成年人的社区矫正,发挥了社工组织的自主性、能动性、专业性与社会性,有针对性地结合涉罪未成年人特点开展社区矫正,运用专业理念、方法和技巧积极促成涉罪未成年人早日回归社会。当然,笔者通

---

① 参见〔美〕唐纳德·凯特尔:《权力共享:公共治理与私人市场》,孙迎春译,北京大学出版社2009年版,第159页。

② 基本案件:黄某某系未成年人,外地户籍,赴沿海地区打工,因与男友交往,不慎怀孕,产下婴儿后,由于照顾不周,导致婴儿"意外"死亡。审判该案的法官认为:"黄某某年纪尚轻,遇到这类事慌乱无措在所难免,鉴于黄某系初犯,心地善良、为人踏实勤奋,主观上并无恶意,行为人身危险性和社会危害性不大,有悔罪表现等。"最终,法院以故意杀人罪判处黄某某有期徒刑3年,缓刑3年。在社工组织主导开展的黄某某矫正案中,黄某某表现优异,在矫正期间学会了书法、绘画等才艺,积极参与照顾敬老院老人活动,参加社区公益性活动,例如,社工人员将其放入敬老院中进行6个月的矫正监管,黄某某与社工人员同吃、同住、同做公益劳动,促膝谈心,竭尽全力照顾敬老院老人的起居生活,社工人员组织开展有针对性的心理咨询,举行拓展训练,增强团队协作和遵纪守法意识,同时进行短期的护理、书法等职业培训,得到社区居民的一致肯定,并被作为社工组织开展未成年人社区矫正的典型案例。

过实地考察发现,社工组织全程主导下的社区矫正,由于社工人员紧缺、资金不足、尚未形成体系化等问题的存在,虽然个案矫正效果明显,但是开展的矫正数量非常有限,社工组织有待进一步发展。

(二)社工组织辅助型模式

目前,我国绝大多数的社区矫正工作中,大多数社工组织处于辅助地位,协助当地司法行政机关开展矫正工作。以北京市的试点为例,在区和街道办、乡镇两级分别组成由社会治安综合治理工作委员会主任任组长,法院、检察院、公安局(派出所)、司法局(所)、民政局(科)、人力资源和社会保障局(所)、综治办等负责人为成员的社区矫正工作领导小组。2005年2月,北京市东城区成立了首家阳光社区矫正服务中心,由司法局出资聘请北京惠泽人咨询服务中心对社区服刑人员进行专业化的心理矫正服务。2006年9月,北京市社区矫正工作领导小组办公室下发《关于加强阳光社区矫正服务中心建设的通知》,强调加强司法行政机关对社区矫正服务中心和社工人员的考核、建立动态管理机制等。[1] 上海市的社工参与社区矫正的力量则更为明显,到2014年年底,上海市共有从事社区矫正的专业服务社工机构4家、专业社工656名。社工队伍以青年军为主,约有89.0%的社工人员为40岁以下,其中,女性占比为67.0%、社会招聘的占比为98.0%,本科学历以上的占比为72.0%,具有心理咨询师资格的占比为65.0%,具有社工资格的占比为65.0%,具有双证的占比为19.0%[2],形成了"政府主导推动、社工自主运作、社会多方参与"的社区矫正模式。

从各地实践可观察到,社工组织辅助参与的社区矫正,依然采用政府购买服务的形式,但是社工组织并不主导社区矫正工作的推进,仅是社会力量的一部分,主要任务是协助社区矫正主管部门对涉罪未成年人进行心理辅导、技能培训等。辅助型矫正模式下,社工组

---

[1] 参见张荆:《北京社区矫正模式特色与问题点分析》,载《中国人民公安大学学报(社会科学版)》2013年第3期。

[2] 参见上海市司法局:《社矫工作两支新助力——上海市社会力量参与社区矫正工作实践》,载《人民调解》2015年第4期。

织的参与程度取决于政府或司法行政机关主管部门的积极性,他们通过购买服务的方式,可以有效指导和监督社工组织根据合同提供相应服务,整合资源,提高资金使用效益。矫正实务中,有的地方社工组织参与力度较大,有的地方则较小,这也导致社区矫正的专业性和社会化程度不高,没有针对涉罪未成年人的特点形成个性化矫正方案,矫正的效果也并不明显。

(三) 参与模式的选择:主导型抑或辅助型

从社区治理角度而言,社工组织与司法行政机关在功能上应当形成良性互动机制,这既是推进社区矫正治理的逻辑起点,又是实施社区矫正改革的内在动因。笔者对社工组织参与社区矫正的形式开展了问卷调查,从表6.12可见,选择"辅助型"的受访者最多,占比为46.0%,28.5%的受访者选择"主导兼辅助型",5.1%的受访者选择"主导型",还有20.4%的受访者选择"不清楚"。从整体上分析,接近一半的受访者认为可以采取辅助型的参与模式,而认为可以采用社工组织为主导型角色参与社区矫正的,仅占到5.1%,这也说明受访者对当下实行社工组织主导的社区矫正模式并不是很看好,而受访者选择"不清楚"的比例也有20.4%,这也表明社工组织参与社区矫正的形式并未常态化,以至于少数人对这类主体的参与形式并不熟知。

再进一步从不同样本群体对社工组织参与社区矫正形式进行交叉分析,根据表6.13的卡方检验可知,不同样本群体对"社工组织参与未成年人社区矫正的形式是?"这一问题的认知具有显著差异。其中根据标准残差分析,公检法司办案人员选择"主导兼辅助型"的占比显著高于律师群体和社会大众,而社会大众选择"主导型"这一项的占比显著高于公检法司办案人员。从表6.12可见,在公检法司办案人员、律师群体和社会大众这三类受访者中,认为"辅助型"是社工组织参与社区矫正形式的占比最高,分别为47.2%、50.8%和40.8%,这也表明当下比较适宜的形式为社工组织辅助参与社区矫正;而认为参与形式为"主导型"的占比最低,分别仅有3.6%、5.0%和9.4%,这也表明当下社工组织机制尚未健全,在社工队伍普及率并不高的情况下,并不适宜推行主导型的社工参与模式。在公检法司办案人员中,选择"主导兼辅助型"参与模式的占比为 34.4%,这表明这类群体对主导兼辅助型参与模式有一定认可度。笔者认为,在建构服务型社区矫正模式过程中,我国的社工组织参与社区矫正的形式将逐步形成由"辅助型"向"主导兼辅助型"过渡,最后迈向"主导型"的参与模式,这也是社工组织逐步由零散化、形式化和行政化向专业化、规模化和社会化演进的过程。

表 6.12 对社工组织参与社区矫正形式认知的交叉分析

选项		主导型	辅助型	主导兼辅助型	不清楚	合计
整体		5.1%	46.0%	28.5%	20.4%	100.0%
不同样本群体	公检法司办案人员	3.6%	47.2%	34.4%	14.8%	100.0%
	律师群体	5.0%	50.8%	19.2%	25.0%	100.0%
	社会大众	9.4%	40.8%	16.2%	33.6%	100.0%

表 6.13 不同样本群体对社工组织参与社区矫正形式认知的卡方检验

	值	df	渐进 Sig.(双侧)
Pearson 卡方	88.436[a]	6	0.000
似然比	86.518	6	0.000
线性和线性组合	5.490	1	0.019
有效案例中的 N	1270		

二、社工组织参与社区矫正的实践局限

社工组织作为社区矫正的重要参与主体,在矫正实务中呈现出零散化、形式化和行政化倾向,并未发挥其应有职能,难以担当社区矫正中主导者的角色,其实践局限性主要表现在以下几个方面。

(一)社工组织普及率低且专业性程度不高

目前,我国的社工组织呈现出普及率低,而且表现出发展不均衡

的态势,北京、上海、江苏等地是社工组织发展得较为迅速的地区,其社工组织无论是在数量上,还是在矫正职能的发挥上都处于全国领先地位,而西南、东北及中部地区的社工组织发展则较为缓慢,甚至在相对落后的民族地区,仍旧没有社工组织参与社区矫正。从表6.14可见,总体而言,选择"有一点,但很少"的受访者最多,占比为58.3%,13.8%的受访者选择"根本没有社工组织参与",还有24.4%的受访者选择"不清楚",而选择"非常多,已常态化"的受访者占比仅为3.5%,这也表明社工组织在全国社区矫正中的普及率并不高。根据标准残差分析,西部地区受访者(21.5%)选择"根本没有社工组织参与"的占比显著高于东部(9.6%)、中部(5.3%)和东北部(9.1%)地区,而东部地区受访者(3.9%)选择"非常多,已常态化"的占比高于西部地区(2.3%),这也表明由于地区发展差异,东部沿海地区社工组织参与社区矫正的数量远多于西部地区。虽然全国社工组织参与社区矫正的数量并不乐观,但是东部沿海地区社工组织的参与数量比其他地区要稍微好一些。

表6.14 对社工组织参与社区矫正形式认知的交叉分析

选项		非常多,已常态化	有一点,但很少	根本没有社工组织参与	不清楚	合计
整体		3.5%	58.3%	13.8%	24.4%	100.0%
不同地区	东部	3.9%	59.7%	9.6%	26.8%	100.0%
	中部	2.6%	39.5%	5.3%	52.6%	100.0%
	西部	2.3%	58.5%	21.5%	17.7%	100.0%
	东北	2.0%	27.3%	9.1%	61.6%	100.0%

在矫正实务中,除社工组织普及率较低之外,还表现出专业素质普遍较低的现象,这主要表现在:首先,社工人员不具备相关专业知识。社工人员不仅应当具有心理学、教育学、社会学和法学等相关专业素养,而且要求从事过有关未成年人的工作,熟悉未成年人的心理特点。然而,我国的社工队伍整体较为年轻,工作经验和生活体验不

足,并且社区工作存在多头管理与行政化倾向,这些因素都使得社工人员产生无力感和挫败感。① 其次,专业社工人员在社区矫正专职人员中的比例较低。截至 2013 年 1 月底,各地累计接收社区矫正人员 133.3 万人,累计解除矫正 76 万人,在册 57.3 万人,每月平均增长 1.32 万人,但全国仅有社工人员 9.3 万人,社会志愿者也只有 53.7 万人。② 可见,无论是从数量还是从增长率来看,二者之间的供求差距仍然很大。最后,社工人员在运用专业知识过程中存在脱节现象。从理论上讲,社工人员将社会工作价值理念运用到社区矫正中,实现社区矫正的社会化管理与专业人员的职业化管理相结合,这符合社区矫正作为一种社区治理措施日益走向社会化的趋势③,但现实中专业化与社会化的管理都未落实。

(二) 缺乏对社工组织矫正质量的评估指标体系

未成年人社区矫正的着眼点在于帮教涉罪未成年人,目的是矫正涉罪未成年人的心理问题和行为恶习,那么如何检测矫正的效果？重要举措之一就是对社工组织提供的服务质量进行评估,并建立一套科学的服务质量评估指标体系。在现行的社工组织参与社区矫正的过程中,由于缺乏司法行政机关与社工组织共同研究制定提供的各项社区服务的质量标准,导致社区矫正工作内容无法明细化,服务质量无法与服务费用形成正相关,双方权利义务和职责不够明确等,这些都极大地影响了社工人员工作积极性和社区矫正效果。

我们知道,社工组织服务质量评估指标体系以社工组织自身及社区矫正运行效果为基本要素,将组织能力、矫正方案设计、矫正项目管理等作为一级指标要素,每一指标要素围绕社区矫正的价值目标来设

---

① 参见沈黎等:《社会工作者的职业倦怠与组织承诺状况研究——以上海青少年事务社会工作者为例》,载《青年探索》2011 年第 3 期。
② 参见周斌、蒋皓:《我国社区矫正每月净增长上万人 重新犯罪率保持 0.2% 较低水平》,载新浪网,https://news.sina.com.cn/o/2017-05-05/doc-ifyexxhw2438324.shtml,访问时间:2022 年 8 月 22 日。
③ 参见方舒:《我国社会工作参与社区矫正机制的检视与创新》,载《甘肃社会科学》2013 年第 3 期。

置自身的二级指标,并在每一指标下界定该目标项的具体内涵、评估主体、指标权重、评估程序、计算公式、数据来源等,进而构建社工组织服务质量评估体系的整体框架。在北京、上海等一些经济发达的地区,已经开始探索建立一套针对社工组织服务质量的评估指标体系,然而,这些指标设计没有避免指标体系建立中的共性问题,例如,指标设置存在的随意性现象,指标权重设置与评估主体选择的主观化,以及主观指标与客观指标的失衡等问题。①

(三)社工组织的基础设施薄弱且规范机制不健全

我国的社工组织绝大多数是在政府主导下成立的,由于创立的时间不长,加之自身的服务质量还有限,所以社工组织的办公场地、办公设备及配套设施等基础设施基本来自主导创立该社工组织的政府部门,社工组织提供社区矫正服务的经费,更是依赖于政府的财政支持,例如,社工人员的工资、项目工作经费、技能培训等。笔者曾访谈一名基层社工组织的负责人,该负责人谈道:"由于社工组织是非营利性的自治组织,我们的经费主要来源于政府的财政支出,而政府的支持仅能应付社工工资和有限的业务开支,因此很难发展壮大。"②有的地方社工组织仅有一间办公室、一套桌椅、几支钢笔、一台打印机和几盒纸,这基本上就是他们的办公场所和所有的办公设备。其实,这种状况是全国大多数社工组织共同面临的问题。由此可知,一个成熟而市场化的社工组织,经费来源应是多元化的,政府购买其服务的收入仅是其众多经费来源中的一部分,只有拓宽社工组织的资金渠道,并提供专业化和市场化的服务,才能使社工组织获得更大的发展空间。

社工组织有效参与社区矫正缺乏健全的规范机制,主要表现为:一方面,社工组织参与社区矫正的法律规范不健全。现行法律规范并

---

① 参见胡铭、自正法:《司法透明指数:理论、局限与完善——以浙江省的实践为例》,载《浙江大学学报(人文社会科学版)》2015年第6期。
② 该访谈进行于2016年9月10日,编号为:IN1612X。

没有明确规定社工组织参与社区矫正的准入资格、薪酬标准、激励奖惩机制、风险防范机制、监督管理机制等一系列的问题。另一方面,市场规范的失灵,导致其倾向于行政化管理。市场化与社会化是社工组织最佳的管理模式,而在矫正实践中,社工组织自身不仅在理念上、组织上、职能上、工作方式上、管理体制上等各方面都严重依赖于司法行政机关,而且社工组织承担了过多本该由司法行政机关承担的职能,使得部分社工组织在社区矫正中出现了"错位"现象[①],社工组织变成了与司法行政机关性质相似的"次级政府"[②]。

三、社工组织参与社会矫正的完善路径

社工组织参与社区矫正的模式,应采用渐进式改革路径,由"辅助型"向"主导兼辅助型"过渡,最终迈向"主导型"参与模式。目前,让社工组织尽可能多地相对独立地开展涉罪未成年人的矫正工作,使社工组织成为社区矫正的主要参与力量。当然,社工组织与司法行政机关之间是一种平等协作的关系而非隶属关系,这也是世界社工组织的发展趋势。

(一)注重社工组织参与矫正的"量"与"质"

社工组织参与涉罪未成年人的社区矫正工作,既要增加社工组织和社工的数量,又要强调提供社区服务的专业化与职业化,从而实现社区矫正的效果由量变到质变。从增加社工组织参与矫正的"量"而言,目前,参与社区矫正的社工组织的发展必须以司法行政机关为主导,才能突破发展瓶颈,为自身发展争取更有利的资源,以弥补社工组织严重不足的缺陷,加强自身的队伍建设,通过矫正的专业性与社会性来赢得司法行政机关更大的支持。以广东深圳的社工组织发展经验为例,2007年深圳成为社区矫正的试点城市,在内地第一个试行了

---

① 参见赵刚:《论社会组织在我国社区矫正制度构建中的定位与作用——以上海市新航社区服务总站为例》,复旦大学2010年硕士学位论文,第28页。
② 参见王浦劬、〔美〕L. M. 萨拉蒙等:《政府向社会组织购买公共服务研究——中国与全球经验分析》,北京大学出版社2010年版,第28页。

政府购买、民间运作社工组织发展模式,组建了一支结构合理、素质优良的专业社工队伍,专门负责统筹承接政府购买的服务项目,特别是针对涉罪未成年人的社区矫正项目,承接政府购买服务的经费资助,保证政府购买服务项目的正常运作与良好发展。[1] 同样,在我国香港特区、澳门特区的社工组织的发展过程中,政府始终担当着"导演"角色,构思并主导当地社工组织的建构与发展,而且分别以社会福利署(香港特区)、社会工作局(澳门特区)为主体建立起社会工作(福利)事业管理体制及公办社工组织体系。因此,笔者认为,内地社工组织处于发展初期,社工组织的成长与社工队伍的壮大,要以司法行政机关的主导为前提,渐进式地由司法行政机关主导转变为市场主导,实现社工组织参与社区工作的可持续性发展。

从改善社工组织参与矫正的"质"而言,一方面,提升社工组织及社工人员自身的专业性与职业认同感。在社工甄选阶段,慎重选拔社工,选拔认同社工价值理念并关心未成年人成长的应聘者;在社工入职初期,重视社工人员专业技能的培训,着重强调未成年人行为和心理矫正知识、专业实务技巧及社会政策分析能力等;在社工的稳定期,减少社工的身心倦怠感,细化绩效薪酬体系,给予社工发挥创意和经营的空间;而到社工职业的危机期,注重缓解社工的工作倦怠。[2]

另一方面,实现社区矫正内容的项目化管理。以专业化项目建设为抓手,提升社工组织的整体素质,积极探索社区矫正社会工作服务的项目化管理,加强对涉罪未成年人提供个性化的矫正服务、心理辅导和行为矫正等,形成一批富有特色的社区矫正品牌服务项目。

(二)构建社工组织参与社区矫正质量的评估指标体系

针对当前社工组织提供的矫正质量欠佳、缺乏良性竞争机制的问

---

[1] 参见孙健、王玉明:《政府向NGO购买社工服务的实践探索——基于广州市荔湾区逢源街的案例》,载《探求》2014年第4期。
[2] 参见张伶、吴美琦:《社会工作者组织承诺提升策略——台湾儿童暨家庭扶助基金会的案例研究》,载《南京大学学报(哲学·人文科学·社会科学)》2015年第6期。

题,应当建构一套科学性的社工组织参与社会矫正质量的评估指标体系,通过采用竞争性的招标形式引入社工组织参与社区矫正,由司法行政机关及专业人士进行质量评估。其中,在社工组织参与社区矫正质量评估指标体系的构建过程中,应当着重加强以下三个要素:

首先,评估指标设计要以主客观指标的均衡化为原则。社工组织参与社区矫正质量评估指标体系作为量化评估的方法,应当遵循社会科学量化评估的一般原理,"主客观指标的均衡化并不意味着两者各占50%,或者四六开、三七开,主客观指标谁主谁辅并不重要,重要的是两者能相互验证和比对,即主观指标和客观指标的平均赋权达到良性关系。既然两者互有特点、互有优劣,就不存在理论上孰优孰劣或谁主谁辅的问题,而应该在两者之间建立起一种相互比对和验证的关系。当主观指标与客观指标的评估结果相差甚远时,说明其中一者或两者的评估结果是不可信的,需要重新设计评估体系;当主观指标与客观指标的评估结果相近时,说明两者均已相对客观真实地反映了社工组织参与社区矫正的优劣情况"①。

其次,评估指标的设计应当围绕社工组织自身的软硬件设施情况、可提供的矫正方案等展开。如表6.15所示,在社工组织参与社区矫正质量的评估指标体系建构中,以百分制为评分等级,一级指标包括三项:组织能力、矫正方案设计和矫正管理。以一级指标中的"矫正方案设计"为例,二级指标的评估内容包括:矫正方案的可操作性、矫正方案的创新性、矫正方案的可持续性、矫正方案可推广性。其中,社工组织制定的矫正方案的可操作性可细化为:(1)社工人员具有一定的社工技能和矫正方法,能有效整合社区资源,确保矫正工作顺利实施;(2)能确保矫正方案按时完成;(3)能确保资金使用合理;(4)职业技能培训能保障有效性与合理度;(5)方案含有风险预测与应急方案,风险预测合理,方案切实可行、有效等。

---

① 胡铭、自正法:《司法透明指数:理论、局限与完善——以浙江省的实践为例》,载《浙江大学学报(人文社会科学版)》2015年第6期。

表 6.15 社工组织参与社区矫正质量的评估指标体系①

一级指标与分值	二级指标与分值	评估指标说明
组织能力（15分）	组织资质（5）	社工组织的基础设施完善,如场地、资产、注册资金、员工人数、业务范围等,有利于社工组织顺利实施项目
	矫正经验（5）	有成功矫正涉罪未成年人的典型案例,并且可在项目中发挥重要作用
	专门人员（5）	社工组织全职在编人员中专业人员的占比须大于等于40%
矫正方案设计（60分）	矫正方案的可操作性（15）	社工人员具有一定的社工技能和矫正方法,能有效整合社区资源,确保矫正工作顺利实施;能确保矫正方案按时完成;能确保资金使用合理;职业技能培训能保障有效性与合理度;方案含有风险预测与应急方案,风险预测合理,方案切实可行、有效
	矫正方案的创新性（15）	矫正方案在矫正理念、矫正模式、矫正方法等方面,具有创新性
	矫正方案的可持续性（15）	矫正方案的运作可形成一套标准化、制度化模式;社工组织与社区保持长期良好的关系,并能够获得社区对矫正方案的支持
	矫正方案可推广性（15）	矫正方案的矫正理念能贯彻"教育、感化、挽救"的方针,矫正方法较为科学,矫正模式较为成熟,能够在同类社区中得以推广
矫正管理（25分）	社工组织的架构与职责（5）	社工人员的职业资格、学历及相关矫正经验是否能保证矫正方案有效实施;社工人员的职责分工是否明确,针对矫正方案是否有合理的绩效考核与管理制度
	社工组织财务管理制度（5）	社工组织对矫正单独立账,有专人负责财务工作,有较为明确和规范的财务管理制度,该制度符合《会计基础工作规范》和《民间非营利组织会计制度》,进而确保社区矫正资金使用和管理安全、规范

---

① 关于社工组织参与社区矫正质量的评估指标体系的设计,具体参见吴燕、尤丽娜：《社会组织参与未成年人检察工作模式研究——以上海检察机关未成年人检察工作为视角》,载《青少年犯罪问题》2015年第6期。

(续表)

一级指标与分值	二级指标与分值	评估指标说明
矫正管理（25分）	社工组织文档管理制度（5）	有矫正记录等文档管理制度，能确保矫正实施过程中各类信息有案可查
	社工组织服务管理制度（5）	有规范的、合理的服务流程，每个流程环节是否有质量控制办法
	培训计划（5）	有合理的培训计划，培训计划是否可提升社工人员在实施运作矫正与提供优质服务等方面的能力

最后，通过中立、公开、公正的方式评估矫正效果。对社区矫正效果的评估，不能仅仅以是否重新犯罪、社区居民满意度等为标准，还要对涉罪未成年人心理问题、行为恶习等的矫正效果进行衡量。当然，当我们谈及质量评估指标体系可以为完善社工组织提供科学化的社区矫正方案指明方向时，应警惕一种固定化的思维倾向，即将提高质量评估指标的分值作为直接目标，仅关注评估的数值高低而不去认真剖析社区矫正中相关问题的产生根源，或者仅关注指标评估的结果而不去深究犯罪诱因，否则所采取的完善或改进措施也只能是流于表面。[1]

(三) 夯实社工组织的基础设施与健全规范机制

社工组织与司法行政机关之间存在双向的互助关系，因此，夯实社工组织的基础设施，需要建立多元化的社工组织资金投入机制，并将司法行政机关对社工组织的资金支持纳入公共服务预算。这方面目前最需要的是加大司法行政机关购买社会工作服务的财政投入，并

---

[1] 参见胡铭、自正法：《司法透明指数：理论、局限与完善——以浙江省的实践为例》，载《浙江大学学报（人文社会科学版）》2015年第6期。

且在采购、项目扶持等方面对社工组织给予支持,同时支持社工组织开展合法的服务和经营,提高服务性、营业性收入,特别是中西部经济发展比较滞后的地区,司法行政机关的公共财政更应有非常规的投入。① 除了司法行政机关的支持,社工组织应该建立起多元化的资金筹措渠道和资源整合渠道,市场购买、社会募集、自身运营等多管齐下,从而拓宽社工组织的资金渠道,使其能够在发展中逐渐壮大,更好地为涉罪未成年人提供优质的社区服务。

健全社工组织参与社区矫正的规范机制,既要推动社工参与的法治化,又要实现社工参与的市场化。一方面,以社区矫正的法治化推动社工参与的规范化。一些发达国家和地区已制定了比较完备的关于社工组织的法律体系。反观我国,相关社工立法仍处于空白状态,对社工组织和社工人员的规范刚刚起步。② 一般情况下,社工组织参与社区矫正的法律规范都通过社区矫正立法予以明确,例如,德国的《刑罚执行法》,日本的《缓刑执行者保护观察法》和《犯罪者预防更生保护法》,以及我国台湾地区的"少年事件处理法施行细则"和"更生保护法"等,均通过社区矫正立法来推动社工组织的立法工作,实现两者在互动基础上协同立法。2006 年,我国颁行了有关社工人员的《助理社会工作师、社会工作师职业水平考试实施办法》和《社会工作者职业水平评价暂行规定》等规范性文件;2011 年颁行的《民政事业发展第十二个五年规划》,也指出要建立健全法律法规、部门规章和政策性文件相配套的社会工作专业人才政策法规体系。笔者认为,制定社工组织参与社区矫正的规范性法律法规,既要体现矫正对象的特殊性,又要与《社区矫正法实施办法》相互协调,避免出现相互冲突而使社区矫正工作开展起来无所适从的情况。

另一方面,建立社工组织参与社区矫正的市场自律机制。社工组

---

① 参见刘军奎《社工组织与服务型政府之功能关系探究》,载《开发研究》2016 年第 2 期。
② 参见竺效、杨飞:《境外社会工作立法模式研究及其对我国的启示》,载《政治与法律》2008 年第 10 期。

织参与社区矫正不仅需要他律,更重要的是市场本身的自我规制,自律与他律之间并非一对矛盾体,而是一种相互补充、互利共赢的关系,两者之间始终遵循着"自律优于他律,私法优于公法"的原则。[①] 社工组织应当以市场为导向,形成自我规范机制,在社工组织之间形成良性竞争,以提供高质量的社区矫正服务为目标,通过严把社工组织的准入门槛,用统一的市场规则体系要求使参与社区矫正的社工组织规范化、专业化、职业化与市场化。

---

① 参见自正法:《自由之边界:司法改革背景下新媒体公开的维度与限度》,载《安徽师范大学学报(人文社会科学版)》2016年第6期。

PART III 下篇 实践与路径
PRACTICE AND PATH

第七章　未成年人刑事特别程序的改革前沿

正如安德森先生（Walter Truett Anderson）所言："我们生活在一个新的世界，一个不知道如何界定其到底是什么，而只知道其刚刚结束了是什么的世界。"[①]伴随着未成年人刑事司法的发展与转型，各国及地区未成年人刑事诉讼程序的未来命运日益成为一个争论的焦点，一种观点认为区分未成年人与成年人刑事司法没有必要，并对国家亲权理念、未成年人福利理念和恢复性司法理念提出了批评和质疑；另一种观点认为应当继续坚持未成年人刑事诉讼程序与普通程序二元格局，并对进一步完善和发展独立的未成年人刑事诉讼程序提出了许多改革的建议。本章以美国、德国、韩国和我国台湾地区未成年人刑事特别程序的改革趋势为着眼点[②]，从实证维度探索我国大陆未成年人刑事诉讼程序的改革

[①] John C. Watkins, The Juvenile Justice Century: A Sociolegal Commentary on American Juvenile Courts, Carolina Academic Press, 1998, Preface.

[②] 本章之所以选取美国、德国、韩国及我国台湾地区的未成年人刑事诉讼程序改革趋势为论述重点，原因是：第一，他们是两大法系的典型代表，例如美国为英美法系的代表性国家，而德国为大陆法系的典型代表。第二，这些国家及地区的未成年人刑事诉讼程序改革对我国大陆有借鉴意义。美国作为未成年人刑事司法发展前沿的领头军，对我国乃至全世界各个国家的未成年人刑事诉讼程序的发展均有借鉴意义。很多学者对日本少年刑事司法发展有深入研究，但甚少深入剖析韩国的未成年人刑事司法。第三，有利于通过借鉴域外改革经验为我国大陆未成年人刑事诉讼程序的发展奠定坚实的基础。例如，台湾地区作为我国领土的一部分，一脉相承，同宗同源，它在未成年人刑事特别程序方面已基本形成独立刑事诉讼体系，对我国大陆的改革也很有借鉴意义。

面向,以期对我国大陆形成未成年人刑事侦诉审程序的一体化有所益处。

第一节 国外未成年人刑事特别程序的改革前沿

美国、德国作为两大法系的典型代表国家,而韩国作为亚洲未成年人刑事司法不断崛起中的代表国家,美国、德国、韩国的未成年人刑事诉讼程序的改革有相似的地方,也有各自立法与司法的特色,例如,美国继续将当事人主义延展至未成年人刑事司法领域;德国仍旧以职权主义为契机点,以教育思想(Erziehungsgedanken)为导向,在刑事目的与教育思想之间进行权衡和取舍;而韩国以"保护为主、刑罚为辅"为原则,通过设立专门法院和完善保护处分系统来处遇未成年人。分析美国、德国和韩国的未成年人刑事立法及专门机关对未成年人的保护经验,对我国未成年人刑事诉讼程序的改革具有重要的借鉴意义。

一、美国未成年人刑事司法制度的改革趋势

从美国近现代未成年人刑事司法的发展历程来看,1899年,美国在伊利诺伊州芝加哥成立未成年人法院,开启了未成年人刑事司法与成年人普通程序之二元形式,这一举动也影响了世界上很多国家的未成年人刑事程序的改革。以此为标志,受政治、经济和文化的影响,美国的未成年人刑事诉讼程序发展渐渐发生了转向。从19世纪末至今经历了三次大的转变:第一次转变是以"保护主义"理念为界点;第二次转变是第二次世界大战后,以1960年作为分水岭,出现了是否应抑制国家过度干扰未成年人犯罪的问题,一种观点认为应当限制国家权力,转向发展保护处分,另一种则认为在坚持传统的保护主义理念下,加强司法程序中正当法律程序的保障。而20世纪70年代初至80年代发生了第三次巨大的转变,保护主义理念全然遭到摒弃,转为以

严罚为核心的未成年人刑事司法政策,尤其表现在国家对年长的未成年人实行严罚主义,虽然在此期间恢复性司法理念有某种程度上的反扑,但严罚主义引领下的美国未成年人刑事程序改革,已是今日美国未成年人刑事诉讼程序的全貌。①

(一)美国未成年人刑事司法的存与废之争

步入严罚主义时代后,学界与实务界对于废除未成年人法院的呼声几乎达到了顶点,其中代表性学者是赫希、戈特弗雷德森(Michael Gottfredson)、杜菲(David E. Duffee)、福克斯(Sanford J. Fox)、海格(Ernest van den Haag)、威尔逊(James Q. Wilson)、莱格尼里(Alfred S. Regnery)等人,这些学者的基本观点为废除未成年人法院,将未成年人的身份罪错案件交由社会机构进行处遇,而未成年人刑事案件则交由刑事法院审判。这些学者主张废除未成年人刑事司法与普通程序二元分立的有利论据来自赫希和戈特弗雷德森共同提出的自我控制理念(Self-Control Theory)。②

这些论据的基本观点为:(1)在犯罪社会危害性方面,未成年人犯罪并不比成年人犯罪恶劣;(2)在犯罪行为方面,未成年人比成年人更具有可塑性的观点没有被证实,而且有证据显示,成人的重犯率在下降中;(3)在犯罪控制目的论方面,没有理由根据年龄的不同而应当对两者的行为区别对待,没有哪一种类别的行为可以合理地被认为是未成年人的异常,而不是成年人的异常,未成年人与犯罪有关的标识,同样是成人与犯罪有关的标识;(4)在自我控制方面,在不考虑行为的持续性情况下,未成年人犯与成年人犯没有什么区别,然而,如果在相似的后继犯罪之间进行区别的话,更多的人支持成年人,因为成年人的整体犯罪率处于下降中;(5)在享有的福利方面,未成年人法院的福利性同样适用于那些精神障碍或遭受婚内虐待等特殊的成年人,并不会

---

① 参见陈孟萱:《少年司法保护制度之契机——以美国少年法制为借镜》,台湾大学 2000 年硕士学位论文,第 23 页。
② 参见姚建龙:《超越刑事司法:美国少年司法史纲》,法律出版社 2009 年版,第 186 页。

因为对象不同而有所区别;(6)在刑罚执行方面,将未成年人与成年人分开关押或监禁的缘由是未成年人有可能被感染,而这种观点也逐渐被颠覆,因为涉罪未成年人和成年人犯一样堕落,并且按照犯罪行为人的人身及社会危险性进行分类处遇,才是实践通行的做法。①

虽然美国当下未成年人刑事司法的转型与改革倾向于一元论,即未成年人刑事司法与普通程序合二为一,但是一元论也遭到了二元论者的强烈批评,主要论据为:(1)在保护未成年人权利方面,罗森堡(Irene M. Rosenberg)认为,在普通程序中审判未成年人刑事案件并不会减少未成年人犯罪或降低再犯率,而且把《人权法案》对罪犯的保护规定得过于理想化和浪漫化。②（2)在维护社会公共利益方面,以谋求社会最大利益作为论据来反对对未成年人施以严罚,国家有义务提供未成年人刑事司法处遇设施服务与资源,这样总会消耗更多人力物力上的矫治成本,因此,严罚并非一个最有效以及对社会最有利的政策,从而不应只着眼于某种程度的方便性及速效性而实行严罚,严罚事实上对于社会公众利益并无益处。③（3)在保护公众的合理性方面,贝拉(Robert N. Bellah)指出,严罚不过是政党和政客借助公众之名,以其一己之私,将自己的欲望和胆怯强加其上。④（4)在严罚的实效性方面,通过实证研究方法证明,至今尚无可信的研究结果证明通过严罚可以降低未成年人犯罪率。

此外,到 20 世纪 80 年代中后期,恢复性司法运动展开,它强调修复和整合因犯罪而被破坏的社会关系,强调修复原有的和谐的社会关系与秩序,通过和平的方式修复、调和涉罪未成年人与被害人和社区

---

① See Travis Hirschi and Michael Gottfredson, "Rethinking the Juvenile Justice System", Crime and Delinquency, Vol. 39, No. 2, 1993, pp. 263-272.

② See Irene M. Rosenberg, "Leaving Bad Enough Alone: A Response to the Juvenile Court Abolitionist", Wisconsin Law Review, Vol. 1993, Iss. 1, 1993, p. 255.

③ 参见陈孟萱:《少年司法保护制度之契机——以美国少年法制为借镜》,台湾大学 2000 年硕士学位论文,第 69 页。

④ 参见 Robert N. Beilah et al., The Good Society, New York Alfred A. Knopf, 1991, pp. 138-140,转引自姚建龙:《超越刑事司法:美国少年司法史纲》,法律出版社 2009 年版,第 191 页。

之间的关系,并通过这种和平解决矛盾的方式实现社会的安全。在2005 年的 Roper v. Simmons 案中,法官推翻了 1989 年的 Penry v. Lynaugh 案和 Stanford v. Kentucky 案的判决先例,认为将未满 18 岁的未成年人处以死刑是极其不人道的,并认为这违反了宪法第八修正案和第十四修正案的规定。① 这也是美国未成年人刑事司法史上具有里程碑式的判例,它的影响力不亚于 1899 年未成年人法院的诞生以及 1967 年的高尔特案。

(二)涉罪未成年人的多样化处遇

庞杂的处遇措施体系是美国未成年人刑事司法系统得以运作的有力支撑,正如学者所言:"正是这多元、操作复杂而可逆、严厉程度不同的处遇措施体系,才足以支撑少年司法程序的'弹性'需求。"②美国最早开始推行多样化处遇的地区是马萨诸塞州,该州未成年人刑事司法相关制度相当健全,在未成年人刑事处罚程序上慢慢转向个别化处遇模式,马萨诸塞州青少年局(DYS)针对传统的大规模收容无法抑制未成年人犯罪,甚至被关押的未成年人间的暴力行为导致反社会的情况,建立了多样化的处遇措施,包括团体保护、野营队、晨间处遇以及寄养机构等。马萨诸塞州的多样化处遇措施改革也影响了其他州,例如,犹他州、密苏里州及马里兰州等均开始相同的改革。

在对涉罪未成年人开展相关处遇措施之前,重要的一步就是将其类型化,使得不同类型的处遇措施得以对应不同种类的未成年人。美国将涉罪未成年人区分为重大犯罪未成年人、一般犯罪未成年人以及虞犯未成年人三类,针对不同类型的未成年人适用不同的处遇措施。目前,最常适用的三种替代性方案包括罚金、观护制度及缓刑,其他替代性处遇措施包括赔偿被害人、社区服务、释放前的收容、集中监督、在家监禁、电子监控等。其中,目前适用频率最高

---

① 参见黄鼎轩:《少年司法的管辖、搜索与转向——以美国法制为中心》,东吴大学 2013 年硕士学位论文,第 21 页。
② 王新:《美国少年法院发展变革之路及其启示》,载《中国青年政治学院学报》2011 年第 1 期。

的莫过于"电子监控"①,随着科学技术的成熟,电子监控设备亦不断向前,常用的几种方式包括:(1)主动式监控设备,这种方式目前被普遍采用,主要由发射器、接收器以及监控中心三个部分组成;(2)被动式监控设备,此类监控常使用的方式有声音确认、视讯监控以及配合追踪三种;(3)全球卫星定位系统(Global Positioning System,GPS),这种方式最初仅应用于军事领域,后大量应用于刑事司法领域,它不仅可用于测量接收用户端的精确位置、移动速度,甚至连移动方位都可知悉。电子监控作为最常用的处遇措施,解决了监所过于拥挤的问题,减轻了财政负担,增加了法官的处遇选项。②

从美国未成年人法院的存与废之争,到多元化处遇措施的建构,美国未成年人刑事司法的发展呈现出折中主义的趋势,也是一种将刑事诉讼程序的合理性吸收以完善未成年人刑事司法的过程。从高尔特案到西蒙斯案,我们看到:(1)正当程序的改革一直在推进中,在未成年人刑事诉讼程序中,涉罪未成年人应当享有与成年人类似的正当程序的保障,包括律师帮助权、及时被告知指控的权利、对质询问权、不被强迫自证其罪权等;(2)未成年人并不纯粹是社会的产物,它有着与成年人在生物学上的差异性,而这种差异性日益得到了科学上的证实,未成年人理应得到相应的福利;(3)美国未成年人刑事司法的发展不可能独立于国际少年司法准则的发展,必须遵守相应的国际公约,因此也将呈现出国际化的发展趋势。③

二、德国未成年人刑事司法制度的改革前沿

德国作为大陆法系的典型代表之一,拥有相当完善的未成年人刑

---

① 电子监控(Electronic Monitoring),是指通过电子科技远距离监控技术,确定受监控者是否在预先所指定的时间、地点出现,亦即为了在社区内监控犯罪者所使用的高科技技术。具体参见许福生:《科技设备监控在性侵害犯之运用》,载《月旦法学杂志》2009 年总第 166 期。

② 参见廖经晟:《少年多样化处遇之研究——以美国法为中心》,台湾大学 2011 年硕士学位论文,第 40—81 页。

③ 参见姚建龙:《超越刑事司法:美国少年司法史纲》,法律出版社 2009 年版,第 209—211 页。

事司法体系,它的特色在于实行双轨制,在指导思想上以教育教化为中心兼顾犯罪预防。1908 年,德国在科隆建立了德国第一个未成年人法院,随后 1923 年德国颁布了《少年法院法》(Jugendgerichtsgesetz, JGG),这是一部包含了刑事实体法、程序法和法院组织法的综合性法律,适用于犯罪时已满 14 周岁未满 18 周岁的未成年人和犯罪时已满 18 岁未满 21 岁的年轻成年人。① 笔者将对德国未成年人刑事司法中的程序分流制度与审判程序的发展趋势作简要的梳理,以期对我国未成年人刑事诉讼程序的完善有所启发。

(一)未成年人审判程序的改革动向

从参与未成年人刑事诉讼程序的主体上考察,除法官、检察官和警察之外,参与主体还包括未成年人法院助理(Jugendgerichtshelfer)、教育权人、法定代理人和律师等。其中,未成年人法院助理的主要职能是帮助未成年人健全人格,并协助其实现自身应当享有的权利,具体表现为四大职能:(1)开展有关未成年人的社会调查;调查未成年人的性格、家庭和社会关系、成长经历等可能影响定罪量刑的情况,制作调查报告提交给法官或检察官,帮助判断未成年人精神上和性格上的特性,为作出处遇决定提供支持。(2)促进程序终止,避免未成年人被羁押和监禁;未成年人法院助理介入程序后,为避免羁押或者缩短期限,助理一则应该探索各种替代羁押或监禁的可能,二则应该通过改善不利未成年人的情况从而消灭羁押或监禁的理由。(3)监督未成年人及时地遵守法官作出的指示和履行义务;当未成年人违反指示或不履行义务时,应当设法解决,情节严重的,可以对未成年人施加监禁。(4)承担起照料未成年人的职责;在整个刑事程序中以及程序结束后,要根据未成年人的情况肩负起照料未成年人的职责。②

---

① 参见宋英辉等:《未成年人刑事司法改革研究》,北京大学出版社 2013 年版,第 282 页。

② 关于未成年人法院助理的职能论述,具体参见宋英辉等:《未成年人刑事司法改革研究》,北京大学出版社 2013 年版,第 285—287 页;刘昶:《德国少年刑事司法体系评介——以〈少年法院法〉为中心》,载《青少年犯罪问题》2016 年第 6 期;等等。

德国未成年人刑事司法程序包括:前程序、中间程序、主程序和救济程序。在前程序中,重点在于收集证据、查清案情,通过社会调查和专家鉴定,查明未成年人的性格、成熟程度等情况,强制检察官依据追诉的法定原则(Legalitätsprinzip)、便宜原则(Opportunitätsprinzip)及附属原则(Subsidiaritätprinzip),来决定是否作出起诉。在中间程序中,检察官还握有一次转向机会,即撤回起诉,如果检察官没有行使撤回起诉的权力,则转向的决定权就到了法官手中,在中间程序和主程序中,法官均可以采用非正式手段终结案件。在主程序中,审理都是不公开的,分为普通程序和简易程序,普通程序与普通案件的审理程序没有大的区别,仅是法官要特别注意庭审教育的效果及可能给未成年人带来的负面影响,而简易程序仅适用于罪行轻微、案件事实简单的未成年人案件,法官仅会作出指示、指定教育帮助未成年人或采取命令惩戒措施等。在救济程序中,遵循速审原则,这也意味着所有享有上诉权的人,包括未成年人和检察官,均只能运用一次法律救济,但如果二审出现加刑情形,则未成年人可以再行使上诉权。[①] 由此可知,德国的未成年人刑事诉讼程序呈现出一种特殊预防为主、惩罚为辅的改革趋势。

(二)德国未成年人刑事司法的分流程序改革

所谓分流程序,是指以非正式方式结束未成年人刑事程序的可能性,尽可能地避免接触刑事诉讼程序,由社会规制程序取代司法程序的处遇机制。我们知道,强制措施,特别是羁押等限制人身自由的强制措施,将会给未成年人的身心造成极大的伤害,因此,对绝大多数未成年人违法犯罪行为不宜适用。在德国,减少对未成年人适用羁押刑或监禁刑的有效改革,便是分流程序,即未成年人检察官或法官在对其提起公诉或者作出正式审理的决定之前,应当优先考虑司法分流的可能性。毫无疑问,分流程序一方面节约了司法资源,用更为快捷、经

---

① 参见宋英辉等:《未成年人刑事司法改革研究》,北京大学出版社2013年版,第288—293页。

第七章 未成年人刑事特别程序的改革前沿

济和人性化的方式处遇了未成年人,另一方面运用非正式化的刑事程序来处遇涉罪未成年人,可以灵活地吸收辅助人参与,从而提高涉罪未成年人回归社会的概率。

司法分流贯穿于未成年人刑事诉讼程序的始终,在侦查程序中,根据德国《少年法院法》第 45 条①和《德国刑事诉讼法典》第 153 条的规定,对于无法律后果的犯罪,即轻微犯罪,实行教育措施后,以及实行非要式法官教育程序后,可对涉罪未成年人进行司法分流。其中,教育措施的种类包括:劝告、道歉、劳动给付、弥补损害、恢复原状、向公益组织捐款以及涉罪未成年人与被害人达成和解等,理论上讲,同时实施其中的几项教育措施是允许的,但一般不符合目的,因为

---

① 德文原文为:Jugendgerichtsgesetz(JGG) § 45 Absehen von der Verfolgung

(1) Der Staatsanwalt kann ohne Zustimmung des Richters von der Verfolgung absehen, wenn dieVoraussetzungen des § 153 der Strafprozeßordnung vorliegen.

(2) Der Staatsanwalt sieht von der Verfolgung ab, wenn eine erzieherische Maßnahme bereits durchgeführtoder eingeleitet ist und er weder eine Beteiligung des Richters nach Absatz 3 noch die Erhebung der Anklage fürerforderlich hält. Einer erzieherischen Maßnahme steht das Bemühen des Jugendlichen gleich, einen Ausgleichmit dem Verletzten zu erreichen.

(3) Der Staatsanwalt regt die Erteilung einer Ermahnung, von Weisungen nach § 10 Abs. 1 Satz 3 Nr. 4, 7 und 9 oder von Auflagen durch den Jugendrichter an, wenn der Beschuldigte geständig ist und der Staatsanwalt die Anordnung einer solchen richterlichen Maßnahme für erforderlich, die Erhebung der Anklage aber nicht fürgeboten hält. Entspricht der Jugendrichter der Anregung, so sieht der Staatsanwalt von der Verfolgung ab, beiErteilung von Weisungen oder Auflagen jedoch nur, nachdem der Jugendliche ihnen nachgekommen ist. § 11 Abs. 3 und § 15 Abs. 3 Satz 2 sind nicht anzuwenden. § 47 Abs. 3 findet entsprechende Anwendung.

译文:《少年法院法》第 45 条 放弃追诉

1.在满足《刑事诉讼法》第 153 条规定的前提下,检察官可未经法官同意放弃追诉。

2.在已经执行或开始教育措施,且检察官认为第三款规定的法官的介入及提起诉讼都无必要的前提下,检察官应当放弃追诉。青少年努力实现对受害者的补偿者,视为与教育措施同。

3.被告承认其行为,且检察官认为采取此类法庭措施仍有必要,而无必要进行起诉的,检察官可以根据第 10 条第 1 款第 3 项第 4、7 及 9 目或者少年法庭法官之要求,建议予以训诫。法官为此建议者,检察官应当放弃追诉,在予以指示或者要求的情况下,则只能在青少年遵守之后方能为之。第 11 条第 3 款及第 15 条第 3 款第 2 句不应适用。准用第 47 条第 3 款之规定。

单个措施的效果会因此而弱化。① 在中间程序或主程序中,根据《少年法院法》第 47 条第 1 款第 1—4 项的规定②,提起公诉后,基于四种

---

① 参见曹欢欢:《德国未成年人刑事程序分流制度——兼与中国法的初步比较》,南京大学 2013 年硕士学位论文,第 7—13 页。

② 德文原文为:Jugendgerichtsgesetz § 47 Einstellung des Verfahrens durch den Richter

(1) Ist die Anklage eingereicht, so kann der Richter das Verfahren einstellen, wenn

1. die Voraussetzungen des § 153 der Strafprozeßordnung vorliegen,

2. eine erzieherische Maßnahme im Sinne des § 45 Abs. 2, die eine Entscheidung durch Urteil entbehrlichmacht, bereits durchgeführt oder eingeleitet ist,

3. der Richter eine Entscheidung durch Urteil für entbehrlich hält und gegen den geständigen Jugendlichen einein § 45 Abs. 3 Satz 1 bezeichnete Maßnahme anordnet oder

4. der Angeklagte mangels Reife strafrechtlich nicht verantwortlich ist.

In den Fällen von Satz 1 Nr. 2 und 3 kann der Richter mit Zustimmung des Staatsanwalts das Verfahren vorläufigeinstellen und dem Jugendlichen eine Frist von höchstens sechs Monaten setzen, binnen der er den Auflagen, Weisungen oder erzieherischen Maßnahmen nachzukommen hat. Die Entscheidung ergeht durch Beschluß. Der Beschluß ist nicht anfechtbar. Kommt der Jugendliche den Auflagen, Weisungen oder erzieherischen Maßnahmen nach, so stellt der Richter das Verfahren ein. § 11 Abs. 3 und § 15 Abs. 3 Satz 2 sind nicht anzuwenden.

(2) Die Einstellung bedarf der Zustimmung des Staatsanwalts, soweit er nicht bereits der vorläufigen Einstellung zugestimmt hat. Der Einstellungsbeschluß kann auch in der Hauptverhandlung ergehen. Er wird mit Gründen versehen und ist nicht anfechtbar. Die Gründe werden dem Angeklagten nicht mitgeteilt, soweit davon Nachteilefür die Erziehung zu befürchten sind.

(3) Wegen derselben Tat kann nur auf Grund neuer Tatsachen oder Beweismittel von neuem Anklage erhoben werden.

译文:《少年法院法》第 47 条　法官对程序的终止

1.诉讼开始之后,法官得终止程序,当

(1)具备《刑事诉讼法》第 153 条的情形;

(2)使通过审判作出的判决变得不复必要的第 45 条第 2 款意义上的教育措施已经被实施或者已经开始;

(3)法官认为通过审判作出判决已无必要,且指示作出第 45 条第 3 款第 1 项的针对招供的青少年的措施,或者;

(4)被告人思虑不成熟而无须承担刑事责任。

第 1 项第 2、3 目的情况下,法官亦可通过检察官的同意暂时中止程序,并要求青少年在最多 6 个月的期间内遵守命令、指令或者教育措施。该决定不可撤销。若青少年遵守了命令、指令或教育措施,则法官应当终止程序,第 11 条第 3 款及第 15 条第 3 款第 2 项不再适用。

2.以检察官未同意暂时中止程序为限,程序的终止应当经过检察官的同意。终止决定亦可在审判程序中作出。决定应当附有理由,且不可撤销。有不利于被告的管教之虞的,理由可不对其通知。

3.同一行为只有根据新的事实或证据才能提出新的诉讼。

原因可以进行司法分流,即无法律后果的、实施教育措施后的、履行义务和命令后的,以及为避免因不成熟作出无罪宣告而进行的。此外,未成年人不具有刑事责任能力时,司法分流也应予考虑。① 在分流程序中,审前社会调查、审理过程中对未成年人的监管、判后执行和帮教等方面的问题,均有专门的政府部门(如德国青少年福利局)和大量的社会机构(如社会教育学诊所)来解决。②

我国的分流程序体现于附条件不起诉制度中,现行的附条件不起诉制度正如前文所述,仍存在一些问题,例如,在适用范围维度,主体资格、案件类型和刑度要求三个方面的严苛限定,已使其没有多少"生存空间";在适用前提维度,除恪守犯罪事实明确性原则外,单纯的"有悔罪表现",难以承载"回归社会"和"修复损害"的目的;在程序地位维度,被害人的"事前听取意见"和涉罪未成年人的"事后异议",也不足以彰显程序主体地位,不利于程序功能目标的实现;在所附条件维度,基本上停留在"防止逃匿型"或"便于侦查型"意义上③,与"教育为主、惩罚为辅"原则的初衷相去甚远。因此,在完善我国的附条件不起诉时,可以结合我国的具体情况,适时地借鉴德国未成年人刑事分流程序与改革举措,进而提高对未成年人适用非监禁刑的比例。

三、韩国未成年人刑事司法制度的改革前沿

我国与韩国同属亚洲国家,在文化根基与司法变迁方面均有诸多的相似性和兼容性。近代以前,韩国少年司法制度主要受我国司法制度的影响,但近代之后,韩国"少年"④司法制度吸收借鉴美国

---

① 参见曹欢欢:《德国未成年人刑事程序分流制度》,南京大学 2014 年硕士学位论文,第 17—20 页。
② 参见黄燕:《德国少年司法的启示》,载《人民法院报》2013 年 11 月 19 日,第 2 版。
③ 参见张友好:《功能·主体·程序:附条件不起诉制度省察》,载《政法论坛》2013 年第 6 期。
④ 为避免歧义,在论述韩国与我国台湾地区未成年人刑事司法制度时,为适应语境,适用"少年"一词,因此,本书中"未成年人"与"少年"通用。韩国少年司法制度改革趋势部分的内容,由台湾大学的朴栽亨博士提供与梳理,在此一并致谢。

未成年人刑事司法的先进理念与成熟制度,并在至今的六十余年间不断根据本国实际进行本土适时性改造。因此,探究韩国少年司法制度改革趋势,能为我国未成年人刑事特别程序的完善提供有益经验。然而,国内学界关于韩国少年司法制度的论述几乎处于空白状态,笔者将着重梳理韩国少年司法运作的组织构造、处遇程序及犯罪现状等,以期对我国未成年人刑事特别程序的完善有所裨益。

(一)韩国少年司法的组织构造:中央机构与附属机构

在韩国,少年司法的组织由中央机构及其附属机构共同组成,具体职能包括:

其一,在中央机构构造方面,目前,负责少年司法行政的中央机构是法务部犯罪预防政策局(Crime Prevention Policy Bureau),直接隶属于韩国法务部,成立宗旨是预防再犯及协助判决确定者重新回归社会,并努力创造和谐、稳定的社会。它的职能主要包括保护观察、位置追迹(电子监控)、少年偏差行为预防教育、法律教育及法律与秩序推广活动等。从图7.1可见,其所属机关为犯罪预防规划科(Crime Prevention Planning Division)、法律秩序先进化科(Law & Order Advancement Division)、保护法制科(Protection Legislation Division)、少年科(Juvenile Division)、保护观察科(Probation & Parole Division)以及特定犯罪人管理科(Specific Crimes Management Division)。其中,犯罪预防政策局局长兼任检察长(次长级),除少年科和保护观察科以外,主要单位的科长兼任部长检察官。

每个科室的职能各不相同,具体职能为:(1)犯罪预防规划科:负责法务部犯罪预防政策局内整体活动的规划及人事、组织、预算的管理;(2)保护法制科:负责少年保护及监护等相关法律的发展及修订,以及药物治疗、监护及保护等机构的监督和考核;(3)少年科:负责少年保护政策的设计及少年保护机构的监督与考核,例如安置收容、教育及评估等,目标在于给予迷失的少年希望,通过在少年偏差行为预防中心(Juvenile Delinquency Prevention Center)提供另类的教育方案与课程设计,预防犯罪高风险的少年进一步犯罪,并协助偏差少年不再犯第二次错误,使少年拥有健康的生活;(4)特定犯罪人管理科:负责执行电子监督、特定犯罪人保护观察,对性欲冲动执行药物治疗命令,对性暴力犯罪人的个人信息实施登记以及管理;(5)法律秩序先进化科:负责法律与秩序推广活动,以及发展法律教育方案及相关内容(如法律教育教材与网络在线游戏等),目标在于通过简单而有趣的方式,联合社会大众(包括少年)来创造快乐而安全的生活环境;(6)保护观察科:负责保护观察、社会服务命令、教育或治疗命令、位置追迹(电子监控)命令、对性犯罪人进行小区公告等业务的规划与推动,目的在于通过对有再犯高风险个案的严密监督,提供更好的第一线临床及更生服务,来有效地治疗及保护个案,达到强化社会安全网及预防再犯之目的,同时扩大社会服务的范围,深入农村与住宅区,确保政策方向有利于社会大众。

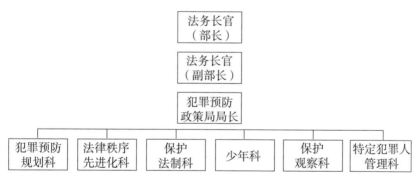

图 7.1 韩国少年司法中央机构的构造①

其二,犯罪预防政策局的所属组织。与少年司法行政有关的犯罪预防政策局的所属组织包括:第一类为少年院学院或少年院(Juvenile Detention Center, JDC),是指收容在法院少年部受到"保

---

① 参见범죄예방정책국 홈페이지,https://www.cppb.go.kr/HP/TSPB13/tspb13_01/sub_01_04.jsp,访问时间:2022 年 8 月 22 日。

护处分"①的 10 岁以上未满 19 岁的犯罪少年、触法少年和虞犯少年,在具有规律系统的生活基础上,通过教课过程、业务能力发展培训以及医疗、康复教育,来促进综合型成长和支持少年回归稳定生活。自 1942 年朝鲜矫正院建立以来,目前有 10 处少年院分布于韩国各地。从表 7.1 可知,2004 年新收容人数为 1804 名,日平均收容人员为 1563 名,男女占比分别为 92.1% 和 7.9%;到 2013 年,年度新收容人数是 3037 名,年度收容的增长率是 2004 年收容量的 68.3%,日平均收容人数为 1380 名,比起 2004 年日平均收容有所下降,女性的收容人数从 7.9% 上升为 12.2%,虽然比起 2008 年的峰值有所回落,但是比起 2004 年,女性新收容数仍然很高。其中,2009 年起,新收容人数大幅度上升,原因是 2008 年修正的《少年法》中新增了 1 个月短期少年院收容处分,虽然 2009 年以后新收容人数急剧增加,但是每日平均收容人数没有太多的增加。这也说明,少年院在保护问题少年方面发挥着不可替代的效用。

表 7.1 各年度少年院的新收容人数暨日平均收容人数现况(2004—2013 年)②

区分	新收容人员			日平均收容人员(指数)
	总计(指数)	男(百分比)	女(百分比)	
2004 年	1804(100)	1661(92.1)	143(7.9)	1563(100)
2005 年	1543(83)	1395(90.4)	148(9.6)	1464(94)
2006 年	1468(81)	1284(87.5)	184(12.5)	1118(72)
2007 年	1511(84)	1293(85.6)	218(14.4)	1503(96)
2008 年	1732(96)	1415(81.7)	317(18.3)	1161(74)
2009 年	2775(154)	2337(84.2)	438(15.8)	1191(76)

---

① 在韩国,所谓"保护处分"是指法院少年部法官对少年保护事件作出审理之后,为了改善少年的性行及环境,由国家认定积极保护其少年时才作出处分,与刑事处分不同,将来对少年没有负面影响。参见犯罪预防政策局主页,https://www.cppb.go.kr/HP/TSPB13/tspb13_03/sub_03_04.jsp,访问时间:2022 年 8 月 22 日。
② 数据来源及说明:韩国法务部犯罪预防政策局统计,总计和日平均收容人员的括注是指以 2004 年为标准的指数,男女的括注是指分布百分比,具体参见이영근:《한국사법제도의 발전방안》,한국소년정책학회(소년보호연구) 2015 년관제 29 권제 4 호,第 2 页。

(续表)

区分	新收容人员			日平均收容人员(指数)
	总计(指数)	男(百分比)	女(百分比)	
2010 年	2822(156)	2404(85.2)	418(14.8)	1162(74)
2011 年	2960(164)	2534(85.6)	426(14.4)	1264(81)
2012 年	3429(190)	2994(87.3)	435(12.7)	1390(89)
2013 年	3037(168)	2666(87.8)	371(12.2)	1380(88)

第二类为少年分类审查院①(Juvenile Classification Review Center),主要职责为收容、保护法院少年部移送的少年,少年的分类审查、素质教育、咨询调查以及对不适应一般高中的学生实施特别教育,运营青少年素质检查室等。

第三类为青少年不良行为预防中心(Juvenile Misdemeanors Prevention Center)。目前,韩国共有16处中心分布于各地,根据"法务部及其所属机关职制第39条之2"②的规定,该中心的主要职能为:(1)实施由法院移交的咨询调查;(2)实施检察官作出起诉处分之前移交的处分前调查;(3)根据《少年法》,在受到保护处分的少年群体中,对不适应学校生活的学生开展教育;(4)对由检察官作出暂不起诉的人以及校长等委托的少年实施特别教育;(5)根据《少年法》,对受到保护处分的少年实施替代教育;(6)对青少年实施法律教育;(7)对与青少年不轨行为预防有关的义工实施专门教育。

(二)少年事件的刑事程序与保护程序

根据韩国《少年法》第4条的规定,该法律适用的少年范围为:犯

---

① 参见범죄예방정책국 홈페이지,https://www.cppb.go.kr/HP/TSPB13/tspb13_03/sub_03_02.jsp,访问时间:2022 年 8 月 22 日。

② 所谓职制是指关于国家的行政机关或其他团体、组织、机关等机构、成员、职务分担等之制度或法规。参见법무부와그소속기관직제,http://www.law.go.kr/%EB%B2%95%EB%A0%B9/%EB%B2%95%EB%AC%B4%EB%B6%80%EC%99%80%20EA%B7%B8%20EC%86%8C%EC%86%8D%20EA%B8%B0%EA%B4%80%20EC%A7%81%EC%A0%9C,访问时间:2022 年 8 月 23 日。

罪少年、触法少年和虞犯少年。所谓犯罪少年是指犯下罪行的少年①；触法少年是指10岁以上未满14岁的人，有触犯刑法法令（刑罚法律）的行为者②；虞犯少年是指少年有下列事由之一的，即有集体行动造成周围的人感到不安全的行为、无正当理由离家出走和饮酒后闹事或有经常接触有害环境的行为等，同时，10岁以上未满19岁的少年，依其性格及环境，而有触犯刑罚法律之虞者。③

少年事件分为少年刑事事件和少年保护事件。④ 少年事件的处理程序分为在刑事法院的刑事程序和在少年法院（法院少年部）的保护程序，刑事程序按韩国《刑事诉讼法》的规定处理事件，保护程序按《少年法》处理事件。⑤ 具体处理程序如图7.2所示。由于刑事法院对少年刑事事件适用几乎一样的程序加以处理，因此韩国《刑事诉讼法》的合法程序原则适用于少年刑事事件。当然，如果问题少年没有辩护人或辩护人不出庭，法院应当指派律师（Court-appointed lawyer）。⑥

在刑事法院按照韩国《刑事诉讼法》的当事人主义的原则，适用"合法程序原则"⑦，以免侵害被告人的人权，不过在少年事件的审判中，审理方式应当采取非诉讼事件（Non-contentious Case）的形式，对处分内容的决定过程依职权原则加以进行。少年事件通过非正式审判程序来加以处理，原因是不良行为的内涵不明确，侵害少年司法人权的危险性仍然存在。

---

① 参见韩国《少年法》第4条第1款第1项。
② 参见韩国《少年法》第4条第1款第2项。
③ 参见韩国《少年法》第4条第1款第3项。
④ 参见韩国《少年法》第6—7条。
⑤ 参见박영규：《소년사건처리의적법절차에관한고찰》,한국소년정책학회(소년보호연구) 2015 년판제 29 권제 1 호, 第97—105页。
⑥ 参见韩国《刑事诉讼法》第33条（法院指派律师）。
⑦ 韩国刑事诉讼法中的"合法程序原则"的内容包括：①证据裁判主义和自由心证主义（证据随心判断论）；②自白规则（Confession Rule）；③传闻规则（Hearsay Rule）；④不告不理原则（No trial without complaint）和一事不再理（Double Jeopardy）的效力；⑤刑事补偿制度；⑥法院指派律师制度。而韩国《少年法》的合法程序原则的内容包括：①在移送到法院少年部时通知保护者（第8条）；②告知沉默权（拒绝陈述权）（第10条）；③选任补助人或代理人（第17条）；④撰写调查暨审理记录（第30条）；⑤可抗告权利（第43条）。

第七章 未成年人刑事特别程序的改革前沿

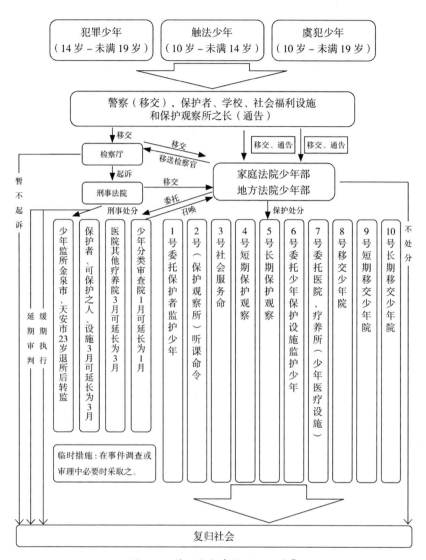

图 7.2 韩国少年事件处理程序①

---

① 所谓少年分类审查院,是指收容由法院少年部(家庭法院少年部或者地方法院少年部)决定、移交的少年,将其素质进行分类及审查的设施。数据来源:경찰청,https://www.police.go.kr/index.do,访问时间 2022 年 8 月 23 日。

从图 7.2 中可见,少年事件的处理过程为:首先,少年刑事事件过程的处理对象为犯罪少年。如果经警察调查后犯罪事实被承认,则移交检察厅,少年事件为罚金刑以下情形的,检察厅将其事件(分类为少年保护事件)移交家庭法院的少年部或者以教化为条件暂不起诉。在少年事件为罚金刑以上时,在刑事法院处理少年事件,如果法院将其判处有期徒刑,将嫌疑人移送至少年监所,如果没有少年监所,则在一般监所与一般囚犯分开收容。其次,少年保护事件过程,处理对象为触法少年、虞犯少年。触法少年事件、虞犯少年事件以及罚金刑以下的犯罪少年事件,由家庭法院的少年部法官开庭审理,为了教化、改善问题少年,宣告适用保护处分,由少年部法官宣告是否开庭审理和保护处分(1—10号)。最后,学校之长等通告制度。学校、社会福利设施和保护观察所的负责人在发现触法以及虞犯少年时,可以直接向管辖少年法院要求"保护处分"①,如表7.2,保护处分区分1—10号处分,针对不同触法或虞犯少年适用不同的处分内容及期限,例如1号保护处分内容为委托保护者,处分时间最长为12个月,而10号保护处分内容为长期移交少年院,处分时间为2年以内。②

表 7.2　韩国少年事件保护处分的类型

区　　分	内　　容	备　　注
1 号处分	委托保护者等	6 个月(可延长 6 个月)
2 号处分	(保护观察所)听课命令	12 岁以上,100 小时以内
3 号处分	社会服务命令	14 岁以上,200 小时以内
4 号处分	短期保护观察	1 年
5 号处分	长期保护观察	2 年(可延长 1 年)
6 号处分	委托少年保护设施监护少年	6 个月(可延长 6 个月)
7 号处分	委托医院、疗养所(少年医疗设施)	6 个月(可延长 6 个月)
8 号处分	在 1 个月移交少年院	1 个月以内

①　参见韩国《少年法》第 4 条第 3 款。
②　参见韩国《少年法》第 31 条第 1 款。

(续表)

区　分	内　容	备　注
9号处分	短期移交少年院	6个月以内
10号处分	长期移交少年院	12岁以上,2年以内

（三）韩国少年事件的现状与问题

上文详细阐述了韩国少年司法的组织机构及处理程序,笔者再进一步分析韩国少年事件的现状与问题:一方面,从少年犯罪人数增长率进行考察,从表7.3可知,整体上而言,2005年至2013年间,少年犯罪的整体趋势不是正常现象,但是这组数据反映了当前的刑事政策走向,2005年少年犯罪数为67478名,仅为整体犯罪的3.4%,到2008年,由于少年法的修改,将少年犯罪的年龄增至19岁,导致少年犯罪数达到历年的峰值,134992名,占比为6.2%,到2013年少年犯罪数为91633名,虽然比起2008年有下降趋势,但比起2005年,上升率约为35.8%。① 从全局分析可知,参与犯罪的少年数量,虽然整体上有所下降,但是少年犯罪依然是当下最亟待解决的社会问题之一。

表7.3　韩国少年犯罪的整体现况②

区　分	整体犯罪（名）	成人犯罪（名）	少年犯罪（名）	少年犯罪构成百分比(%)
2005年	1965570	1898092	67478	3.4
2006年	1932729	1863518	69211	3.6
2007年	1965977	1877873	88104	4.5
2008年	2189452	2054460	134992	6.2

---

① 参见박찬걸:《한국소년범죄의 최근 동향에 대한 평가》,한국소년정책학회《소년보호연구》2015년 제29권 제2호,第87页。
② 数据来源:韩国大检察厅《犯罪分析》(2006—2014)。

(续表)

区　分	整体犯罪（名）	成人犯罪（名）	少年犯罪（名）	少年犯罪构成百分比(%)
2009年①	2168185	2055163	113022	5.2
2010年	1917300	1827524	89776	4.7
2011年	1902720	1819660	83060	4.4
2012年	1944906	1837416	107490	5.5
2013年	2006682	1915049	91633	4.6

　　进一步分析少年犯罪的具体类型,从表7.4和表7.5可知,从2007—2013年的统计数据观察,少年犯罪的类型呈现出如下特征:(1)据统计分析,杀人、强盗、纵火和强奸等的暴力犯罪(Violent Crimes)每年维持在一定的水平②;(2)从2009年起恐吓或强盗犯罪率比窃盗犯罪还高,由此可知在以利欲为目的的犯罪类型中,对他人财产权利侵害的犯罪类型之比率相对较高;(3)从诈骗犯罪率来观察,虽然少年诈骗犯罪率比成人犯罪少很多,但自2007年起,该犯罪率总体上呈现出逐年增加的趋势,这也表明随着数据通信技术(网络以及智能型手机等)发展,少年利用自身熟悉的通信机器进行诈骗,已经成为新型诈骗方法;(4)据分析,违反暴力行为等处罚之法律③的犯罪率比刑法上的暴行以及伤害还高,这意味着受同辈集体行动文化的影响,少年集体性的暴力犯罪率相当高;(5)除违反暴力行为等处罚的法律以外,违反其他特别法的少年人数较少,因为韩国的特别刑事法律具有行政刑法或经济刑法倾向,而少年要在这些领域实施犯罪并不容易。

---

　　① 因为韩国在2008年修改《少年法》,犯罪少年的年龄变更为未满19岁,自2009年统计起,年满19岁的人被排除在比较对象之外。参见박찬걸:《한국소년범죄의최근 동향에 대한평가》,한국소년정책학회(소년보호연구)2015년판제29권제2호,第87页。

　　② 参见박찬걸:《한국소년범죄의최근동향에대한평가》,한국소년정책학회(소년보호연구)2015년판제29권제2호,第92页。

　　③ 违反暴力行为等的处罚目的在于对实施集体性、习惯性或夜间暴力等行为的人加以处罚,全文由10项条文和附则组成。

表 7.4 韩国少年犯罪的类型(2007—2010 年)①

区分	2007 年			2008 年			2009 年			2010 年		
	少年犯罪事件(起)	整体犯罪事件(起)	少年犯罪比(%)	少年犯罪事件(起)	整体犯罪事件(起)	少年犯罪比(%)	少年犯罪事件(起)	整体犯罪事件(起)	少年犯罪比(%)	少年犯罪事件(起)	整体犯罪事件(起)	少年犯罪比(%)
刑法犯	60426	833807	7.2	79765	1023947	7.8	81378	993136	8.2	70456	939171	7.5
窃盗	28838	71575	40.3	33,073	85754	38.6	38494	256680	15.0	33534	268007	12.5
赃物	271	2644	10.2	571	3948	14.5	820	3381	24.3	722	3206	22.5
诈骗	3382	236575	1.4	4188	258276	1.6	4796	224889	2.1	4739	205913	2.3
侵吞(挪用)	721	23716	3.0	1128	30216	3.7	1190	27362	4.3	1084	26312	4.1
杀人	19	968	2.0	12	989	1.2	18	1390	1.3	19	1262	1.5
强盗	929	3129	29.7	1226	4039	30.4	1414	6379	22.2	819	4395	18.6
纵火	146	998	14.6	189	1,443	13.1	176	1866	9.4	161	1886	8.5
强奸	834	9,632	8.7	1589	13377	11.9	1574	16156	9.7	2,107	19939	10.6
暴行	2482	111836	2.2	4347	151413	2.9	3502	115524	3.0	3376	109580	3.1
伤害	2773	104004	2.7	3749	124301	3.0	3006	82686	3.6	2797	70785	4.0
恐吓	562	1899	29.6	1046	2975	35.2	1495	6554	22.8	1422	5233	27.2
违反暴力行为等处罚之法律	17310	89693	19.3	24781	126861	19.5	21386	59454	36.0	15540	47401	32.8
过失致死伤	43	1002	4.3	61	1456	4.2	77	1296	5.9	68	1409	4.8

---

① 参见韩国法务部犯罪预防政策局:《犯罪预防政策统计年报》,韩国法务部犯罪预防政策局 2010 年版,第 613 页;韩国法务部犯罪预防政策局:《犯罪预防政策统计年报》,韩国法务部犯罪预防政策局 2011 年版,第 499 页。

(续表)

区分	2007年			2008年			2009年			2010年		
	少年犯罪事件(起)	整体犯罪事件(起)	少年犯罪比(%)	少年犯罪事件(起)	整体犯罪事件(起)	少年犯罪比(%)	少年犯罪事件(起)	整体犯罪事件(起)	少年犯罪比(%)	少年犯罪事件(起)	整体犯罪事件(起)	少年犯罪比(%)
业务上过失致死伤	6	3177	0.2	9	3601	0.2	10	2715	0.4	4	2808	0.1
其他	2075	172959	1.2	3796	215298	1.8	3420	186804	5.9	3653	171035	2.1
特别法犯	27678	1156055	2.4	55227	1448950	3.8	31644	1175049	2.7	19731	978129	2.0

表7.5 韩国少年犯罪的类型(2011—2013年)[1]

区分	2011年			2012年			2013年		
	少年犯罪事件(起)	整体犯罪事件(起)	少年犯罪比(%)	少年犯罪事件(起)	整体犯罪事件(起)	少年犯罪比(%)	少年犯罪事件(起)	整体犯罪事件(起)	少年犯罪比(%)
刑法犯	66237	997263	6.6	87779	1038609	8.5	74509	1057855	7.0
窃盗	31380	281561	11.1	37256	293074	12.7	33092	290841	11.4
赃物	454	2606	17.5	1200	3856	31.1	1498	6491	23.1
诈骗	4616	226359	2.0	6701	241275	2.8	8600	274086	3.1
侵吞(挪用)	1094	27882	3.9	1632	33044	4.9	1755	36214	4.8
杀人	12	1221	1.0	26	1029	2.5	23	966	2.4
强盗	1082	4021	26.9	877	2643	33.2	623	2013	30.9
纵火	174	1,972	8.8	201	1897	10.6	140	1744	8.0

---

[1] 参见韩国法务部犯罪预防政策局:《犯罪预防政策统计年报》,韩国法务部犯罪预防政策局2014年版,第490页。

（续表）

区分	2011年 少年犯罪事件（起）	2011年 整体犯罪事件（起）	2011年 少年犯罪比（%）	2012年 少年犯罪事件（起）	2012年 整体犯罪事件（起）	2012年 少年犯罪比（%）	2013年 少年犯罪事件（起）	2013年 整体犯罪事件（起）	2013年 少年犯罪比（%）
强奸	2021	22034	9.2	1686	21346	7.9	1735	26919	6.4
暴行	3450	123304	2.8	6257	128110	4.9	5550	126520	4.4
伤害	2626	67719	3.9	3298	63242	5.2	2619	56653	4.6
恐吓	1509	5353	28.2	2827	6882	41.1	1127	4456	25.3
违反暴力行为等处罚之法律	14219	43843	32.4	19790	44721	44.3	12530	40889	30.6
过失致死伤	70	1553	4.5	47	1713	2.7	41	1,672	2.5
业务上过失致死伤	1	2882	0	8	3079	0.3	13	3176	0.4
其他	3529	184953	1.9	5973	192698	3.1	5163	185215	2.8
特别法犯	16823	905457	1.9	19711	906297	2.2	17124	948827	1.8

另一方面，对少年保护事件处理情况进行考察，如表7.6所示，在2007年韩国《少年法》修改之前，2005年通过少年保护程序处理的问题少年有24303名，其中有21135名少年适用了保护处分，适用1、3号合并处分的少年数为7470名，适用1、2号合并处分的少年数为6897名，而适用5号保护处分人数最少，仅为5名。到2007年，通过少年保护程序处理的问题少年数为35514名，比起2005年增长了46.1%，适用保护处分的少年数为26874名，适用1、2号合并处分的少年数最多，为10391名，其次为适用1、3号合并处分的，处分人数为7639名。整体上而言，虽然2005年至2007年间，适用保护处分的人

数大幅度增多,但是保护处分合并适用的情形较少,仅表现为或者1、2号合并适用,或者1、3号合并适用。

表7.6 韩国少年保护事件处理现况(2005—2007年)①(名)

区 分			2005年	2006年	2007年
处理	总 计		24303	25262	35514
	保护处分	小 计	21135	20241	26874
		委托保护者或合适人(1号)	4166	4596	6536
		1、2号合并处分	6897	7003	10391
		1、3号合并处分	7470	6416	7639
		短期保护观察(2号)	9	10	34
		保护观察(3号)	9	10	9
		委托儿童福利设施或少年保护设施(4号)	577	462	478
		委托医院、疗养所(5号)	5	10	27
		短期移交少年院(6号)	1053	883	957
		移交少年院(7号)	949	851	803
	不开庭审理		1758	3344	5957
	决定不处分		1228	1512	2056
	移送他法院		47	106	546
	移交检察官		129	50	67
	其他		6	9	14
抗告			183	149	137
未决			6873	7557	10396

---

① 该统计数据为2007年12月21日韩国《少年法》修正前的,数据来源:韩国法院行政处《司法年鉴》(2006—2008)。

表 7.7　韩国少年保护事件处理现况(2008—2013 年)①(名)

区 分		2008年	2009年	2010年	2011年	2012年	2013年
处理	总 计	39532	47865	45090	48803	51771	45393
	小计	30222	35819	32416	35162	37150	31952
保护处分	委托保护者等(1号)	6214	5883	4527	4021	4222	3822
	(保护观察所)听课命令(2号)	130	71	37	18	51	107
	社会服务命令(3号)	181	268	116	53	104	125
	短期保护观察(4号)	—	23	34	77	103	91
	长期保护观察(5号)	10	2	13	28	71	41
	委托少年保护设施监护少年(6号)	410	128	73	9	14	13
	委托医院、疗养所(7号)	—	100	81	150	195	149
	在1个月移交少年院(8号)	6	22	11	15	7	3
	短期移交少年院(9号)	762	919	861	883	1,206	1,153
	长期移交少年院(10号)	857	992	806	1109	1169	1252
	1、2号合并处分	972	3388	4251	4123	4518	3522
	1、2、3号合并处分	—	572	615	874	1040	646
	1、2、4号合并处分	3535	4891	4473	4998	6180	4020
	1、2、5号合并处分	874	1186	1309	1393	1118	1496
	1、2、3、4号合并处分	765	1905	1777	2420	2266	1557
	1、2、3、5号合并处分	1576	1581	1288	1990	1831	1901
	1、3号合并处分	227	1148	1399	1629	1405	1297
	1、3、4号合并处分	1960	2183	2182	2418	2087	1868
	1、3、5号合并处分	1838	1731	1482	1352	1560	1843
	1、4号合并处分	6259	4780	3593	3689	3054	2746
	1、5号合并处分	2599	1256	880	808	637	900
	4、6号合并处分	137	192	104	146	56	22
	5、6号合并处分	142	739	747	922	1164	1150
	5、8号合并处分	408	1708	1689	1915	2607	1879
	其他	360	151	68	122	485	349

---

① 该统计数据为 2007 年 12 月 21 日《少年法》修正后的(单位:名),数据来源:韩国法院行政处《司法年鉴》(2009—2014)。

(续表)

区 分		2008年	2009年	2010年	2011年	2012年	2013年
处理	决定不处分	2020	3041	3105	2579	2278	2663
	不开庭审理	6801	7377	7338	7905	9209	8065
	移送他法院	332	1234	1840	2536	2441	2179
	移交检察官	152	394	391	621	693	534
	其他	5	—	—	—	—	—
抗告		144	125	158	179	220	203
未决		12608	12825	11979	9816	12649	10349

从表7.7可知,2007年韩国《少年法》修改之后,通过少年保护程序处理的少年人数急剧增加,从2008年一路攀升,2012年达到峰值,为51771名,适用保护处分人数也是2012年最多,为37150名。从整体上观察对虞犯或触法少年适用保护处分的情况,适用保护处分的人数增多,而且合并适用保护处分的情形增多,例如,1、2、3号合并,1、2、4号合并,1、2、5号合并,1、2、3、4号合并或者1、2、3、5号合并适用等。2008年,1、4号合并处分的人数最多,为6259名,其次为委托保护者,即1号处分,处分人数为6214名;2012年,1、2、4号合并处分的人数最多,为6180名,其次1、2号合并处分,处分人数为4518名。2008年至2013年间,通过少年保护程序处理的人数及适用保护处分的人数比起2012年均呈现下降趋势,适用保护处分的人数与2005年持平,这也说明少年刑事程序和少年保护程序处理问题少年,尽可能地采用保护处分,尽量对问题少年适用非羁押刑措施,通过保护处分实现重新回归社会之目的。

综观韩国少年司法制度的改革趋势,我们看到,首先,韩国《少年法》是一部集程序法和实体法于一体、兼具刑法和行政法特质的特别法,区分犯罪少年、虞犯少年和触法少年,并通过双轨制的形式(即少年刑事程序和少年保护程序)有针对性地处遇问题少年。其次,设立了专门组织机构和专门人员处理少年事件,并向少年司法的职业化、专业化和社会化方向发展,例如成立了少年法院、配备专业少年检察官、少年法官等。最后,建构规范化、层级化的保护处分措施。虽然韩国每年的少年事件屡增不减,但是针对不同问题少年的犯罪行为、人身危险性和社会危害性等情况,分类型适用不同的保护处分措施,尽可能减少对问题少年适用羁押或监禁刑措施。

(四)对我国未成年人刑事特别程序改革的启示

基于对韩国少年司法组织模式、保护处分的系统梳理,我们看到,韩国少年司法以"保护为主、刑罚为辅"为原则,通过设立专门法院和完善保护处分系统来处遇涉罪少年。同样,考察美国和德国的未成年人刑事司法改革趋势,美国将当事人主义延伸至未成年人刑事司法领域;德国则以职权主义为契机点,以教育思想为导向,在刑事目的与教育思想之间进行权衡和取舍。这些改革举措,对于当下我国未成年人刑事特别程序完善也有一些启示。

1.坚持"保护为主、惩罚为辅"的司法理念

未成年人刑事特别程序以国家亲权、未成年人福利和恢复性司法作为理论指导,强调国家或政府居于未成年人最高监护人的地位,负有积极保护未成年人的职责,并应当主动履行监护义务;强调以未成年人的最佳利益及最少危害为替代性考量,优先保障未成年人享有的诉讼权利与合法权益;强调以未成年人和被害人为整个刑事特别程序的核心要素,注重对被犯罪行为破坏的社会关系进行修复。① 对此,《刑事诉讼法》第277条规定了"教育、感化、挽救"方针,"教育为主、惩罚为辅"原则,这也体现了"保护为主、惩罚为辅"的司法理念,这要求我们的司法机关对涉罪未成年人应以保护为主,尽可能地将涉罪未成年人以非刑罚、非羁押的方式处遇,避免给其贴上犯罪标签。

近年来,随着未成年人犯罪呈现低龄化、暴力化和网络化等特征,一些人对"保护为主、惩罚为辅"的司法理念提出了质疑,并指出应当加大对涉罪未成年人的惩罚力度,降低未成年人刑事责任年龄

---

① 参见自正法:《互联网时代未成年人刑事特别程序的模式及其改革面向》,载《法制与社会发展》2018年第3期。

等,以有效遏制未成年人的高犯罪率。对此种质疑,我们应当理性对待,一方面,这转嫁了国家或社会责任,回避了现实问题。众所周知,未成年人犯罪根源在于家庭监护、学校教育和国家社会治理出现了问题,由于未成年人智力、身心发育不成熟,对好坏是非没有辨别能力,家庭、学校和社会本该为未成年人创造健康、舒适的成长空间,但我们时常让未成年人接触网吧、酒吧、歌厅、毒品、网络不良信息等,导致其一步一步走向犯罪的深渊。简单地加重刑罚或降低刑事责任年龄,不仅不利于矫正和保护未成年人,而且可能使未成年人交叉感染,被贴上犯罪标签,形成仇恨生活的反社会人格。① 另一方面,"保护为主、惩罚为辅"的司法理念符合国际社会潮流,也契合本土国情。根据《儿童权利宣言》《儿童权利公约》《欧洲人权公约》及《北京规则》等国际公约所确立的未成年人利益最大化原则,我国法律所规定的未成年人刑事责任年龄,符合国际公约的立法初衷,也符合各国和地区关于未成年人刑事责任年龄的起点,例如意大利、德国、日本等国家均规定为14周岁,瑞典、丹麦等北欧国家将其规定为15周岁,极少数国家如法国、加拿大将其分别规定为13周岁和12周岁。此外,我们不能以个别极端化的未成年人恶性事件概全,从而得出12周岁以下未成年人实施犯罪行为的数量急剧增多的结论,这是违背科学严谨的立法精神的。因此,我们要始终坚持以"保护为主、惩罚为辅"的司法理念,并将其贯彻到未成年人刑事司法的立法、司法和执法活动中。

2.组建科学化、专业化的未成年人保护机构

从韩国少年司法组织结构可知,无论是中央组织结构,还是地方的附属机构,都层级分明、定位准确、权责明晰,并配备专业化的司法人员和矫正人员,尽最大可能保障少年回归社会。对于我国未成年人保护机构的专业化之路,首先,各级公安司法机关设立专门办理未成年人刑事案件的机构。以最高人民检察院机构改革为例,增设了未成

---

① 参见宋英辉:《理性看待刑事责任年龄制度》,载《人民日报》2016年11月16日,第18版。

年人检察工作内设机构,即第九检察厅,专门负责未成年人检察工作;各地检察院也纷纷成立了未检处(办),各地法院也相继设立了未成年人审判庭(少年家事庭),这也体现了各级法检机关对于未成年人保护的重视。当然,随着法检系统员额制改革的逐步深入,有些地方检察院、法院对这些举措产生了错误认识,认为涉罪未成年人案件数量不多,将原来已经建立的未检处(办)、未成年人案件审判庭合并甚至予以撤销,使得未成年人案件办理的专业化建设受到很大冲击,这并不符合中央强调的关于未成年人司法保护工作的集约化与专业化。

其次,处遇程序的专业化与精细化。韩国少年司法程序区分刑事程序和保护程序,处遇对象区分犯罪少年、触法少年和虞犯少年,对不同犯罪类型的少年适用不同的保护措施,逐步向少年司法的精细化和专业化迈进。虽然我国《刑事诉讼法》以"专章"形式在特别程序中规定了强制辩护、社会调查、严格限制逮捕、合适成年人参与、分案起诉、附条件不起诉、不公开审理、犯罪记录封存等程序性条款,但过于笼统,落实成效欠佳。例如,侦查阶段的合适成年人参与,法律及司法解释规定了侦查阶段讯问须有合适成年人参与,但是并未规定合适成年人如何遴选,如何参与,不参与讯问的结果如何,以及如何救济等,这些问题均没有进一步细化。因此,我们不仅需要独立于普通程序的特别程序,而且需要将特别程序每一个制度精细化,落实到我们的未成年人刑事司法实践中,让每一项程序落地生根,对不同犯罪未成年人采用不同的处遇措施,尽可能让涉罪未成年人回归社会。

最后,配备专业化与社会化的司法矫正人员。虽有无懈可击的制度,如果没有人落实,或者执行人员没有相应的专业技能,也无法发挥应有效用。在未成年人司法人员和矫正人员专业化之路上,以全面推进员额制改革为背景,我们要适当将员额法官和检察官的数量向未成年人司法矫正人员倾斜,让这些人员有充足的时间从事未成年人犯罪的矫正工作。在任职之前,相关人员应该具有专业素养及多元价值的平衡能力,不仅需要接受专业训练,研习未成年人心理、教育、精神医学、辅导咨询、社会学及亲职教育等专业课程,而且需以未成年人健康发展及身心健全的处遇为学习内容。此外,对从事未成年人矫正工作的司法矫正人员,不能简单地以数量指标进行考核,而要对矫正未成年人回归社会的效率进行全面评估,以避免司法矫正人员为应付考核,严重影响其日常的矫正工作,这样显然是本末倒置。

3.多样化与个别化的保护处分措施

多种类型的保护处分措施之目的在于有效降低未成年人的羁押率,韩国少年司法的最大亮点莫过于多样化的保护处分,2008年以前,对一位问题少年仅适用一至两项的保护处分措施,2008年之后,则可以对一位问题少年适用多项保护处分措施,这样有效地降低了少年的羁押率,并提高了重新回归社会的比例。同样,美国在少年司法多样化处遇方面,为各国提供诸多有益的改革经验,不仅注重针对不同少年的个别化处遇,而且建构了多种类型的处遇措施,例如社区服务、安置辅导、在家监禁等十余种处遇措施,并建立了少年多样化处遇成效的评估体系。

近年来,我国在涉罪未成年人非羁押性措施方面进行了有益探索,尤其在未成年人社区矫正和社会观护方面,以未成年人社会观护为例,社会观护一方面为无法提供保证人且不能交纳保证金的涉罪未成年人提供保证人或保证金,并对其开展观护教育;另一方面对被检察机关作出附条件不起诉的涉罪未成年人进行帮教、技能培训和心理矫治。[①] 调查显示,社会观护在减少审前羁押、促进刑罚宽缓化、帮助复归社会等方面取得良好效果,并促成办案人员观念和认识上的改变。[②] 从1994年上海市长宁区成立第一家未成年人帮教考察基地起,截至目前,北京、杭州、昆明、成都、厦门、无锡等多地试点了社会观护基地。观察多地社会观护基地可知,我国的社会观护处于起步阶段,社会观护存在于法无据、定位不准、权责不明晰等问题,有必要明确社会观护的法

---

① 参见宋英辉等:《未成年人刑事司法改革研究》,北京大学出版社2013年版,第137页。
② 参见宋英辉等:《涉罪未成年人审前非羁押支持体系实证研究》,载《政法论坛》2014年第1期。

律地位,明确自身定位,厘清各自权责,充分发挥帮教的职能。此外,无论是社区矫正还是社会观护,均应该让社工组织充分参与到矫正中,发挥社工组织的专业与技能,帮助涉罪未成年人重新回归社会。

第二节　我国台湾地区"少事法"的演进脉络与改革趋势

我国台湾地区"少事法"自1962年1月31日公布,至2023年6月21日,共经历11次大小修正,其出台与修正过程可谓一波三折,"少事法"立法目的从最初"以罚代教"到今日"以保护代替监禁,以教育代替处罚",即"福利与保护优先"理念。① 现行"少事法"分五章共87条,分别由总则、少年法院之组织、少年保护事件、少年刑事案件及附则构成,所谓少年事件是指在法规中规定的少年触犯刑罚或有触犯刑罚之虞的,应以少年事件过程处理,而不适用一般刑事案件程序。其中,少年界定为12岁以上未满18岁的儿童和少年,如有触犯刑罚法律或有犯罪倾向的虞犯行为者,都为"少事法"处理的对象。可见,从学理上而言,"少事法"是"刑法"和"刑事诉讼法"的特别法,是适用于一般少年的犯罪案件和虞犯事件的处理法,是强制成文法,同时也兼具实体法和程序法的性质。②

一、"少事法"的改革背景与问题意识

近年来,我国台湾地区少年刑事案件仍呈现上升趋势,主要集中于少年违法使用毒品、盗窃、校园性侵害和性骚扰等案件,其中从2008

---

① 笔者将"我国台湾地区'少事法'的演进脉络与改革趋势"单独作为一节进行论述,原因是台湾地区作为我国领土的一部分,同根同源,同脉相连,其推行的少年刑事司法制度,处于先试先行的状态,毫无疑问,对于我国大陆未成年人刑事诉讼程序的改革更有借鉴意义,因此,本书将其单独成节进行详细论述。

② 参见刘作揖:《少年事件处理法》,三民书局2008年版,第3页。

年开始少年毒品案件大幅增加。① "司法院"最新统计数据显示,2014年地方法院裁判刑事案件数为367件,而地方法院新收少儿保护事件数为51970件,比起2012年有所回落,但比2005年增长约42.9%,这说明"少事法"在处理少年刑事案件和保护事件时,虽然秉持着"保护优先"理念并取得了一定成效,但司法实务仍存在问题,例如:少年涉毒案件逐年攀升,少年犯罪诱因的多元与怪异化等。本节采用历史文献回顾方法和实证研究方法,其中,量化研究(Quantitative Research)以历年司法统计数据和实地考察采集的信息为基础,质性研究(Qualitative Research)以立意抽样(Purposive Sampling)方式搜集素材,由笔者选取切合少年司法的主题,并选取能提供丰富信息者接受访谈,约谈当地立法专家、学者、律师、法官及检察官近30人次。进而从历史文献回顾维度探究我国台湾地区"少事法"起草、修法的演进脉络,从实证维度解析"少事法"实施现状与问题,以及"少事法"的最新改革趋势,以期对我国大陆当前少年司法体制改革有所裨益。

二、"少事法"之立法沿革与修法脉络

"少事法"共历经11次修改,修法理念从最初的"以教代罚",到"教罚并重",再到今日之"保护优先",具体可以细分为四个阶段:1955年之前,1955—1971年,1971—1997年,1997年至今。

(一)1955年以前依附于刑事司法体系:以教代罚

我国台湾地区在"少事法"正式实施之前,少年事件相关的法律规范,少年刑罚等实体方面的内容规定于"刑法",而少年案件刑事程序方面的内容则规定于"刑事诉讼法"中。例如,1935年公布施行的《中华民国刑法》第18条规定,"未满十四岁人之行为,不罚。十四岁以上未满十八岁人之行为,得减轻其刑",再依据该法第63条、第86条和第92条,这体现了该法"以教代罚"理念下的感化教育和保护管束。

---

① 参见蔡德辉、杨士隆:《少年犯罪:理论与实务》,五南图书出版公司2013年版,第24页。

依照"刑事诉讼法"审理少年案件时,规定法院应选择法官中性情温和、经验丰富且有犯罪学、教育学、心理学等方面知识的人员进行审理,审理形式应力求简单,不要过于严格。其后,"司法行政部"①公布并修正了审理少年案件应注意的事项,一方面,规定检察官和法官必须考量少年的特殊性;调查上应采取较温和的方式,注重考量少年综合因素;审判时应尽量保护少年、避免其曝光,审判内容必须考虑少年的责任程度,而决定宽减其刑。另一方面,在刑罚执行上,规定对少年犯的行刑机构及措施。例如,"特设少年监狱、增加对少年适当的思想教育等,并树立了少年执行刑罚的基本原则,如隔离监禁、身心调查措施、独居监禁期限等"②。

由以上可知,在"少事法"草案制定及正式实施之前,虽然已经注意到少年事件本质上有别于普通刑事案件,秉持着"以教代罚"理念,但在少年事件处理程序上仍然是依附刑事司法体系,以纠问式审判为主,尚未形成独立少年事件处理程序之雏形。

(二)1955—1971年"少事法"草案的修订:从保护主义到教罚并重

"少事法"草案最初名称为"少年法",1955年由"司法行政院"首次提出,体例上参考当时的日本少年法,而当时日本少年法则是效仿欧美等国的少年司法。"少事法"草案的基本原则是"少年宜教不宜罚",草案内容分六章共90条,由总则、少年法院之组成、少年保护事件、少年刑事案件、释放与保护及附则组成。少年年龄范围则参照南非、加拿大等国的少年法,规定少年最低限制年龄为7岁,以18岁为最高限制年龄。除此之外,"少事法"草案的"少年宜教不宜罚"理念,最集中体现在侦查、审判及帮教程序,主要表现为:

---

① 我国台湾地区"司法院"名称的变迁脉络,呈现了司法与行政由"一体"到逐步"分立",从"司法行政部",到"司法行政院",再到今日"司法院"与"行政院"各自分立,一方面是"司法院"在不同时期的不同称谓,另一方面则表现为司法与行政的分立,各级检察机关隶属于"行政院"下之"法务部",各级法院则隶属于"司法院"。
② 廖慧儒:《少年事件处理程序立法政策之研究——以少年刑事案件处理程序为核心》,中正大学2012年硕士学位论文,第21页。

首先,在询问调查程序中秉持保护先行和全面调查的理念。调查官不仅调查少年事件的真相,更重要的是要全面了解少年的性格、成长环境及保护现状,如少年的品性、身心状况、家庭社会环境、社会经历、教育程度及帮教现状等。对于需要审讯的少年须与成年犯隔离,有羁押必要的,应收容于特别处所。其次,在审理程序中,以保护代替严惩,以保护处遇为原则而以科处刑罚为例外。例如,审判实行不公开,少年事件审判区分少年法院和一般法院,少年法院审理对象以有触犯法令的行为的少年及少年虞犯两者为限。法院对于少年犯不得判处死刑或无期徒刑,更不得向媒体、报纸、杂志或其他出版品揭露被处分少年的姓名、身份、容貌、有关犯罪记录或摄影。最后,在帮教程序中,少年法院配置专门的观护人或少年调查官,帮助少年犯改过自新,重新回归社会。可见,"少事法"草案制定初期采用"少年宜教不宜罚"的立法原则,充满了少年保护主义的色彩,符合当时世界少年法立法的潮流。

然而,草案一经提出,却遭到有关机关的质疑,认为有"鼓励犯罪""破坏社会治安"的嫌疑,其后在"立法院"审议过程中,有关机关基于社会综合情况考量,大幅度修改了"少事法"草案最初的"少年宜教不宜罚"理念,并于1962年进行了第一次大修正,将"少年法"更名为"少年事件处理法",修正的主要内容为七点:(1)将原草案第1条的立法目的删除;(2)将原草案中"保护处分"一词改为"管训处分";(3)将原草案适用该法的少年年龄下限,由7岁提高至12岁;(4)将原草案中单独设置少年法院,一律改为少年法庭附设于普通法院;(5)限制保护管束与感化教育的执行期间;(6)授权执行机关对可否免除保护管束的权限,不必经过法院裁定;(7)增列第78条,即参加妨害公共秩序之不良少年组织,而触犯刑罚法令者,不适用本法减刑的规定。其领导分子,加重其刑。① 其后,"司法行政院"在未公布施行前,发现

---

① 参见陈慈幸、蔡孟凌编著:《少年事件处理法学理与实务》(第2版),元照出版公司2013年版,第21页。

"少事法"若干条文之间存在法律适用上的争议,因此,1967年8月"少事法"又修正了第42条及第64条,将尚未施行的"少事法"过度偏重保护而轻惩罚的立法原则进行了修正,并以教罚并重取代宜教不宜罚的立法原则。由此可见,从1955年制定"少事法"草案,1962年完成立法程序,到1971年正式施行,共历经十六年之久,立法原则也从最初的"宜教不宜罚"演变为"教罚并重"。

(三)1971—1997年"少事法"的施行与修正:从教罚并重到保护优先

"少事法"于1971年7月开始正式施行,后来曾在1976年、1980年和1997年进行了三次修正。自"少事法"正式实施以来,原本希冀"少事法"能给予触法少年特殊保护空间的初衷几乎落空,基本上完全陷入惩罚主义,而非成立"少事法"时所期许的矫治主义。但司法实务部门、立法专家及学者在修法过程中慢慢转变观念,逐步接受国家亲权、儿童福利、修复性司法等先进理念,这些理念在1989年通过的"少年福利法"和"台湾省少年安置办法"中得到体现,也逐渐落实在"少事法"于1976年、1980年和1997年的修正中,其中1997年的第五次修法最为显著。在1976年,"少事法"主要修正的内容为:赋予少年法庭实质上的先议权;增列未满12岁的儿童,触犯刑罚法令时,应适用"少事法"加以处理;将保护管束及感化教育申请免除执行的期限由原来执行一年修改为6个月等。而1980年"少事法"仅修正了儿童管训处分的执行,应参照儿童福利法规定执行,以及"少事法"施行细则订定的权责划分。①

从1993年开始,在关心少年犯罪问题的各界人士的推动下,以少年利益最大化为原则,以保护主义为出发点,展开了长达5年的修法工作。1997年修正施行的"少事法",立法目的从教罚并重回归为草案修订时的保护主义,堪称修法幅度最大的一次,修正法条多达82

---

① 参见赵雍生:《社会变迁下的少年偏差与犯罪》,桂冠图书股份有限公司1997年版,第324—328页。

条,维持原文的仅有 8 条,对 90% 以上的法条进行了修正。修正的主要内容为:(1)"少事法"立法意旨重新确立为"以教育代替处罚,以辅导代替管训";(2)将有预备犯罪或犯罪未遂而法不予处罚的行为,增列为少年虞犯行为;(3)设置少年法院,台北市及高雄市设立少年法院,其他市县视地理环境及案件多寡分别设立少年法院,尚未设立少年法院地区,在地方法院设少年法庭审判;(4)增强少年法庭的专业性,将观护人依功能区分为少年调查官和少年保护官,增设心辅员、心测员和佐理员;(5)增列安置辅导,除原有的训诫、假日生活辅导、保护管束及感化教育处分外,另增加了劳动服务处分及交付安置福利或教育机构辅导等两个处分,使处遇方式多样化;(6)将"少年管训事件"一词修正为"少年保护事件";(7)修正少年法定代理人处于强制亲职教育规定;(8)增列前科记录销毁制度,少年完成保护处分,或刑罚执行后一定时间,法院应通知保存少年前科记录及相关资料的机构将其销毁;(9)增列被害少年的法定代理人有抗告权,而且当少年法院法官所给予的保护处分有不当时,可提起抗告;(10)健全辅佐人制度,规定少年或少年法定代理人或现在保护少年的人,在调查、审理中可随时选任少年辅佐人到庭辅佐;(11)采取保护优先主义,删除第 75 条、第 76 条、第 77 条等与保护少年意旨不符的规定,等等。可见,1997 年大幅度修订"少事法"的时期,又可称为"新法"时期,不仅转变了"少事法"立法意旨,而且从少年事件调查、审判到少年观护机制的执行,都发生了质的变化。

(四)"新法"时期"少事法"的再修正:以保护主义为中心

从 1997 年"少事法"大修正至今,已有二十余年的历程,虽然其间共历经三次正式修正和两次公布修正草案,但基本上参照现行少年司法实践,修订的只是一些偏离保护优先立法初衷的条文。比如,2000 年"少事法"修正的主要内容是:增列安置辅导机构设置及管理办法的法律依据;增列少年不得被强制工作;补列了少年调查官向法官申请核发劝导书或申请留置的规定;修正了少年事件的少年年龄上限,由 18 岁提高至 20 岁,修正了没收及法官管辖的范围等。2002 年"少事法"之第七次修正增列亲职教育的但书规定,对于连续处罚三次以上又不愿意接受亲职教育的,少年法院可裁定公告其姓名。2005年"少事法"之第八次修正的主要内容,即增列证据保全准用"刑事诉讼法"的规定;规定了被害人损害赔偿机制,强化少年事件处理效能;"并扩大少年、少年的法定代理人、保护少年的人或辅佐人提起抗告的范围,包括对少年法院做出少年收容、延长收容或将其交付少年调查官为适当辅导等处置情形"①。可见,这一时期的三次修法,致力于向少年法院专业化发展。

然后,随着少年吸食毒品或麻醉药品等迷幻物品数量的逐年递增,2019年"少事法"修正草案都紧紧围绕"毒品危害防制条例"展开,比如:配合"毒品危害防制条例"规定,修正毒品的相关用语,增列少年经观察、勒戒或强制戒治执行完毕5年后,将涂销少年前科记录及资料。除此之外,修正草案的内容还包括:增列停止执行安置辅导及停止期间转换保护处分的规定,增列询问或讯问前的权利告知事项,限缩不得公示送达的范围,扩大抗告范围,增列执行假日生活辅导或安置辅导所衍生的留置观察的相关规定等,以充分维护少年权益。② 虽然现行"少事法"仍有个别条款还未实施,但其内容却体现了以保护主义为中心,维护少年人性尊严,区分保护案件与刑事案件成为"少事法"的特色,处理程序从最初仅由法官、少年组成,到逐渐纳入少年调查官、少年保护官、辅佐人、被害人等,跳脱了传统纠问式诉讼程序,其目的在于践行优先保护原则。

三、少年事件的现象检视与问题反思:以实证维度考察

根据"少事法"的规定,少年法院审理的少年事件可分为三类:少年触法事件、少年虞犯事件、儿童触法事件,少年虞犯事件和儿童触法事件属于保护事件,其中少年虞犯的行为主要为:经常与有犯罪习性

---

① 林俊宽:《少年事件处理法》,五南图书出版股份有限公司2009年版,第13页。
② 参见陈慈幸、蔡孟凌编著:《少年事件处理法学理与实务》(第2版),元照出版公司2013年版,第23—25页。

的人交往的;经常出入不当场所的;经常逃学或逃家的;参加不良组织的;无正当理由经常携带刀械的;吸食或注射烟毒或麻醉药品以外的迷幻物品的;有预备犯罪或犯罪未遂而为法所不罚的行为,即有可能触犯刑罚法律的。实务运作中,存在的问题主要表现在以下几个方面。

(一) 少年事件发案率仍呈居高不下的态势

自1997年"少事法"施行以来,经过二十多年的努力,在社会治安没有受影响的情况下,犯罪少年从将近2万名降到了9000名左右,少年羁押率也有所下降,但相比2005年,无论是少年刑事案件还是保护事件的发案率,都呈现抬头趋势。在实证方面,量化研究的素材,以"司法院"历年司法统计数据的梳理与归纳为主,辅以实地考察高雄少年法院和明阳中学时搜集和统计的数据信息。而定性材料的采集,以访谈和座谈的内容为主,以少年事件的卷宗为辅,综合分析少年事件的现状与存在的问题。

从表7.8统计数据可知①,从2005年至2015年,我国台湾地区各地方法院无论是少年刑事案件还是保护事件,新收或终结案件数都呈现上升趋势,2005年各地方法院终结的刑事案件为915件,保护事件为40486件,到2012年各地方法院年终结量达到了峰值,少年刑事案件为1194件,上升率约是30.5%,保护事件为58375件,上升率约是44.2%。2015年各地方法院少年及儿童事件终结案件数合计为51064件,虽然比起2012年峰值有所回落,但相较于2005年,终结案件的增长率为30.4%。从历年统计数据可知,少年刑事案件和保护事件仍呈频发态势,虽然2005"少事法"确立了保护优先的立法原则,但是在司法实践中施行的成效并不理想,每年的少年刑事案件和保护事件的发案率仍处于上升趋势,如何尽可能减少少年事件的发生,仍是摆在司

---

① 表中我国台湾地区地方法院审结的少年及儿童"刑事案件"数和"保护事件"数的相加总和不等于"合计"数,这是因为少年刑事案件和保护事件存在交叉重合的情况。其原因主要有两个:一是部分刑事案件,少年表现优异,确有悔改之意,有可能转为保护事件;二是部分保护事件可能未能在本年度内审结而延续至下一年度。

法实务部门面前的棘手问题。

表 7.8　2005—2015 年我国台湾地区各地方法院少年及儿童事件收结件数(件)

年份		刑事案件	保护事件	合计
2005 年	新收	863	40030	38780
	终结	915	40486	39174
2006 年	新收	1002	40959	39572
	终结	980	40679	39318
2007 年	新收	975	41416	40102
	终结	965	41106	39796
2008 年	新收	911	44435	43228
	终结	950	44339	43104
2009 年	新收	879	45308	44169
	终结	854	45357	44238
2010 年	新收	944	45149	43903
	终结	958	44686	43422
2011 年	新收	1109	52960	51526
	终结	1067	52298	50905
2012 年	新收	1202	59322	57810
	终结	1194	58375	56880
2013 年	新收	1231	60386	58813
	终结	1173	50905	59389
2014 年	新收	1198	53559	51970
	终结	1255	53800	52150
2015 年	新收	1066	53185	51689
	终结	1095	52583	51064

(二)少年犯罪成因之特殊化与多样化

近年来,我国台湾地区无论是少年刑事案件还是保护事件,都呈现高发态势,少年犯罪更是在犯罪性质上表现出低龄化、校园化、团伙化、暴力化及犯罪手段成人化等特征。那么,究竟是什么原因引起少年犯罪?传统犯罪学认为,少年犯罪是主体内外多因素相互作用的结果,除自身因素外,还包括社会环境、家庭、学校教育等多因素。其中,社会环境的四个构成要素为:依恋、追寻、参与、信仰;学校因素的四个构成要素为:学业表现、对教育的渴望和期望、对学校活动的参与度及学校相关满意度等。① 然而,何种因素对于少年犯罪起决定性作用?笔者将以我国台湾地区各地方法院少年刑事案件犯罪成因统计样本进行分析。

从表7.9统计数据可知,少年刑事案件犯罪成因与少年自身生理因素、心理因素、家庭因素、学校因素、社会因素及其他因素息息相关。从统计数据横向分析可知,以2005年发生的372件少年刑事案件为例,其中115件少年刑事案件犯罪成因为心理因素,约占少年刑事案件总数的30.9%,有104件少年刑事案件犯罪成因为社会因素,约占到全年案件总数的28.0%。再以2015年的279件少年刑事案件为例,由心理因素引起的少年犯罪为99件,约占35.5%,有83件犯罪成因为社会因素,占到全年案件总数的约29.7%。从统计数据纵向分析可知,从2005年至2014年,因心理因素引起的少年刑事案件占比越来越高,虽然2007年和2008年有所回落,但相比2005年,2014年心理因素的占比约上升16.3%,2015年因心理因素引起的少年刑事案件是2009年以来的最低点,比2014年下降约11.7%,这也说明实务部门开始着手对少年的心理辅导教育,并取得了不错的成效。

从2005年至2015年,社会因素作为少年犯罪成因比重则呈现上升趋势,比2005年上升约1.7%,而因家庭因素引起的少年刑事案件则有所下降。从2015年少年刑事案件罪名统计分布情况可知,排在前三的罪名及案件数量分别为:违反"毒品危害防制条例"129件,约占46.2%;妨害性自主罪45件,约占16.1%;伤害罪37件,约占

---

① 参见〔美〕罗伯特·J.桑普森、〔美〕约翰·H.劳布:《犯罪之形成——人生道路及其转折点》,汪明亮等译,北京大学出版社2006年版,第24—60页。

13.3%。纵观我国台湾地区2005年至2015年的少年刑事案件犯罪成因,由心理因素引起的少年犯罪比重越来越高,而人们认为的少年犯罪成因之最的家庭因素和社会因素,影响比重却有所波动,学校因素则几乎没有。此外,因少年吸食毒品或麻醉药品等迷幻物品而引起的少年刑事案件,几乎占到了全部少年刑事案件的约50%以上。

表7.9 我国台湾地区各地方法院少年刑事案件犯罪成因统计(件)

成因 年份	生理因素	家庭因素	社会因素	学校因素	心理因素	其他因素	合计
2005年	34	84	104	1	115	34	372
2006年	10	48	94	3	144	37	336
2007年	15	61	146	9	133	53	417
2008年	31	40	100	1	92	49	313
2009年	24	41	105	0	118	31	319
2010年	17	42	86	0	117	40	302
2011年	18	53	95	0	154	42	362
2012年	32	54	84	1	169	38	378
2013年	18	57	99	0	174	40	388
2014年	31	62	86	0	193	37	409
2015年	22	47	83	0	99	27	279

(三)少年事件处理程序相关配套措施之局限性

少年事件处理程序中,能否真正落实"少事法"保护优先的立法目的,配套措施的完善程度起着决定性作用。笔者采用半结构式深度访谈作为找寻和解决问题的重要方法,访谈对象包括"司法院"少家厅负责人、立法专家、少院法官、检察官、律师及学者,共近30人次,笔者在访谈之前,预先拟定访谈大纲,以避免访谈过程中出现方向偏差。访谈大纲则主要围绕少年事件处理程序配套措施的施行现状拟订而成,如关于少年法院(法庭)人财物现状,少年处遇和观护的成效,少年事件处理的秘密性与羁押率问题,以及"司法院"第 664 号解释对于虞犯少年的处理是否合适等。访谈由笔者亲自实施,与每位受访对象的访谈时间约 1.5 小时,针对访谈所得的定性资料,经受访者同意全程加以录音,从访谈中萃取出具有特殊意涵的内容予以归纳和分类后组成的质性资料可知,少年事件处理程序相关配套措施的局限性主要表现在:

其一,司法资源与少年矫正设施的缺乏。现阶段,我国台湾地区整体的少年司法人员数量与经费存在明显不足,虽然每年的少年事件涉案人数仍在上升,但由于少年犯罪与处分总量一直维持在较低水平,在这种情况下,地方法院最多能分配到百分之五的司法人员与预算经费。据统计,一位少年每年在少年监狱服刑需花费人民币 1 万元,在辅育院需花费人民币 3 万元,而矫正学校每年则需花费人民币 10 万元,如此高额的矫正费用却不知从何预支。以访谈台北地方法院少年及家事法庭(以下简称"少家庭")朱法官为例,朱法官谈道:"除高雄少年及家事法院拥有较充足的人力及资源外,一般的地方少年法庭都是得不到重视或是人数最少的庭,本院少家庭仅有 3 名少年法官,10 名少年调查官和少年保护官,每位法官手上的案子积压到几乎需要每周周末都要加班。甚至在一些员额编制比较少的地方法院,由刑事庭处理少年事件,不具备专业性,这使得少年权利不受重视,存在边缘化倾向。"对于紧缺的司法资源解决路径,"少事法"立法专家李茂生教授谈道:"2010 年 11 月我国台湾地区颁行'少年及家事法院组织法',其目的是解决人员和资源紧缺,试图通过少年事件与家事事件的整合,以成立与地方法院同等级的少年及家事法院来解决人员和经费短缺的问题,但在传统以刑民为重心的法院组织体系下,少年司法资源被挤压的现象仍无法消解,同时,将来有可能对少年事件调查、审判形成外部(地方同级法院)与内部(家事事件)双重挤压的现象。"可见,少年事件司法资源的紧缺,使得少年事件调审程序、少年观护及矫正学校的建构都受到了一定程度的限制。

其二,少年事件处遇类型单一,有些趋向于变向羁押。"少事法"

规定的处遇类型按照判决时间前中后期进行分类,分为三个阶段,即判决前处遇、判决后处遇及中间处遇。根据"少事法"第 26 条规定,判决前处遇种类为责付或是安置收容,根据"少事法"第 42 条的规定,保护处分分为训诫、保护管束、安置辅导以及感化教育四种。还有另外一种为中间类型,根据"少事法"第 44 条规定,即实验观察。从处遇类型而言,除责付和训诫之外,都在一定程度上限制了少年人身自由,而且每阶段的处遇种类呈现出单一化倾向。以访谈对"司法院"第 664 号解释的内容的认识为例,大法官认为:"对于经常逃学逃家的虞犯少年所执行的感化教育,不应该限制其人身自由,否则不符合比例原则及保障少年人格权的意旨。"对此,当访谈台北地方法院检察署黄检察官时,他认为:"解释理由是正当的,如对经常逃学逃家的虞犯少年限制人身自由,则为变向羁押,不利于少年学习或社会化目的。"然而,当访谈到学者时,却有持相反观点者,并指出:"'少事法'作为司法内部的福利体系,而大法官直接将少年事件中的感化教育与监禁刑画上等号,其本质是以社会防卫的立场作出解释,忽略了'少事法'特殊福利的本质。"可见,对于该问题,立法专家、大法官、检察官与学者各持己见。笔者赞成大法官的观点,对于经常逃学逃家的虞犯少年限制其人身自由,属于变向羁押。

其三,缺乏科学的少年处遇风险评估机制。所谓少年处遇风险评估机制,是指在决定适用处遇处分时,通过对少年虞犯及其触法行为、行为危险性及家庭社会环境等综合因素进行考虑和评估,按照风险的高低决定适用何种处遇措施及采用何种帮教机制。少年法院对少年事件具有先议权,其程序称为受理,通过对高雄少年法院司法运作的考察及其法官的访谈可知,少年法官对犯罪少年或虞犯少年采取何种处遇措施,主要依据的是少年调查官的调查内容,而有的处遇措施是限制少年人身自由的处分,如感化教育,因此法官需谨慎适用处遇措施。其中,少年调查官调查的主要内容为:少年与事件相关行为、少年个人的品行、经历、身心状况、家庭情形、社会环境、教育程度及其他必要事项。可见,少年法官采取何种处遇措施及帮教效果如何,主要依据的是调查报告,少年司法实务中很少或几乎没有处遇风险评估机制。因此,亟须建立合理和科学化的少年处遇风险评估机制,通过对少年行为危险性评估,对家庭、学校、社会环境影响因素评估,以及采取相应处遇措施保障支撑条件等综合因素的评估,形成对风险因素的量化与控制,规范少年法官的自由裁量权,减少对问题少年的不当处遇。

四、"少事法"之新理念、新趋势与新启发

随着"少事法"的不断修改与完善,我国台湾地区少年司法发展呈现出一些新的理念,并着力于新的改革方向,这些改革举措致力于将我国台湾地区少年司法向福利化、专业化和社会化发展,并为我国大陆的未成年人刑事诉讼程序改革提供新的源泉。

(一)后现代少年福利与保护主义新思潮

"少事法"基础理念的发展脉络,经历了传统犯罪学,到近代犯罪学,再到后现代犯罪学的逻辑演进。也有学者将其发展细分为刑事或福利原型,到刑事与福利的整合模型,再到教育刑法模型,最后到调解与创伤修复模型①,从而奠定了少年法院运动以来所建立的后现代少年福利与保护主义新思潮。

传统犯罪学的目的是寻求少年犯罪的根源,在发现犯罪原因与犯罪行为间的连接点后,就可以对少年犯罪科处刑罚,用威吓或教育方式,将犯罪诱因从少年身上去除,通过多次重复相似的矫治之后,希望可以将犯罪从社会中完全消除。"传统犯罪学可以概略分为三大流派,即犯罪生物学理论、犯罪心理学理论以及犯罪社会学理论。"其代表性人物分别为龙勃罗梭(Cesare Lombroso)、弗洛伊德(Sigmund Freud)和拉柯沙尼(J. A. E. Lacassagne)。传统犯罪学注重对实证统计结果的分析,从实证主义视角寻找少年犯罪成因,这种方式的产物便是医疗模式,即针对个别少年犯罪的生理、心理以及社会状况作出

---

① 参见施慧玲:《少年非行防治对策之新福利法制观——以责任取向的少年发展权为中心》,载《中正法学集刊》1998年第1期。

分析，并加以辅导和治疗。跨入近代犯罪学之后，人们放弃了对于犯罪成因的探寻，而是将重心放置在如何预防犯罪上，其理论包括理性选择理论（Rational Choice Theory）、社会控制理论（Social Control Theory）以及日常生活理论（Daily Life Theory）。① 其中，代表性人物分别为科尔曼（Coleman）、雷克利斯（Walter C. Reckless）和赫希，以及阿格妮丝·赫勒（Agnes Heller）。近代犯罪学考量的核心为社会秩序的维护，而不在于社会价值的整合，因此以无害隔离的方式处遇少年也是被允许的，但这种处遇模式是否符合少年法院的精神，不免令人深思。

20世纪80年代后，随着刑罚在少年犯罪控制中的功能越来越有限，完全打击犯罪理念也逐渐被人们所摒弃，这个时期被称为后现代犯罪学时期，其特征是：人们不再探讨少年犯罪中原因与结果的线性结构，而倾向于讨论少年犯罪本身，甚至法律在社会中的意义。这一时期虽然没有产生巨型的理论，究其原因可能是"混沌理论"②从自然科学慢慢被引进社会科学之中③，但这一时期深受涂尔干理论和米歇尔·福柯（Michel Foucault）思想的影响。涂尔干虽不是后现代学者，但他的刑罚学说首先探讨了刑罚在社会中的意义④，影响了许多后现代的法学家和社会学家，也为少年多样化处遇在"少事法"意义上作了最好的诠释。而福柯所提到的新自由主义，一方面，在福利国家社会中经济原理占据着主导地位，如人力资本理论；另一方面，取代了规训主体，由市场原理对个人进行规训。⑤ 由福柯描述可知，少年多样化处遇作为规训手段的一环，是社会治理的手段之一。

---

① 参见廖经晟：《少年多样化处遇之研究——以美国法为中心》，台湾大学2011年硕士学位论文，第98—108页。
② 〔美〕詹姆斯·葛雷易克：《混沌——不测风云的背后》，林和译，天下文化出版股份有限公司1991年版，第30—67页。
③ 参见李茂生：《新少年事件处理法的立法基本策略——后现代法秩序序说》，载《台湾大学法学论丛》1999年第2期。
④ 参见〔美〕大卫·葛兰：《惩罚与现代化社会》，刘宗为、黄煜文译，商周文化2006年版，第73—116页。
⑤ 参见〔法〕米歇尔·福柯：《规训与惩罚：监狱的诞生》，刘北成、杨远婴译，桂冠图书股份有限公司1992年版，第135—227页。

1997年"少事法"的修正深受后现代犯罪学的影响,以教育代替处罚,以辅导代替管训的精神,形成后现代少年福利与保护主义新思潮,集中体现了国家亲权、儿童福利及修复性司法的理念。首先,以国家亲权理念为核心。"少事法"中的国家亲权理念强调康复,赋予法官很大的自由裁量权,依少年最大利益进行处遇。在此理念下,政策面到实务面都积极介入少年教保事宜,致力于将少年形塑成有责任的公民。① 其次,以少年发展权为中心的保障。"少事法"加强少年福利处遇功能,建立了观护制度,强化亲职功能,借由福利机构的积极介入与协助,提升父母或其他亲权对少年的特殊保护。采用社会工作专业的技巧与方法,维护少年的相关权益。② 最后,修复被非行少年破坏的社会关系。③ 通过协商、和解、调解、讨论、赔偿、赔礼道歉等替代性方式,修复少年与被害人及社区间的关系。

(二)少年司法的专业化之路

从实证数据分析可见,少年犯罪仍呈现上升趋势,少年犯罪成因也越来越倾向于以心理问题为主的多样化因素。如何处遇这些问题少年?少年司法专业化路径是处遇问题少年的必由之路。少年司法的专业化有利于实现对非行少年的权利保护、教育矫治、多样化处遇、预防再犯,以及对帮助其重新回归社会具有重要意义。1997年修正的"少事法",以保护优先为原则,以少年司法专业化为方向,开启了少年法院司法人员的专业化帮教之路,具体表现在以下几个方面。

其一,设置专业的少年事件处理机构,即少年法院。1997年"少事法"规定设置少年法院,尚未设少年法院的地区,在地方法院设少年法庭。以1999年9月成立的高雄少年法院为例,其主要业务是审判业务、调查保护业务及行政业务,从高雄少年法院的业务及改革动向

---

① See Ralph A. Weisheit & Diane M. Alexander, "Juvenile Justice Philosophy and the Demise of Parens Patriae", Federal Probation, Vol. 52, Iss. 4, 1988, pp. 56-63.
② 参见郭静晃:《儿童福利》,扬智文化事业股份有限公司2013年版,第8—52页。
③ See John W. Raine, "Shifting Power Dependencies in Criminal Justice: The Dual State of Centre and Locality in England and Wales", Criminal Law Review, Iss. 6, 2014, pp. 399-415.

而言,即是以教育、辅导、协助及保护等方式,来达到矫治非行少年,保障少年健全成长的目的。与普通法院相比,高雄少年法院已跳脱单纯司法审判的角色,而兼具社会性、教育性、保护性及福利性的特质。而且,2010年颁行的"少年及家事法院组织法",其目的在于成立与地方法院同等级的少年及家事法院,来解决少年司法人员经费短缺的问题[①],使少年司法更具福利性与专业性。

其二,配置了专业化少年司法保护人员,即少年法官、少年调查官、少年保护官、观护人、心理测试员、心理辅导员及公设辅佐人等。这些少年司法保护人员在各自岗位上履行着自己的职责,例如,少年法院采用专业就任制度,法官应具有专业素养及多元价值的平衡能力[②],在任职之前,不仅需接受"司法院"举办的少年法官的专业训练,研习少年心理、教育、精神医学、辅导咨询、社会学及亲职教育等专业课程,而且需以少年健康发展及身心健全的处遇为学习内容。[③] 少年调查官的职责包括:调查、归集关于少年保护事件的资料,对少年进行观护以及处理其他法律规定的事务。少年保护官则主要负责少年法院作出的保护裁定的执行工作。此外,少年法院也设置心理测试员和心理辅导员,随同少年调查官和少年保护官执行少年审前调查及保护处分等工作。从实证统计数据可见,2015年因心理因素引起的少年犯罪约占全部少年刑事案件的35.5%,心理测试员和心理辅导员可应用心理学方面之专长,对少年心理问题进行深入矫正和治疗,以修复少年的心理问题。

其三,少年事件调查及审理程序的专业化。在调查程序中,少年法院经由报告、移送、请求或签分程序收受案件后,依据少年事件的性质将其分为少调、虞调、儿调,分案后少年调查官随即进行全面及不公开的审前调查。例如,少年调查官认为少年需到现场接受调查时,可

---

① 参见姜世明:《家事事件法论》,元照出版公司2014年版,第67—154页。
② 参见苏永钦:《寻找共和国》,元照出版公司2008年版,第395—400页。
③ 参见林俊益:《刑事诉讼法概论》(上),新学林出版股份有限公司2005年版,第47—48页。

采取传唤、同行、协寻等措施，使少年及监督人同时到场。① 可见，审前调查是决定少年进入司法体系或转向福利体系的前置程序，是少年进入司法系统的过滤程序。在审理程序中，少年法官采用独任制、不公开、圆桌式的协商审理程序，由少年法官、少年调查官、少年的法定监护人、少年辅佐人及少年本人共同参与，以少年调查官审判调查报告的处遇意见为基础，为少年寻求最有利及最具保护性的处遇方法。

(三) 多元主体的个别化与多样化处遇方式

由实证数据分析可知，少年司法面临的重大问题便是司法系统跟行政机关和社工组织等没有建立良好的合作关系，仅是司法一家单打独斗，而且少年处遇措施呈现单一化倾向，使得非行少年帮教效果不明显。在少年司法中，司法系统与行政机关、社工组织不能形成相互配合的根本原因，在于错误的犯罪惩罚理念和紧缺的司法资源。针对非行少年处遇难的司法困境，如何才能使少年司法发挥福利性与优先保护的功效？多元主体的个别化与多样化的处遇方式，是解决少年处遇难的帕累托最优效应，也为我国大陆少年司法整体改革提供了地方试点的经验，其具体表现为以下两个方面。

一方面，多元主体间的互相配合、互相监督、分工负责。由司法系统与行政机关、社工组织等其他机构一起协作，共同对非行少年实施矫正，以助其重新回归社会。我们知道，对于非行少年的处遇与矫正，不仅需要基础的家庭关护和学校教育，而且需要心理辅导、职业技能、社会阅历等各方面的培训，这就需多元主体之间的相互配合与分工。笔者在访谈时，问及实务部门专家学者当前少年处遇措施的改革前沿，有诸多论者提出了"同心圆结构"，即以处于危机状态的少年为中心轴，以行政机关作为矫助的主导机构，以少年法院法官组作为监督机关。首先强调与少年接触最亲密的监护人和教育机构的矫助责任，当第一层的援助机制无法发挥功效时，则由司法机关、行政机关以及社工组织所组成的第二阶层矫助机制，分工负责、相互配合，共同发

---

① 参见林钰雄：《刑事诉讼法》（上册），元照出版公司 2013 年版，第 235 页。

挥其帮教与矫正的功效,利用"同心圆结构"的创新机制,切断源于被害人、新媒体及其他社会大众的舆论压力,以保障少年健康、自主成长的空间。

另一方面,构建个别化与多样化的处遇措施。当前"少事法"的少年处遇措施包括:训诫、转介处分、假日生活辅导、保护管束、劳动服务、安置辅导、实验观察及感化教育等。与少年法官访谈可知,各阶段的处遇仍显得比较单一,没有针对性,而且有些处遇措施倾向于变向羁押。美国在少年司法多样化处遇方面,为各国及地区提供诸多有益的改革经验,不仅注重针对不同少年的个别化处遇,而且建构了多种类型的处遇措施,例如"安置辅导(Placement Counseling)、社区服务(Community Service)、在家监禁(House Arrest)、电子监控(Electronic Monitoring)、训练营(Boot Camp)、野营队(Ranches and Forestry Camps)、少年学校(State School)、少年避难所(Youth Shelters)、拘留中心(Detention Center)、诊断设施(Diagnostic Facilities)、安定设施(Stabilization Facilities)等十余种处遇措施,并建立了少年多样化处遇成效的评估体系。"[①]而高雄明阳中学、台北诚正中学是参照少年矫正学校的改革的成功典范,为问题少年多样化处遇提供了改革范本。当然,这种个别化与多样化的处遇仍是建立在国家亲权、未成年人福利和修复性司法理念之上,不管是由行政机关介入行使保护教育,或是协助少年早日修复与社会的联结,司法与行政机关都在少年处遇过程中扮演着举足轻重的角色,少年事件的发生不仅只是少年本身的责任,为少年提供成长环境的家庭、学校乃至整个社会和国家,都有责任为少年建构和提供个别化及多样化的处遇环境。

---

① Rolando v. del Carmen and Chad R. Trulson, Juvenile Justice: the System, Process, and Law, Thomson Learning, 2006, pp. 303-349.

第三节　降低未成年人刑事责任年龄的审思

在人权全球化的今天,随着未成年人犯罪率的逐年攀升,未成年犯罪人的人权受到越来越广泛的关注,刑事责任年龄作为未成年人人权的重要组成部分,其设置是否合理、合法,事关未成年人的人权保障。近年来,各媒体频繁报道的未成年人实施各种暴行的新闻受到社会的广泛关注,如初中生为报复网管人员而蓄意放火烧毁网吧;中小学生组成犯罪集团实施入室盗窃;校园低龄未成年人强奸女学生等。这些触目惊心的案件使人们开始担忧如何才能解决未成年人犯罪问题,同时也对我国刑法有关最低刑事责任年龄的规定产生了质疑。

如有学者认为:"对于低龄未成年人犯罪予以一定限度的严厉惩罚,从某种程度上讲胜过和颜悦色的说服教育,因此,降低刑事责任年龄有利于教育改造和挽救有罪错行为的未成年人"[1];有学者认为:"由于社会环境的变化,一些低龄未成年人具备了实施犯罪的行为能力和心智水平,然而我国刑事立法的滞后性却使得这些犯罪得不到相应的惩罚,因此有必要对刑事责任年龄的划分标准作出适当的调整"[2]。但与此同时,仍有相当一部分学者主张应保持现行刑法规定的标准不变,认为降低刑事责任年龄并非解决未成年人犯罪的万全之策,有学者认为:"惩罚不是目的,教育才是根本,降低刑事责任年龄并无助于减少未成年人刑事犯罪的发生,而应当改变思路,从刑事后果的角度、教育的角度去进行思考。"[3]也有学者认为:"当今生活水平提高,将未成年人发育提前作为要求降低刑事责任年龄的理由是行不通

---

[1] 钟俊、林晓梅:《论犯罪低龄化与刑事责任年龄制度改革》,载《山西青年管理干部学院学报》2009年第2期。

[2] 薛晖、李冰心:《关于我国刑事责任年龄标准的立法反思》,载《黑河学刊》2013年第9期。

[3] 蔡奇轩:《我国未成年人刑事责任年龄最低线之设置》,载《法学杂志》2018年第11期。

的,在当代社会,未成年人进入成人社会的年龄因为受教育年限的延长、结婚年龄的推迟、经济独立的推迟,未成年人进入成人社会的年龄即社会意义上的成年年龄实际是在推后而非提前。"①回顾以往实务部门法官、检察官以及学者的研究可发现,各界对于未成年人刑事责任年龄的观点不一、争执不断。

一、实证样本分析

是否需要降低我国最低刑事责任年龄标准?如何避免未成年人走向犯罪的深渊?如何践行保障未成年人人权的职责?这些问题始终萦绕在人们心间。笔者针对是否降低未成年人最低刑事责任年龄的问题展开了实证研究,在调查问卷设计前期,通过文献回顾、专家咨询、学者论证及访谈座谈等方式,对设计的问卷效度和信度进行了检验,并验证问卷的可信度和有效度均为可靠。问卷发放分别针对公检法机关办案人员、监察委与司法局工作人员、律师群体和社会大众。共发放问卷1550份,回收问卷1250份,问卷回收率为80.6%,无效问卷240份,最终录入有效问卷1010份,有效问卷占全部发放问卷量的65.2%。表7.10对样本的性别、职业、年龄、文化程度及收入等基本情况进行了描述性统计,数据显示:1010个有效样本中,男女比例基本持平,男性样本占比约45.3%,女性样本占比约54.7%;从样本职业分布看,从事法律相关职业的样本数为584份(57.8%),其中公检法机关办案人员样本数423份(其中警察59名、检察人员94名、法官270名)、监察委与司法局工作人员样本数77份(其中监察委工作人员49名、司法局工作人员28名)、律师群体样本数84份,社会大众(包括在校学生、公务员、公证员和普通民众)的样本数426份(42.2%);从样本年龄来看,有效样本的年龄段集中在20~40岁,占比达到83.4%;有效样本的文化程度集中在本科(55.6%)与研究生(37.2%)学历,专科及以下学历样本数仅72份。调查

---

① 姚建龙:《防治学生欺凌的中国路径:对近期治理校园欺凌政策之评析》,载《中国青年社会科学》2017第1期。

问卷在15个省、自治区、直辖市发放,样本来源也包括偏远的少数民族聚居区,例如,西藏山南市乃东区、四川凉山彝族自治州、云南红河哈尼族彝族自治州等,这样的样本采集,旨在使样本具有真实性和可靠性,能直观地向我们展示社会各界对未成年人刑事责任年龄标准的肯定或质疑。本书在《未成年人保护法》《预防未成年人犯罪法》修改背景下,首先梳理域外国家和地区以及我国大陆未成年人刑事责任年龄的演进逻辑,其次探讨未成年人刑事责任年龄的争论,最后提出反对降低未成年人刑事责任年龄的理由,并试图找寻有效降低未成年人犯罪率的路径,从实体和程序双维度保障未成年人的司法人权。

表 7.10 调查问卷受访者基本情况的描述性统计

		样本群体				总计
		公检法办案人员	监察委与司法局工作人员	律师群体	社会大众	
性别	男	206份(20.4%)	59份(5.8%)	51份(5.1%)	142份(14.0%)	458份(45.3%)
	女	217份(21.5%)	18份(1.8%)	33份(3.3%)	284份(28.1%)	552份(54.7%)
年龄	20岁以下	0份(0.0%)	0份(0.0%)	1份(0.1%)	45份(4.5%)	46份(4.6%)
	20—30岁	188份(18.6%)	23份(2.3%)	46份(4.5%)	334份(33.0%)	590份(58.4%)
	30—40岁	145份(14.4%)	46份(4.6%)	28份(2.7%)	34份(3.3%)	253份(25.0%)
	40—50岁	60份(5.9%)	6份(0.6%)	9份(0.9%)	7份(0.7%)	82份(8.1%)
	50岁以上	30份(3.0%)	2份(0.2%)	1份(0.1%)	6份(0.6%)	39份(3.9%)
文化程度	研究生	78份(7.7%)	16份(1.6%)	43份(4.2%)	239份(23.7%)	376份(37.2%)
	本科	303份(30.0%)	58份(5.7%)	40份(4.0%)	161份(15.9%)	562份(55.6%)
	大专及以下	42份(4.2%)	3份(0.3%)	1份(0.1%)	26份(2.6%)	72份(7.2%)

(续表)

		样本群体				总计
		公检法办案人员	监察委与司法局工作人员	律师群体	社会大众	
收入	2万—5万元	78份(7.7%)	16份(1.6%)	43份(4.3%)	239份(23.6%)	376份(37.2%)
	5万—10万元	303份(30.00)	58份(5.7%)	40份(4.0%)	161份(15.9%)	562份(55.6%)
	10万—15万元	40份(4.0%)	2份(0.2%)	1份(0.1%)	17份(1.7%)	60份(6.0%)
	15万元以上	2份(0.2%)	1份(0.1%)	0份(0.0%)	8份(0.8%)	11份(1.1%)
	无	0份(0.0%)	0份(0.0%)	0份(0.0%)	1份(0.1%)	1份(0.1%)
总计		423份(41.9%)	77份(7.6%)	84份(8.3%)	426份(42.2%)	1010份(100%)

二、有关未成年人刑事责任年龄的演进逻辑

刑事责任年龄是指行为人对其所实施的危害社会的行为承担刑事责任所必须达到的年龄。① 从横向看,也许不同国家和地区的经济政治发展有所差异,但是"恤幼"的思想却一直未变,在刑事司法制度中则主要体现为对未成年人刑事责任年龄的相关规定。从纵向看,域外国家和地区的社会经济在不断发展,但是未成年人最低刑事责任年龄的标准却并没有因此下降,目前大多数国家和地区仍将14岁作为未成年人承担刑事责任的年龄下限标准,践行着保障未成年人人权的历史使命。

（一）我国古代未成年人刑事责任年龄的演进

我国关于刑事责任年龄的规定古已有之,早在《周礼·秋官·司刺》中就规定了"三赦"制度,即:"壹赦曰幼弱,再赦曰老旄,三赦曰蠢

---

① 参见刘艳红:《转化型抢劫罪主体条件的实质解释——以相对刑事责任年龄人的刑事责任为视角》,载《法商研究》2008年第1期。

愚"。此为我国古代刑法中最早出现的有关未成年人刑事责任年龄的规定。根据资料记载,年龄未满15岁的为"幼",身高不满六尺的为"弱",对于二者,并未有不同阶段程度的区分,皆赦罪。这种不加区分一概而论的做法,虽然有其局限性,但仍反映了我国古代刑法"恤幼"的传统。

在战国时期,《法经》规定:"罪人年十五以下,罪高三减,罪卑一减,年六十以上,小罪情减,大罪理减。"①即15岁以下的人,犯重罪减三等,犯轻罪减一等;60岁以上的人,犯大罪小罪都应酌情减免。可见,《法经》将15岁作为最低刑事责任年龄标准,对未满15岁的人,结合犯罪情节进行减免。

秦朝以身高来确定刑事责任年龄,秦简《法律答问》载:"甲小未盈六尺,有马一匹自牧之,今马为人败,食人稼一石,问当论不当?不当论及偿稼。"又:"甲盗牛,盗牛时高六尺,系一岁,复丈,高六尺七寸,问甲何论?当完城旦。"又《仓律》规定:"隶臣、城旦高不盈六尺五寸,隶妾、舂高不盈六尺二寸,皆为小。"可见,男六尺五寸,女六尺二寸为成年人,达到此身高者开始负刑事责任,否则不负刑事责任。汉袭秦制,但是存在些许不同。《汉书·惠帝纪》中规定:"民年七十以上,若不满十岁,有罪当刑者,皆完之。"②可看出,汉代是直接规定了刑事责任年龄的上限和下限,相比秦朝以身高来划分的标准,显得更为科学和合理。

唐朝是我国封建法律制度发展的全盛时期,对于未成年人保护的规定也更为周全细致。《唐律疏议·名律例》规定:"诸年七十以上、十五以下及废疾,犯流罪以下,收赎(犯加役流、反逆缘坐流、会赦犹流者,不用此律;至配所,免居作)。八十以上、十岁以下及笃疾,犯反、逆、杀人应死者,上请;盗及伤人者,亦收赎(有官爵者,各从除、免、当、赎法),余皆勿论。九十以上、七岁以下,虽有死罪,不加刑(缘坐应配

---

① 周密:《中国刑法史纲》,北京大学出版社1998年版,第173页。
② 车佐贤:《从出土简牍看秦汉法律制度的继承和发展》,载《甘肃社会科学》2002年第3期。

没者不用此律);即有人教令,坐其教令者;若有赃应备,受赃者备之。"① 可见,《唐律》不仅明确规定了刑事责任年龄,而且还对不同年龄阶段可减免的刑事责任进行了划分。《唐律》作为封建法律制度顶峰的代表,其有关未成年人刑事责任年龄的规定合乎法理与情理,随后的宋、元、明、清多为沿用。

(二) 中华人民共和国成立后未成年人刑事责任年龄的演变

在中华人民共和国成立后,我国颁布了一系列文件来规定刑事责任年龄,最低刑事责任年龄随着当时不稳定的社会环境而往复变化。1950年《中华人民共和国刑法大纲草案》第11条规定"不满十四周岁者,不处罚",以此明确了以14岁为最低刑事责任年龄。但是,在1951年12月5日,中央法制委员会《关于对中南军政委员会对未成年人被匪特利用放火投毒是否处罚的批复》中指出:"……对已满十二岁者,如犯杀人罪、重伤罪、惯窃罪以及其他公共危险性的犯罪,则可由法院认定,如法院认为有处罚之必要者,得酌情予以处罚,并得对其家长或监护人予以警告。"② 随后1954年《中华人民共和国刑法指导原则草案》(初稿)也再次确认了以12周岁为最低刑事责任年龄。③ 1957年《刑法草案(第22稿)》将最低刑事责任年龄改为13岁,1963年《刑法草案(第33稿)》将不负刑事责任的年龄提升为14岁。1979年颁布的《刑法》正式将最低刑事责任年龄确定为14岁,并且同时规定了"已满十六岁的人犯罪,应当负刑事责任。已满十四岁不满十六岁的人,犯杀人、重伤、抢劫、放火、惯窃或者其他严重破坏社会秩序罪,应当负刑事责任……"在这个时期,我国未成年人刑事责任年龄从14周岁降到12周岁,又重新回到14周岁。

在1979年《刑法》之后,我国的最低刑事责任年龄长期稳定在

---

① (唐)长孙无忌等撰:《唐律疏议》,中国政法大学出版社2013年版,第81—85页。
② 高铭暄、赵秉志编:《新中国刑法立法文献资料总览》(第2版),中国人民公安大学出版社2015年版,第120页。
③ 李育兵:《浅议最低刑事责任年龄是否应该降低》,载《预防青少年犯罪研究》2016年第4期。

14周岁,2017年修正的《刑法》规定:"已满十六周岁的人犯罪,应当负刑事责任。已满十四周岁不满十六周岁的人,犯故意杀人、故意伤害致人重伤或者死亡、强奸、抢劫、贩卖毒品、放火、爆炸、投毒罪的,应当负刑事责任……因不满十六周岁不予刑事处罚的,责令他的家长或者监护人加以管教;在必要的时候,也可以由政府收容教养。"到了2020年,《刑法修正案(十一)》才规定,"已满十二周岁不满十四周岁的人,犯故意杀人、故意伤害罪,致人死亡或者以特别残忍手段致人重伤造成严重残疾,情节恶劣,经最高人民检察院核准追诉的,应当负刑事责任"。可见,我国对于刑事责任年龄的划分采取"三分制",通过区分完全不负刑事责任年龄、相对负刑事责任年龄和完全负刑事责任年龄来确定行为人是否承担刑事责任,该划分方法在侧重于教育保护未成年人的同时,也有利于预防因过度保护而纵容未成年人犯罪的问题发生,符合"教育为主、惩罚为辅"的原则。

(三)国际社会与各国未成年人刑事责任年龄的划分

1985年通过的《北京规则》规定:在承认未成年人负刑事责任的年龄这一概念的法律制度中,该年龄的起点不应规定得太低;2004年通过的《国内法和国际法下的未成年人刑事责任决议》则建议将成年人刑事司法制度应适用的最低年龄规定为14周岁。

纵观世界各国的规定,大多数国家也将最低未成年人刑事责任年龄确定为14岁,如德国、日本、意大利等国家均规定为14周岁;甚至有些国家还将最低未成年人刑事责任年龄设置得更高,如丹麦、芬兰、冰岛、挪威、瑞典刑法将其规定为15岁,西班牙、葡萄牙刑法规定为16岁,比利时、卢森堡刑法规定为18岁等。①

---

① 参见林维:《未成年人刑事责任年龄及其制裁的新理念——〈国内法和国际法下的未成年人刑事责任决议〉解读》,载《中国青年政治学院学报》2005年第2期。

三、未成年人刑事责任年龄的争论

随着校园暴力及各种未成年人犯罪的事件被频频报道,人们对我国最低刑事责任年龄的规定产生越来越多的争议,目前主要存在降低论、不变论和弹性论三种观点。

(一)基于调查问卷反馈的未成年人刑事责任年龄的认知

在调查问卷中,曾向受访者提问是否知道当前我国《刑法》规定的未成年人承担刑事责任的年龄,因受访者绝大多数为受过法学教育或从事法律相关职业或关心未成年人成长的人士,因此受访者均知晓这一年龄划分。根据此次调查问卷的统计数据分析(见图7.3),有大于三分之二(67.0%)的受访者表示赞同降低未成年人刑事责任的年龄,仅近三分之一(28.0%)的受访者表示不赞同。通过对不同样本群体和不同年龄的交叉分析可以发现,不同样本群体和收入的受访者在是否同意降低未成年人刑事责任年龄的问题上存在较大的波动,因此笔者希望通过拟合多变量逻辑回归模型对该问题反映的分布规律进行进一步探索。

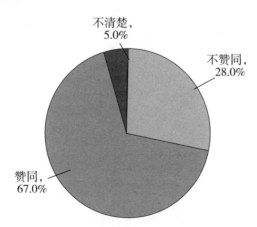

图 7.3 是否同意降低未成年人刑事责任年龄

LR 检验及 V 系数显示,样本群体(LR=35.21***)、年龄(LR=

25.39^*)、教育程度($LR=14.53^*$)和收入水平($LR=2.70^{***}$)是可能影响受访者态度的主要因素。① 通过对这四个变量进行多变量逻辑回归分析可以发现,经过十二次迭代,模型统计显著(0.00)。在模型中可以看到,律师群体、教育程度为本科以及收入水平为10万—15万元这几个特征将会影响受访者的选择。具体来说,律师群体选择"不赞同"的概率是选择"赞同"的概率的42.8%(*),教育程度为本科的受访者选择"不赞同"的概率是选择"赞同"概率的49.4%(*),而收入水平为10万—15万元的受访者选择"不赞同"的概率是选择"赞同"的267.9%(**)。也就是说,律师和教育程度为本科的人更有可能同意降低未成年人刑事责任年龄,而收入在10万—15万元的人更有可能不赞成降低未成年人刑事责任年龄。

由此可见,在当下认为应当降低最低刑事责任年龄的民众还是占较大比重,但是刑法作为社会最后一道防线,应保持其谦抑的特点,仅仅因为对未成年人犯罪的聚焦而呼吁降低刑事责任年龄,未免太过粗暴草率,也不利于从根本上解决问题。进一步探究赞同降低未成年人刑事责任的原因,总的来看,86.8%赞同降低未成年人刑事责任年龄的受访者(以下简称"赞同受访者")认为,现在未成年人生理和心理发育、成熟得较早,因此有必要降低未成年人的刑事责任年龄。另外有63.5%的赞同受访者认为未成年人暴力犯罪频发是他们选择赞同的理由。46.6%的赞同受访者认为加大惩罚力度能够有效降低未成年人犯罪率,40.1%的赞同受访者表示我国未成年人刑事责任年龄(14周岁)普遍低于其他国家。

---

① LR(likelihood ratio)是似然比检验,是反映真实性的一种指标,属于同时反映灵敏度和特异度的复合指标,其中 * 表示统计显著性检验中显著性水平 $α=0.05$,** 表示显著性水平 $α=0.01$,*** 表示显著性水平 $α=0.001$,从 * 到 *** 依次代表数据显著性水平的提高。具体来说,* 表示数据观察到差异的概率为5%,** 表示观察到差异的概率为1%,*** 表示观察到差异的概率仅为0.1%,一般来说,*、** 和 *** 都表示数据有较高的可信度。

表 7.11　赞同降低未成年人刑事责任年龄的关联性因素的交叉分析

选项	整体	不同样本群体			
		公检法办案人员	监察委与司法局工作人员	律师群体	社会大众
未成年人生理和心理发育、成熟较早	86.8%	34.2%	30.3%	37.2%	37.8%
我国刑事责任年龄普遍比其他国家低	40.1%	18.2%	17.4%	18.9%	14.4%
未成年人暴力犯罪频发	63.5%	26.1%	24.2%	21.3%	27.7%
加大惩罚力度,能够有效降低未成年人犯罪	46.6%	20.4%	24.2%	18.3%	17.5%
其他	5.6%	1.1%	3.9%	4.3%	2.6%

从表 7.11 可知,不同样本群体受访者赞同降低未成年人刑事责任年龄的理由分布与数据的总体分布差异不大,按照响应人数占比从高到低看,"未成年人生理和心理发育、成熟较早""未成年人暴力犯罪频发""加大惩罚力度,能够有效降低未成年人犯罪"和"我国刑事责任年龄普遍比其他国家低"依次成为受访者赞同降低未成年人刑事责任年龄的理由。与其他样本群体受访者相比,公检法机关办案人员中有 26.1% 的人认为未成年人暴力犯罪频发,因此需要降低未成年人刑事责任的年龄,该比例较监察委与司法局工作人员群体及律师群体更高;监察委与司法局工作人员认为"加大惩罚力度,能够有效降低未成年人犯罪"的比例较高,占比达 24.2%;律师群体认为"未成年人生理和心理发育、成熟较早"的比例较高,占比达 37.2%;而社会大众认为"未成年人生理和心理发育、成熟较早"以及"未成年人暴力犯罪频发"的比例都较高,占比分别为 37.8% 和 27.7%。这也再次印证了不同样本群体与赞同受访者的关系不大,而赞同的原因主要集中于"未成年人生理和心理发育、成熟较早""未成年人暴力犯罪频发""加大惩罚力度,能够有效降低未成年人犯罪率"和"我国刑事责任年龄普遍比其他国家低"等。

(二)降低论的主要论据

司法实务人员多持降低论,由于实际接触案件的时间较长,这类司法人员有较直观的感受。经总结,他们的观点主要集中为以下几点:

其一,降低刑事责任年龄符合当下未成年人发展现状。1979年《刑法》制定时,正是物质匮乏、经济动荡的年代,未成年人身心成熟得较晚,14岁的入罪年龄符合当时未成年人的成长特点。但如今,随着我国经济的发展、人民生活水平的显著提高、九年义务教育的普及以及网络资源的共享,未成年人出现普遍早熟的现象。据专家初步测算,当代人的发育比20年前至少提前了一年①,这样的观点也与问卷所呈现的"未成年人生理和心理发育、成熟较早"相吻合。随着《民法典》将无民事行为能力人的年龄从10周岁降至8周岁,《治安管理处罚法》已经将行政拘留的执行年龄最低线从16周岁降低至14周岁。因此,《刑法修正案(十一)》将刑事责任年龄有条件地降低至12周岁,不仅适应当代未成年人早熟的发展趋势,贯彻了司法的整体性和统一性,同时符合我国当代国情的需要。

其二,未成年人犯罪现象频发。近年来,被报道的未成年人犯罪事件屡见不鲜,一些调查数据显示,未成年人犯罪率正在呈上升趋势。从实地访谈、座谈可知,这些人认为,若一味地要求加强对未成年人的保护,继续沿用14岁的年龄规定,将存在纵容未成年人犯罪的倾向,使未成年人认识到低龄是其犯罪的保护伞,而为所欲为地实施犯罪活动,并不能解决未成年人犯罪的问题。同时,过度地强调对犯罪未成年人利益的关注,也不利于保障被害人权益。部分未成年人使用与成年人犯罪暴力程度相当的手段来实施犯罪,造成了严重侵害被害人人身、财产安全的后果,但由于犯罪主体年龄尚小,只能从轻减轻甚至免除其刑事责任,被害人受到的损失得不到相对等的弥补,长此以往,将使人们对法律失去信心,不利于社会的稳定与和谐。因此,降低

---

① 参见刘强等:《关于降低刑事责任年龄的探析》,载《科技信息》2008年第1期。

刑事责任年龄刻不容缓,用刑罚来规制未成年人的犯罪违法行为,才更有利于解决犯罪低龄化的问题,实现惩罚犯罪和保障人权的最大平衡。

其三,相关未成年人非刑罚处罚措施的适用并无实效。我国《刑法》第 17 条第 5 款规定:"因不满十六周岁不予刑事处罚的,责令其父母或者其他监护人加以管教;在必要的时候,依法进行专门矫治教育。"许多时候,未成年人犯罪原本就和家长的教育疏忽、错误引导有关系,在处罚时还要求家长或监护人来加以管教,无非缘木求鱼;并且,收容教养的执行场所在劳教制度被废除后,基本已经不复存在了。现状是大部分省份基本不再适用收容教养措施,少数仍在适用收容教养措施的省份,也在适用程序及执行场所等方面遭到了"合法性"的严重质疑。①

此外,根据《预防未成年人犯罪法》第 43 条的规定②,其并未明确应当送工读学校的强制性具体条件,而是采用"可以"一词,并且只能由父母或者监护人及所在学校提出申请,经批准后才能适用。由于大多数父母碍于工读学校标签的负面影响及其特殊的有关人身自由的限制措施,在实践中,能够送去工读学校接受矫治的未成年人少之又少。可见,相关法律规定的非刑罚处罚措施并不能有效解决未成年人犯罪的问题,只有通过实施真正的刑罚干预措施,才能起到威慑未成年人犯罪的作用,遏制低龄犯罪现象的发生。

(三)不变论的主要论据

持不应降低最低刑事责任年龄观点的大部分是学者,他们认为应当继续保持 14 周岁不变。主要观点如下:

其一,降低最低刑事责任年龄不能从根本上解决问题。由于未成

---

① 参见张寒玉、王英:《应对未成年人犯罪低龄化问题之制度建构与完善》,载《青少年犯罪问题》2016 年第 1 期。

② 《预防未成年人犯罪法》第 43 条规定:"对有严重不良行为的未成年人,未成年人的父母或者其他监护人、所在学校无力管教或者管教无效的,可以向教育行政部门提出申请,经专门教育指导委员会评估同意后,由教育行政部门决定送入专门学校接受专门教育。"

年人心智脆弱,极易受到各种不良因素的影响而产生犯罪冲动,未成年人独有的成长特点决定了其与成年人犯罪存在着根本区别,低龄未成年人犯罪多半是基于认识和控制能力的缺失,以及冲动和猎奇的心理。而导致这一切的更深层次的原因,往往是家庭、学校、社会环境所带来的日积月累的影响,更多属于一种社会性的问题,想要单纯依靠刑罚来解决,并不可行。由于未成年人心智稚嫩,一方面易受到各类因素的干扰,但另一方面又极具可塑性,因此对待未成年人,引导、感化和教育才是最佳选择,单纯地用刑罚打压并不能起到遏制的作用,反而会因为刑罚措施带来的"标签效应"导致未成年人"人格异化",从而提高再犯率。

其二,我国现行《刑法》规定的刑事责任年龄即是以辨认和控制能力为主、以刑事政策为辅而设定的。① 不可否认,世界上存在部分未成年人心智比同龄人成熟得更早,不同的地区、不同的家庭以及从小到大不同的生长环境,都会导致未成年人的控制能力和辨认能力在彼此之间存在差异,这就不可避免地出现部分不满14周岁的低龄儿童具有较高的辨认和控制能力,但却由于年龄未达到硬性要求而不承担刑事责任的情况。《刑法》无法去考量个体之间存在的细微差别,而为每个未成年人制定适用于自己的刑事责任年龄标准,只能根据社会发展的实际情况、未成年人的平均身心水平并结合保护未成年人的刑事政策来确定一个最低的刑事责任年龄。因此,在这种情况下,就会出现:某犯罪未成年人即使具有一定的辨认控制能力,但国家为保护未成年人的成长,也会以年龄小为根据而不处罚的情形。② 若仅仅以此为理由要求降低最低刑事责任年龄,则有以个案来混淆刑法制定依据的嫌疑。

其三,有关未成年人犯罪率的统计数据不具有支撑性。有学者认为,由于未成年人触法案例被频繁报道而引起的公众呼吁降低最低刑

---

① 参见蔡奇轩:《我国未成年人刑事责任年龄最低线之设置》,载《法学杂志》2018年第11期。
② 参见张明楷:《刑法格言的展开》,北京大学出版社2013年版,第343页。

事责任年龄的现象,实则是属于一种"孕妇效应",即因关注度的集中而会夸大某种现象的心理反应。① 然而,未成年人犯罪率是否升高仍缺乏相关的实证考察,偶尔得出的一些数据分析,也缺乏长期的追踪调研。最高人民检察院未成年人检察工作办公室副主任史卫忠认为,针对一系列校园暴力事件的防治,我国是否需要调整刑事责任年龄下限,必须经过大量的实务论证推导和理论研究的双向互动。② 因此,缺乏实证考察的数据不应成为要求降低最低刑事责任年龄的理由,立法的制定与修改都应立足于实际情况,否则只能是闭门造车,更不利于问题的解决。

(四)弹性论的主要论据

有部分学者既不赞同降低最低刑事责任年龄,又不赞同保持现有刑法规定不变,而是认为刚性地规定最低刑事责任年龄本身与刑事责任能力的客观变化规律相违背,具有先天的制度缺陷;且刚性最低刑事责任年龄可能无法有效应对拟制年龄与事实年龄之间的偏差,因此具有潜在的制度风险。③ 这部分学者提出我国应逐步构建弹性最低刑事责任年龄制度,先降低最低未成年人刑事责任年龄,引入具体的情节标准,调整司法人员固有的要按照法律规定的年龄来定罪量刑的思维,将法律规定与法官自身通过情节考察而拥有的自由裁量权相结合,逐步锻炼法官依据案件情节和自由裁量来确定行为人是否具有辨认和控制自己行为的能力,最终达到完全取消最低刑事责任年龄的效果。

也有学者提出,我们可以借鉴英美国家的有益经验,制定属于我国的"恶意补足年龄"规则:降低《刑法》第 17 条第 2 款规定的八类重

---

① 参见姚建龙:《防治学生欺凌的中国路径:对近期治理校园欺凌政策之评析》,载《中国青年社会科学》2017 年第 1 期。
② 参见杨凤临、张淑玲:《校园暴力连年上升 最高检:降低刑责年龄需论证》,载环球网,https://society.huanqiu.com/article/9CaKrnJWhbc,访问时间 2023 年 7 月 5 日。
③ 参见张拓:《最低刑事责任年龄弹性化之提倡》,载《青少年犯罪问题》2017 年第 2 期。

罪的年龄下限,在降低的年龄区间内,未成年人仍应被推定为无刑事责任能力人,但检察机关若是能通过全面综合地收集相关证据来证明该未成年人具有"恶意",即其已充分认识到自己行为的错误性与可谴责性并具有相应的希望或放任的意志因素,则该未成年人应承担相应的刑事责任。①

四、反对降低未成年人刑事责任年龄的缘由

有关最低刑事责任年龄的争论愈演愈烈,在吸纳各方观点的同时我们自身也应保持理性思考,不要盲目从流。对于是否降低未成年人刑事责任年龄的问题,笔者认为,在当下不宜降低未成年人刑事责任年龄,这既符合中国特色社会主义人权理论体系的要求,又符合善治未成年人犯罪的现实需求。

(一)问卷所呈现的反对降低刑事责任年龄的关联性因素

根据表7.12,在不赞同降低未成年人刑事责任年龄的受访者(以下简称"不赞同受访者")中,从总体上看,80.8%的不赞同受访者认为,降低未成年人刑事责任年龄将不利于未成年人矫正与教育,66.6%的不赞同受访者认为降低未成年人刑事责任年龄违背了"保护为主、惩罚为辅"的司法理念,53.7%的不赞同受访者认为这容易引起标签和染缸效应。另外,有32.8%和32.1%的不赞同受访者认为降低未成年人刑事责任年龄违反国家亲权理念,且违背国际社会潮流与本土国情。

进一步解构不同样本群体之间的交叉分析表,由表7.12可知,选择不赞同降低未成年人刑事责任年龄的理由在各样本群体间存在较大的差异。公检法办案人员和监察委与司法局工作人员认为降低未成年人刑事责任年龄违反国家亲权理念的占比分别为12.9%和11.7%,律师群体中仅有3.2%的受访者以该理由反对降低未成年人刑事责任年龄,而30.9%的社会大众选择这一理由。各样本群体受访

---

① 参见郭大磊:《未成年人犯罪低龄化问题之应对——以"恶意补足年龄"规则为借鉴》,载《青年研究》2016年第6期。

者认为降低未成年人刑事责任年龄违背"保护为主、惩罚为辅"司法理念的占比在 23.7% 到 28.6% 之间,各样本群体间的想法差异不大。监察委与司法局工作人员以及律师群体中有近 24.0% 的受访者认为降低未成年人刑事责任年龄容易引起标签效应和染缸效应,而在公检法办案人员及社会大众群体中选择该理由的占比小于 20.0%。监察委与司法局工作人员认为降低未成年人刑事责任年龄不利于未成年人矫正与教育以及违背国际社会潮流与本土国情的比例低于其他三个样本群体,占比分别为 23.8% 和 4.8%。分别有 29.2%、32.6% 和 31.5% 的公检法办案人员、律师群体以及社会大众认为降低未成年人刑事责任年龄不利于未成年人矫正与教育;13.4% 的公检法机关办案人员、10.9% 的律师群体以及 11.4% 的社会大众认为降低未成年人刑事责任年龄违背国际社会潮流与本土国情。

这也与实地访谈警察、检察官、法官、执业律师和社会大众时获取到的观点形成了相互印证①,虽然不同样本群体之间对于降低未成年人刑事责任年龄的理由有所差异,但基本赞同降低未成年人刑事责任年龄违反国家亲权理念,违背"保护为主、惩罚为辅"的司法理念,违背国际社会潮流与本土国情,而且容易引起标签和染缸效应,不利于未成年人矫正与教育等,具体原因在下文详细阐释和解析。

表 7.12 不赞同降低未成年人刑事责任年龄认知的交叉分析

选项	整体	不同样本群体			
		公检法办案人员	监察委与司法局工作人员	律师群体	社会大众
违反国家亲权理念	32.8%	12.9%	11.7%	3.2%	30.9%
违反保护为主、惩罚为辅的司法理念	66.6%	23.7%	28.6%	26.1%	24.5%

---

① 该材料为 2019 年 3 月 27 日笔者对多位法官、检察官、职业律师所做的实地访谈,编号为 IN1901X,在文本中以夹注的形式标注:"IN" 代表访谈,"19" 指访谈年份为 2019 年,"01" 是受访谈的警察、检察官、法官、执业律师或社会大众编号,"X" 指访谈地为多个地方。

(续表)

选项	整体	不同样本群体			
		公检法办案人员	监察委与司法局工作人员	律师群体	社会大众
容易引起标签和染缸效应	53.7%	18.6%	23.8%	23.9%	19.8%
不利于未成年人矫正与教育	80.8%	29.2%	23.8%	32.6%	31.5%
违背国际社会潮流与本土国情	32.1%	13.4%	4.8%	10.9%	11.4%
其他	5.6%	2.3%	1.6%	0	0.8%

(二)降低刑事责任年龄并非解决问题的根本路径

降低最低刑事责任年龄意味着扩大犯罪圈,将更多的低龄未成年人吸纳进承担刑罚的主体范围中。然而,单纯地对涉罪未成年人进行刑事处罚并不能从根本上解决低龄犯罪问题。贝卡里亚认为:"刑罚的目的既不是要摧残折磨一个感知者,也不是要消除业已犯下的罪行,刑罚的目的仅仅在于,阻止罪犯再重新侵害公民,并规诫其他人不要重蹈覆辙。"① 一般来说,由于成年人具备了比较成熟的认知能力,能够认识到自己将要受到的刑事处罚的严厉程度与自己已犯下罪行的严重程度是成一定比例的。因此,对于成年人犯罪,可以对行为人实施相应的刑事处罚,使其惧怕刑罚,慑于刑法权威而放弃再犯,从而实现刑罚之真正目的。但是14周岁以下的未成年人,其认知能力和辨认能力并不成熟,根本无法理解刑罚的目的和意义,对其实施刑事处罚,很难从根本上消除再犯的可能性,甚至还有可能激起未成年人的逆反心理,加深其对社会和法律的不满,导致犯罪率的升高。

并且,刑罚给未成年犯罪人带来标签效应和染缸效应的负面影响同样不容忽视,这也与问卷显示的统计数据形成了相互印证。美国马

---

① 〔意〕贝卡里亚:《论犯罪与刑罚》,黄风译,北京大学出版社2014年版,第36页。

文·沃尔夫冈教授在20世纪70年代做过一次经典的实证调查:对9945名费城籍未成年人进行长达10年的跟踪调查,占调查对象6.0%的未成年人被捕次数为5次以上,而该6.0%的未成年人所犯的杀人、强奸、伤害、抢劫等重罪在所有犯罪中占比高达51.9%。① 在刑罚执行完毕后,未成年犯罪人本该是一个"自由人",一个回归社会的"正常人"。但是在现实中,"犯罪标签"使未成年人一直背负着沉重的犯罪负担,得不到社会各阶层的认可,无法以正常的"社会人"身份和公民的法律地位重新生活,在这种情况下,有些犯罪人甚至还会选择重新犯罪来改变这种消极状态。因此,过早的刑罚干预和刑事打压,容易引起标签和染缸效应,一方面不利于从根本上解决未成年人犯罪的问题;另一方面可能使轻微犯罪的未成年人慢慢演变为职业犯罪人,从而严重影响其矫正罪错与回归社会。

(三)降低刑事责任年龄背离未成年人利益最大化理念

1989年联合国大会通过的《儿童权利公约》第3条正式确定了未成年人最佳利益原则;在1992年,我国正式加入了国际《儿童权利公约》,这成为我国未成年人人权保护发展中的一个里程碑。未成年人利益最大化理念正是脱胎于儿童最佳利益原则,相比起国际规则中"儿童"范围认定的广泛性,该理念更强调对未成年人的保护,且二者内涵也多有重合。由于未成年人心智不成熟,缺乏辨认能力,其三观还未完全成形,在此情况下的未成年人极易受到来自社会各方的诱惑,若不在此阶段加强预防,及时地对未成年人进行心理疏通,为其指明道路,等到危害结果发生时再施以刑罚,则为时晚矣。单纯的刑罚并不能从根本上解决未成年人犯罪的问题,对于被判处刑责的未成年人难以彻底实现去标签化和再社会化,长此以往并不符合保障未成年人利益的理念。

未成年人利益最大化理念倡导对待未成年人,教育和保护必须优

---

① 参见张寒玉、王英:《应对未成年人犯罪低龄化问题之制度建构与完善》,载《青少年犯罪问题》2016年第1期。

先于刑罚;而且当家庭教育和保护缺位时,国家或政府应当以第一监护人的角色承担教育和保护的责任。要从根本上解决未成年人犯罪的问题,应将关注点置于犯罪前的预防及犯罪后的社会教化这两个环节,诚如贝卡里亚所言:"预防犯罪比惩罚犯罪更高明,这乃是一切优秀立法的主要目的。"①一般来说,犯罪都是有征兆的,如果在这个阶段及时地对未成年人进行行为矫治和心理疏导,将会大大减少犯罪概率。中国司法实践中的相关数据表明,未成年人犯的主要群体为辍学、无业的未成年人,这些人文化素质偏低,法治观念淡薄,且大部分未成年人在实施犯罪前多有不良行为或不良嗜好,如吸烟、逃学旷课、打架斗殴、和社会不良未成年人频繁接触等。因此,未成年人犯罪预防工作应着重在家庭、学校展开,父母应加强对孩子的教育,多沟通多交流;学校应加强对学生的管理,平等对待"差生"和"优等生",在学生出现不良行为时要及时进行管教和心理疏通。同时,未成年人犯罪后的社会教化及帮助也必不可少,相关部门在做好帮助教育工作的同时,更要注意鼓励机制的建立。

对于未成年人犯罪,不能只狭隘地考虑社会利益,同时应最大限度地兼顾未成年人利益。未成年人的犯罪动机往往比较简单,其目的单一、随意性强,较少有预谋,没有经过事前的周密考虑和精心策划,常常是受到某种因素诱发和刺激或因一时的感情冲动而突然犯罪②,其主观恶性不大,相比于刑罚,教育和改造对其往往会有更好的效果,若是一味强调扩大犯罪圈,只会适得其反,这样既违背"保护为主、惩罚为辅"的司法理念,又违反了国家亲权理念。

(四)降低未成年人刑事责任年龄有推卸责任之嫌

在未成年人犯罪的案件中,未成年人不仅是危害者,往往同时也是受侵害者。由于未成年人免疫力差,极容易受到社会不良风气的影

---

① 〔意〕贝卡里亚:《论犯罪与刑罚》,黄风译,北京大学出版社2014年版,第115页。
② 参见石艳芳:《青少年犯罪何以频发:我国青少年犯罪原因新探》,载《青少年犯罪问题》2014年第1期。

响导致人格异化,从而实施违法犯罪行为。① 特拉维斯·赫希提出了著名的社会控制理论,认为社会上的任何人都是潜在的犯罪人,但是个人与社会的联系可以阻止个人进行违反社会准则的越轨与犯罪行为,当社会与个人的联系越紧密时,个人越不容易犯罪,反之,则易犯罪。② 在未成年人的成长过程中,与家庭、学校、社会的联系格外紧密,排除未成年人自身的好奇心理和冲动情绪,犯罪的原因归根结底都和与这三者的联系受到削弱有关。

首先,未成年人犯罪与家庭监护之间的关系。赫希认为,未成年人年如果与父母的感情联系受到削弱,其犯罪的可能性就增加,若与父母的联系加强,其犯罪的可能性就会降低。③ 父母是孩子的第一任老师、第一监护人,与孩子的联系最为直接深刻,在引导未成年人建立正确认知的过程中,父母扮演着极其重要的角色。若是父母与孩子的情感联系被削弱,则会使孩子减少对家庭的依赖感,其在生活中遭遇的困难无法得到及时的倾诉,感情得不到宣泄,久而久之,将产生严重的心理问题,甚至走上犯罪的道路。

其次,未成年人犯罪与学校教育之间的关系。赫希也认为,学校与未成年人犯罪的联系不取决于"社会阶级",主要取决于未成年人对学校的依赖程度和学习程度,即缺乏学习能力的学生和学习成绩差的学生更可能实施犯罪。④ 学校不仅仅能让未成年人获取知识,同时也能在一定程度上弥补未成年人在家庭成长中所缺失的教育和关爱。但是由于实践中教育资源的匮乏,以及部分老师职业操守的缺失,经常忽视对一些学习能力较差的学生的培养教导,对于青春期中的叛逆

---

① 参见张寒玉、王英:《应对未成年人犯罪低龄化问题之制度建构与完善》,载《青少年犯罪问题》2016年第1期。
② 参见〔美〕特拉维斯·赫希:《少年犯罪原因探讨》,吴宗宪等译,中国国际广播出版社1997年版,第2页。
③ 参见〔美〕特拉维斯·赫希:《少年犯罪原因探讨》,吴宗宪等译,中国国际广播出版社1997年版,第3页。
④ 参见〔美〕特拉维斯·赫希:《少年犯罪原因探讨》,吴宗宪等译,中国国际广播出版社1997年版,第7页。

未成年人，也并未给予及时的心理疏通，或是放任自流，或是简单粗暴地采取打骂的方式，这些都易导致未成年人对学校产生恐惧厌恶心理，不愿上学，若是此时被校外不良风气所感染，则更易走上犯罪的道路。

最后，未成年人犯罪与社会环境之间的关系。未成年人与社会的联系，则主要体现在过早结束学校生活和较迟获得职业的未成年人，即准就业人员和过早辍学的未成年人上。这类人脱离了校园生活迈入了社会，从身份上看已经属于"社会人"，和成年人无异，但是其心理上仍属于未成年人，这种矛盾的心理落差更容易导致未成年人犯罪。"读完中学后不能立即就业的未成年人，最有可能涉足犯罪，因为其同时失去了学校和社会的依赖，甚至有些未成年人也同时失去了对家庭的依赖。"①

未成年人还处于人生起步阶段，对周围的一切具有强烈的好奇心，但由于自身免疫力差，心智发育未完全，若不加以正确引导，极易走上犯罪的道路。对于未成年人犯罪，其原因更多地在于家庭监护的缺失，校园教育的不合理，以及社会各种不良因素的影响等。单纯地通过降低刑事责任年龄使未成年人承担刑责，只是将社会、家庭、学校所应承担的责任转移到了未成年人身上，既不符合罪责刑相适应的原则，也不利于从根本上解决未成年人犯罪问题。

五、有效降低未成年人犯罪率的路径选择

通过上述的阐释我们了解到降低最低刑事责任年龄并非万全之策，要想从根本上解决未成年人犯罪问题，更好地实现保障未成年人人权之目的，就要以中国特色社会主义人权理论体系为指引，既承认人权是人类的共同理想和价值准则，是人之为人不可剥夺的权利，又

---

① 参见〔美〕特拉维斯·赫希：《少年犯罪原因探讨》，吴宗宪等译，中国国际广播出版社1997年版，第7页。

需要通过国内的立法、行政和司法机制予以落实①,坚持国家亲权和未成年人福利理念,采取多种处遇措施,健全非羁押性措施体系等,以实现有效降低未成年人犯罪率之目的。

(一)秉持国家亲权和未成年人福利的司法理念

国家亲权和未成年人福利是未成年人刑事司法制度中两个重要的理念,是各国及地区未成年人刑事司法制度建立与发展的奠基石。②"国家亲权"一词源于拉丁文,是指国家对未成年人和其他法律上无行为能力的人享有一般的监护权。③ 在中世纪时期,英国大法官法庭首先开始运用国家亲权理论作为干预未成年人的合理化根据,但是运用的最初目的并非维护未成年人的利益,而是巩固君主的统治;随后在1839年的克劳斯案中,美国宾夕法尼亚州高级法院首次将国家亲权理论作为未成年人庇护所等矫正机构干预未成年人的合法化依据,至此,以未成年人为本位,强调保障未成年人利益的国家亲权理念内涵才真正凸显出来。④

在我国现行法律规定中,囿于传统"亲权"观念属民法范畴,故国家亲权的内涵更多体现在民法的内容上,如《民法典》所规定的监护制度。然而在英美法系未成年人司法制度发达的国家,其未成年人保护立法并不仅限于民事方面,而是通过民事、刑事、行政等领域的结合共同构成了独立的未成年人司法体系。我国目前的立法和实践在这方面仍存在的欠缺,将成为我国推进未成年人司法改革进程中的最大障碍。因此,在未成年人保护的各领域中都应当落实国家亲权理念,使国家发挥其作用和功能。具体来说:首先,国家应加强立法工作,完善

---

① 参见广州大学人权理论研究课题组、李步云:《中国特色社会主义人权理论体系论纲》,载《法学研究》2015年第2期。

② 参见自正法:《互联网时代未成年人刑事特别程序的模式及其改革面向》,载《法制与社会发展》2018年第3期。

③ See Henry Campbell Black, Black's Law Dictionary, 6th ed., West Publishing Company, 1990, pp. 1114.

④ 参见姚建龙:《国家亲权理论与少年司法——以美国少年司法为中心的研究》,载《法学杂志》2008年第3期。

《未成年人保护法》,将散落于各大法律法规以及司法解释中有关未成年人的法律集中整合出来,同时囊括目前未成年人亟须的新兴保护领域,制定出全面综合的未成年人刑事司法制度;其次,将这些理念落实到未成年人刑事诉讼程序的每一个环节,从公安机关的立案到最后的执行阶段,都应设有专门负责未成年人案件的部门,同时加强各程序之间的衔接性;最后,当未成年人的监护缺位时,国家或政府作为未成年人的"第一监护人",保护其所有的"财产",这也是国家亲权的核心内涵。

而未成年人福利理念强调对关涉未成年人生命、自由、身心发展和权利保护等一系列内容的总结概括,是对国家和社会提出的一项要求,旨在实现未成年人利益最大化目标。[①] 在我国有关未成年人保护的立法中,对于该理念也有颇多体现,例如 2018 年《刑事诉讼法》第 277 条规定"教育为主、惩罚为辅"的原则;《未成年人保护法》第 4 条规定:"保护未成年人,应当坚持最有利于未成年人的原则。处理涉及未成年人事项,应当符合下列要求:(一)给予未成年人特殊、优先保护;(二)尊重未成年人人格尊严;(三)保护未成年人隐私权和个人信息;(四)适应未成年人身心健康发展的规律和特点;(五)听取未成年人的意见;(六)保护与教育相结合。"可惜的是,该理念仍多见于纲领性规定,对于具体实施环节的落实仍存在欠缺,因此,要真正实现未成年人利益最大化目标,还应做到在刑事诉讼整个流程中都切实保障未成年人的各项基本诉讼权利,同时完善侦查阶段的程序性制裁,遏制侦查机关的程序性违法行为[②],以避免由于福利权利缺失而对未成年人造成的侵害。

除此之外,未成年人福利理念还应该应用于对违法涉罪未成年人的司法处遇上,提供多样化的司法处遇是保护未成年人的重要途径;建立未成年人司法服务供求信息共享平台,保持司法服务供求信息的

---

① 参见王贞会:《儿童福利理念与我国未成年人司法制度》,载《人民法治》2016 年第 2 期。
② 参见自正法:《未成年人刑事案件侦查中的程序性制裁及其路径选择》,载《理论探索》2018 年第 1 期。

畅通;建立跨机构、跨区域协作及资源连接机制,以便提高服务的有效性;提高未成年人司法社会支持的专业化程度,将未成年人司法保护与司法社工工作密切结合起来①,以真正保障未成年人福利性权利。

(二)对未成年人不良行为和触法行为采取区分处遇

未成年人不良行为和触法行为由于产生的原因、造成的社会影响不同,应当区别对待。但是我国目前却只区分了未成年人犯罪行为和不良行为,对于触法行为并未进行界定和规制。《刑法》第17条和第49条规定了未成年人犯罪问题,该行为面临的司法处遇是刑罚的适用。其余涉案未成年人的行为可统统归为不良行为,主要由《预防未成年人犯罪法》第28条和第38条所规定,包括严重违背社会公德的一般不良行为和具有严重社会危害性但尚不够刑事处罚的严重不良行为两类,现有的干预措施主要为收容教养、工读教育等,但由于措施单一且可操作性低,在实践中往往效果甚微。并且由于一般不良行为和严重不良行为概念区分模糊,在现实中常常出现重复处遇或是遗漏处遇的情形。

对待未成年人,应当强调教育优先于刑罚,保护未成年人成长,但同时又要做到"宽容而不纵容",建立一套非刑罚的干预措施来对未成年人进行管教。多数国家或地区对于未成年人的"罪错行为"都建立了不同层级的司法处遇制度。例如,我国台湾地区和日本对犯罪未成年人、触法未成年人、虞犯未成年人皆规定了不同的保护处分,以此达到非刑罚干预目的。笔者认为,我国可借鉴域外相关未成年人处遇制度,将需要由司法干预的未成年人行为规定为犯罪行为、触法行为和不良行为三种类型。

首先,对于具有犯罪行为的未成年人,应当依据《刑法》的相关规定处遇,直接对未成年人施以刑罚。当未成年人行为触犯刑法相关规范时,说明未成年人自身具有较严重的人身危险性和社会危害性,理应以相应的刑罚进行惩罚,尤其是严重的暴力犯罪行为。其次,对未

---

① 参见宋志军:《论未成年人刑事司法的社会支持体系》,载《法律科学(西北政法大学学报)》2016年第5期。

成年人触法行为的处遇,当群体实施了触法行为但因未达刑事责任年龄或者治安处罚年龄而不予处罚时,可以建立一套以不同的犯罪年龄、犯罪动机、人身危险性和社会危害性,以及所产生的社会影响为根据的等级评价体系,将不同等级评价的未成年人置于不同的干预机制中进行矫正教育,同时建立标准化干预程序和实施配套监督措施,以期实现司法干预的目标。最后,对于未成年人的不良行为,绝大多数均倡导遵循"自愈"原则,但笔者认为还是应进行适当干预,只是干预主体并非国家权力机关,而是家庭、学校、民政部门等福利性机构,由他们来对虞犯未成年人进行心理测试及保护观察,及时遏制犯意的萌芽。当然,对多次实施虞犯行为或者实施危险性较高虞犯行为的未成年人,非正式干预措施经常会出现失灵现象。在此情况下,也需要司法机关建立正式干预机制对其进行补位和保障。[①]

(三)创设非羁押性措施的适用体系

未成年人与成年人犯罪有显著区别,其主观恶性、严重程度都远低于成年人,因此对待未成年人应更侧重于"教育、感化、挽救",在刑事诉讼中非羁押性强制措施的适用,则是该方针的体现。国际社会一直强调涉罪未成年人享有不在羁押状态中等待审判的权利,主张尽量适用非监禁化的措施替代审前羁押,2010年中央综治委预防青少年违法犯罪工作领导小组、最高人民法院、最高人民检察院、公安部、司法部、共青团中央《关于进一步建立和完善办理未成年人刑事案件配套工作体系的若干意见》中也明确规定,"对未成年人应优先考虑适用非羁押性强制措施,加强有效监管;羁押性强制措施应依法慎用,比照成年人严格适用条件"[②]。可见,无论国内外,皆认为相对于用监禁的方式处遇未成年人来说,使未成年人在一个相对宽松的环境下接受来自司法机关和社会组织的帮助和教育,更有利于重塑其人格,帮助其

---

① 参见姚建龙、孙鉴:《触法行为干预与二元结构少年司法制度之设计》,载《浙江社会科学》2017年第4期。

② 参见张桂霞:《涉罪未成年人非羁押性强制措施风险评估与控制》,载《铁道警察学院学报》2015年第5期。

顺利回归社会。然而，纵然"对未成年人应尽量适用非羁押措施"是世界共识，但是在我国司法具体实践中，由于各方面因素的影响，未成年人非羁押强制措施的适用率依旧不高。为此，要真正实现对涉罪未成年人的人格重塑以及再社会化，必须扩大非羁押性强制措施的适用。

首先，明确"以非羁押为常态，羁押为例外"的司法理念，区分未成年人与成年人适用羁押性强制措施的标准，为未成年人设立更为严格的适用条件。如法国《少年犯罪法令》对不同年龄阶段未成年犯罪嫌疑人规定不同的先行拘押条件，并且只有在其他非羁押措施无法保障诉讼程序顺利进行时才能先行拘押。[①] 我国也可参考借鉴其他国家有关规定，对涉罪未成年人制定相对更为严格的审前羁押条件，这不仅符合国际公约关于对未成年人严格限制适用羁押性措施的理念，也符合我国"教育为主，惩罚为辅"的司法理念。

其次，完善我国涉罪未成年人社会观护体系，从而提高非羁押性强制措施的适用率。所谓社会观护体系是指对符合条件的涉罪未成年人采取非羁押措施，由政府机构、司法机关、社会力量等共同组成专门组织，对涉罪未成年人开展教育、考察、监督、矫正、保护、管理工作而形成的专门工作体系。[②] 观护组织具有为涉罪未成年人提供保证人或保证金，对其进行帮教、技能培训、心理矫治，并协助开展社区矫正的功能。[③] 平时，观护组织可以进行法制教育、心理辅导等日常帮教活动；也可对涉罪未成年人进行个别化的矫正教育，以助其能顺利回归社会。然而，社会观护的适用要求涉罪未成年人满足适用非羁押强制措施的条件，对于部分外地户籍的未成年人而言，由于无法提供保证人或是保证金，而不能适用取保候审或监视居住，无法成为社会观护的合格对象。此时，观护组织可为外地涉罪未成年人提供无利害关系

[①] 参见宋浛沙译：《法兰西共和国少年犯罪法令》，载《国家检察官学院学报》2011年第6期。

[②] 参见吴燕：《涉罪未成年人社会观护体系的构建与完善》，载《预防青少年犯罪研究》2015年第5期。

[③] 参见宋英辉等：《未成年人刑事司法改革研究》，北京大学出版社2013年版，第137页。

的保证人或交纳保证金,以此解决外地户籍涉罪未成年人难以适用非羁押措施的问题。

最后,建立一套未成年人适用非羁押措施的风险评估体系。在实践中,由于部分办案人员缺乏科学的风险评估手段以及有效的风险控制方法,在此种情况下会趋于"求稳"的心态,而对涉罪未成年人采取羁押性强制措施。由此可见,建立一套科学全面的风险评估体系必不可少:为了充分保护未成年人权益,可在侦查阶段就启动风险评估,通过社会调查等基本手段,对涉罪未成年人的犯罪行为、个人经历、家庭情况、犯罪成因等进行综合考量,在此基础上,由司法人员通过自由裁量判断是否适宜适用非羁押性措施。在采取了非羁押状态下进行诉讼的处遇后,对涉罪未成年人状况进行动态追踪也是不可或缺的,一旦出现诉讼风险,则办案人员可根据实际情况变更为羁押性强制措施。有了对风险的评估后,司法人员将会更加侧重于以未成年人行为危险性和社会危害性等作为考量依据,以更加科学、合理的方式评估未成年人适用非羁押性措施的适宜性。

(四)适当调整附条件不起诉的适用范围与考察义务

在审查起诉环节,如何有效降低涉罪未成年人的起诉率?显然,《刑事诉讼法》第282条至第284条规定的附条件不起诉制度在降低未成年人入罪率方面发挥着重要作用。然而,当前附条件不起诉存在适用范围过窄的问题,不仅需要满足刑期的条件,还必须符合相关的案件类型的要求。另外,附条件不起诉中考察帮教也存在不明确性,从《刑事诉讼法》第283条规定的附条件不起诉的考察内容来看,虽然被附条件不起诉的涉罪未成年人应当按照考察机关的要求接受矫治和教育,但总体上看附条件不起诉的考察内容与缓刑、缓刑的约束性规定并无明显差异,过分偏重行为约束,而对未成年犯罪嫌疑人的矫治、帮教方面并未体现,或规定得过于笼统。[①] 因此,需要对附

---

① 参见马春芳:《标签理论视角下的中国少年司法制度展望》,载《黑龙江省政法管理干部学院学报》2017年第1期。

条件不起诉适用范围与考察内容进行适当调整。

一方面,适当调整附条件不起诉的适用范围,以使附条件不起诉的适用标准更加趋向于精细化和合理化。例如,需要合理界定"可能判处一年有期徒刑以下刑罚"的实质内涵,此处应将其认定为宣告刑,而非法定刑,如果解释为法定刑,则仅有侵犯公民通信自由罪和危险驾驶罪共两项罪名能适用于附条件不起诉,这显然不符合立法原意和帮助未成年人回归社会之目的。其次,应将适用附条件不起诉的刑期扩大为"可能判处三年有期徒刑以下刑罚",以便充分发挥附条件不起诉的教育、感化和挽救涉罪未成年人的功能。

另一方面,细化附条件不起诉的考察义务。按照《刑事诉讼法》第283条第3款规定,在遵守这些"必要条件"的基础上,应当根据具体的案情、犯罪侵犯的法益、涉罪未成年人的身心特点等情况,结合涉罪未成年人的年龄、性格、家庭成长、心理境遇和犯罪性质等有针对性地设定考察义务,做到因人而异、因案而异。例如,为了消除涉罪未成年人的人身危险性,可以为其设定接受心理辅导、观看指定影片、阅读指定书籍和书写矫治报告等义务;对于有毒瘾或者网瘾的被附条件不起诉未成年人,应当为其设定到一定机构接受毒瘾或网瘾戒除的义务;有的未成年人的不良行为主要是家庭关系不融洽而导致的,可以开展家庭课堂帮助家长正确与未成年人沟通交流,营造和谐家庭氛围;为了修复未成年人与社区之间的关系,应当要求涉罪未成年人对被害人进行赔礼道歉、赔偿损失,要求涉罪未成年人向社区提供公益劳动等,增强其社区认同感,接触社区正能量。[①]

我们强调对未成年人的保护并不意味着对其纵容,而是希望尽量通过教育和帮助的方式来阻止未成年人继续危害社会,若是一味地用刑罚手段进行"打压",只会变相加深未成年人对社会的不满情绪,不利于其身心的重塑,同时刑罚所带来的标签效应也会成为未成年人重

[①] 参见郭建龙、刘奎芬:《试论附条件不起诉之适用问题》,载《中国刑事法杂志》2013年第11期。

返社会道路上一个极大的阻碍,更会成为未成年人人权保障之路上的"荆棘"。未成年人犯罪往往具有多种原因,家庭教育的缺失,社会不良风气的影响都容易导致未成年人走向犯罪的深渊,想要解决问题就应当找出"病症",对症下药,主张降低最低刑事责任年龄只不过是饮鸩止渴,扬汤止沸。我们不能一味地希冀于通过降低未成年人刑事责任年龄,加大惩罚圈,来控制未成年人犯罪。而是应当从保障未成年人人权视角,秉持正当程序与福利理念来治理未成年人犯罪,对不同"罪错行为"的未成年人采取不同的处遇措施。

具体而言:首先,应当树立国家亲权和未成年人福利的理念,使之能够贯穿于整个未成年人保护程序中,指导未成年人具体制度的设计和实施;其次,区分未成年人"罪错行为",针对不良行为和触法行为制定不同的司法处遇制度,尽可能地使用非刑罚化措施来对未成年人进行矫治;最后,创设非羁押性强制措施的适用体系,设置区别于成年人的羁押性强制措施适用标准和风险评估体系,同时适当扩大附条件不起诉的适用范围,降低起诉率,从而实现对涉罪未成年人的人格重塑和再社会化,以期有效降低未成年人犯罪率,践行国际社会赋予的保障未成年人人权的职责。

第八章 结语：迈向福利兼正当程序模式

回顾和梳理本书的研究脉络与核心要点。以互联网技术为先导的工业革命带来了巨大效益的同时，也催生了一些负面效应，如愈演愈烈的未成年人犯罪及治理问题。如何通过善治的方式来保护和预防未成年人犯罪，成为当前未成年人刑事司法改革的前沿问题。中华人民共和国成立至今，我国未成年人刑事诉讼程序的演进脉络可细化为四个阶段，即探索期（1949—1978年）、恢复重建期（1979—1996年）、快速发展期（1997—2012年）和稳步前进期（2012年至今）。它继承了古代司法文明"和合""恤幼"的理念，借鉴各个国家及地区的经验和国际公约的制度精髓，融合了当代恢复性司法的理念和实践，逐步建构了未成年人刑事诉讼程序所特有的法理体系，即国家亲权、未成年人福利和恢复性司法。通过理论分析和实证检验可知，公检法司机关办案人员、律师群体及社会大众对于这一套理论体系具有一定认可度。这表明学界与实务部门对这一法理体系已基本达成共识，并正在将其作为顶层设计与地方试改的"引航标"。

2012年《刑事诉讼法》以"专章"的形式规定了特别程序，那么，未成年人刑事侦查、审查起诉、审判及执行程序是否已经贯彻落实福利、保护、教育与修复的理念？

本书采用问卷调查、访谈座谈、实地考察、样本分析等实证研究方法,对现行程序运行现状进行了实证考察。在侦查程序中,本书针对合适成年人参与效果、未成年人羁押率和律师帮助现状等问题展开实证考察,总结了合适成年人参与机制作为地方先行先试的有益经验,同时发现存在着合适成年人法律定位不清、权利义务不够明晰、增加了讯问难度等问题。有鉴于此,本书主张需要厘清合适成年人的法律定位,明确诉讼权利与义务,配备"专职为主、兼职为辅"的合适成年人队伍,从而建构全程参与型的合适成年人制度。此外,导致侦查阶段羁押率居高不下的原因,主要为取保候审、监视居住机制不健全,社会观护机制不完善,风险评估机制缺失,办案人员以捕代侦的错误理念等。所以,我们应当通过更新司法理念,细化羁押必要性审查程序,完善羁押替代措施,建立羁押替代性措施风险评估机制,以及实行逮捕与羁押绝对分离等,来有效控制和降低未成年人的羁押率。针对侦查程序辩护律师的有效辩护效果欠佳以及出现"新三难"的问题,本书认为需要加大政府的投入力度,提高律师辩护的普遍性和有效性,搭建听取律师辩护意见的专门程序等,实现律师辩护职能的最优化。

在审查起诉程序中,本书着重考察附条件不起诉制度、分案起诉制度,以及未成年人社会观护制度的实务运行。附条件不起诉作为特别程序中的独特机制,一方面体现了未成年人刑事诉讼程序的基本理念,另一方面也符合非犯罪化和非刑罚化的国际改革趋势。通过实证考察发现,该制度运行存在所附"条件"过于严苛,与酌定不起诉适用的界限模糊不清,以及检察机关自由裁量权被滥用的风险。针对这些问题,本书主张通过设置科学、合理化的"条件",优化检察机关的自由裁量权等路径,从而与其他不起诉制度形成有效区分,提高附条件不起诉的适用率。共同犯罪案件分案起诉的特殊价值在于实现未成年人个别化与特殊化保护,防止与成年犯"交叉感染",同时也有利于查明案件事实,提高诉讼效率。然而,在审查起诉实务中,分案起诉的适用效果却并不理想。提高分案起诉的适用率,一方面需要从转变司法理念、设置专门机构以及配备专门人员方面努力,以期为制度运行提供坚实的组织基础;另一方面需要细化原则性规定,增强可操作性,保证分案起诉制度能落地生根。社会观护体系是替代羁押性措施的有益尝试,能有效解决对"三无"涉罪未成年人的帮教问题,然而,在实践中却存在社会观护相关立法尚未形成体系、帮教失灵等问题。对此,本书主张通过逐步实现社会观护相关立法的体系化,构建复合型、专业化的社会观护机制,探索三层式观护体系,厘清观护基地与政府、决定机关三者之间的角色定位,从而实现观护模式的专业化、观护力量的社会化、观护体系的全面化。

在审判与执行程序中,深入考察圆桌审判、庭审教育、社会调查报告证据效力及社工组织参与社区矫正等实务疑难问题。通过问卷调查、深入访谈和典型案例的研究,本书发现目前存在的问题有:圆桌审判适用率低,存在被形式化和虚无化的现象;庭审教育则面临着重形式而轻实质,沦为"一句话"教育的问题等。针对实践困境,本书建议创设层级化与多样化的未成年人审判机构,完善以圆桌式为主的多元化庭审模式,进而实现法庭教育的实质化。随着社会调查报告的适用越来越频繁,学界关于调查报告的证据效力争论不休,调查报告的正当性基础在于具有完整的证据属性,即合法性、客观性和关联性,具有品格证据属性以及良好的实践场域。然而,在实务运作中,调查报告存在主体不明、法律地位模糊、内容质量不高以及审查程序不规范等问题。因此,我们应当逐步明确报告调查主体,确保调查内容的全面性与科学性,确立报告的证据属性,并规范审查程序,最终使调查报告推广于普通程序的改革成为可能。

在执行程序中,毫无疑问,行刑的非监禁性与社会化是未成年人刑事执行程序的改革方向,而社区矫正便是有益的尝试。在完善社区矫正过程中,应当坚持特殊预防、社会控制与修复关系理念的初衷,针对社区矫正主体不明与矫正举措单一、尚未形成有针对性的矫正项目与评估体系等问题,通过明确矫正主体、矫正内容实质化、完善相应的惩罚性措施及配套设施等方式,真正发挥社区矫正的社会属性。其中，社工组织作为参与社区矫正的重要主体，应采取渐进式改革路径，由"辅助型"向"主导兼辅助型"过渡，最终迈向"主导型"参与模式，既注重社工组织参与矫正的"量"与"质"，又强调建立社工组织参与社区矫正质量的评估指标体系，实现社工组织参与矫正的规范化、专业化、职业化与市场化。

从实证维度考察了未成年人刑事侦查、起诉、审判和执行程序的运行现状后，我国大陆未成年人刑事诉讼程序的改革将何去何从呢？"他山之石，可以攻玉。"考察借鉴域外法的有益做法，发现美、德、韩三国的未成年人刑事诉讼程序的改革有相似之处，也各有特征：美国将当事人主义延伸至未成年人刑事司法领域；德国仍旧以职权主义为契机点，以教育思想为导向，在刑事目的与教育思想之间进行权衡和取舍；韩国则以"保护为主、刑罚为辅"为原则，通过设立专门法院和完善保护处分系统来处遇未成年人。此外，我国台湾地区"少事法"立法与修法的脉络经历了从最初"以教代罚"到"以罚为教"，到"宽严并济""教罚并重"，再到今日"福利与保护优先"，并在后现代福利与保护主义新思潮下，建立未成年人刑事司法的专业化之路，形塑多元主体的个别化与多样化处遇方式。

2010年日本作家凑佳苗在畅销书《告白》中，详细描述了这样一个故事：一位中学女老师在校园游泳池内发现自己4岁的女儿意外溺水身亡，后来经她私下密查，发现凶手其实是她担任班主任的班上学生。痛失爱女的老师在结业那天向全班学生讲述了真相，并透露了她的复仇计划，就是在凶手所喝的牛奶中放入有艾滋病病原体的血液。书中一方面讽刺相关法律法规无法对未达刑事责任年龄的未成年人进行处罚；另一方面呈现了社会大众依然希冀用严罚来治理未成年人犯罪，这种相同的情形也时常发生在我国。在实践中，如何自始至终贯彻以福利与保护优先的立法目的，一直是未成年人刑事司法体制改革的重点，我们期许能得到立法者、司法者、行政机关、社会组织、专业人士及社会大众在价值认知上的共鸣，进而推动未成年人刑事特别程序从"技术性改良"走向"制度性变革"。

第八章 结语:迈向福利兼正当程序模式

未成年人作为社会之基石,民族之幼苗,国家之栋梁,其身心的健全与否、人格的优劣与否、学识的殷实与否,直接关系到民族的盛衰及国家的命运。如何治理未成年人犯罪,已是我国乃至全世界共同面临的难题。我国未成年人刑事特别程序中,一方面,由于我国立法尚处于起步阶段,其与理想状态的特别程序仍然有一定的差距。另一方面,传统未成年人刑事诉讼程序模式皆有自身局限性。虽然这些模式都有其存在的本土资源,但是又都有其践行障碍,不足以治理频发的未成年人犯罪。

通过交叉分析及 Logistic 回归分析可知,我们应当以制定专门的法律为目标,即"未成年人法",确立未成年人刑事特别程序的改革方向为"福利兼正当程序"。其中,以保障福利为基础,强调通过正当程序保障未成年人福利,保证其享有请求程序公开、交互讯问、法庭辩护等程序性权利,以使诉讼程序得到未成年人的信赖,避免现行程序以保护之名行惩罚之实。总之,未成年人刑事特别程序改革之路刚刚开启,"福利兼正当程序"之改革不能祈求一蹴而就,而只能采取"过程性"和"渐进式"改革,从"技术性改良"走向"制度性变革",逐步实现由量变到质变的蜕变,最终迈向"福利兼正当程序模式"。

[附件]

未成年人刑事侦诉审程序
实施现状的调查问卷

感谢您在百忙之中参与此项研究的问卷调研,我们是重庆大学法学院课题组,我们保证此项研究的调研信息和数据只用于学术研究,不泄露个人和单位隐私(**这个调查不署名,您的回答都是保密的**),遵守有关法律法规及学术规范。《刑事诉讼法》规定的"未成年人刑事案件诉讼程序",施行已有多年,司法实践中,未成年人刑事侦查、起诉、审判和执行程序实施现状与问题是什么?是否贯彻了"**教育为主、惩罚为辅**"的原则?是否实现了**保护涉案未成年人合法权益并使其重新回归社会**之目的?等等。对于这些问题,我们将通过问卷调查、访谈、座谈与实证案例研究的形式予以研究。

一、个人基本信息及对未成年人刑事诉讼程序基本理念之调研

1.您的性别男/女工作单位:＿＿＿＿＿＿省/自治区/直辖市＿＿＿＿＿＿市＿＿＿＿＿＿县/旗＿＿＿＿＿＿单位;(单位大体填写即可)

2. 您的职业是什么?

(1)警察;

(2)检察官;

(3)法官;

(4)司法局工作人员;

(5)律师;

(6)学生;

(7)其他:_____。

3. 您的年龄是哪一阶段的?

(1)20 岁以下;

(2)20—30 岁;

(3)30—40 岁;

(4)40—50 岁;

(5)50 岁以上。

4. 您的文化程度(学历)是什么?

(1)研究生;

(2)本科;

(3)大专;

(4)高中;

(5)初中;

(6)小学;

(7)文盲。

5. 您最近一年的年收入范围是_____?

(1)2 万—5 万元;

(2)5 万—10 万元;

(3)10 万—15 万元;

(4)15 万元以上;

(5)无。

6. 您认为,在未成年人刑事司法实践中,是否已贯彻执行"教育为主、惩罚为辅"司法理念,以及"教育、感化、挽救"基本方针?

(1)完全落实;

(2)基本贯彻;

(3)一般;

(4)基本没有;

(5)不清楚。

7.您认为我国未成年人刑事案件诉讼程序应秉持的基本理念是什么?(多选)

(1)国家亲权;

(2)未成年人福利;

(3)恢复性司法;

(4)惩罚;

(5)其他;

(6)不清楚。

二、未成年人刑事侦查程序现状与问题之调研

8.您认为合适成年人应具备何种程度法律、心理、教育和社会学等综合知识?

(1)非常精通;

(2)较为熟悉;

(3)一般了解;

(4)比未成年人知道得多即可;

(5)没有要求。

9.您认为,合适成年人在讯问中的基本立场应该是什么?

(1)客观中立;

(2)偏向未成年人;

(3)偏向办案人员;

(4)无要求。

10. 您认为,合适成年人参与①对维护未成年人权利与权益的帮助作用有多大?

(1)帮助作用很大;

(2)帮助作用比较大;

(3)帮助作用一般;

(4)帮助作用小;

(5)无帮助。

11. 您认为,合适成年人参与对改善讯问方式的影响主要有哪些?**(多选)**

(1)讯问时公检人员态度更加温和一些;

(2)更加关注未成年人的成长背景和犯罪成因;

(3)更加注重倾听未成年人的表达;

(4)更加注重维护未成年人的权利;

(5)更加注重向未成年人解释法律的内涵;

(6)其他因素影响。

12. 您认为,合适成年人参与对讯问难度的影响是怎样的?

(1)增大很多;

(2)增大一些;

(3)无变化;

(4)减小一些;

(5)减小很多;

(6)无影响。

13. 您认为,合适成年人参与是否会影响讯问工作的顺利进行?如若选(1)请回答第14题,否则请跳过第14问。

(1)影响非常大;

(2)基本不影响;

---

① 合适成年人参与是指在未成年人刑事侦诉审程序中,应当由法定代理人或其他合适的成年人参与以维护未成年人的权益。它是国家刑事司法制度对未成年人的一种特殊保护,体现了国家亲权的理念。

(3)不清楚。

14.您认为合适成年人参与会影响到讯问工作顺利进行的原因是?**(多选)**

(1)可能会妨碍正常讯问策略的使用;

(2)不易对未成年人形成心理攻势;

(3)可能会强化未成年人的不合作态度;

(4)可能会向未成年人提出不当建议;

(5)可能干扰讯问的过程;

(6)可能帮助未成年人串通、收买、威胁证人,隐匿、毁灭证据;

(7)其他原因:_____。

15.您认为,合适成年人参与有助于讯问顺利进行的主要原因是?**(多选)**

(1)见证并规范讯问过程;

(2)促进与未成年人沟通、交流;

(3)预防未成年人在后续程序中翻供;

(4)未成年人通常表现出合作态度;

(5)其他原因:_____。

三、未成年人刑事审查起诉程序现状与问题之调研

16.您认为,对未成年人适用羁押时,年龄是否为首要考虑因素?

(1)必须考虑;

(2)有时会考虑;

(3)几乎不考虑;

(4)不考虑。

17.您认为,对未成年人是否适用羁押考虑的主要因素有哪些?**(多选)**

(1)犯罪行为危险性;

(2)行为人本身危险性;

(3)家庭、社会环境因素;

(4)取保候审和监视居住的条件;

(5)其他原因:＿＿＿＿＿＿＿＿＿＿。

18. 您认为,涉案未成年人羁押率[①]高的主要原因是?(**多选**)

(1)印证式"侦查中心主义";

(2)办案人员以捕代侦等错误司法理念;

(3)风险评估机制缺失;

(4)取保候审、监视居住机制的不健全;

(5)社会观护机制不完善;

(6)其他原因:＿＿＿＿＿＿＿＿＿＿。

19. 您认为,律师参与未成年人刑事侦查程序时,对保护未成年人的帮助作用程度是?

(1)帮助作用很大;

(2)帮助作用比较大;

(3)帮助作用一般;

(4)帮助作用小;

(5)无帮助。

20. 就您所知的,辩护律师在未成年人刑事侦查程序中表现(态度)如何?

(1)很积极很努力;

(2)一般;

(3)比较消极;

(4)不清楚。

21. 您认为,律师是否适合担任涉罪未成年人的合适成年人?

(1)非常合适;

(2)比较合适;

(3)不合适;

(4)非常不适合;

[①] 此处的"羁押率"主要指审前程序的羁押。

(5)不清楚。

22. 您认为,当涉罪未成年人同时符合附条件不起诉与酌定不起诉时,优先适用哪项?

(1)附条件不起诉;

(2)酌定不起诉;

(3)依具体案情确定;

(4)不清楚。

23. 对未成年人适用附条件不起诉①,所附条件是否合理?

(1)过于严苛;

(2)比较合理;

(3)一般;

(4)非常不合理;

(5)不清楚。

24. 就您所知,检察机关对未成年人共同犯罪案件是否会分案处理?

(1)会;

(2)不会;

(3)不一定,视案情而定;

(4)不清楚。

25. 您认为,未成年人刑事案件分案起诉②的优点是?(**多选**)

(1)利于查明案件事实,提高诉讼效率;

(2)防止被成年犯"交叉感染";

(3)利于未成年人个别与特殊化保护;

(4)不清楚。

---

① 附条件不起诉是指检察机关在审查起诉时,根据未成年人的年龄、性格、犯罪性质和情节、犯罪成因以及犯罪后的悔过表现等,对犯较轻罪行的未成年人设定一定的条件,如果在法定的期限内,未成年人履行了相关义务,检察机关就应作出不起诉的决定。

② 分案起诉是指检察机关对于提起公诉的未成年人与成年人共同犯罪的案件,在不妨碍整个案件审理的前提下,对未成年人和成年被告人分别以独立案件提起诉讼,法院分别审理的制度。

26.您认为,未成年人刑事案件社会调查实施主体是?

(1)公检法同为重要主体;

(2)公安为主,检法及其他组织辅助;

(3)检察院为主,公安法院及其他组织辅助;

(4)法院为主,公检及其他组织辅助;

(5)不清楚。

27.您认为公检法机关在对涉罪未成年人进行社会调查时,应了解涉罪未成年人的哪些情况?(多选)

(1)犯罪事实(包括犯案情节、后果等);

(2)性格特征;

(3)家庭情况;

(4)成长经历;

(5)社会交往;

(6)有无社会观护条件;

(7)其他:_____。

28.您认为社会调查报告是否具有证据属性?如选择(1),请继续回答第29题,否则跳过第29题。

(1)具有证据属性;

(2)看制作主体而定;

(3)不具有证据属性;

(4)不清楚。

29.如社会调查报告具有证据属性,那么其属于哪一法定证据种类?

(1)物证;

(2)书证;

(3)涉案未成年人供述和辩解;

(4)鉴定意见;

(5)勘验检查笔录;

(6)其他证据种类:_____。

30. 您认为当前我国未成年人社会观护机制①存在的主要问题是？（多选）

(1) 观护主体模糊,职责不清；

(2) 观护组织缺乏规范化；

(3) 观护覆盖率低,落实不到位；

(4) 观护举措单一,效果不明显；

(5) 其他问题：_____。

四、未成年人刑事审判和执行程序现状与问题之调研

31. 您认为,未成年人刑事案件庭审模式应该是怎样的？

(1) 圆桌审判；

(2) 与普通程序相同；

(3) 以圆桌式为主的多元化庭审模式；

(4) 不清楚。

32. 您对"圆桌审判"②的看法？

(1) 所有未成年人案件均应采用；

(2) 不应采用圆桌审判；

(3) 一般应采用,5年以上刑罚的不适用；

(4) 仅是一种形式,无所谓。

33. 您对未成年人审判机构形态的倾向是什么？

(1) 未成年人法院；

(2) 未成年人综合庭；

(3) 未成年人刑事审判庭；

(4) 分级设不同机构。

---

① 未成年人社会观护机制一般是指公安司法机关对涉罪未成年人尽量适用非监禁措施,交由自由社会通过教育、感化、挽救的方法,改善行为、预防再犯,并为司法处遇提供依据。

② 圆桌审判是指采用灵活性与严肃性相结合的原则,改方台坐阵式审理为圆桌式审理,并运用与未成年人生理、心理特点相适应的方式进行审判的一种庭审模式。

34. 您认为,法官是否应对涉案未成年人进行法庭教育?

(1)非常需要;

(2)需教育,但要适当;

(3)不需要,多余;

(4)不知道。

35. 就您所知,在法庭中涉案未成年人接受庭审教育效果如何?

(1)非常有效;

(2)一般,有点作用;

(3)形式而已,并无作用;

(4)不清楚。

36. 您认为社工等组织参与未成年人社区矫正的帮助作用有多大?

(1)很大;

(2)比较大;

(3)一般;

(4)小;

(5)无帮助。

37. 您所在的地方是否有社工等组织参与到未成年人社区矫正中?

(1)非常多,已常态化;

(2)有一点,但很少;

(3)根本没有社工组织参与;

(4)不清楚。

38. 就您所知,社工组织参与未成年人社区矫正的形式是?

(1)主导型;

(2)辅助型;

(3)主导兼辅助型;

(4)不清楚。

39. 您认为,当前我国未成年人社区矫正存在的主要问题是?(**多选**)

(1) 社区矫正的主体与定性不准确;

(2) 社区综合评估未考虑未成年人特点;

(3) 矫正未针对未成年人个性制定具体矫正项目;

(4) 矫正举措单一,效果不明显;

(5) 对不服从社区矫正人员缺乏相应的强制措施;

(6) 尚无针对未成年人规范的社区矫正制度、组织;

(7) 其他配套措施不完善。

40. 您认为,现行未成年人刑事诉讼程序对涉罪未成年人的处理如何?

(1) 过于严厉,保护不足;

(2) 不够严厉,过于强调保护;

(3) 二者并重;

(4) 不清楚。

41. 您认为,我国未成年人刑事诉讼程序将来的立法模式应该是什么?

(1) 维持《刑事诉讼法》专设一章现状;

(2) 制定专门的法,即"未成年人法";

(3) 散见于各部门法;

(4) 不清楚。

42. 您认为,我国未来未成年人刑事诉讼程序的发展趋势是怎样的?

(1) 福利兼正当程序;

(2) 福利模式;

(3) 司法模式;

(4) 福利兼恢复性司法;

(5) 不清楚。

43. 您是否知道现行未成年人刑事责任年龄界限?

(1) 非常清楚;

(2)清楚;

(3)不知道;

(4)根本不知道。

44.互联网时代,您是否同意降低未成年人刑事责任年龄?

(1)不赞同;

(2)赞同;

(3)不清楚。

45.若赞同降低未成年人刑事责任年龄,理由是什么?(若第44题选赞同,请作答此题)(**多选**)

(1)未成年人生理和心理发育、成熟较早;

(2)我国刑事责任年龄普遍比其他国家低;

(3)未成年人暴力犯罪频发;

(4)加大惩罚力度,能有效降低未成年人犯罪;

(5)其他:_____。

46.若不赞同降低未成年人刑事责任年龄,理由是什么?(若第44题选不赞同,请作答此题)(**多选**)

(1)违反国家亲权理念;

(2)违反保护为主、惩罚为辅的司法理念;

(3)不利于未成年人矫正与教育;

(4)容易引起标签和染缸效应;

(5)违背国际社会潮流与本土国情;

(6)其他:_____。

未成年人刑事侦诉审程序实施现状与改革前沿之访谈提纲

1. 您认为,在未成年人刑事司法实践中,是否已贯彻执行"教育为主、惩罚为辅"司法理念,以及"教育、感化、挽救"基本方针?

2. 您认为我国未成年人刑事案件诉讼程序应秉持的基本理念是什么?

3. 您认为合适成年人应具备何种程度法律、心理、教育和社会学等综合知识?

4. 您认为,合适成年人在讯问中的基本立场应该是什么?

5. 您认为,合适成年人参与对维护未成年人权利与权益的帮助作用有多大?

6. 您认为,合适成年人参与对改善讯问方式的影响主要有哪些?

7. 您认为,合适成年人参与对讯问难度的影响是怎样的?

8. 您认为,合适成年人参与是否会影响到讯问工作的顺利进行?

9. 您认为,合适成年人参与会影响到讯问工作顺利进行的原因是?

10. 您认为,合适成年人参与有助于讯问顺利进行的主要原因是?

11. 您认为,对未成年人适用羁押时,年龄是否为首要考虑因素?

12. 您认为,对未成年人是否适用羁押考虑的主要因素有哪些?

13. 您认为,涉案未成年人羁押率高的主要原因是?

14. 您认为,律师参与未成年人刑事侦查程序时,对保护未成年人的帮助程度是?

15. 就您所知的,辩护律师在未成年人刑事侦查程序中表现(态度)如何?

16. 您认为,律师是否适合担任涉案未成年人的合适成年人?

17. 您认为,当涉案未成年人同时符合附条件不起诉与酌定不起诉时,优先适用哪项?

18. 对未成年人适用附条件不起诉,所附条件是否合理?

19. 就您所知,检察机关对未成年人共同犯罪案件是否会分案处理?

20. 您认为,未成年人刑事案件分案起诉的优点是?

21. 您认为,未成年人刑事案件社会调查实施主体是?

22. 您认为公检法机关在办理未成年人案件时,应了解涉案未成年人的哪些情况?

23. 您认为社会调查报告是否具有证据属性?如社会调查报告具有证据属性,那么其属于哪一法定证据种类?

24. 您认为当前我国未成年人社会观护机制存在的主要问题是?

25. 您认为,未成年人刑事案件庭审模式应该是怎样的?

26. 您对"圆桌审判"的看法?

27. 您对未成年人审判机构形态的倾向是什么?

28. 您认为,法官是否应对涉案未成年人进行法庭教育?

29. 就您所知,在法庭中涉案未成年人接受庭审教育效果如何?

30. 您认为社工等组织参与未成年人社区矫正的帮助作用有多大?

31. 您所在的地方是否有社工等组织参与到未成年人社区矫正中?

32. 就您所知,社工组织参与未成年人社区矫正的形式是?

33. 您认为,当前我国未成年人社区矫正存在的主要问题是?

34. 您认为,现行未成年人刑事诉讼程序对涉罪未成年人的处理如何?

35. 您认为,我国未成年人刑事诉讼程序将来的立法模式应该是什么?

36.您认为,我国未来未成年人刑事诉讼程序的发展趋势是怎样的?

37.您是否知道现行未成年人刑事责任年龄界限?

38.互联网时代,您是否同意降低未成年人刑事责任年龄?

39.若赞同降低未成年人刑事责任年龄,理由是什么?

40.若不赞同降低未成年人刑事责任年龄,理由是什么?

以上是访谈的大概内容,谢谢您对本研究提供的支持与帮助。

[附件]

我国台湾地区少年司法制度发展趋势与改革前沿之访谈提纲

1. 在处理少年事件时,您认为司法人员所应持的司法理念是:国家亲权、儿童福利、恢复性司法或是福利兼正当程序?您的见解是怎样的?

2. 近年来,针对我国台湾地区少年事件,"司法院"少年及家事厅出台了哪些的创新性举措?主要有哪些?其效果如何?

3. "司法院"少年及家事厅关于制定少年司法政策的最新动态是怎样的?其中所秉持的理念是什么?

4. 您认为,在处理少年事件中,少年及家事法院具有什么样的功能?其所秉持的理念是什么?

5. 近年来,我国台湾地区少年事件呈现什么样的趋势?有所上升还是有所回落?其主要的原因是?

6. 自1962年施行"少年事件处理法",作为少年事件处理的特别法,经过多次修改,其修改过程所秉持的司法理念是什么?每次修改创新点是?

7. 2010年11月公布的"少年及家事法院组织法",是否意味着少年事件与家事事件整合并以此来解决少年事件的相关人员与经费短缺的问题?

8. "司法院"第664号解释关于虞犯少年的处理,您是怎么看的?

9. 在少年事件中,社工组织参与情况是怎么样的?是否有需要改进的地方?

10. 在少年事件中,少年保护官(员)在司法实践中,是否发挥其应有的作用？是否有需要完善的地方？

11.法院审理少年事件时，庭审的场所、庭审模式及审判组织是怎样的？是否存在问题？有需要完善的地方吗？

12.近年来，少年观护制度运行得怎样？司法实践中存在哪些问题？是否有需要改善？

以上是访谈的大概内容,谢谢您对本研究提供的支持与帮助。

参考文献

一、中文编著类

宋英辉等:《未成年人刑事司法改革研究》,北京大学出版社 2013 年版。

刘思达:《失落的城邦——当代中国法律职业变迁》,北京大学出版社 2008 年版。

朱广新:《未成年人保护的民法问题研究》,中国人民大学出版社 2021 年版。

陈瑞华:《论法学研究方法》,北京大学出版社 2009 年版。

杨仁寿:《法学方法论》(第 2 版),中国政法大学出版社 2013 年版。

白建军:《法律实证研究方法》(第 2 版),北京大学出版社 2014 年版。

何挺等编译:《外国刑事司法实证研究》,北京大学出版社 2014 年版。

刘国乾:《想象、现实与出路:纠纷解决视野下的行政信访》,法律出版社 2015 年版。

吴燕:《未成年人检察实务操作》,中国检察出版社 2021 年版。

张雪梅:《实践中的儿童权利:未成年人权利保护的 42 个典型实例》,法律出版社 2013 年版。

孙谦主编:《中国未成年人司法制度研究》,中国检察出版社 2021 年版。

陈光中主编:《刑事诉讼法学》(第 5 版),北京大学出版社、高等教育出版社 2013 年版。

陈瑞华:《刑事诉讼的前沿问题》(第 4 版),中国人民大学出版社 2013 年版。

陈瑞华:《程序性制裁理论》(第 2 版),中国法制出版社 2010 年版。

姚建龙主编:《中国少年司法研究综述》,中国检察出版社 2009 年版。

程荣斌、王新清主编:《刑事诉讼法》(第 5 版),中国人民大学出版社 2013 年版。

谢安平、郭华主编:《未成年人刑事诉讼程序探究》,中国政法大学出版社 2015 年版。

何挺等:《未成年人刑事案件诉讼程序实施状况研究》,中国检察出版社 2022 年版。

刘作揖:《少年观护工作》(增订 5 版),五南图书出版公司 2007 年版。

蔡德辉、杨士隆:《少年犯罪:理论与实务》(第 4 版),五南图书出版公司 2008 年版。

李伟主编:《少年司法制度》,北京大学出版社 2017 年版。

蔡德辉:《少年犯罪:现代社会变迁中防治少年犯罪之新对策》,五南图书出版公司 1984 年版。

史立梅等:《未成年人刑事司法的社会支持机制研究》,中国政法大学出版社 2021 年版。

林纪东:《刑事政策学》,台湾编译馆 1969 年版。

朱胜群:《少年事件处理法新论》,三民书局 1976 年版。

康树华:《青少年犯罪与治理》,中国人民公安大学出版社 2000 年版。

贺颖清:《福利与权利——挪威儿童福利的法律保障》,中国人民公安大学出版社 2005 年版。

周颖:《近代中国少年司法的启动》,法律出版社 2019 年版。

宋英辉、何挺主编:《未成年人刑事案件诉讼程序研究综述》,中国检察出版社 2019 年版。

黄烨:《宽容与平衡:和谐社会语境下的少年司法制度研究》,河南人民出版社 2011 年版。

于国旦:《少年司法的基本概念与制度构建》,知识产权出版社 2019 年版。

孙云晓、张美英主编:《当代未成年人法律译丛》(美国卷),中国检察出版社 2005 年版。

孙云晓、张美英主编:《当代未成年人法律译丛》(日本卷),中国检察出版社 2005 年版。

孙云晓、张美英主编:《当代未成年人法律译丛》(德国卷),中国检察出版社 2005 年版。

孙云晓、张美英主编:《当代未成年人法律译丛》(英国卷),中国检察出版社 2005 年版。

孙云晓、张美英主编:《当代未成年人法律译丛》(挪威卷),中国检察出版社 2005 年版。

孙云晓、张美英主编:《当代未成年人法律译丛》(澳大利亚卷),中国检察出版社 2005 年版。

徐建主编:《青少年犯罪学》,上海社会科学院出版社 1986 年版。

徐建主编:《青少年法学新视野》(上、下册),中国人民公安大学出版社 2005 年版。

吴宗宪:《西方少年犯罪理论》,商务印书馆 2021 年版。

徐建主编:《英国保释制度与中国少年司法制度改革》,中国方正出版社 2005 年版。

王广聪:《未成年人公益诉讼与少年司法国家责任的拓展》,中国检察出版社 2021 年版。

肖建国:《中国少年法概论》,中国矿业大学出版社 1993 年版。

肖建国主编:《发展中的少年司法制度》,上海社会科学院出版社1997年版。

徐美君:《未成年人刑事诉讼特别程序研究:基于实证和比较的分析》,法律出版社2007年版。

路琦、赵智鸿主编:《中国未成年人法律制度研究》,中国政法大学出版社2018年版。

姚建龙:《长大成人:少年司法制度的建构》,中国人民公安大学出版社2003年版。

姚建龙:《少年刑法与刑法变革》,中国人民公安大学出版社2005年版。

叶小琴主编:《筑好"法律盾牌":未成年人权益的多元法律保护》,武汉大学出版社2021年版。

姚建龙:《权利的细微关怀——"合适成年人"参与未成年人刑事诉讼制度的移植与本土化》,北京大学出版社2010年版。

尹琳:《日本少年法研究》,中国人民公安大学出版社2005年版。

赵琛:《少年犯罪之刑事政策》,商务印书馆1939年版。

张利兆主编:《检察视野中的未成年人维权》,中国检察出版社2004年版。

张利兆主编:《未成年人犯罪刑事政策研究》,中国检察出版社2006年版。

张鸿巍:《少年司法通论》(第2版),人民出版社2011年版。

苏永钦:《寻找共和国》,元照出版公司2008年版。

林俊益:《刑事诉讼法概论》(上),新学林出版股份有限公司2005年版。

林钰雄:《刑事诉讼法》(上册),元照出版公司2013年版。

赵雍生:《社会变迁下的少年偏差与犯罪》,桂冠图书股份有限公司1997年版。

林俊宽:《少年事件处理法》,五南图书出版公司2009年版。

刘作揖:《少年事件处理法》,三民书局2008年版。

蔡德辉、杨士隆:《少年犯罪:理论与实务》,五南图书出版公司 2013 年版。

沈银河:《中德少年刑法比较研究》,五南图书出版公司 1988 年版。

王浦劬、〔美〕L. M. 萨拉蒙等:《政府向社会组织购买公共服务研究——中国与全球经验分析》,北京大学出版社 2010 年版。

姚建龙:《超越刑事司法:美国少年司法史纲》,法律出版社 2009 年版。

张传伟:《我国社区矫正运行模式研究》,山东大学出版社 2010 年版。

杨飞雪主编:《未成年人司法制度探索研究》,法律出版社 2014 年版。

张立勇主编:《中国特色少年司法制度改革与完善研究》,法律出版社 2012 年版。

席小华编著:《中国青少年司法社会工作理论与实务模式研究》,华东理工大学出版社 2019 年版。

张保生主编:《〈人民法院统一证据规定〉司法解释建议稿及论证》,中国政法大学出版社 2008 年版。

陈一云主编:《证据学》,中国人民大学出版社 2000 年版。

刘金友主编:《证据法学》,中国政法大学出版社 2001 年版。

高家伟等:《证据法原理》,中国人民大学出版社 2004 年版。

何家弘、张卫平主编:《简明证据法学》,中国人民大学出版社 2007 年版。

张保生主编:《证据法学》(第 2 版),中国政法大学出版社 2014 年版。

苏力:《法治及其本土资源》(第 3 版),北京大学出版社 2015 年版。

王敏远主编:《刑事诉讼法学》(下),知识产权出版社 2013 年版。

陆志谦、胡家福主编:《当代中国未成年人违法犯罪问题研究》,中国人民公安大学出版社2005年版。

彭东、张寒玉:《检察机关不起诉工作实务》,中国检察出版社2005年版。

陈光中主编:《中华人民共和国刑事诉讼法再修改专家建议稿与论证》,中国法制出版社2006年版。

杨新娥主编:《4+1+N:未成年人检察的实践与探索》,中国检察出版社2015年版。

胡铭:《刑事诉讼法学》,法律出版社2016年版。

桑本谦:《理论法学的迷雾——以轰动案例为素材》,法律出版社2008年版。

胡铭等:《错案是如何发生的——转型期中国式错案的程序逻辑》,浙江大学出版社2013年版。

陈瑞华:《刑事诉讼的前沿问题》(第5版),中国人民大学出版社2016年版。

唐勇:《少年法庭发展战略研究》,浙江工商大学出版社2019年版。

陈瑞华:《程序性制裁理论》,中国法制出版社2005年版。

顾永忠等:《刑事辩护:国际标准与中国实践》,北京大学出版社2012年版。

郭天武:《保释制度研究》,法律出版社2009年版。

徐静村主编:《刑事诉讼前沿研究》(第4卷),中国检察出版社2005年版。

孙长永:《侦查程序与人权——比较法考察》,中国方正出版社2000年版。

陈瑞华:《刑事诉讼的前沿问题》(第3版),中国人民大学出版社2011年版。

李玫瑾、靳高风主编:《未成年人犯罪与少年司法制度创新》,中国人民公安大学出版社2015年版。

姚建龙:《社会变迁中的刑法问题》,北京大学出版社2019年版。

许永勤:《未成年人供述行为的心理学研究》,中国人民公安大学出版社 2011 年版。

张明楷:《刑法学》(第 3 版),法律出版社 2007 年版。

赵国玲主编:《未成年人司法制度改革研究》,北京大学出版社 2011 年版。

康树华、郭翔主编:《青少年法学概论》,中国政法大学出版社 1987 年版。

侯东亮:《少年司法模式研究》,法律出版社 2014 年版。

《加拿大少年家事法译评》,张鸿巍等译,知识产权出版社 2020 年版。

温小洁:《我国未成年人刑事案件诉讼程序研究》,中国人民公安大学出版社 2003 年版。

吴海航:《日本少年事件相关制度研究——兼与中国的制度比较》,中国政法大学出版社 2011 年版。

卢琦:《中外少年司法制度研究》,中国检察出版社 2008 年版。

宋英辉主编:《刑事诉讼法学》,中国人民大学出版社 2007 年版。

王勇民:《儿童权利保护的国际法研究》,法律出版社 2010 年版。

丁寰翔、刘友水主编:《未成年人司法制度的构建与实践:以尤溪法院为主要视点》,中国民主法制出版社 2012 年版。

沈德咏主编:《中国特色社会主义司法制度论纲》,人民法院出版社 2009 年版。

高维俭:《少年法学》,商务印书馆 2021 年版。

腾讯研究院编:《未成年人保护立法汇编》,中国政法大学出版社 2019 年版。

赵军:《未成年人犯罪相关因素定量研究》,人民日报出版社 2017 年版。

管元梓:《未成年人刑事案件法庭审理制度研究》,法律出版社 2018 年版。

岳慧青主编:《性侵害未成年人案件证据的运用》,法律出版社

2018年版。

王贞会等:《未成年人刑事司法社会支持机制研究》,中国人民公安大学出版社2017年版。

丁继成:《未成年人思想道德建设研究》,中央编译出版社2018年版。

盛长富:《未成年人刑事司法国际准则研究》,法律出版社2018年版。

瞿丰等:《未成年人犯罪研究》,中国人民公安大学出版社2016年版。

高欣:《未成年人刑事证据问题研究》,中国政法大学出版社2018年版。

季为民、沈杰主编:《青少年蓝皮书:中国未成年人互联网运用报告(2019)》,社会科学文献出版社2019年版。

王广聪:《变迁时代的福利司法:未成年人刑事审前程序的完善》,法律出版社2019年版。

郭开元主编:《网络不良信息与未成年人保护研究报告》,中国人民公安大学出版社2018年版。

张寒玉、王英:《未成年人检察问题研究》,中国检察出版社2017年版。

最高人民检察院法律政策研究室组织编写:《未成年人权利保护指导性案例实务指引》,中国检察出版社2019年版。

二、中文译著

〔美〕玛格丽特·K.罗森海姆等编:《少年司法的一个世纪》,高维俭译,商务印书馆2008年版。

〔美〕约翰·V.奥尔特:《正当法律程序简史》,杨明成、陈霜玲译,商务印书馆2006年版。

〔美〕克莱门斯·巴特勒斯等:《未成年人违法犯罪》(第10版),崔海英等译,中国人民大学出版社2020年版。

〔英〕丹宁勋爵:《法律的正当程序》,李克强等译,法律出版社1999年版。

〔比〕洛德·沃尔格雷夫编:《法与恢复性司法》,郝方昉、王洁译,中国人民公安大学出版社2011年版。

〔日〕田口守一:《刑事诉讼法》,刘迪等译,法律出版社2000年版。

〔德〕托马斯·魏根特:《德国刑事诉讼程序》,岳礼玲、温小洁译,中国政法大学出版社2004年版。

〔美〕尼尔·波兹曼:《童年的消逝》,吴燕莛译,中信出版社2015年版。

〔美〕罗纳德·J. 艾伦等:《证据法:文本、问题和案例》(第3版),张保生等译,高等教育出版社2006年版。

〔美〕马文·克朗、〔美〕乔迪·莱恩主编:《少年越轨与少年司法手册》,苏明月、陈朗梓译,法律出版社2019年版。

〔美〕戴维·波普诺:《社会学》(第10版),李强等译,中国人民大学出版社1999年版。

〔美〕特拉维斯·赫希:《少年犯罪原因探讨》,吴宗宪等译,中国国际广播出版社1997年版。

〔美〕唐纳德·凯特尔:《权力共享:公共治理与私人市场》,孙迎春译,北京大学出版社2009年版。

〔美〕詹姆斯·葛雷易克:《混沌——不测风云的背后》,林和译,天下文化出版股份有限公司1991年版。

〔美〕巴里·C. 菲尔德:《少年司法制度》(第2版),高维俭等译,中国人民公安大学出版社2011年版。

〔美〕大卫·葛兰:《惩罚与现代社会》,刘宗为、黄煜文译,商周文化2006年版。

〔法〕米歇尔·福柯:《规训与惩罚:监狱的诞生》,刘北成、杨远婴译,生活·读书·新知三联书店1999年版。

〔法〕贝尔纳·布洛克:《法国刑事诉讼法》(原书第21版),罗结珍译,中国政法大学出版社2009年版。

〔美〕麦克兰迪:《法理论的基础》,杨智杰译,台北韦伯文化国际出版有限公司2005年版。

〔美〕唐启明:《量化数据分析》,任强译,社会科学文献出版社2012年版。

〔美〕富兰克林·E.齐姆林:《美国少年司法》,高维俭译,中国人民公安大学出版社2010年版。

〔美〕卡特考斯基等:《青少年犯罪行为分析与矫治(第5版)》,叶希善等译,中国轻工业出版社2009年版。

〔美〕罗伯特·J.桑普森、〔美〕约翰·H.劳布:《犯罪之形成——人生道路及其转折点》,汪明亮等译,北京大学出版社2006年版。

〔苏〕A.K.多尔戈娃:《少年犯罪社会心理学》,徐世京等译,上海翻译出版公司1985年版。

〔意〕贝卡利亚:《论犯罪与刑罚》,黄风译,北京大学出版社2014年版。

〔日〕大谷实:《刑事政策学》,黎宏译,法律出版社2000年版。

〔美〕罗伯特·费尔德曼:《发展心理学——人的毕生发展》(第6版),苏颜捷等译,世界图书出版公司2013年版。

三、中文期刊论文

陈光中、龙宗智:《关于深化司法改革若干问题的思考》,载《中国法学》2013年第4期。

孙谦:《中国未成年人司法制度的建构路径》,载《政治与法律》2021年第6期。

林维:《未成年人专门教育的适用难题与制度完善》,载《探索与争鸣》2021年第5期。

胡铭:《司法公信力的理性解释与建构》,载《中国社会科学》2015年第4期。

尹泠然:《涉罪未成年人诉讼参与权的中国实践》,载《中国法律评论》2022 年第 2 期。

卞建林:《论我国审前羁押制度的完善》,载《法学家》2012 年第 3 期。

陈卫东、王政君:《刑事诉讼中的司法资源配置》,载《中国法学》2000 年第 2 期。

叶小琴:《未成年人保护立法的理念与制度体系》,载《中外法学》2022 年第 3 期。

郭施雯、虞浔:《儿童最大利益原则在我国少年刑事司法中的适用》,载《当代青年研究》2019 年第 3 期。

周颖:《回应型立法理念下专门教育立法的走向——以〈预防未成年人犯罪法〉修订为视角》,载《中国人民公安大学学报(社会科学版)》2022 年第 3 期。

左卫民:《"印证"证明模式反思与重塑:基于中国刑事错案的反思》,载《中国法学》2016 年第 1 期。

邓喜莲:《未成年人刑事责任治理与制度完善的法理思考》,载《社会科学家》2021 年第 4 期。

姚建龙:《未成年人违警行为的提出与立法辨证》,载《中国法学》2022 年第 3 期。

李倩:《德国附条件不起诉制度研究》,载《比较法研究》2019 年第 2 期。

龙宗智:《论司法改革中的相对合理主义》,载《中国社会科学》1999 年第 2 期。

宋英辉等:《涉罪未成年人审前非羁押支持体系实证研究》,载《政法论坛》2014 年第 1 期。

黄明儒、张继:《涉罪未成年人救赎之路探究——以未成年人犯罪记录为切入点》,载《中南大学学报(社会科学版)》2022 年第 3 期。

熊秋红:《刑事辩护的规范体系及其运行环境》,载《政法论坛》2012 年第 5 期。

侯艳芳:《未成年人保护处分制度的反思与改进》,载《法学论坛》

2022年第4期。

陈瑞华:《量刑程序改革的模式选择》,载《法学研究》2010年第1期。

陈瑞华:《法律程序构建的基本逻辑》,载《中国法学》2012年第1期。

韩大元、于文豪:《法院、检察院和公安机关的宪法关系》,载《法学研究》2011年第3期。

张智辉:《论捕诉一体》,载《法学杂志》2021年第9期。

孙远航:《未成年人刑事责任年龄制度文化基座的古今变奏——从〈大清律例〉到〈刑法〉》,载《南大法学》2022年第3期。

自正法:《司法场域视野下刑事错案纠预机制之重构——基于典型错案的实证考察》,载《北大法律评论》2016年第2期。

姚建龙:《国家亲权理论与少年司法——以美国少年司法为中心的研究》,载《法学杂志》2008年第3期。

王瑞剑:《未成年人刑事司法中的诉讼协作构造——比较法视野的考察》,载《新疆社会科学》2021年第2期。

周彦中:《国家亲权理念下我国未成年人羁押之反思》,载《南方论刊》2021年第11期。

张鸿巍:《未成年人刑事案件不公开审理的反思与转进》,载《中国青年社会科学》2021年第6期。

王韵洁、张薰尹:《未成年人公益诉讼检察的权力边界——兼论未检综合保护格局的建构》,载《预防青少年犯罪研究》2022年第2期。

张文显:《法治与国家治理现代化》,载《中国法学》2014年第4期。

刘宗德:《公私协力与自主规制之公法学理论》,载《月旦法学杂志》2013年第6期。

李永升、安军宇:《低龄未成年人犯罪"情节恶劣"的法理探寻》,载《中国青年社会科学》2022年第4期。

高秦伟:《社会自我规制与行政法的任务》,载《中国法学》2015年第 5 期。

宋英辉、许身健:《恢复性司法程序之思考》,载《现代法学》2004 年第 3 期。

张德森:《法范式之辨析与建构——简评〈中国法治的范式研究:沟通主义法范式及其实现〉》,载《河北法学》2022 年第 3 期。

邹积超:《论"恢复性司法"应该缓行》,载《华东政法学院学报》2004 年第 6 期。

朱德宏:《恢复性司法及其本土制度化危机》,载《法律科学(西北政法学院学报)》2008 年第 2 期。

彭心韵:《恢复性少年司法的检视与反思——从未成年人利益最大化原则出发》,载《中德法学论坛》2021 年第 1 期。

狄小华:《论我国未成年人司法的"检察主导"》,载《青少年犯罪问题》2022 年第 4 期。

于志刚、李源粒:《大数据时代数据犯罪的制裁思路》,载《中国社会科学》2014 年第 10 期。

姚建龙:《未成年人罪错"四分说"的考量与立场——兼评新修订〈预防未成年人犯罪法〉》,载《内蒙古社会科学》2021 年第 2 期。

刘艳红、阮晨欣:《新法视角下罪错未成年人司法保护理念的确立与展开》,载《云南社会科学》2021 年第 1 期。

王永茜:《未成年人司法制度的"本身难题"之解决》,载《青少年学刊》2021 年第 5 期。

徐美君:《"适当成年人"讯问时在场制度研究——以未成年犯罪嫌疑人为中心》,载《现代法学》2003 年第 5 期。

高维俭、杨新慧:《论合适成年人制度的理论属性、规范诠释及实践运行》,载《中国应用法学》2019 年第 2 期。

自正法:《侵害未成年人案件强制报告制度的法理基础与规范逻辑》,载《内蒙古社会科学》2021 年第 2 期。

姚建龙:《英国适当成年人介入制度及其在中国的引入》,载《中国刑事法杂志》2004 年第 4 期。

姚建龙:《论合适成年人在场权》,载《政治与法律》2010 年第 7 期。

刘立霞、郝小云:《论未成年人刑事案件中的合适成年人制度》,载《法学杂志》2011 年第 4 期。

陈伟、郑自飞:《未成年人附条件不起诉制度的问题检视与完善——以〈未成年人检察工作白皮书(2014—2019)〉统计数据为分析样本》,载《中国青年社会科学》2021 年第 2 期。

郝银钟、盛长富:《论未成年人刑事司法中的合适成年人参与制度》,载《湖南社会科学》2012 年第 5 期。

刘艳红:《迈向理念多维与制度创新的未成年人刑事司法保护新发展》,载《云南社会科学》2021 年第 1 期。

何挺:《"合适成年人"参与未成年人刑事诉讼程序实证研究》,载《中国法学》2012 年第 6 期。

陶朗逍:《未成年人自主性辩护权行使问题研究》,载《北方法学》2019 年第 5 期。

王新清:《论刑事诉讼当事人辅助制度》,载《中国法学》2014 年第 5 期。

韩索华、于伟香:《合适成年人制度研究》,载《法学杂志》2013 年第 7 期。

郭冰:《羁押必要性审查制度实践运行审视》,载《中国刑事法杂志》2016 年第 2 期。

张益刚:《中国古代"恤幼"思想的刑法体现及其当代启示——以刑事责任年龄的设置为视角》,载《预防青少年犯罪研究》2021 年第 5 期。

曾勉:《中国境遇下羁押必要性审查的难题及其破解——以羁押必要性审查配套制度的构建为中心》,载《政治与法律》2013 年第 4 期。

陈瑞华:《审前羁押的法律控制——比较法角度的分析》,载《政法论坛》2001 年第 4 期。

洪浩:《我国"捕诉合一"模式的正当性及其限度》,载《中国刑事法杂志》2018 年第 4 期。

何挺:《附条件不起诉扩大适用于成年人案件的新思考》,载《中国刑事法杂志》2019 年第 4 期。

徐剑锋、崔倩如:《未成年人保护处分的基层实践研究》,载《法治研究》2021 年第 5 期。

汪海燕:《论刑事庭审实质化》,载《中国社会科学》2015 年第 2 期。

周洪波:《中国刑事印证理论批判》,载《法学研究》2015 年第 6 期。

谢小剑:《羁押必要性审查制度实效研究》,载《法学家》2016 年第 2 期。

侯东亮:《未成年人羁押必要性审查模式研究》,载《法学杂志》2015 年第 9 期。

刘泽鑫:《轻罪刑事政策下罪错未成年人处遇的反思与完善》,载《河南大学学报(社会科学版)》2021 年第 5 期。

姚莉、王方:《我国羁押替代性措施设计之革新》,载《法商研究》2014 年第 2 期。

刘计划、孔祥承:《未成年人社会调查报告法律性质之辨——兼谈建构量刑证据规则的可能路径》,载《法学杂志》2018 年第 4 期。

谢小剑:《审前未决羁押率下降:基本特点与成因解析》,载《中国刑事法杂志》2021 年第 4 期。

王贞会:《羁押替代性措施的涵义、模式与功能省思》,载《比较法研究》2013 年第 2 期。

易延友:《刑事强制措施体系及其完善》,载《法学研究》2012 年第 3 期。

褚福民:《取保候审的实体化》,载《政法论坛》2008 年第 2 期。

吴静:《制度与出路:专门矫治教育制度困境与重构》,载《重庆社会科学》2021 年第 8 期。

钱弘道等:《法治评估及其中国应用》,载《中国社会科学》2012 年第 4 期。

付子堂、张善根:《地方法治建设及其评估机制探析》,载《中国社会科学》2014 年第 11 期。

钱弘道、王朝霞:《论中国法治评估的转型》,载《中国社会科学》2015 年第 5 期。

胡铭、自正法:《司法透明指数:理论、局限与完善——以浙江省的实践为例》,载《浙江大学学报(人文社会科学版)》2015 年第 6 期。

贾占旭:《预防性刑法观视域下涉未成年人犯罪的刑法修订》,载《甘肃政法大学学报》2021 年第 4 期。

易延友:《刑事强制措施体系及其完善》,载《法学研究》2012 年第 3 期。

刘计划:《逮捕审查制度的中国模式及其改革》,载《法学研究》2012 年第 2 期。

左卫民:《中国应当构建什么样的刑事法律援助制度》,载《中国法学》2013 年第 1 期。

尹泠然:《欧洲涉罪未成年人参与诉讼考察及其启示》,载《中国刑事法杂志》2020 年第 5 期。

徐美君:《我国刑事诉讼运行状况实证分析》,载《法学研究》2010 年第 2 期。

李川:《从教养式矫治到修复式教育:未成年人矫治教育的理念更新与范式转换》,载《南京师大学报(社会科学版)》2021 第 4 期。

顾永忠:《刑事辩护的现代法治涵义解读——兼谈我国刑事辩护制度的完善》,载《中国法学》2009 年第 6 期。

王敏远:《论违反刑事诉讼程序的程序性后果》,载《中国法学》1994 年第 3 期。

陈瑞华:《程序性制裁制度的法理学分析》,载《中国法学》2005 年第 6 期。

李梦:《英美法系恶意补足年龄规则的学理分析及对我国的启

示》,载《湖南科技大学学报(社会科学版)》2021 年第 4 期。

陈瑞华:《刑事程序失灵问题的初步研究》,载《中国法学》2007 年第 6 期。

苑宁宁:《未成年人司法的法理证成与本土建设研究》,载《河南社会科学》2020 年第 10 期。

张保生:《证据规则的价值基础和理论体系》,载《法学研究》2008 年第 2 期。

陈岚、何璇:《双轨制少年司法模式研究》,载《重庆社会科学》2021 年第 7 期。

季卫东:《法律程序的意义——对中国法制建设的另一种思考》,载《中国社会科学》1993 年第 1 期。

黄士元:《以程序性制裁弥补实体性制裁之不足》,载《法学论坛》2005 年第 5 期。

王勇:《论轻轻重重的未成年人罪错行为治理理念》,载《吉林大学社会科学学报》2020 年第 3 期。

刘彦辉:《论非法证据调查程序在我国的立法确立》,载《中国法学》2011 年第 4 期。

吴宏耀:《非法证据排除的规则与实效——兼论我国非法证据排除规则的完善进路》,载《现代法学》2014 年第 4 期。

陈永生:《刑事诉讼的程序性制裁》,载《现代法学》2004 年第 1 期。

林喜芬:《"程序性制裁理论"的理论反思——以非法证据排除规则为分析焦点》,载《南京师大学报(社会科学版)》2010 年第 2 期。

张维迎、邓峰:《信息、激励与连带责任——对中国古代连坐、保甲制度的法和经济学解释》,载《中国社会科学》2003 年第 3 期。

李辞:《论附条件不起诉与酌定不起诉的关系》,载《法学论坛》2014 年第 4 期。

刘学敏:《检察机关附条件不起诉裁量权运用之探讨》,载《中国法学》2014 年第 6 期。

邓泉洋、汪鸿波:《我国未成年人"双向保护原则"的实践困境及破解之策》,载《中国青年研究》2020年第5期。

陈光中:《论我国酌定不起诉制度》,载《中国刑事法杂志》2001年第1期。

张丽卿:《起诉便宜原则的比较研究》,载《台湾大学法学论丛》1996年第3期。

谢鹏程:《论量刑程序的张力》,载《中国法学》2011年第1期。

李浩:《调解归调解,审判归审判:民事审判中的调审分离》,载《中国法学》2013年第3期。

李昌林、陈川陵:《未成年人刑事检察工作的沙区模式研究》,载《南京大学法律评论》2013年第1期。

沈宗灵:《权利、义务、权力》,载《法学研究》1998年第3期。

宋志军:《论未成年人刑事司法的社会支持体系》,载《法律科学(西北政法大学学报)》2016年第5期。

何挺、张丽霞:《未成年人司法社会支持体系之思考:基于风险控制理论范式的视角》,载《中国应用法学》2020年第2期。

林琳:《我国涉罪未成年人观护制度实践不足与制度完善》,载《兰州大学学报(社会科学版)》2020年第2期。

刘艳红:《法秩序统一原理下未成年人保护制度的刑民衔接适用》,载《现代法学》2021年第4期。

周伟:《未成年人地方立法良法标准实证研究》,载《法学论坛》2014年第5期。

自正法:《自由之边界:司法改革背景下新媒体公开的维度与限度》,载《安徽师范大学学报(人文社会科学版)》2016年第6期。

李昌盛:《刑事庭审的中国模式:教化型庭审》,载《法律科学(西北政法大学学报)》2011年第1期。

罗芳芳、常林:《〈未成年人社会调查报告〉的证据法分析》,载《法学杂志》2011年第5期。

刘小庆:《未成年被害人"当事人"地位的反思及其实践路径》,载

《内蒙古社会科学》2021年第4期。

何家弘、姚永吉:《两大法系证据制度比较论》,载《比较法研究》2003年第4期。

高维俭:《少年司法之社会人格调查报告制度论要》,载《环球法律评论》2010年第3期。

宋洨沙:《英美法系与大陆法系品格证据之比较研究》,载《政治与法律》2012年第5期。

王禄生:《美国性品格证据适用规则之借鉴》,载《法学》2014年第4期。

曹志勋:《推广社会调查报告的障碍及对策》,载《中国刑事法杂志》2012年第2期。

王世洲:《现代刑罚目的理论与中国的选择》,载《法学研究》2003年第3期。

李川:《从特殊预防到风险管控:社区矫正之理论嬗变与进路选择》,载《法律科学(西北政法大学学报)》2012年第3期。

孙道萃:《中国特色刑事法律援助制度的立法完善》,载《江西社会科学》2021年第6期。

钟其:《转型社会青少年犯罪成因剖析——以社会控制理论为视角》,载《浙江学刊》2007年第5期。

吴宗宪:《赫希社会控制理论述评》,载《预防青少年犯罪研究》2013年第6期。

自正法:《司法改革背景下的刑事和解——刑事司法文明的第三种模式》,载《学术探索》2014年第12期。

陈晓明:《论修复性司法》,载《法学研究》2006年第1期。

李川:《修复、矫治与分控:社区矫正机能三重性辩证及其展开》,载《中国法学》2015年第5期。

自正法:《"民告官"受案范围扩大趋势探析》,载《理论探索》2016年第1期。

王利明:《法治:良法与善治》,载《中国人民大学学报》2015年第

2 期。

翁里:《中美"社区矫正"理论与实务比较研究》,载《浙江大学学报(人文社会科学版)》2007 年第 6 期。

自正法:《论刑事冤案的司法赔偿——由"张氏叔侄案"说开起》,载《公安学刊(浙江警察学院学报)》2013 年第 6 期。

宗会霞:《从"矫枉过正"到"刚柔并济"——我国社区矫正理念重塑及实务探索》,载《政治与法律》2011 年第 5 期。

吴燕、尤丽娜:《社会组织参与未成年人检察工作模式研究——以上海检察机关未成年人检察工作为视角》,载《青少年犯罪问题》2015 年第 6 期。

许福生:《科技设备监控在性侵害犯之运用》,载《月旦法学杂志》2009 年总第 166 期。

张友好:《功能·主体·程序:附条件不起诉制度省察》,载《政法论坛》2013 年第 6 期。

李茂生:《新少年事件处理法的立法基本策略——后现代法秩序序说》,载《台湾大学法学论丛》1999 年第 2 期。

谭宏卫、曾捷:《Logistic 回归模型的影响分析》,载《数理统计与管理》2013 年第 3 期。

魏晓娜:《刑事正当程序的理论支点》,载《当代法学》2004 年第 2 期。

胡铭:《鉴定人出庭与专家辅助人角色定位之实证研究》,载《法学研究》2014 年第 4 期。

胡铭:《法律现实主义与转型社会刑事司法》,载《法学研究》2011 年第 2 期。

张栋:《未成年人案件羁押率高低的反思》,载《中外法学》2015 年第 3 期。

自正法:《未成年人刑事案件侦查中的程序性制裁及其路径选择》,载《理论探索》2018 年第 1 期。

林劲松:《论刑事程序合法性的证明》,载《中国刑事法杂志》2013

年第 1 期。

宋英辉:《取保候审适用中面临的问题与对策基于未成年人案件实证研究的分析》,载《中国刑事法杂志》2007 年第 6 期。

何挺:《"合适成年人"参与未成年人刑事诉讼程序实证研究》,载《中国法学》2012 年第 6 期。

刘立霞、郝小云:《论未成年人刑事案件中的合适成年人制度》,载《法学杂志》2011 年第 4 期。

韩索华、于伟香:《合适成年人制度研究》,载《法学杂志》2013 年第 7 期。

刘学敏:《检察机关附条件不起诉裁量权运用之探讨》,载《中国法学》2014 年第 6 期。

张继平:《论附条件不起诉的法理基础》,载《中国刑事法杂志》2011 年第 6 期。

兰耀军:《论附条件不起诉》,载《法律科学(西北政法学院学报)》2006 年第 5 期。

郭建龙、刘奎芬:《试论附条件不起诉之适用问题》,载《中国刑事法杂志》2013 年第 11 期。

左卫民:《通过试点与实践推进制度创新——以 L 县检察院附条件不起诉的试点为样本》,载《四川大学学报(哲学社会科学版)》2011 年第 5 期。

李辞:《论附条件不起诉与酌定不起诉的关系》,载《法学论坛》2014 年第 4 期。

张中剑:《检视与完善:我国未成年人附条件不起诉制度若干问题探讨》,载《中国刑事法杂志》2013 年第 7 期。

张泽涛:《刑事案件分案审理程序研究》,载《中国法学》2010 年第 5 期。

窦衍瑞:《论未成年人犯罪国家干预法律理念的更新》,载《广西社会科学》2017 年第 10 期。

田宏杰、庄乾龙:《未成年人刑事案件社会调查报告之法律属性新探》,载《法商研究》2014年第3期。

高维俭:《少年司法之社会人格调查报告制度论要》,载《环球法律评论》2010年第3期。

范春明:《目前在我国设立少年法院的思考》,载《青少年犯罪问题》2001年第4期。

莫然:《应然与实然之间的距离:未成年人量刑实证研究》,载《政法论坛》2015年第4期。

高一飞、李维佳:《审判公开的限度——以未成年人刑事审判为例》,载《法律科学(西北政法大学学报)》2013年第2期。

赵星:《设立未成年人法院的必要性、可行性及其方法》,载《法学论坛》2008年第5期。

赵秉志、王鹏祥:《论新刑事诉讼法对未成年人刑事诉讼制度的完善》,载《预防青少年犯罪研究》2012年第5期。

王贞会:《家庭监护功能缺位的实践表征及其治理路径——以308名涉罪未成年人为样本的分析》,载《政法论坛》2018年第6期。

高维俭、杨新慧:《论合适成年人制度的理论属性、规范诠释及实践运行》,载《中国应用法学》2019年第2期。

姚建龙:《未成年人法的困境与出路——论〈未成年人保护法〉与〈预防未成年人犯罪法〉的修改》,载《青年研究》2019年第1期。

刘征峰:《以比例原则为核心的未成年人国家监护制度建构》,载《法律科学(西北政法大学学报)》2019年第2期。

任凡:《论家事诉讼中未成年人的程序保障》,载《法律科学(西北政法大学学报)》2019年第2期。

马方、王文娟:《构筑侵害未成年人犯罪人员信息公开制度——基于侵害未成年人再犯案件的分析》,载《山东大学学报(哲学社会科学版)》2019年第1期。

宋英辉、杨雯清:《我国未成年人犯罪记录封存制度研究》,载《国家检察官学院学报》2019年第4期。

宋志军:《未成年人刑事法律援助有效性实证分析》,载《国家检察官学院学报》2019年第4期。

蔡奇轩:《我国未成年人刑事责任年龄最低线之设置》,载《法学杂志》2018年第11期。

冯姣:《未成年人网络色情信息传播的法律规制》,载《中国青年社会科学》2018年第4期。

曾康:《未成年人刑事审判程序研究》,西南政法大学2007年博士学位论文。

马健:《附条件不起诉制度研究》,吉林大学2013年博士学位论文。

王广聪:《少年刑事司法社会调查程序研究》,湘潭大学2013年博士学位论文。

杨志:《附条件不起诉制度研究》,西南政法大学2014年博士学位论文。

李国莉:《未成年人刑事案件社会调查制度研究》,吉林大学2015年博士学位论文。

四、外文专著

Kenneth Culp Davis, *Discretionary Justice,* University of Illinois Press, 1976.

Marvin E. Wolfgang, Terence P. Thornberry and Robert M. Figlio, *From Boy to Man, From Delinquency to Crime,* University of Chicago Press, 1987.

John Braithwaite, *Restorative Justice and Responsive Regulation*, Oxford University Press, 2002.

Kevin Haines and Stephen Case, *Positive Youth Justice: Children First, Offenders Second*, Policy Press, 2015.

Guarino-Ghezzi Susan and Edward J. Loughran, *Balancing Juvenile Justice*, Transaction Publishers, 2004.

Anthony N. Doob and Carla Cesaroni, *Responding to Youth Crime in Canada*, University of Toronto Press, 2004.

Zimring E. Franklin, *American Juvenile Justice*, Oxford University Press, 2005.

Raymond Arthur, *The Moral Foundations of the Youth Justice System: Understanding the Principles of the Youth Justice System*, Routledge, 2016.

John Muncie and Barry Goldson eds., *Comparative Youth Justice: Critical Issues*, Sage Publications Ltd., 2006.

Roberson Cliff, *Juvenile Justice: Theory and Practice*, Routledge, 2010.

Christopher Slobogin and Mark R. Fondacaro, *Juveniles at Risk: a Plea for Preventive Justice*, Oxford University Press, 2011.

Chris Cunneen and Rob White, *Juvenile Justice: Youth and Crime in Australia*, Oxford University Press, 2007.

Gennaro F. Vito and Julie C. Kunselman, *Juvenile Justice Today*, Prentice Hall, 2012.

Thomas J. Bernard and Megan C. Kurlychek, *The Cycle of Juvenile Justice*, 2nd ed., Oxford University Press, 2010.

Alex R. Piquero, David P. Farrington and Alfred Blumstein, *Key Issues in Criminal Career Research: New Analyses of the Cambridge Study in Delinquent Development*, Cambridge University Press, 2007.

Sarah Medford, Gisli H. Gudjonsson and John Pearse, *The Efficacy of the Appropriate Adult Safeguard During Police Interviewing*, Legal and Criminological Psychology, 2003.

Carol Harlow and Richard Rawlings, *Law and Administration*, 3rd ed., Cambridge University Press, 2009.

Olga Petintseva, *Youth Justice and Migration: Discursive Harms*, Palgrave Macmillan, 2018.

Rick Trinkner and Tom R. Tyler eds., *Why Children Follow Rules: Legal Socialization and the Development of Legitimacy*, Oxford University Press, 2017.

Kirk Heilbrun et al., *Evaluating Juvenile Transfer and Disposition: Law, Science, and Practice*, Routledge, 2017.

Robert Baldwin and Martin Cave, *Understanding Regulation: Theory, Strategy, and Practice*, Oxford University Press, 1999.

五、外文期刊

Stuti S. Kokkalera, Annmarie Tallas and Kelly Goggin, "Contextualizing the Impact of Legal Representation on Juvenile Delinquency Outcomes: A Review of Research and Policy", *Juvenile and Family Court Journal*, Vol. 72, Iss. 1(2021).

Wendy N. Hess, "Kids Can Change: Reforming South Dakota's Juvenile Transfer Law to Rehabilitate Children and Protect Public Safety", *South Dakota Law Review*, Vol. 59, Iss. 2(2014).

Roger Smith and Patricia Gray, "The Changing Shape of Youth Justice: Models of Practice", *Criminology & Criminal Justice*, Vol. 19, Iss. 5(2019).

Justyna Siemionow, "A Model of Social Rehabilitation Treatment for Juveniles: Cognitive and Behavioral Perspective – Practical Aspects", *Juvenile and Family Court Journal*, Vol. 71, Iss. 1(2020).

Marsha Levick, "Kids are Different: The United States Supreme Court Reforms Youth Sentencing Practices for Youth Prosecuted in the Criminal Justice System", *Juvenile and Family Court Journal*, Vol. 70, Iss. 3(2019).

Laura Kelly and Vici Armitage, "Diverse Diversions: Youth Justice Reform, Localized Practices, and a 'New Interventionist Diversion'?", *Youth Justice*, Vol. 15, Iss. 2(2015).

Sean Darling-Hammond, "Designed to Fail: Implicit Bias in Our Nation's Juvenile Courts", *UC Davis Journal of Juvenile Law and Policy*, Vol. 21, Iss. 2(2017).

Haley R. Zettler, "Much to Do About Trauma: A Systematic Review of Existing Trauma-Informed Treatments on Youth Violence and Recidivism", *Youth Violence and Juvenile Justice*, Vol. 19, Iss. 1(2021).

Lesley McAra and Susan McVie, "Youth Justice? The Impact of System Contact on Patterns of Desistance from Offending", *European Journal of Criminology*, Vol. 4, Iss. 3(2007).

Melissa A. Kowalski, "Adverse Childhood Experiences and Justice-Involved Youth: The Effect of Trauma and Programming on Different Recidivistic Outcomes", *Youth Violence and Juvenile Justice*, Vol. 17, Iss. 4 (2019).

Ryan Charles Meldrum et al., "An Examination of the Criminological Consequences and Correlates of Remorselessness During Adolescence", *Youth Violence and Juvenile Justice*, Vol. 16, Iss. 3(2018).

Christopher A. Mallett, "Youth with Learning Disabilities: Seven Things Juvenile Courts Should Know", *Juvenile and Family Court Journal*, Vol. 63, Iss. 3(2012).

Jeff A. Bouffard, Maisha N. Cooper and Kathleen J. Bergseth, "The Effectiveness of Various Restorative Justice Interventions on Recidivism Outcomes Among Juvenile Offenders", *Youth Violence and Juvenile Justice*, Vol. 15, Iss. 4(2017).

Hannah Smithson, Paul Gray and Anna Jones, "'They Really Should Start Listening to You': The Benefits and Challenges of Co-Producing a Participatory Framework of Youth Justice Practice", *Youth Justice*, Vol. 21, Iss. 3(2021).

Masahiro Suzuki and Kenji Takeuchi, "Future of Youth Justice in Japan", *Youth Justice*, Vol. 20, Iss. 3(2020).

Stina Ericsson and Sally Boyd, "Children's Ongoing and Relational Negotiation of Informed Assent in Child-researcher, Child-child and Child-parent Interaction", *Childhood*, Vol. 24, Iss. 3(2017).

Bernadette J. Saunders, Gaye Lansdell and John Frederick,"Understanding Children's Court Processes and Decisions: Perceptions of Children and Their Families", *Youth Justice*, Vol. 20, Iss. 3(2020).

Tim Bateman and Alexandra Wigzell,"Exploring Recent Trends in Youth Justice Reconvictions: A Challenge to the Complexity Thesis", *Youth Justice*, Vol. 20, Iss. 3(2019).

Stephen Case and Kathy Hampson, "Youth Justice Pathways to Change: Drivers, Challenges and Opportunities", *Youth Justice*, Vol. 19, Iss. 1(2019).

Barbara Katic, Laura A. Alba and Austin H. Johnson,"A Systematic Evaluation of Restorative Justice Practices: School Violence Prevention and Response", *Journal of School Violence*, Vol. 19, Iss. 4(2020).

Louise Forde,"Realising the Right of the Child to Participate in the Criminal Process", *Youth Justice*, Vol. 18, Iss. 3(2018).

Carly Lyn Baetz and Cathy Spatz Widom,"Does a Close Relationship With an Adult Reduce the Risk of Juvenile Offending for Youth With a History of Maltreatment?", *Child Maltreatment*, Vol. 25, Iss. 3(2020).

Deanna N. Devlin and Benjamin W. Fisher, "An Examination of School Resource Officers as an Approach to Reduce Social Disturbances in Schools: Evidence from a National Longitudinal Study", *Journal of School Violence*, Vol. 20, Iss. 2(2021).

Jaap Doek, Stuart Hart and Yanghee Lee,"A Special issue to encourage full application of child rights in child protection", *Child Abuse & Neglect*, Vol. 110, Part 1(2020).

Sonya Negriff and Thomas W. Valente,"Structural Characteristics of the Online Social Networks of Maltreated Youth and Offline Sexual Risk Behavior", *Child Abuse & Neglect*, Vol. 85(2018).

Conrad Krawiec et al.,"What We Can Learn From Failure: An EHR-Based Child Protection Alert System", *Child Maltreatment*, Vol. 25, Iss. 1

(2020).

Rebecca Rebbe,"What Is Neglect? State Legal Definitions in the United States", *Child Maltreatment*, Vol. 23, Iss. 3(2018).

Ewa Miedzobrodzka, Elly A. Konijn and Lydia Krabbendam,"Emotion Recognition and Inhibitory Control in Adolescent Players of Violent Video Games", *Journal of Research on Adolescence*, Vol. 32, Iss. 4(2021).

Seh-Joo Kwon et al.,"Neural Correlates of Conflicting Social Influence on Adolescent Risk Taking", *Journal of Research on Adolescence*, Vol. 31, Iss. 1(2020).

Zhi Li et al.,"The Role of Emotion Processing in the Association between Parental Discipline and Adolescent Socio-Emotional Development", *Journal of Research on Adolescence*, Vol. 31, Iss. 1(2021).

Hanita Kosher and Asher Ben-Arieh,"Children's Participation: A New Role for Children in the Field of Child Maltreatment", *Child Abuse & Neglect*, Vol. 110, Part 1(2020).

Anabel Cassady,"The Juvenile Ultimatum: Reframing Blended Sentencing Laws to Ensure Juveniles Receive a Genuine 'One Last Chance at Success'", *Minnesota Law Review*, Vol. 102, Iss. 1(2017).

Angela Muschitiello,"Why Juvenile Law is A Pedagogical Issue", *Euromentor Journal Studies About Education*, Vol. X, Iss. 1(2019).

Charles Garabedian,"Juvenile Empiricism: Approaches to Juvenile Sentencing in Light of Graham and Miller", *UC Davis Journal of Juvenile Law and Policy*, Vol. 21, Iss. 2(2017).

Giulia Carabelli and Dawn Lyon,"Young People's Orientations to the Future: Navigating the Present and Imagining the Future", *Journal of Youth Studies*, Vol. 19, Iss. 8(2016).

Jeongsuk Kim, Bora Lee and Naomi B. Farber,"Where Do they Learn Violence? The Roles of Three Forms of Violent Socialization in

Childhood", *Children and Youth Services Review*, Vol. 107(2019).

Jessica L. Borelli, Patricia A. Smiley, Gerin Gaskin, Phoebe T. Pham, Meghan Kussman and Ben Shahar, "Children's and Parents' Perceptions of Vulnerability as Weakness: Associations with Children's Well-Being", *Journal of Child and Family Studies*, Vol. 28, Iss. 10(2019).

Keely H. Hirsch and Jill D. Paquin, "'The Stress of the Situation has Changed us Both': A Grounded Theory Analysis of the Romantic Relationship of Parents Raising Children with Autism", *Journal of Child and Family Studies*, Vol. 28, Iss. 6(2019).

Maria José Bernuz Beneitez and Els Dumortier, "Why Children Obey the Law: Rethinking Juvenile Justice and Children's Rights in Europe through Procedural Justice", *Youth Justice*, Vol. 18, Iss. 1(2018).

Natasha Tavora Baker, "Rehabilitation via Arbitrariness: Why Commitment as a Dispositional Option in Washington, D. C.'s Juvenile Justice System Should Be Abolished", *UC Davis Journal of Juvenile Law and Policy*, Vol. 22, Iss. 2(2018).

Suzanne van de Groep et al., "Developmental Changes and Individual Differences in Trust and Reciprocity in Adolescence", *Journal of Research on Adolescence*, Vol. 30, Iss. S1(2018).

Veronica T. Cole et al., "A Latent Variable Approach to Measuring Social Dynamics in Adolescence", *Journal of Research on Adolescence*, Vol. 30, Iss. S1(2018).

André M. van der Laan, Marinus G. C. J. Beerthuizen and Charlotte S. Barendregt, "Juvenile Sanctions for Young Adults in the Netherlands: A Developmental Perspective", *European Journal of Criminology*, Vol. 18, Iss. 4(2021).

Allison T. Chappell, "Predicting the Behavior of Law in the Juvenile Court: A Focus on Noncompliance Cases", *Crime and Delinquency*, Vol. 65, Iss. 8(2019).

Robert E. Shepherd Jr.,"Family and Juvenile Law", *University of Richmond Law Review*, Vol. 39, Iss. 1(2004).

John W. Raine,"Shifting Power Dependencies in Criminal Justice: the Dual State of Centre and Locality in England and Wales", *Criminal Law Review*, Iss. 6(2014).

Margaret H. Lloyd Sieger, Jeri B. Cohen and Xholina Nano,"Family-Centered Practice in Adult Treatment Courts: What Can We Learn from the Family Treatment Court Best Practice Standards?", *Juvenile and Family Court Journal*, Vol. 72, Iss. 1(2021).

Naomi Smoot,"The Juvenile Justice Reform Act of 2018: Updating the Federal Approach to Youth Involved, and At-Risk of Becoming Involved, in the Juvenile Justice System", *Juvenile and Family Court Journal*, Vol. 70, Iss. 3(2019).

Joanna J. Kim and Nancy A. Gonzales,"Who's Influencing Who? Adolescent Symptomatology and Caregiver Mindful Parenting", *Journal of Research on Adolescence*, Vol. 31, Iss. 4(2021).

이영근:《한국사법제도의발전방안》,한국소년정책학회(소년호연구)2015년판제29권제4호.

后　记

时光飞逝，一转眼，从事教学工作，已经奔向第七个年头了，这让我不禁开始憧憬新的篇章。回望求学历程，从小学到初中、高中、大学，再到研究生，点点滴滴，都历历在目。其中，有过成功，有过失败；有过喜悦，有过彷徨；有过欢笑，有过泪水。如果说时间见证着浙大人求是创新的执着，在浙大120周年校庆来临之际毕业，是作为浙大人莫大的幸事，这一刻我也是见证者。每一位浙大的学子，在进校那一刻，都会问自己："我到浙大来做什么，将来毕业后做什么样的人。"我的回答是："学做求是人，毕业后学做一名兢兢业业的浙大人，勤学、修德、明辨与笃实。"在这古朴而宁静的之江山上，我一直寻觅未知的自己，在寻觅途中，我感知到自己的蜕变，从那个脾气毛躁的孩子，逐渐变成相对成熟稳重的青年，从乐于喧闹，到慢慢喜欢上阅读，享受写作带给自己的快乐，让心灵在知识的海洋里漫无边际地游荡。

世人治学可分三种：第一种是蚂蚁式的，它的特点是将有一定学术价值的事物都先集聚起来，能否吸收或消化先不管，这种属于勤积累而缺乏应用型的。第二种是蜘蛛式的，它靠自身的分泌物，将网结得很美很漂亮，也有经纬，下点小雨，网上挂点雨丝，阳光散落，还会有雨后彩虹般的斑斓，这种属于勤于雕琢而学识有限型的。第三种是蜜蜂式的，蜜蜂采花制蜜，不仅要将花粉采回去,更重要的是取其精华去其糟粕,产出的蜜甜香四溢。胡适先生所倡导的正是这种又学又思的蜜蜂式的治学精神。在我的理解中,蜜蜂式的治学方法是治学之最高境界,而对于我们青年学者而言,治学是由蚂蚁式到蜘蛛式,再到蜜蜂式的蜕变过程。刚开始,我们要像一只小蚂蚁勤于积累一些知识,不用管能否消化,多阅读、勤积累。再往后,我们要像一只小蜘蛛一样,把蚂蚁式囤积的"知识"编织成一个绚丽的小网络,经过不断地编织和修缮,或许终将遇到"柳暗花明又一村"的时候。而蜜蜂式的治学即是"又一村",它既有术,又有道,术道结合,我也终将为成为蜜蜂式的治学者而孜孜不倦地努力。

　　从论文开题到论文结束,再到反复的增改删,共历时八年的光阴,虽然过程是艰辛的,但是,当博士论文即将出版的这一刻,我已不记得写作过程中的忧与愁,心里充满了喜悦感和自豪感,这或许也是做学问的乐趣所在。本书主要运用了实证研究的写作方法,正如恩师胡铭教授所言:"实证研究注重对真实世界的研究,有别于词语构成的概念世界或由信条构成的理论世界,有别于概念界定和演绎的方法,它强调研究者运用学术敏感去发现法律在实际社会当中存在的问题,以问题意识为研究的起点和主线。"在论文研究方法上,深受恩师影响,我致力于将实证研究方法运用于刑事诉讼法学与司法制度的研究,众所周知,实证研究是定量研究与定性研究相结合的方法,两者共同构筑了实证研究的图谱,虽然定量研究和定性研究以不同的哲学理念为根基,两者在研究范式、目标、方法论上存在明显区别,但在实践层面上两者互为补充、取长补短,使方法多元论视角成为可能。当然,对于实证研究方法在刑事诉讼法和司法制度研究中的应用,我仅是一名初试者,希望将实证研究方法在刑事诉讼法学领域发挥其应有之效用。

　　在本书写作过程中,我也试图从部门法视角,将法教义学(诠释法学)与社科法学(交叉法学)进行整合,取各自之所长,避其所短。法教义学(Rechtsdogmatik)作为流淌着德国法学血液的方法,在我国的宪法、刑法、民法、行政法、诉讼法等部门法中已基本形成了"教义学共识",其坚信现行法框架的合理性,旨在将法律素材体系化,并强调面向司法个案提供适当的建议和意见,展现法律人知识和思维的独特性,主要代表性的学者包括凯尔森、卢曼、拉伦茨等。社科法学(Law and Social Science)起源于法律现实主义,是法律与其他社会科学交叉的产物,运用社会科学的理论和方法来分析法律实践,从经验进路辨析事物的因果联系,从实证维度探索概念、理论及完善对策。社科法学的主要代表性学者有霍姆斯、科斯、波斯纳等。虽然法教义学与社科法学在立场、方法论和基本理念上存在差异,但是这并不代表二者是完全对立的,二者存在以分工为基础并最终走向合作的可能。法教义学和社科法学不存在谁主谁辅的问题,社科法学离开法教义学,则可能不再是法学,或是统计学,或是社会学,抑或经济学。因此,法教义学与社科法学并不是非此即彼的关系,二者是互有补充、相互证成的关系,二者均注重司法实践与现实案例,通过对现实案例的研究来影响、激励或促进释法说理,追寻纸面上的法与实践中的法的良性互动逻辑,真正实现二者的分工与合作。

　　回顾硕博期间的求学旅程,首先要感谢的是我的恩师胡铭教授。如果说大学让我学会了生活,研究生阶段的求学之路,则让我拥有了一项可以维持生活的技能。而我所取得的点滴进步,都离不开恩师的谆谆教诲与悉心照顾,如果不是遇到恩师,我没有那么幸运可以一直静心地享受校园时光。我的恩师是位学富五车、治学严谨的青年学者,是我国刑事诉讼法学领域的领军人才,老师指导过的学生都有一个共同的感受,那就是他有着严谨的治学态度和不知疲倦的求知精神。我时常与我的家人和好友分享,导师不仅仅是我的指导老师,更像是我的父亲一般,不仅在学术方面给予我谆谆教诲,而且在生活方面给予我无微不至的关心与照顾。在学术引导方面,记得硕士生刚入师门时,我的法学基础并不是很扎实,时至今日,有一个画面时常在我的脑海中浮现,老师犹如在海滩边上捡起一块不太一样的小石头,它摸起来有点扎手,但老师并没有把它扔掉,而是把它带回了胡门这个和睦融洽的大家庭,并一直细细地鼓励、引导、打磨与雕琢,直到它有了点模样。从博士论文选题到开题,到写作,到写作结束后的修改,到预答辩、正式答辩,再到修改出版成书,导师都倾囊相授,给予我细致入微的指导和鞭辟入里的修改意见,就连论文注释不规范、错别字、标点符号使用不当等都会一一标注。在学术交流方面,导师总是鼓励他指导的学生要走出去,看看外面的世界,拓宽自己的学术视野,学习借鉴域外的治学方法,在导师的帮助下,我才有幸到台湾大学和早稻田大学考察、访学,在那里,我拓宽了自己的学术视野,也收获了一群良师益友。一日为师,终身为父,恩师身上的优良品质,值得我用剩余的时光去学习和感悟;恩师也是我一生的灯塔和引路人,值得我永不停歇地去追寻他的步伐。或许,感谢一个人,最好的方式就是带着他优良的品质继续前行,也希望有那么一天,我能报答恩师的培养之恩。

其次,感谢在我成长的道路上,给予我引导和帮助,伴我前行的诸位良师益友。感谢张文显先生,让我与浙大再续前缘。在我们这一代法学本科生的书目里,第一本法理学教科书必然是先生所著的红皮书《法理学》,其开创了"权利本位论"之先河。在先生身上,我学到了如何严谨治学,如何严于律己,如何高瞻远瞩地看待学术命题。正是先生的引领才让我领悟到了怎样从部门法理学、法哲学视角,探究刑事诉讼法学与司法制度之法理命题。感谢传授我诉讼法学专业知识的王敏远老师、翁晓斌老师、林劲松老师、周翠老师、兰荣杰老师等,王老师是我博士论文的答辩主席,谢谢王老师提出的宝贵意见;翁老师既是我的授课老师,又是我的硕博连读的推荐导师,正是有恩师和翁老师的推荐,我才有硕博连读的机会,翁老师时常关心我的学习和就业情况,并在就业方向上给予我有益指导。感谢在学习生活中给予我诸多指导和帮助的朱新力老师、章剑生老师、翁里老师、夏立安老师、陈信勇老师、张谷老师、葛洪义老师、阮方民老师、赵骏老师、余军老师、叶良芳老师、郑春燕老师、吴勇敏老师、石毕凡老师、许建宇老师、李华老师、郑磊老师、高艳东老师、范良聪老师、陆青老师、王凌皞老师、章程老师、李世阳老师、吴卫华老师、吴竹群老师、冯利君老师、张志华老师、李冬雪老师、孙晓红老师、陆飞华老师、王书剑老师、卢君燕老师、

后　记

曹燕飞老师、裴红红老师、袁杰老师等，正是这些老师对我学习生活上的帮助，才使得我硕博期间的学业能顺利完成。感谢在学习上给予我诸多指导和帮助的刑事诉讼法学界的前辈，感谢每一阶段的班主任和授业老师，正是有你们一路的勉励、关心与帮助，我才有信心一路前行、从未放弃。

感谢在台湾大学访学交流期间给予我指导和帮助的苏永钦先生、叶俊荣教授、林钰雄教授、李茂生教授、张志铭教授、张文贞教授、孙铭宗博士、朴栽亨博士、沈川闵兄以及台湾大学陆生篮球队的兄弟们等。在台湾大学访学期间，虽然我是去台湾大学访学交流，但我时常穿梭于台湾大学与政治大学，聆听两校法学院优秀老师的授课，在政治大学，我有幸结识了苏永钦先生，先生是一位面目慈祥、和蔼可亲、平易近人、学识渊博的长者，先生不仅传道授业解惑，最重要的是，先生殷切希望两岸早日统一。先生不仅在生活方面给予我无微不至的关心，而且为我博士论文的实证调研提供访谈和实地考察的机会；每到周六，我都会跟随先生及其弟子们去爬樟山寺，每次爬山活动不仅能聆听先生的谆谆教诲，而且能向先生请教学习中的困惑，真是受益匪浅。感谢早稻田大学高桥则夫教授提供短期的考察与交流机会，让我有幸前往早稻田大学法学院。

感谢胡门的每一位兄弟姊妹，在恩师的引导下，我们胡门这个大家庭和睦融洽、齐心协力、互帮互助。张健大师兄，作为我们胡门的榜样、骄傲，每当我在学习生活中遇到困惑，总会与师兄先商量一番，倾听师兄的建议；绿叶师兄，我心目中最纯粹的学术人，他的求知精神值得我学习，在博士论文写作期间，对我的写作提纲提出了许多修改意见，对我的生活也是照顾有加；王震师弟，每当我写作疲劳或心情郁闷时，常与师弟一起散散步、聊聊天；善铭大哥，我们既是同一师门，又是室友，两年的相处亲如家人，帮助我修改博士论文全文的错别字及标点符号；大玺师弟和妮妮师妹，协助我录入1286份调查问卷，如果没有他们的协助，我真不知何时才能将问卷录入完毕；感谢师门的雪平姐、婷婷姐、冯姣、徐莹、陈喆师妹、思雯师妹、盈盈师妹、士辉、运来、秦汉师弟、晓飞师弟、嘉栋师弟、青松师弟、杨帆师弟、黄黔师弟等，正是有你们的陪伴与照顾，我才能在胡门大家庭里收获知识、享受快乐。

感谢求学路上的益友。感谢3015的兄弟们，在我懵懂的青春，有幸结识了真诚善良、朴实无华的你们，我们的友谊，十年如一日，永远不会忘记。感谢家乡的几位兄弟，每次寒假回家乡，我都会去麻烦你们，你们也总会用家乡"土办法"欢迎我回乡；感谢求学期间时常一起玩耍、一起运动的几位兄弟，彼此谈话交心。感谢治学路上共进的学友们，与学友们经常一起讨论学术、交流思想，每次交谈，总会碰撞出许多新想法，产生一些学术共鸣，很多学友为书稿的完善提出了很多建设性意见，我们之间建立了深厚友谊。感谢大学时期法学074班的每一位兄弟姐妹，谢谢你们包容、支持与勉励那个"年少轻狂"的老班长，谢谢你们对我的博士论文实证调研所付出的辛劳。

感谢重庆大学法学院的领导及老师们提供如此温馨、舒适的教学场所与学术氛围，这里有资深的学术前辈，有一批致力于学术研究的青年才俊，也有"屯群""吃喝群""酒友群""篮球兴趣群"等，正是这些师友之间的相互勉励、帮助与支持，让原本枯燥乏味的学术生活增添了些许乐趣，也让我对教学和科研始终充满热情。感谢我指导的博士生和博士后杨焘老师、刘小庆博士、刘倩楠博士生、张鹏飞博士生，小庆已博士毕业前往四川师范大学任教。感谢付丽萍、吴万强、潘悦、冷佳君、任文锦、许悦、段俨珂、卫滟雯、杜闻一、李庭婷、许学林、刘土艳、袁紫藤、王雪倩、金帆、刘旭、陶建平、傅琳凡、王思瑾、杨昭楠、张镕铮、于瀚文、袁欢翔、黄娟、王逸名、李明泽、任倩倩、胡天豪、段清、布尔玛汗、凌钰洁、汪诗棋、龙成翔、余江茸、杨伊琪、晏皓然、黄睿、张子旭、潘智轩同学，以及硕博生王睿、叶舟、景晖、文玉、继钊等同学。他们有的已参加工作，有的继续求学，每当看到他们找到自己喜欢的工作或考上自己心仪的学校，都为他们感到无比开心，这或许是做老师最大的幸福。最后，感谢我的家人的辛勤付出，让我有时间和精力从事自己喜欢的教学和学术探索工作，是你们的付出让我有了坚强的后盾，谢谢你们。

后 记

  本书从选题、到思路形成、到博士论文形成,再到近几年的不断增改完善,无论是书稿内容还是思路,都发生了较大的变化。说到最初的选题,要感谢杭州市江干区少年法庭的法官们,正是他们让我参与未成年人公益性实践活动,参与附条件不起诉的帮教案件,才让我在这方面有了较为扎实的素材积累与问题意识。博士论文完成后,又受到国家社会科学基金委的资助,有幸获得我的第一个国家社科基金青年项目"未成年人刑事特别程序的理论、模式与完善路径研究",促使我对未成年人刑事特别程序的法理化、模式化、本土化和实践化有了更深入的探索。本书也是 2018 年申请的国家社科基金项目的结项成果,感谢全国哲学社会科学工作办公室的资助。本书的部分观点和内容曾以单篇文章的形式先后发表在《江淮论坛》《理论探索》《法制与社会发展》《政法论坛》《交大法学》《当代青年研究》《人权研究》《兰州学刊》《江汉论坛》《北京理工大学学报(社会科学版)》《西南民族大学学报(人文社科版)》《法治现代化研究》等刊物上,部分论文被《人大复印报刊资料(诉讼法学、司法制度)》转载。感谢以上期刊的编辑老师的辛勤付出,感谢你们在我学术成长路上的支持与勉励。学术是一条漫长的"求经"之路,要坐得住冷板凳、耐得住寂寞,正因为有你们一路的鞭策与鼓励,我才能继续在学术之路上"求真、求善、求美"。感谢北京大学出版社蒋浩先生,出版社从选题报送到内容审查均非常严谨,谢谢蒋浩先生对本书付出的辛劳。感谢北京大学出版社编辑李欣欣和焦春玲女士,有时会因一个数据或用词而来回校对,是她们严谨的态度与耐心的编校,才使本书有幸出版,谢谢你们。

  这几年的工作历程,所经历的一些事、一些人,让我对人性和生活都有一些全新的认知,或许生活本质就是不停地面对各种挫折和困难,喜悦和成功都是一时的。正如法国作家居伊·德·莫泊桑在《一生》中所悟:"生活不可能像你想象得那么好,但也不会像你想象得那么糟。我觉得人的脆弱和坚强都超乎自己的想象。有时,我可能脆弱得一句话就泪流满面;有时,也发现自己咬着牙走了很长的路。"当然,另外一位法国作家已经为我们找到了答案,如罗曼·罗兰所悟:

"世界上只有一种英雄主义,就是看清生活的真相以后依然热爱生活。"于我而言,庆幸能从事自己所喜欢的职业,无论是教学还是科研生活,我都不会因疲劳而不耐烦、因孤寂而想放弃,或许正是因为这份职业的尊荣感,让我面对一些事、一些人也就少了很多抱怨、多了很多快乐。

博士毕业论文出版既是一个小结,也是一个崭新的开始,我始终怀着"凡事尽最大努力,做最坏打算"之念。先哲曾云,"故天将降大任于斯人也,必先苦其心志,劳其筋骨,饿其体肤,空乏其身,行拂乱其所为,所以动心忍性,曾益其所不能"。我们不一定要立志担大任,也不一定要用"苦、劳、饿、空、拂乱"来磨炼意志,但应勤奋踏实、尽职尽责、兢兢业业地怀着一颗感恩而谦卑之心继续砥砺前行!

最后,期待借由本书抛砖引玉,能够激起更多国内学者与实务者的关注,一起为我国未成年人刑事司法的发展与进步而努力。此外,由于自己学识和智慧有限,疏漏、错误在所难免,敬请各位批评指正。

自正法

初稿于 2017 年 5 月 4 日月轮之江

修订于 2023 年 5 月 4 日重庆红岩